大数据应用与技术丛书

Python 商业数据挖掘
（第 6 版）

[美]
盖丽特·徐茉莉(Galit Shmueli)
彼得·C. 布鲁斯(Peter C. Bruce)
彼得·戈德克(Peter Gedeck)   著
尼廷·R. 帕特尔(Nitin R. Patel)

吴文国　金柏琪　　　　　　译

U0275075

清华大学出版社

北　京

北京市版权局著作权合同登记号　图字：01-2020-2709

Galit Shmueli, Peter C. Bruce, Peter Gedeck, Nitin R. Patel
Data Mining for Business Analytics: Concepts, Techniques and Applications in Python
EISBN：978-1-119-54984-0

Copyright © 2020 by John Wiley & Sons, Inc., Indianapolis, Indiana
All Rights Reserved. This translation published under license.
Trademarks: Wiley, the Wiley logo, Wrox, the Wrox logo, Programmer to Programmer, and related trade dress are trademarks or registered trademarks of John Wiley & Sons, Inc. and/or its affiliates, in the United States and other countries, and may not be used without written permission. John Wiley & Sons, Inc., is not associated with any product or vendor mentioned in this book.
Copies of this book sold without a Wiley sticker on the cover are unauthorized and illegal.

本书中文简体字版由 Wiley Publishing, Inc. 授权清华大学出版社出版。未经出版者书面许可，不得以任何方式复制或抄袭本书内容。

本书封面贴有 Wiley 公司防伪标签，无标签者不得销售。
版权所有，侵权必究。举报：010-62782989，beiqinquan@tup.tsinghua.edu.cn。

图书在版编目(CIP)数据

Python商业数据挖掘：第6版 / (美)盖丽特・徐茉莉(Galit Shmueli) 等著；吴文国，金柏琪译. —北京：清华大学出版社，2021.11 (2023.9重印)
(大数据应用与技术丛书)
书名原文：Data Mining for Business Analytics: Concepts, Techniques and Applications in Python
ISBN 978-7-302-59024-8

Ⅰ．①P…　Ⅱ．①盖…　②吴…　③金…　Ⅲ. 商业信息—数据采集　Ⅳ.①F713.51

中国版本图书馆 CIP 数据核字(2021)第 188712 号

责任编辑：王　军
装帧设计：孔祥峰
责任校对：成凤进
责任印制：丛怀宇

出版发行：清华大学出版社
　　　　　网　　　址：http://www.tup.com.cn, http://www.wqbook.com
　　　　　地　　　址：北京清华大学学研大厦 A 座　　　　邮　　编：100084
　　　　　社 总 机：010-83470000　　　　　　　　　　邮　　购：010-62786544
　　　　　投稿与读者服务：010-62776969, c-service@tup.tsinghua.edu.cn
　　　　　质 量 反 馈：010-62772015, zhiliang@tup.tsinghua.edu.cn
印 装 者：三河市科茂嘉荣印务有限公司
经　　销：全国新华书店
开　　本：170mm×240mm　　　印　　张：27.75　　　字　　数：801 千字
版　　次：2021 年 11 月第 1 版　　　印　　次：2023 年 9 月第 2 次印刷
定　　价：118.00 元

产品编号：087711-01

序言一

统计学领域已经存在了200多年。到了20世纪50年代，统计学已发展成为一门颇受人们重视的基础学科。它的重要性在20世纪90年代随着新型巨量数据源的出现而迅速增加。在21世纪的前十年，人们的注意力都被吸引到生物应用上，特别是由于人类基因组测序出现的基因数据。但最近十年来，人们发现在商业领域中可用的数据急剧增加，因而人们对统计学在商业领域中应用的兴趣也急剧提升。

十年前，当我的统计学选修课吸引攻读MBA的全部同学时，我的同事感到十分震惊，因为那时我们学院正在为选修课能否吸引更多学生而苦恼。现在，我们开设了商业应用硕士学位课，它已成为我们学院最大的专业硕士项目。随之，我们学院的教师人数和提供的课程数也急剧增加。Google的首席经济师Hal Varian在2009年提出了一个非常正确的观点：未来最吸引人的职业将是统计学家。

对统计人员的需求是受一个简单而不可否认的事实驱动的。在许多领域和背景下，商业分析解决方案已经给商业业绩带来了非常可观且可以测量的改善效果，因此，需要大量具有必备统计技能的人员。然而，训练学生掌握这些技能却遇到了挑战，因为学生除了需要必备的统计方法知识外，他们还必须了解与商业相关的问题，必须具有沟通技巧且能够熟练使用多个计算包。大多数统计学教材只注重对经典方法的抽象训练，没有强调实际应用，更别提在商业领域的应用了。

本书是我到目前为止见到过的介绍商业分析最全面的图书。其中包括了统计学领域几乎全部的内容——从线性回归和Logistic回归等经典方法，到最新的神经网络、装袋法和提升树，甚至介绍商业领域专用的方法，如社交网络分析和文本挖掘。即使算不上"圣经"，也至少是该领域的一本权威手册。本书的各个专题安排恰到好处。更重要的是，这些专题都与商业领域里的应用有关。本书最后一章专门介绍了商业分析方法在10个不同领域中的应用案例。

在本书的第6版中，作者增加了对Python的支持。Python是一门日益受数据科学家欢迎的编程语言。本书详细介绍了Python语言在商业背景中的应用和程序实例，确保读者能够将所学的知识应用到解决实际问题中。我深信本书是任何Python商业分析课程必不可少的工具书。

我们学院最近在MBA必修基础课中新增了一门商业分析课程，我打算在这门课的教学大纲中大量引用本书内容。我确信，本书是此类课程必不可少的工具书。

Gareth James
2019年于南加州大学马歇尔商学院

序言二

　　数据是新的金矿——挖掘这个金矿会给今天高度网络化和数字化的社会创造商业价值,但这需要一组传统商业课程、统计学或工程技术中未曾介绍的技术。在当前大数据背景下,某些商业企业和机构感到压力巨大,这让我想起了一句话——"最坏的情况还未到来"。往昔大数据有三个主要来源:20 多年在企业管理系统上的投入(ERP、CRM、SCM 等),在线社交网络上的 30 多亿用户,50 多亿高端移动设备用户。与未来受物联网驱动的智能物理生态系统数据源相比,这些数据源简直是小巫见大巫。

　　用传感器把物理对象(如房屋、汽车、道路甚至垃圾箱、路灯等)连接到数字化控制中心的想法是与更大的"大数据"和更深度的数据分析能力同步发展的。我们离这样的智能冰箱不远了:它能自动检测到冰箱里的某样食物(如鸡蛋)吃完了,自动用手机填写网上食物购买清单,并安排跑腿兔子(Rask Rabbit)把食物送到家;它还能自动与 Uber 出租车司机谈妥一笔生意,把一份晚餐送到你的手里。以下前景也离我们不远了:道路和驾驶车辆中内嵌的传感器能够判断交通拥挤情况、跟踪道路磨损情况以及记录汽车使用情况,并且把这些信息与基于使用量的动态定价系统、保险费率和税务系统关联起来。我们大胆构想的这一新世界需要更好的数据分析方法和更强的数据处理能力的支持。

　　商业分析是一门新兴学科,它可以帮助我们更好地在这一新浪潮中乘风而起。商业分析这门新学科要求读者对商业基础理论具备坚实的基础,这样读者才能够提出正确的问题,使用、存储和最优地处理各种结构化和非结构化的数据源,以及利用机器学习和统计学中的方法深入理解决策过程。具备这样条件的人是当前社会的稀缺人才,但是如何培养这种人才是本书的重点。本书的特点是通过真实的、数据丰富的且可动手实践的案例来解释当前商业分析领域的核心概念,但是并没有牺牲学术上的严谨性。这是现代商业分析的基础,当前商业分析的基本思想是预测 x 对 y 的贡献。我确信你们中的某些人将会是本书第 10 版的首批读者。

　　在 2018 年推出 R 语言版后,新增的 Python 版是本书的重要版本之一。Python 语言越来越受到数据分析专业人士的欢迎。这两门开源编程语言已成为数据科学中最重要的统计建模工具和机器学习编程环境。

　　我期待本书出现在更多的论坛里,出现在经理人的培训课程里、MBA 课堂上、硕士商业分析教学计划中、大数据科学微博里。我相信一定会的!

Ravi Bapna
2019 年于明尼苏达大学卡尔森管理学院

前　言

本书最早出版于 2007 年年初，已被众多学生、从业人员和任课老师采用，包括我本人，在过去 15 年里，在线授课和面对面授课都以本书为重要参考书。本书的第 1 版是基于 Excel 加载项(加载程序是 Analytic Solver Data Mining，早先的名称是 XLMiner)的，此后不断推出 JMP 版本、R 版本和现在的 Python 版本，并推出了本书的合作站点——www.dataminingbook.com。

新推出的 Python 版本使用了免费开源的 Python 程序设计语言。本书提供了 Python 程序的输出结果以及生成这些结果的代码，也包含相关程序包和函数的使用说明，其中的核心是 scikit-learn 包。不同于计算机科学教材或统计学教材，本书的重点在于数据挖掘的基本概念以及如何用 Python 实现相关算法。我们假设读者基本熟悉 Python 语言。

对于新推出的 Python 版本，增加了另一位共同作者——Peter Gedeck，他在商业领域里具有丰富的数据科学经验。除了提供 Python 代码和输出结果外，本书也增加了最新内容和反馈意见。这些意见来自教授 MBA 课程、MS 课程、本科生课程、文凭课程和经理人培训课程的老师及学生。最重要的是，本书首次引入了有关数据伦理的内容(详见 2.9 节)。

本书还包含原书第 3 版新增的如下内容:

- 社交网络分析
- 文本挖掘
- 集成方法
- 增益模型协同过滤

自第 2 版开始(基于 Analytic Solver)，以本书为教材的课程大量增加。最初，本书主要用于一学期的 MBA 选修课，现已被用在许多商业分析学位课的教学大纲里和证书课程的教学计划里。从本科生教学计划到研究生和经理人培训计划，这些项目里的课程、时间长短不一，深浅不同。在很多情形下，本书可用在多门课程里。本书的设计思想是继续支持通用的"预测分析"或"数据挖掘"课程，但是也支持专用的商业分析教学大纲。

在专用的商业分析教学大纲中，以下课程曾使用本书。

- 预测分析——监督学习:在专用的商业分析项目里，对于预测分析主题，通常包括一系列课程。第一门课程包括本书的第 I 部分至第 IV 部分内容。教授这门课程的老师通常根据课时适当地选择第 IV 部分的内容。在这类课程中，建议包括第 13 章的集成学习和第 VII 部分的数据分析。
- 预测分析——无监督学习:本课程介绍数据探索和可视化、降维、挖掘关系和聚类(第 III 部分和第 V 部分)。如果这门课程也按照"预测分析——监督学习"课程的教学计划，那么有必要分析综合应用无监督学习和监督学习的例子和方法。

- 预测分析：专门用于时间序列预测的课程需要用到第Ⅵ部分的内容。
- 高级分析：本课程综合了全部的预测分析内容(包括监督学习和无监督学习)。这门课程的重点应放在第Ⅶ部分。这部分包含了社交网络分析和文本挖掘。有的老师也会在这类课程中选择第 21 章中的案例。

在以上所有课程中，我们强烈建议增加课程设计项目，要求学生自己收集数据，或利用老师提供的数据(例如，现在有很多供数据挖掘使用的数据集)。根据我们和其他老师的经验，这些项目可让学生巩固所学的知识，并且能给学生提供一个机会，以便更好地理解数据挖掘的强大功能以及在挖掘过程中遇到的问题。

——Galit Shmueli、Peter C. Bruce、Peter Gedeck 和 Nitin R. Patel

2019 年

致　谢

我们要感谢很多人，他们帮助我们不断改进本书。本书经历了很多版本，从 2006 年的最初版，到现在最新的书名《Python 商业数据挖掘(第 6 版)》，中间还有两个 XLMiner 版本、一个 JMP 版本以及一个 R 语言版本，现在首次出现了 Python 版本。

感谢 Anthony Babinec，多年来他在 statistics.com 网站上的在线课程一直使用本书的早期版本，他向我们提供了详尽而宝贵的修改意见。Dan Toy 和 John IV 热心支持我们的项目，并对本书的初稿提供详尽和中肯的评价。Ravi Bapna 先在印度商学院，而后在明尼苏达大学的数据挖掘课里使用本书的初稿。从本书一开始，他就提出了非常有价值的评价和有益的建议。

使用本书早期版本的众多教授、助教和学生，通过直接或间接方式向我们提供了珍贵的反馈意见。他们通过富有成果的讨论、学习之旅和有意义的数据挖掘项目改进本书。具体有马里大学、MIT、印度商学院和 statistics.com 网站的老师和学生。此外还有许多大学和教学机构的老师，他们人数太多，在此无法一一列出，他们从本书的初期，就一直支持和帮助我们提高质量。Scott Nestler 从一开始就是本项目的益友。

statistics.com 网站的教学主管 Kuber Deokar，毫不吝啬地支持、帮助和关心本书的出版。我们也感谢 statistics.com 网站的教学助理 Anuja Kulkarni。Valerie Troianoc 通过 statistics.com 网站帮助了许多老师和学生，他也帮助本书走向成熟。

同事和家人一直以来也在向本书提供反馈意见和帮助。Boaz Shmueli 和 Raquelle Azran 给本书的最早两个版本提供排版意见和建议。Bruce McCullough 和 Adam Hughes 给第 1 版提供排版建议。Noa Shmueli 仔细校对了本书的第 3 版。Ran Shenberger 提出了本书版式设计的意见。Che Lin 和 Boaz Shmueli 提供了有关深度学习的反馈意见。Ken Strasma(HaystaqDNA 公司的创始人，2004 年克里竞选活动和 2008 年奥巴马竞选活动的负责人)提供了 13.2 节"增益(说服)模型"中所讲内容的背景和数据。感谢 Jen Golbeck(马里兰大学社智能实验实验室主任，*Analyzing the Social Web* 一书的作者)，他的著作启发我们在本书中增加有关社交网络分析的内容。Randall Pruim 对本书有关可视化方面的内容具有重大贡献。Inbal Yahav——R 语言版的共同作者，帮助改进了社交网络分析和文本挖掘方面的内容。

有关时间序列的内容借鉴了得克萨斯 A&M 大学 Marietta Tretter 的评论和思想。数据可视化方面的内容和本书的整体版式设计借鉴了 Stephen Few 和 Ben Shneiderman 的反馈意见和建议。

Susan Palocsay、Mia Stephens 和 Margret Bjarnadottir 提供了许多宝贵的意见和建议。特别是针对 Python 版本，Margret Bjarnadotti 提供了许多宝贵的建议。此外，还要感谢马里兰大学人机交互实验室的 Catherine Plaisant，他对第 3 章"数据可视化"中的习题和插图有很大的贡献。Gregory Piatetsky-Shapiro 是 KDNuggets.com 网站的创始人，在最初几年，他为本项目花费了许多时间，并提出了许多有价值的建议。

感谢麻省理工学院斯隆管理学院的同事们，在本书的孕育期就得到他们的支持，他们是 Dimitris Bertsimas、James Orlin、Robert Freund、Roy Welsch、Gordon Kaufmann 和 Gabriel Bitran。作为斯隆管理学院的教学助理，Adam Mersereau 对本书的起源——以前的教学笔记和案例提出了详尽的意见。Romy Shioda 帮助我们准备了本书的几个案例和习题，Mahesh Kumar 分享了聚类分析方面的内容。

感谢马里兰大学史密斯商学院的同事们：Shrivardhan Lele、Wolfgang Jank 和 Paul Zantek，他们提供了非常实用的建议和评价。感谢 Robert Windle 和马里兰大学的 MBA 学生：Timothy Roach、Pablo Macouzet 和 Nathan Birckhead，他们提供了宝贵的数据集。感谢 MBA 学生 Rob Whitener 和 Daniel Curtis，他们贡献了热图和地图。

Anand Bodapati 提供了部分数据集和建议，微软研究院的 Jake Hofman 和 Sharad Borle 帮助我们存取数据。Suresh Ankolekar 和 Mayank Shah 帮助我们开发了几个案例，并提供了一些宝贵的教学评论。Vinni Bhandari 帮助我们撰写查尔斯图书俱乐部案例。

感谢哈佛大学的 Marvin Zelen、L. J. Wei 和 Cyrus Mehta 以及普纳大学的 Anil Gore，他们就统计学与数据挖掘的关系提出了发人深省的讨论意见。也感谢麻省理工学院系统工程部的 Richard Larson，他就数据挖掘在复杂系统模型中的作用提出了真知灼见的想法。在 20 多年前，他们帮助我们在新兴的数据挖掘领域里提出了一种平衡的哲学观点。

最后，我们要感谢 Wiley 出版社的编辑，感谢他们对本书十多年的漫长之路给予的支持和帮助。Steve Quigley 从一开始就显示出对本书的信心，并帮助我们以极快的速度完成出版过程。Curt Hinrich 的视野、提示和参与，帮助我们立刻投入本书。有了 Sarah Keegan、Mindy Okura-Marszycki、Jon Gurstelle、Kathleen Santoloci 和 Katrina Maceda 等人的不断鼓励，本书的 Python 版才最终得以出版。我们还要特别感谢 Amy Hendrickson，因为有她帮助我们排版，才有这本精美的图书。

目　录

第 I 部分

预 备 知 识

## 第 1 章

引　　言

1.1　商业分析简介

商业分析(Business Analysis，BA)是利用量化数据做出决策的实践和艺术。这个术语对于不同的机构有不同的含义。

考虑商业分析在新闻机构数字化转型过程中所起的作用。有一份英国小报，它的读者群面向工薪阶层；该报纸推出了网络版，并在首页上做了一项测试，以了解哪些图片的点击量最大：猫、狗还是猴子。这家报纸的这个简单应用可以视为"商业分析"。而《华盛顿邮报》的读者群是一些极有影响力的人士，他们是大型国防承包商们感兴趣的对象：因为它可能是唯一可以经常看到航空母舰广告的报纸。在数字环境中，《华盛顿邮报》能够根据一天中的某个时间以及读者的位置和订阅信息来跟踪读者。通过这种方式，该报纸的在线版本可以只面向很小的一个群体——如对五角大楼预算有投票权的美国众议院或参议院军事委员会的成员。

商业分析，或者更一般地称为分析，包含一系列数据分析方法。许多功能强大的应用不过是数据统计、规则检查和简单的算术计算的集合。对于一些机构来说，这正是商业分析的含义。

商业分析的另一层含义，就是现在所谓的"商业智能"(Business Intelligence，BI)。BI 是指能够帮助我们更好洞察"发生了什么，正在发生什么"的数据可视化技术和报表技术。这是通过图表、表格和指示板以及检查和探索数据来实现的。以前的 BI 主要使用静态报表，但现在它经演化为更友好、更高效的工具和方法，例如创建交互式指示板，使得用户不仅可以实时访问数据，而且能够直接与实时数据进行互动。高效的指示板往往直接绑定到公司的数据上，使得经理们能够快速查看在大型、复杂的数据库中不容易看到的信息。工业运营经理使用的就是这样一个工具，它能在一个二维显示器上显示客户订单，并用颜色和气泡大小作为附加变量，显示客户名称、产品类型、订单数量以及生产时间。

现在的商业分析通常都包括了商业智能和其他高级数据分析方法，如用来探索数据、量化和解释测量值之间的关系并预测新记录的统计模型和数据挖掘算法。回归模型等方法用来描述和量化表示数据品牌间的"平均"关系(如广告和销量的关系)、预测新记录(如某种药物对一名新患者是否有效)以及预测未来值(例如下周的网络流量)。

熟悉本书之前版本的读者可能注意到，本书关注的主题从"数据挖掘与商业智能"变成了"数据挖掘与商业分析"。这种变化反映了最近流行的术语——商业分析，并取代了之前使用的术语——商业智能，用来代表高级分析。如今，商业智能仅指数据可视化和报表生成。

> **谁在使用预测分析**
>
> 预测分析的广泛使用，再加上越来越多的可用数据，大大提升了整个经济领域里各个机构的分析能力。
>
> **信用评分**：在商业领域里，一个早已使用的预测模型技术是信用评分。信用评分并不是随意判断某人的信用度，而是基于一个预测模型，根据之前的数据预测未来的还款行为。
>
> **未来购买**：最近一个例子(颇具争议)与美国连锁巨头 Target 有关。Target 使用预测模型把潜在客户划分为"怀孕用户"和"非怀孕用户"。对于"怀孕客户"，在其怀孕早期阶段，向她们发送促销信息，这使 Target 在抢夺这个很有购买力的客户群时占尽了先机。
>
> **逃税**：美国国家税务局发现，当根据预测模型进行执法时，执法人员能够将注意力集中到最有可能发生税务欺诈的行为上，从而把发现偷税行为的概率提高 25 倍(Siegel, 2013)。

商业分析工具盒也包含统计实验，其中 A/B 测试是营销人员最熟悉的方法，它常用于定价政策：

- 旅游网站 Orbitz 发现，在对宾馆进行定价时，对 Mac 用户定的价格可能会比对 Windows 用户定的价格高。
- 史泰博(Staples)公司的网上商店发现，如果顾客住的地方距离史泰博的商店比较远，那么当他们购买订书机时，他们往往可以接受较高的价格。

注意，在公司背景下，商业分析只是问题的一个解决方案。例如，一名经理知道商业分析和数据挖掘是热门领域，所以决定要在自己的机构中部署它们，以找出隐藏在某个地方的潜在价值。要想成功地运用商业分析和数据挖掘，就需要对潜在价值所在的商业背景有深入了解，还需要对数据挖掘方法到底能做些什么有清楚的认识。

1.2 什么是数据挖掘

在本书中，数据挖掘是指超越计数、描述性技术、报表生成和基于业务规则的商业分析等基础性方法的一种高级商业分析方法。虽然本书也要介绍数据可视化方法，但它通常只是学习其他高级商业分析方法的第一步，本书重点放在比较高级的数据分析工具上。具体来说，包括统计方法以及经常以自动方式帮助我们决策的机器学习方法。预测通常是其中的重要组成部分之一。我们感兴趣的并不是"广告与销量有怎样的关系"，而是"此时此刻应该给某个网购者推送什么样的广告或推荐什么样的产品"，或者说我们感兴趣的是把客户划分成不同的角色(personas)，采用不同的营销手段，以及把新客户归到哪一类角色。

大数据时代加速了数据挖掘的应用。数据挖掘方法以其强大的功能和自动性，能够处理海量数据并从中提取商业价值。

1.3 数据挖掘及相关术语

分析领域正在迅猛发展，它的应用范围越来越广，应用高级分析的机构也越来越多。因此，很多术语的定义存在一定的重叠性和不一致性。

对不同的人来说，术语"数据挖掘"具有不同的含义。对一般人来说，下面这个泛化的定义有点模糊且具有贬义：在海量数据(常常是私人数据)中深挖，找出感兴趣的东西。一家大型咨询公司有一个"数据挖掘部门"，但它的主要职责是研究过去的数据并用图表表示它们，以找出总的趋势。但是令人困惑的是，在这家公司里，先进的预测模型属于"高级分析部门"的职责范围。这些机构还用其他术语表示差不多相同的意思:"预测分析""预测建模""机器学习"。

数据挖掘处在统计学和机器学习(也称为"人工智能")两个领域的交汇点。在统计学领域,用于数据探索和模型构建的各种技术已出现很久,如线性回归、逻辑回归、判别分析和主成分分析法等。但是,经典统计的核心原则——计算困难且缺少数据——并不适用于数据丰富和计算能力超强的数据挖掘应用。

Daryl Pregibon 因而将数据挖掘描述为"规模化、速度化的统计"(Pregibon, 1999)。统计学与机器学习两个领域的另一个主要差别是,统计学的重点在于从一个样本推断出总体的"平均效果"。例如,"价格提高 1 美元将导致需求平均减少两箱"。与之相对,机器学习的关注点是预测个体记录,如"当价格提高 1 美元时,对于顾客甲,预测他的需求为 1 箱;而对于顾客乙,预测他的需求为 3 箱"。经典统计学强调的推断技术(判断样本中存在的某个模式或者有价值的结果是否是由偶然因素引起的)不会出现在数据挖掘里。

与统计学相比,数据挖掘以开放的方式处理大数据集,所以无法像推断方法那样对需要解决的问题施加严格的限制。因此,数据挖掘常用的方法很容易出现过拟合,即某个模型与现有的样本数据拟合得非常好,因此不仅描述了数据的结构特征,还描述了数据的随机特性。用工程学术语来讲,此模型不仅拟合了信号,还拟合了噪声。

本书用"机器学习"这个术语表示可以直接从数据中学习到局部模式的算法,特别是指按分层或迭代方式进行学习的算法。与之对应的是,我们用"统计模型"表示把全局结构应用于数据的方法。一个简单例子是线性回归模型(统计模型)与 k 近邻算法(机器学习)。在线性回归模型里,一条记录要服从应用于全部记录的总体线性方程;而在 k 近邻算法中,这条记录要根据自身的几条邻近记录进行分类。

最后,许多从业者,特别是 IT 领域和计算机科学领域的从业者,用术语"机器学习"表示本书介绍的所有方法。

1.4 大数据

数据挖掘和大数据密切相关。大数据是一个相对术语——今天的数据之所以称为大数据,既是相对于过去的数据量,也是相对于处理它们的方法和设备而言的。大数据带来的挑战可以归纳为 4 个 V:体量(volume)、速度(velocity)、多样性(variety)和真实性(veracity)。体量是指数据的量,速度是指数据生成和变化的速度,多样性是指数据的类型非常多(货币、日期、数字、文本等),真实性是指数据是由有机分布过程(如几百万人注册服务或免费下载)生成的,不同于专为某个研究而收集的数据,这些数据总是受到某些因素的控制或质量检查。

大多数大型机构都需要面对大数据带来的挑战与机遇,因为大多数常规数据处理方法生成的数据都是可以存储和分析的。把传统统计分析(如 15 个变量和 5000 条记录)中的数据与沃尔玛数据库相比较,就能理解大数据的规模。如果将传统统计研究比作表示语句结束的句点,那么沃尔玛数据库就是足球场。这可能还不包括与沃尔玛有关的其他数据,例如非结构化的社交媒体数据。

分析的难度越大,回报也越大:

- 在线约会网站 OkCupid,使用统计模型预测什么形式的消息内容最有可能收到回复。
- 挪威移动电话服务公司 Telenor,使用模型预测哪些客户最可能流失,并重点关注这些客户,因而把用户流失率降低了 37%。
- 美国保险公司 Allstate,在保险数据中加入了更多的车辆类型信息,因而把汽车理赔中伤害责任险的预测准确度提高到了原来的三倍。

以上例子都来自 Eric Siegel 的著作——《预测分析》一书。

一些非常有价值的任务,在大数据时代之前是无法实现的,例如 Google 公司的技术基础——Web 搜索技术。在早期,当搜索 Ricky Ricardo Little Red Riding Hood 关键词时,会找到与 I Love Lucy 电视剧有关的链接,或者与 Little Red Riding Hood(20 世纪 50 年代风靡美国的情景喜剧)有关的各种链接,或者与 Richardo 作为乐队领队有关的链接,以及与儿童故事 Ricky Ricardo Little Red Riding Hood 有关的链接。只有当 Google 的数据库收集到足够多的数据(包括用户的点击记录)时,排在搜索结果最前面的才会是 I Love Lucy 电视剧的链接,因为在这个混合喜剧里,Ricky 扮演了 Ricky Ricardo Little Red Riding Hood 角色。

1.5 数据科学

大数据无所不在,其规模、价值和重要性不言而喻,并由此出现一种新的职业:数据科学家。数据科学是统计学、机器学习、数学、程序设计、商业和 IT 的综合。大数据这个术语本身包含了相比上述其他学科更广的内容。很少有人在以上所有领域都有很深的造诣。在 *Analyzing the Analyzers* (Harris et al., 2013)一书里,作者把大多数数据科学家所具备的技术集描写为 T 形状——表示在某一领域里有很深的功底(相当于 T 的竖线),而在其他领域里比较肤浅(相当于 T 的顶部水平线)。

在一场数据科学的大型会议期间(Strata + Hadoop World, October 2014),大多数参会人员都认为,编程是一项关键技术,但是也有一部分人不这样认为。大数据是数据科学发展的驱动力,但是大多数数据科学家实际上并没有把他们的大部分时间花在太字节规模或更大规模的数据上。

如此规模的海量数据只有在模型的部署阶段才会遇到。也只有在这个阶段才会遇到很多挑战,其中大多数与 IT 和编程问题有关,涉及数据处理以及如何把各个不同组件集成到一个系统中。大多数工作必须在这个阶段之前完成。这些早期的规划和原型阶段正是本书的重点——如何使我们开发的统计和机器学习模型最终能融入部署的系统里?针对不同类型的数据和问题,要用什么样的方法?这些方法如何起作用?它们有哪些要求、优点和缺点?如何评估它们的性能?

1.6 为什么有这么多不同的方法

读者从本书或者其他与数据挖掘有关的资源可以看出,预测和分类有很多不同方法。读者可能会问,为什么有这么多方法共存?是否某些方法比其他方法更好?以上问题的答案是,每个方法都有优点,也都有缺点。一个方法是否有用,与数据量、数据中存在的模式、数据是否满足这个方法的某些重要假设、数据中存在多少噪声、分析的特定目的等因素有关。图 1.1 是一个很好的例子,它试图根据家庭收入水平和住房面积大小等综合因素把购买驾驶式割草机的家庭(黑色实心圆)和没有购买驾驶式割草机的家庭(灰色空心圆)区分开来。第一个方法(左图)试图寻找水平线和竖直线把这两类客户分开,而第二个方法(右图)则试图寻找一条对角线把他们分开。

不同的方法会得到不同的结果,它们的性能也不一样。因此,在数据挖掘领域,行业的习惯性做法是先试用几种不同的方法,而后选择一种看起来比较容易实现当前目标的方法。

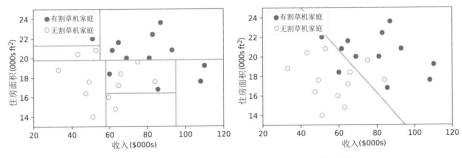

图 1.1 用两种不同方法区分有割草机家庭与无割草机家庭

1.7 术语与符号

由于数据挖掘的混合性,它的从业人员经常用不同的术语表示同一个东西。例如,在机器学习(人工智能)领域,把需要预测的变量称为结果变量或目标变量。在统计学家看来,它们是因变量或响应变量。下面归纳了这些术语。

- 算法(Algorithm):实现某个特定数据挖掘方法的具体过程,如分类树、判别分析等。
- 属性(Attribute):参考预测变量。
- 实例(Case):参考观测对象。
- 分类变量(Categorical Variable):只能取某几个固定值中的一个。例如,航班的飞行状态只能是准时、延误或取消。
- 置信(Confidence):表示"当某人购买了 A 和 B 时,也可能会购买 C"这种关联规则的性能指标。置信是一种条件概率,表示当购买了 A 和 B 时,购买 C 的概率。置信在统计学中有着更广泛的意义(如置信区间),表示对选择不同样本的结果进行估计时出现的误差程度。
- 因变量(Dependent Variable):参考响应变量。
- 估计(Estimation):参考预测变量。
- 因子变量(Factor Variable):参考分类变量。
- 特征(Feature):参考预测变量。
- 保留数据或保留集(Holdout Data 或 Holdout Set):它们不是用来拟合模型的,而是用来评估模型性能的样本数据。本书使用验证集和测试集,不使用保留集这个术语。
- 输入变量(Input Variable):参考预测变量。
- 模型(Model):应用于数据集的算法,模型要包括参数设置(许多算法都提供了参数,允许用户进行调整)。
- 观测对象(Observation):数据分析的客体,可从中获取测量数据(如一位顾客、一笔交易等),它还有其他叫法,如实例、样本、样品、案例、记录、模式、行。在电子表格里,每一行通常代表一条记录,每一列代表一个变量。注意这里的"样本"不同于统计学中的含义。在统计学中,"样本"代表若干观测对象的集合。
- 结果变量(Outcome Variable):参考响应。
- $P(A|B)$:条件概率,表示事件 A 在事件 B 已发生前提下的概率。可以读成"给定事件 B,事件 A 发生的概率"。
- 预测(Prediction):对连续结果变量的值进行预测,也叫估计。

- 预测变量(Predictor)：一种变量，通常用 X 表示，它是预测模型的输入变量，也叫特征量、输入变量或自变量。从数据库角度，也可称为字段。
- 剖面(Profile)：从某个观测对象上得到的一组测量值(如某个人的身高、体重和年龄)。
- 记录(Record)：参考观测对象。
- 响应(Response)：一种变量，通常用 Y 表示，在监督学习中则是被预测的变量，也称因变量、输出变量、目标变量、结果变量。
- 样本(Sample)：在统计学领域，样本表示一组观测对象的集合；而在机器学习中，样本代表单个观测对象。
- 分数(score)：预测值或预测类。给新数据计分是指使用训练数据集得到的模型预测新数据的结果。
- 成功类(Success Class)：二元结果中重要的类别(例如，表示购买/非购买结果的购买者)。
- 监督学习(Supervised Learning)：向算法(如 Logistic 回归或回归树等)提供的记录已有结果量，算法通过学习来预测结果量未知的新记录。
- 目标变量(Target)：参考响应。
- 测试数据或测试集(Test Data 或 Test Set)：在模型构建过程中的最后阶段或者评估模型的最终性能并借此选择模型时使用的数据集。
- 训练数据或训练集(Training Data 或 Training Set)：在模型拟合过程中使用的数据集。
- 无监督学习(Unsupervised Learning)：无监督学习是指从数据中学习模式，而不是预测我们感兴趣的输出值。
- 验证数据或验证集(Validation Data 或 Validation Set)：这部分数据用来评估模型的拟合程度，或者用来调整模型，或者从多个试用模型中选择最佳模型。
- 变量(Variable)：记录的任何测量结果，既包括输入变量(X)，也包括输出变量(Y)。

1.8 本书的线路图

本书涵盖了许多广泛使用的预测方法和分类方法，还包括了数据挖掘方法。图 1.2 概括了数据挖掘的主要步骤和对应的章号，主题后面的圆括号中的数字表示章号。表 1.1 从另一个角度——按数据类型和数据结构——介绍了数据挖掘的主要步骤。

本书分为 8 大部分。第 I 部分(第 1 和 2 章)概述了数据挖掘及相关内容。第 II 部分(第 3 和 4 章)分析了早期阶段的数据探索和降维方法。

第III部分(第 5 章)讨论了性能评价问题。虽然只有一章，但是这一章讨论了很多内容，从预测性能指标到误分类成本。这一部分介绍的一些原理对于监督学习方法的正确评估和不同监督方法的比较至关重要。

第IV部分包括 8 章内容(第 6~13 章)，介绍了许多常用的监督学习方法(用于分类和预测)。在这一部分，我们按算法的复杂性、普及程度和理解的难易程度组织内容。第 13 章对前面介绍的全部方法进行了组合。

第V部分重点介绍挖掘数据之间的关系，此外还讨论了关联规则和协同过滤(第 14 章)，第 15 章介绍了聚类分析。

第VI部分包括 3 章内容(第 16~18 章)，重点放在了时间序列预测上。第 16 章介绍与时间序列有关的一般性问题，第 17 和 18 章介绍两种流行的预测方法：基于回归的预测和光滑法。

第VII部分(第 19 和 20 章)从更广的范围讨论两个数据分析主题：社交网络分析和文本挖掘。它们能把数据挖掘方法应用于专用的数据结构：社交网络和文本。

最后的第Ⅷ部分介绍了几个案例。

虽然读者可以按本书的章节顺序阅读每一章的专题内容，但是也可以单独阅读每一章。建议读者在开始阅读第Ⅳ部分和第Ⅴ部分之前，务必阅读第Ⅰ、第Ⅱ、第Ⅲ部分的内容。同样在第Ⅵ部分，建议先阅读第 16 章，再阅读随后的第 17 和 18 章。

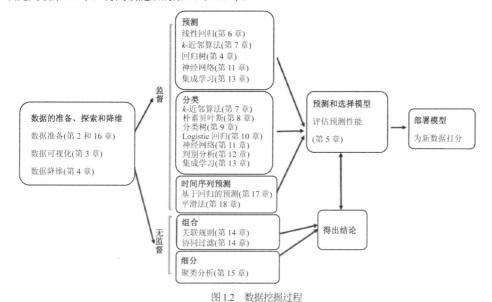

图 1.2　数据挖掘过程

表 1.1　本书根据数据性质对数据挖掘方法做了分类*

	监督学习		无监督学习
	连续响应	分类响应	无响应
连续预测变量	线性回归(6)	k-近邻算法(7)	主成分(4)
	k-近邻算法(7)	Logistic 回归(10)	协同过滤(14)
	神经网络(11)	神经网络(11)	聚类分析(15)
	集成算法(13)	判别分析(1)	
		集成算法(13)	
分类预测变量	线性回归(6)	朴素贝叶斯(8)	关联规则(14)
	回归树(9)	分类树(9)	协同过滤(14)
	神经网络(11)	Logistic 回归	
	集成算法(13)	神经网络(11)	
		集成算法(13)	

*圆括号里的数字表示章号。

使用 Python 和 Jupyter Notebook

Python 是一门功能强大的通用编程语言，它有很多应用：从简短的脚本程序到企业级的大型应用程序。现在有很多可用于科学计算的免费开源库和工具，而且数量不断增多。要想进一步了解 Python 及其应用，请访问 www.python.org。

　　为了方便读者实际体验数据挖掘过程，本书使用了 Jupyter Notebook(参考图 1.3 中的例子)。它们提供了一个交互式计算环境。在这个环境里，我们很容易把代码的执行、丰富的文本格式和图形等集为一体。

　　Python 语言被广泛应用于学术界和产业界，而且在数据挖掘和数据分析等领域越来越受欢迎，这是因为用户很容易获得可用于数据分析、数据可视化和机器学习等各个领域的程序包。其中涵盖了统计和数据挖掘领域里的各种技术——分类、预测、关联分析和文本挖掘、时间序列预测、数据探索和数据压缩，此外还提供了各种监督数据挖掘工具——神经网络、分类和回归树、k-近邻分类、朴素贝叶斯、Logistic 回归、线性回归和判别分析，这些都可以用于预测模型。Python 提供的程序包还涉及无监督算法——关联规则、协同过滤、主成分分析、k-均值聚类和层次聚类以及可视化工具和数据处理工具。同一个方法可能会在多个包中得到实现，正如我们在本书里不断提到的那样。本书的示例、习题和案例都是用 Python 语言实现的。

- 下载：对于 Python 和 Jupyter Notebook，建议使用 anaconda 访问 www.anaconda.com，按网站上的指示进行下载。
- 安装：请安装 anaconda 和 anaconda-navigator，后者用来安装和更新单个 Python 包。
- 使用：可从 anaconda-navigator 启动 Jupyter，也可从命令行启动 Jupyter。

要想获得有关本书最新及更全面的信息，请访问 www.dataminingbook.com。

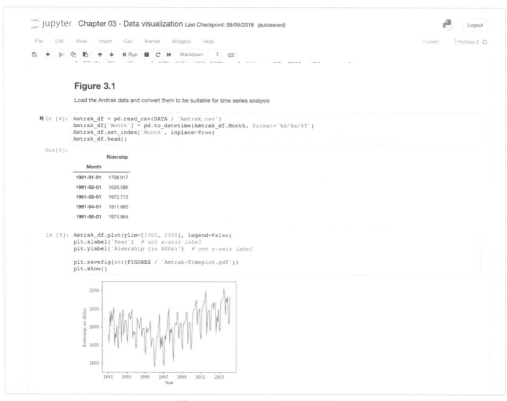

图 1.3　Jupyter Notebook 的工作界面

## 第 2 章

数据挖掘过程概述

本章概述数据挖掘的主要步骤。数据挖掘过程起始于目标明确的定义，终止于模型的部署。图 2.1 给出了数据挖掘的主要步骤。此外，本章还介绍与数据收集、数据清理和预处理等有关的一些问题。我们引入了数据分割的概念，分割生成的训练集用来训练模型，分割生成的另一个数据集(验证集)用来评价模型的性能，同时也解释为什么这样做有助于避免过拟合的出现。最后，我们用一个实例来说明模型的构建步骤。

图 2.1 数据建模过程的流程图

2.1 引言

在第 1 章，我们已经介绍了数据挖掘的几个通用定义。在本章，我们还将论述常被称为数据挖掘的各种方法。本书的核心内容是预测分析、分类和预测任务、模式发现。这些内容已成为绝大多数大公司商业分析的核心内容。

本书并未详细讨论的两个比较简单的数据库方法是联机分析处理(Online Analytical Processing，OLAP)和 SQL(Structured Query Language，结构化查询语言)。这两个方法也常被当作数据挖掘方法。OLAP 和 SQL 对数据库的搜索在本质上是属于描述性的，而且基于由用户定义的业务规则(例如，find all credit card customers in a certain zip code with annual charges > $20,000, who own their home and who pay the entire amount of their monthly bill at least 95% of the time，翻译为中文就是，在某个邮编区域里找到所有花费大于 20 000 美元、拥有自住房屋且每月全额还款超过 95%的信用卡用户)。虽然 SQL 查询常用来获取数据挖掘所需要的数据，但是它们并没有涉及统计建模和自动算法。

2.2 数据挖掘的核心思想

2.2.1 分类

分类可能是数据分析的最基本形式。收到录用通知书的人会有两种反应：接受或不接受。贷款的申请人存在三种情形：按时还款、延迟还款或宣布破产。信用卡交易可以是正常交易或欺诈交易。网络上传输的数据包可能包含良性内容或有害内容。车队里的巴士可以提供服务或者不能提供服务。患者可能已经恢复、继续治疗或已病故。

数据挖掘的常见任务是分析分类未知的数据或者发生在未来的数据，试图预测数据中包含哪些类型或者数据属于哪一种类型。从分类已知的相似数据中找出规则，然后把它们应用于分类未知的数据。

2.2.2　预测

预测与分类相似，只是预测的对象是数值型变量(如采购金额)而非分类变量(如购买者或非购买者)。当然，用分类算法也可以预测类别，但是本书所说的预测专指连续数值型变量的预测(在某些数据挖掘文献中，估计和回归用来代表连续变量的预测，而预测既指连续数据，也指分类数据)。

2.2.3　关联规则与推荐系统

包含客户交易记录的大型数据库凭借自身的优势，对客户选购的商品进行关联分析，即分析“哪些商品会与哪些商品一起购买”。关联规则或亲和性分析，专门用来在大型数据中找到商品间普遍存在的关联模式。例如，杂货店可以利用关联信息合理放置商品。他们可以利用这些规则举行每周一次的促销活动或者将商品搭配销售。医院可以从患者住院数据库推导出关联规则，并利用这些关联规则找到“在有了什么样的症状后有可能会出现什么症状”的答案，因而可以预测患者再次住院的症状。

Amazon.com 和 Netflix.com 等网站的在线推荐系统采用了协同过滤技术。这是一种根据客户在过去购物历史中表现出来的偏好和口味、评分、浏览记录和其他表示个人偏好的度量指标实现推荐服务的方法。与关联规则相对应的是协同过滤。前者生成适用于总人口的关联规则，后者则在个体级生成“什么商品与什么商品搭配”等规则。因此，协同过滤常用在推荐系统中，目的是给偏好广泛的用户提供个性化的推荐服务。

2.2.4　预测分析

分类和预测在某些情况下还包括关联规则和协同过滤，这些技术都可以用在预测分析中。预测分析这个术语有时也包括聚类划分等模式识别方法。

2.2.5　数据规约与降维技术

当变量的个数受到限制时，或者当大量记录被划分为同质组时，数据挖掘算法的性能通常会得到改善。例如，分析师不会直接处理成千上万个不同类型的产品，而是把它们分类成数量较少的组，然后为每个组单独建立模型。营销主管可能希望把客户分成不同的角色，因为只有在把客户分类为同质组时才能定义角色。把大量的记录(或实例)整合成较小数据集的过程称为数据规约(Data Reduction)，通常把减小实例数量的方法称为聚类(clustering)。

通常把压缩变量个数的方法称为降维。降维是在部署数据挖掘方法之前十分常用的初始步骤，旨在提高预测能力并改善可管理性和可解释性。

2.2.6　数据探索和可视化

数据处理早期阶段的一个步骤是探索数据。探索常用于数据清理和变换，也用于可视发现和"假设生成"。

用于数据探索的方法包括各种数据汇总和摘要，不管是数值形式还是图形形式。数据探索还包括单独分析每个变量以及变量间的关系。进行数据探索的目的是发现数据中存在的模式和异常现象。使用图形和数据面板的数据探索方法被称为数据可视化或可视化分析。对于数值型变量，可以利用直方图或箱线图了解数据的数值分布，检测奇异值(异常观测对象)，发现其他与分析任务有关的信息。同样，对于分类变量，数据探索也可以使用图表。另外，对于数值型变量，我们可以使用两个变量的散点图，了解它们可能存在的关系，同样可以检测数据的奇异值。在图形中添加颜色和交互导航可以大大改善可视化效果。

2.2.7　监督学习与无监督学习

各种数据挖掘方法之间的根本区别是监督学习和无监督学习。监督学习是一些用于分类和预测的算法。使用监督学习时，数据的结果变量(如已购买或没有购买)必须已知，这样的数据也称为标签数据，因为每条记录都有一个标签(结果值)。训练数据是供分类算法或预测算法学习或训练用的，可通过训练数据获取预测变量与结果变量的关系。当算法经过学习后，就可以应用于其他也包含标签数据的样本(也称为验证数据)，不过在这些数据中，结果值已知，但是故意隐藏起来，用来与预测结果进行比较，以确定算法的性能。如果需要比较多个模型，最好保存第三份样本，这份样本的结果变量也是已知的，把它应用于最终选定的模型，以确定预测效果。现在，最终选定的模型就可以用来预测新实例(结果值未知)的结果值。

简单的线性回归就是监督学习算法的典型代表(读者可能已经在统计学导论课堂上学习过这种算法)。Y 变量(已知)是结果变量，X 变量是预测变量。生成一条回归线，使得实际值与使用这条回归线得到的预测值之差的平方和最小。得到了回归线后，我们就可以用它预测新实例的结果值。

无监督学习算法是指那些可以应用于以下场合的算法：不含需要预测或分类的结果变量。由于没有"学习过程"，因此不需要从已知结果值的实例中进行学习。关联规则、降维方法和聚类技术都是无监督学习算法。

有时监督学习和无监督学习也可以一起使用。例如，首先用无监督学习把贷款申请人分成不同风险等级的组，然后用监督学习对每个组单独进行预测，预测贷款违约风险。

监督学习需要好的监督

在某些情形下，因变量的值(即标签)之所以已知，是因为它们是数据本身不可缺少的一部分。网络日志会记录某个用户是否单击指定的链接。银行记录会显示某笔贷款是否按时还款。但是在另一些情形下，必须通过人工标注方法给因变量设定值，并且需要生成足够多的标签数据去训练模型。电子邮件必须用人工方法标注为垃圾邮件或合法邮件。在法律发现研究中，必须把文档标注为相关文档或非相关文档。不管哪种情况，监督质量不高的话，数据挖掘算法就可能会被数据误导。

2014 年 1 月 5 日，Gene Weingarten 在《华盛顿邮报》上报道了这样一件事情：一条非常怪的短语 defiantly recommend 如何通过自动校正系统悄然进入英语词汇里。defiantly 比起 definitely 更接近另一个很容易拼错的单词 definatly。当用户输入拼写错误的单词 definatly 时，早期的 Google 搜索引擎会将其当作 defiantly。在理想的监督学习模型里，人们要引导自动校正过程，即拒绝 defiantly 这个单词，并替换为 definitely。谷歌的算法应该通过学习知道 definitely 是 definatly 的最佳首选匹配词。

2.3　数据挖掘步骤

本书的重点是理解和使用数据挖掘算法(下面的步骤(4)~(7))。然而，我们发现，商业分析项目中出现的一些最严重错误往往是由于对问题没有理解正确造成的——必须在深入算法细节之前正确地理解问题本身。下面列出典型的数据挖掘步骤。

(1) 深入分析数据挖掘项目的目的。利益相关者将如何使用项目的结果？项目的结果对谁有影响？数据分析只是一次性投入还是需要持续投入。

(2) 收集分析数据挖掘项目所需要的数据。我们通常需要从大型数据库中选取部分样本数据，供分析使用。样本与总体的关系决定了数据挖掘结果推广到样本外数据的能力。这一步可能需要合并来自多个不同数据库或资源的数据，这些数据可能是公司内部的数据(如顾客过去的购买历史)，也可能来自外部(信用等级)。虽然数据挖掘需要处理非常大的数据库，但是通常只需要分析几千或几万条记录即可。

(3) 探索、整理和预处理数据。这一步能确保数据处于合理状态。缺失数据如何处理？数值是否处于合理的范围内？是否有明显的奇异值？可以用可视化方法检查数据。例如，用一系列的散点图显示每个变量与其他变量的关系。此外，我们需要确保字段的定义、度量单位、时间间隔等属性的一致性。在这一步，经常需要通过已有变量创建新的变量。例如，使用开始时间和结束时间计算持续时间。

(4) 如有必要，压缩数据的维数。降维的主要目的是删除无关的变量或对变量进行变换处理。例如，把"money spent"变换成"spent>$100"和"spent≤$100"或者创建新变量(可创建一个新变量来表示客户至少购买了其中一件商品)。你必须理解每个变量的意义以及每个变量是否有必要都包含在模型里。

(5) 决定数据挖掘的任务(分类任务、预处理任务或聚类任务等)。这一步需要把一般的问题或疑问转换为更具体的数据挖掘问题。

(6) 分割数据(用于监督任务)。如果任务属于监督类型(即分类或预测型)，那么需要随机分割数据集。可以把数据集分割成三个子集：训练集、验证集和测试集。

(7) 选择数据挖掘方法(回归、神经网络、层次聚类等)。

(8) 用算法实现任务。这一步通常是一个交互过程，我们需要尝试各种不同实现方案，并且经常需要尝试同一种算法的不同实现方法(在算法里选择不同的变量或配置参数)。在适当情况下，可利用算法在验证数据上的性能反馈信息改进模型。

(9) 解释算法的结果。这一步需要做出选择，为实际部署模型选择最优的算法。如有可能，还需要把最终选取的算法应用于测试集以确定算法的性能(回想一下，为了调整算法，可能需要在验证集上测试算法，于是验证数据成为拟合过程的一部分，这很可能低估了最终选择的模型在部署过程中产生的错误)。

(10) 部署模型。这一步需要把模型集成为可以运行的系统，并且运行在真实数据上，用于决策或采取行动。例如，可能要把模型应用于潜在客户的购物清单，采取的行动可能是"向预测出的购买金额大于 10 美元的客户发送邮件"。这一步的关键任务是给新记录"计分"，或者使用选择的模型预测每一条新记录的结果变量("分数")。

上述这些步骤可以归纳为 SEMMA，这是由 SAS 软件公司最早提出的一个概念。

- Sample(采样)：从数据集中选取一个样本集，并把它分割成训练集、验证集和测试集。
- Explore(探索)：用统计方法和可视化方法探索数据集。
- Modify(调整)：变换变量和插补缺失值。
- Model(建模)：拟合预测模型(例如回归树、人工神经网络)。
- Assess(估计)：用验证集比较各个模型。

IBM 的 SPSS Modeler(原来的 SPSS-Clementine)建模软件也有一个类似的概念，称为 CRISP-DM(CRoss-Industry Standard Process for Data Mining，数据挖掘跨行业标准过程)。这些平台提供的预测建模过程都包含同样的步骤。

2.4　前期步骤

2.4.1　数据集的组织

通常数据集是按以下方式组织和显示的：变量代表列，记录代表行。我们以一个数据集为例来说明数据的组织结构，这个数据集中的内容是 2014 年波士顿 West Roxbury 小区的房价。它有 14 个变量和 5000 条房源记录。数据集里的每一行代表一个房子。第一个房子的估价是 344 200 美元，应交税 4430 美元，面积为 9965 平方英尺(1 平方英尺约 0.093 平方米)，建于 1880 年。在监督学习算法里，其中一个变量是因变量，通常位于数据集的第一列或最后一列。本例的因变量是总房价(TOTAL VALUE)，位于数据集的第一列。

2.4.2　预测 West Roxbury 小区的房价

互联网已经给房地产业带来巨变。现在，房产经纪人都通过网站发布房源和房价，市场上到处都有独立房屋和公寓的估价，甚至出现了通常不在市场上挂牌的住宅单元的估价。在编写本书的时候，Zillow(www.zillow.com)是一家在美国颇受欢迎的在线地产网站。2014 年，Zillow 收购了其最主要的竞争对手 Trulia 公司。截至 2015 年，Zillow 公司网站已成为美国人查看房价的最重要平台，正因为如此，它也成了房产经纪人最主要的在线广告网站。本来房产经纪人可以获得高达 6%的佣金，这每年给他们带来十分可观的盈余，但是现在他们需要给 Zillow 公司交广告费，因此他们的利润大受影响(事实上，这正是 Zillow 公司商业模式的关键——把 6%的佣金从房产经纪人那里转移到自己的腰包里)。

Zillow 公司发布的房产价格被称为 Z 估价(Zestimates)，这些数据直接来源于公开的城市房屋信息，这些信息是评估房产税的依据。因此，房产经纪人想要寻求一种可以取代 Zillow 公司的办法。

一种简单的办法就是使用由市政当局确定的房产估价，但是这些估价不包含房屋的所有附属物，并且没有考虑房屋结构的改变或其他附加物的添加而带来的变化。另外，市政当局使用的评估方法往往不够透明，并不能反映市场的真实情况。但是，城市地产数据可以作为建立模型的基础，之后再在模型中添加其他数据。

现在我们分析波士顿地产评估数据。数据主要来自波士顿，可以用来预测房产价格。WestRoxbury.csv 数据文件包含了 West Roxbury 小区每个业主自住的独立房屋的价格信息，既包括众多预测变量的数据，也包括因变量的数据——房产的评估价(Total Value)。这个数据集一共有 14 个变量和 5802 条记录。表 2.1 详细描述了这个数据集中每个变量的含义[1]。表 2.2 展示了这个数据集的一个样本集[2]。

前面曾提到，在标题行的下面，每一行代表一个房子。例如，第一个房子的评估价是$344 200 美元(TOTAL VALUE)，应交税 4430 美元，面积为 9965 平方英尺，建于 1880 年，上下两层，共有 6 个房间。

1　完整的数据字典可从 https://data.boston.gov/dataset/property-assessment 网站下载，这里修改了几个变量名。

2　数据来自 https://data.boston.gov/dataset/property-assessment 的地产评估文件 FY2014，这些数据已经过简单的整理。

表 2.1　West Roxbury 小区房价数据集中的变量及其说明

变量	说明
TOTAL VALUE	房子的总估价，单位为千美元
TAX	税单上的总税额，等于房子的总估价乘上税率，单位是美元
LOT SQ FT	占地面积(单位为平方英尺)
YR BUILT	房子的建造年份
GROSS AREA	楼面面积，单位为平方英尺
LIVING AREA	居住面积，单位为平方英尺
FLOORS	楼层数
ROOMS	房间个数
BEDROOMS	卧室个数
FULL BATH	全浴室个数
HALF BATH	半浴室个数
KITCHEN	厨房个数
FIREPLACE	壁炉个数
REMODEL	房子的改造时间(Recent/Old/None)

表 2.2　West Roxbury 小区房价数据集中的前 10 条记录

TOTAL VALUE	TAX	LOT SQ FT	YR BUILT	GROSS AREA	LIVING AREA	FLOORS	ROOMS	BED ROOMS	FUL BATH	HALF BATH	KITCHEN	FIRE PLACE	REMODEL
344.2	4330	9965	1880	2436	1352	2	6	3	1	1	1	0	None
412.6	5190	6590	1945	3108	1976	2	10	4	2	1	1	0	Recent
330.1	4152	7500	1890	2294	1371	2	8	4	1	1	1	0	None
498.6	6272	13,773	1957	5032	2608	1	9	5	1	1	1	1	None
331.5	4170	5000	1910	2370	1438	2	7	3	2	0	1	0	None
337.4	4244	5142	1950	2124	1060	1	6	3	1	0	1	1	Old
359.4	4521	5000	1954	3220	1916	2	7	3	1	1	1	0	None
320.4	4030	10,000	1950	2208	1200	1	6	3	1	0	1	0	None
333.5	4195	6835	1958	2582	1092	1	5	3	1	0	1	1	Recent
409.4	5150	5093	1900	4818	2992	2	8	4	2	0	1	0	None

2.4.3　在 Python 程序中载入并浏览数据

　　Pandas 支持载入多种格式的数据文件，但通常我们希望使用 csv(comma separated values，逗号分隔值)格式的数据文件。如果数据文件是 xlsx(或 xls)格式，那么可以在 Excel 里把数据保存为 csv 格式，具体方法是选择 File | Save as | Save as type: CSV (Comma delimited) (*.csv) | Save 命令。在 Excel 中处理 csv 文件时，需要注意两点：

　　1) 在 Excel 里打开 csv 文件时，会自动去掉起前导作用的 0，这会损坏像邮政编码这样的数据。

2) 在 Excel 里保存 csv 文件时，只会保存显示的数字。如果需要精确到小数点后的某几位数字，那么必须确保在保存之前，先显示这些位上的数字。

如果计算机中已经安装了 Python 和 Pandas，而且 WestRoxbury.csv 文件已保存为 csv 格式，那么仅仅执行表 2.3 中的代码就可以把这个数据文件载入 Python 中。

表 2.3　用 Pandas 读取数据文件

打开 Anaconda-Navigator，启动 Jupyter Notebook，这会打开一个新的浏览器窗口。导航到 csv 文件所在的文件夹，打开一个新的 Python Notebook。用户可以把名称"Untitled"改为更具描述性的其他名称，如 WestRoxbury。

把下面的代码粘贴到输入区域，单击 Run 按钮执行程序，系统会在每个输入区域中显示执行结果。如果想看到额外的输出结果，那么需要使用 print 函数。但为了提高可读性，后面的大部分程序都没有使用 print 函数。

载入数据文件并生成子集
```python
# Import required packages
import pandas as pd

# Load data
housing_df = pd.read_csv('WestRoxbury.csv')
housing_df.shape # find the dimension of data frame
housing_df.head() # show the first five rows
print(housing_df) # show all the data

# Rename columns: replace spaces with '_' to allow dot notation
housing_df = housing_df.rename(columns={'TOTAL VALUE ': 'TOTAL_VALUE'}) # explicit
housing_df.columns = [s.strip().replace(' ', '_') for s in housing_df.columns] # all columns

# Practice showing the first four rows of the data
housing_df.loc[0:3] # loc[a:b] gives rows a to b, inclusive
housing_df.iloc[0:4] # iloc[a:b] gives rows a to b-1

# Different ways of showing the first 10 values in column TOTAL_VALUE
housing_df['TOTAL_VALUE'].iloc[0:10]
housing_df.iloc[0:10]['TOTAL_VALUE']
housing_df.iloc[0:10].TOTAL_VALUE # use dot notation if the column name has no spaces

# Show the fifth row of the first 10 columns
housing_df.iloc[4][0:10]
housing_df.iloc[4, 0:10]
housing_df.iloc[4:5, 0:10] # use a slice to return a data frame

# Use pd.concat to combine non-consecutive columns into a new data frame.
# The axis argument specifies the dimension along which the
# concatenation happens, 0=rows, 1=columns.
pd.concat([housing_df.iloc[4:6,0:2], housing_df.iloc[4:6,4:6]], axis=1)

# To specify a full column, use:
housing.iloc[:,0:1]
housing.TOTAL_VALUE
housing_df['TOTAL_VALUE'][0:10] # show the first 10 rows of the first column

# Descriptive statistics
```

```
print('Number of rows ', len(housing_df['TOTAL_VALUE'])) # show length of first column
print('Mean of TOTAL_VALUE ', housing_df['TOTAL_VALUE'].mean()) # show mean of column
housing_df.describe() # show summary statistics for each column
```

Pandas 使用数据框架(DataFrame)格式保存来自 csv 文件的数据。如果 csv 文件有列标题，那么它们会自动保存为数据的列名。数据框架是 Pandas 中的最基本对象，它是一种特别有用的数据处理工具。数据框架由行和列组成。行就是每个实例(即每个房子)的观测值，列就是变量(如 TOTAL VALUE、TAX)的值。通过表 2.3 里的程序，读者应该熟悉了在进行数据分析之前所需要执行的基本步骤：确定数据的大小和维数(行数和列数)，浏览全部数据，仅显示所选的行和列，对某些变量进行统计汇总。注意，前面有#符号的内容属于注释。

在 Python 中，切片操作是数据框架和列表的一种很有用的数据访问方法。通常用切片方法返回一个对象，这个对象是某个序列的一部分，或是数据框架的部分列和部分行。例如，TAX[0:4]是变量 TAX 的一个切片，它返回 TAX 的前 5 个值(但严格来说，实际上只返回前 4 个值)。注意，在 Python 语言中，索引是从 0 而不是从 1 开始的。Pandas 通过两个方法来访问数据框架的行数据[1]：loc()和 iloc()。loc()方法更通用，它允许用标签访问数据，而 iloc()方法只允许用整数下标访问数据。为了表示连续几行记录，可以使用切片操作，如 0:9。根据规定，Python 中的切片不包括切片的结束索引。iloc()方法符合这个规定，而 loc()方法不符合这个规定，因为 loc()方法包括切片的结束索引。因此，当使用 iloc()和 loc()方法时，一定要注意两者的这一差别。

2.4.4　Python 包的导入

在表 2.3 中，我们导入了可用于处理数据的 Python 包——Pandas。在本章的后面，我们还会用到其他包。可使用下面几行代码导入这些所需的包。

```
import numpy as np
import pandas as pd
from sklearn.model_selection import train_test_split
from sklearn.metrics import r2_score
from sklearn.linear_model import LinearRegression
```

pd、np 和 sm 是数据科学领域十分常用的缩写符。

2.4.5　从数据库获得采样数据

通常，我们不是对整个数据库进行数据挖掘。数据挖掘算法通常会受到各种各样的限制，比如受记录条数或变量个数的限制。这些限制可能是由计算速度、计算能力或软件本身的局限性而引起的。即使受这些限制，许多算法在较小样本集上也会执行得较快。

通常，只需要用几千条记录就可以创建精确的模型。因此，我们希望从一个大型数据库生成一个样本子集，用它建立模型。表 2.4 展示了使用 Pandas 包生成样本子集的程序。

1　在面向对象编程里，方法与函数稍有不同。为简单起见，我们认为方法是与对象(数据框架)密切关联的函数，使用方法可以访问对象的数据。

表 2.4　使用 Pandas 包生成样本子集

采样、过采样或欠采样

```
# random sample of 5 observations
housing_df.sample(5)
# oversample houses with over 10 rooms
weights = [0.9 if rooms > 10 else 0.01 for rooms in housing_df.ROOMS]
housing_df.sample(5, weights=weights)
```

2.4.6　在分类任务中对小概率事件的过采样

假如想要分类的事件很少出现，例如，收到直邮促销广告的客户下单购买、信用卡的欺诈交易，等等。对于这些很少出现的事件，在经过随机采样后，这类事件就更少了，因此有关这些事件的信息少之又少。我们正处于这样的窘境：我们拥有普通客户(没有购买意愿)的大量数据以及大量的信用卡正常交易(没有欺诈行为)记录，但是有购买意愿的客户记录或信用卡欺诈交易记录却很少，这些信息是建立能够分区购买者和非购买者、欺诈交易与正常交易的模型的基础。对于这样的情形，我们希望在采样过程中对于小概率事件(有购买经历，信用卡欺诈交易)加大它们的权重，而降低大概率事件(没有购买经历，信用卡普通交易)的权重，从而使这两种极端情形可以达到合理的比例。

有足够多的响应变量或"成功"的实例训练模型只是问题的一个因素。另一个更重要的因素是分类的成本。凡是响应率非常低的情形，我们总会把更多的精力用于识别响应者，而非用于识别非响应者。在直邮广告中(不管是通过传统邮件，还是通过电子邮件或网页上的广告)，几百个用户中可能只有一两个响应者。找到这种客户的价值远超把广告发送给他们的成本。在识别信用卡欺诈交易记录或无法还款客户的过程中，找到这些客户的成本可能远大于对合法交易或客户进行详细审核的成本。

当无法找到响应者的代价与把响应者误分类为非响应者造成的代价不分伯仲时，如果把几乎每个人都当作无购买意愿者(因为可能有少数几个响应者很容易识别，而且不需要访问很多无购买响应者)，那么我们的模型就可以在整体上达到最高的精确度。在这样的情形下，分类错误率会非常低——等于响应者的响应率——但是模型毫无价值。

更常见的情形是，在我们的潜意识里，我们希望用不对称的成本训练模型，这样算法就可以捕捉到更有价值的响应者，但可能要付出代价——把更多的非响应者误分类为响应者带来的代价。如果我们认为两者同样重要，那么可能不会出现这样的问题。这个问题将在第 5 章深入讨论。

2.4.7　数据预处理和数据清理

变量的类型　变量的分类方法有好几种。变量可以是数值型或文本型(字符或字符串)。它们可以是连续的(可以取某个范围内的任何实数值)，也可以是离散的(只能取有限的几个值中的某个)，还可以是日期型。分类变量可以编码为数值型(如 1、2、3 等)或文本型(如当前能还款、当前不能还款、破产等)。另外，分类变量既可以是无序的(称为标称变量)，例如北美、欧洲、亚洲这样的分类值；也可以是有序的(称为定序变量)，例如高值、低值或无效值。

大多数数据挖掘算法，除了朴素贝叶斯分类器之外，都可以处理连续变量，但是后者只能处理分类预测变量。数据挖掘领域里的机器学习源自分类结果变量存在的问题，统计学源自连续变量的分析。有时，我们需要把连续变量转换为分类变量。结果变量经常需要执行这类转换，即把数值型结果变量映射到决策变量(例如，大于某个基准值的信用分意味着可以"授信"，而大于某个基准值的医疗检测结果意味着可以"开始治疗")。

对于 West Roxbury 数据，在表 2.5 所示的程序中，有的 Pandas 语句可以浏览数据，有的可以确定变量的类型，还有的可以确定分类变量的分类值个数。

分类变量的处理 大多数数据挖掘算法都可以处理分类变量，但是需要采取特殊的方法。如果分类变量是有序的(如年龄组、信用等级等)，那么也可以用数值(如 1、2、3、…)来编码它们，并把它们当作连续的数值变量。分类值的个数越少，等间隔增量的个数越少，方法越麻烦，但是通常处理结果还不错。

表 2.5 查看 Pandas 中的变量

```
查看变量
housing_df.columns # print a list of variables
# REMODEL needs to be converted to a categorical variable
housing_df.REMODEL = housing_df.REMODEL.astype('category')
housing_df.REMODEL.cat.categories # Show number of categories
housing_df.REMODEL.dtype # Check type of converted variable
部分输出
> housing_df.columns
Index(['TOTAL_VALUE', 'TAX', 'LOT_SQFT', 'YR_BUILT', 'GROSS_AREA',
       'LIVING_AREA', 'FLOORS', 'ROOMS', 'BEDROOMS', 'FULL_BATH', 'HALF_BATH',
       'KITCHEN', 'FIREPLACE', 'REMODEL'],
    dtype='object')
> housing_df.REMODEL.cat.categories
Index(['None', 'Old', 'Recent'], dtype='object')

> housing_df.REMODEL.dtype
category
```

然而，分类标称变量实际上并不能按表面意思来使用。在很多情形下，它们需要分解成一系列二元变量或虚拟码变量(dummy variable，又称虚拟变量)。例如，有一个分类变量，它有四个可能值："学生""失业""就业""退休"。我们可能需要把它拆分成四个独立的虚拟变量：

- 学生——Yes/No
- 失业——Yes/No
- 就业——Yes/No
- 退休——Yes/No

在很多情形下，只需要使用其中的三个变量就够了，因为只要其中三个变量已知，第四个变量就可以确定。例如，因为每一个人只有上述四种状态，所以如果某人既不是学生，也不是失业者，并且不是就业人员，那么他肯定是退休人员。在有些算法(如线性回归和 Logistic 回归)中，我们没有必要使用全部四个变量——冗余的信息会导致算法无效。此外需要注意，创建虚拟码变量时，要保证原始的分类变量不受影响。表 2.6 展示了 West Roxbury 数据集中全部分类变量的二元虚拟码。

表 2.6 在 Pandas 中生成虚拟码变量

```
生成虚拟码变量
# use drop_first=True to drop the first dummy variable
housing_df = pd.get_dummies(housing_df, prefix_sep='_', drop_first=True)
housing_df.columns
housing_df.loc[:, 'REMODEL_Old':'REMODEL_Recent'].head(5)
```

```
Partial Output

    REMODEL_Old REMODEL_Recent
0           0               0
1           0               1
2           0               0
3           0               0
4           0               0
```

变量的选择　越多不一定就越好，这个道理也适用于模型的变量选择。当其他条件相同时，"简约"或"紧凑"是理想模型的一个重要特征。一方面，在模型里加入的变量越多，模型就越复杂，需要更多的记录才能评估变量之间的关系。例如，我们用 15 条记录就可以判断因变量 Y 与单个预测变量 X 的关系。如果要评估因变量 Y 与 15 个预测变量 X_1, X_2, …, X_{15} 的关系，那么 15 条记录是绝对不够的(只有一条记录用于评估因变量 Y 与每个变量的关系，因此评估是非常不可靠的)。此外，由于容易受数据质量和数据可用性等问题的影响，因此包含很多变量的模型通常稳健性不够，需要做进一步的数据清理和预处理。

需要多少变量和数据　统计学家为我们提供了详细步骤。在给定数据集和模型的情况下，为了达到给定的可靠性，这种方法可以比较准确地确定需要多少条记录，这被称为"功率计算"。这种方法确保了总体的平均效果可以由样本数据估计得到，而且有足够的准确度。数据挖掘算法的需求往往不一样，因为它们的目标不是平均效应，而是预测个体记录。为了达到这个目标而需要的样本数要大于统计推断要求的样本数。经验法则是，每个预测变量至少需要 10 条记录。Delmaster 和 Hancock 在分类算法中提出了另一法则——至少需要 $6 \times m \times p$ 条记录，这里的 m 是结果变量的类型值个数，p 是变量个数。

通常，简约性或紧凑性是任何数据挖掘模型都期望的特性。即使开始时变量很少，随后也会慢慢地加入很多的新变量(例如，把分类变量转换为虚拟码变量)。数据可视化和降维技术可以帮助我们减少变量数量，从而可以减少数据的冗余度和重叠信息。

即使有充足的数据量，我们也有足够的理由必须注意模型包含的变量数目。我们应该咨询具有领域知识(是指商业处理和数据处理方面的知识)的专家，模型中应该包括哪些变量才是构建好的模型并避免错误的最关键因素。例如，假设我们要预测顾客所购买商品的总金额，现有几个经过编码的预测变量 X1、X2、X3、…。我们可能并不知道这些编码的意义。我们可能发现 X1 是一个很好的能够预测购买总金额的变量，然而我们却发现 X1 是货物运输的费用，这只是总采购金额的一部分。显然，如果以运输费用作为预测变量，那么肯定是不能用来预测总购买金额的，因为运输费用只有在交易完成后才会知道。另一个例子是，我们在客户申请贷款时预测客户贷款违约的可能性。如果我们拥有的数据只含以前批准的贷款申请人的信息，那么我们现有的信息无法区分贷款被拒者中的哪些人是贷款违约者，而哪些人不是贷款违约者。一个只根据贷款获批数据建立起来的模型不能用来预测客户在申请贷款时的违约行为，而只能预测贷款批准后的违约行为。

奇异值　需要处理的数据越多，遇到错误数据的机会也越多。这些错误主要源自测量错误、数据输入错误或由其他因素引起的错误。如果错误值与其他值一样处在同一个区间，那么它们可能是无害的。但是，如果错误值处在其他数据的区间之外(例如，小数点位置错位)，那么这类错误可能会对数据挖掘的处理过程产生严重影响。

离整体数据很远的数值称为奇异值。"很远"这个词是特意安排的模糊概念，因为是不是奇异值在很大程度上属于主观判断。分析师的判断法则是，"任何离平均值超过三个标准差的值都是奇异值"，但是没有统计规则告诉我们，这些奇异值是否是错误操作的结果。从这个意义上讲，奇异值并不是无效的数据点,而只是远离的数据点。

识别奇异值的目的是对这些值做进一步的检查。经过数据分析后,可能得出相对合理的解释,例如小数点位置错误,这是有可能的。我们也有可能无法解释原因,而只是知道某个数值是不合理的,比如一名病人的体温是 178° F。抑或我们认为某个奇异值处于可能值的范围内,因此不做任何处理。对这些问题的判断都需要某个领域知识专家的支持。考虑应用领域知识的几个例子:直邮广告、抵押金融等。这些问题不仅需要统计专业知识和数据挖掘知识,更需要领域知识。统计过程只不过确定了哪些记录需要重新核查。

如果人工审核可行的话,就可以发现并改正某些奇异值。不管哪种情形,如果出现奇异值的记录数量非常小,它们就可以当作缺失数据处理。那么如何检查奇异值呢?一种方法是把数据按第一列排序(在 Pandas 中使用 sort_values()方法,如 df.sort_values(by=['col1'])),并检查这一列中的最大值和最小值,之后使用同样的方法重复其他列。另一种方法是使用 Pandas 的 min()和 max()函数,分析每一列的最大值和最小值。如果采用自动处理方法,那么需要把每条记录当作一个单位,而不是对每一列的值做单独处理,聚类算法(参见第 15 章)可以用来识别一条或多条记录的簇是否相距很远,然后对这些记录做进一步的分析。

缺失值 通常只是部分记录里出现缺失值。如果出现缺失值的记录不多,可直接忽略这些记录。但是,如果变量非常多,那么即使只删除比例很小的缺失值,也会影响大量的记录。假设只有 30 个变量,5%的数据是缺失值(缺失值随机分布,分布在各条记录和各个变量中),则需要把多达 80%的记录排除在分析之外(一条记录不被排除的概率是 $0.95^{30} \approx 0.215$)。

另一种方法是,不用忽略出现缺失值的记录,而是用插补值替换缺失值。插补值是根据变量在其他记录中的值计算得到的。例如,假设在 30 个变量中,某条记录缺少了家庭收入,我们可以把全部其他记录中家庭收入的均值作为这个缺失值。当然,这样做并不会增加家庭收入如何影响结果变量的信息,但这样做的好处是,我们可以继续分析,而不会丢失这条记录的其他 29 个变量的信息。需要注意的是,这种做法低估了数据集的变异性。但我们可以使用验证数据来评估数据的变异性和数据挖掘方法的性能,因此这不会成为大问题。此外,也可以使用简单的值(如均值或中位值)替换缺失值。事实上,还有其他更加复杂的方法,例如在其他值上应用线性回归,把求得的值作为缺失值,等等。这些方法需要经过精心设计,主要用于医学和科学研究,在这些研究中,病人或研究对象的数据记录来之不易。在数据量非常充足的数据挖掘中,使用简单的方法就足够了。在表 2.7 所示的 Python 程序中,我们用中位数替换了缺失值。这本来就是一个完整的数据集,这里只是为了演示,我们才用人工方法生成了一些缺失值。将中位数而非均值作为缺失值的插补值,是为了与卧室个数是整数这一性质保持一致。

表 2.7　缺失数据的处理

用中位数作为缺失值的插补值

```
# To illustrate missing data procedures, we first convert a few entries for
# bedrooms to NA's. Then we impute these missing values using the median of the
# remaining values.
missingRows = housing_df.sample(10).index
housing_df.loc[missingRows, 'BEDROOMS'] = np.nan
print('Number of rows with valid BEDROOMS values after setting to NAN: ',
      housing_df['BEDROOMS'].count())

# remove rows with missing values
reduced_df = housing_df.dropna()
print('Number of rows after removing rows with missing values: ', len(reduced_df))
```

```
# replace the missing values using the median of the remaining values.
medianBedrooms = housing_df['BEDROOMS'].median()
housing_df.BEDROOMS = housing_df.BEDROOMS.fillna(value=medianBedrooms)
print('Number of rows with valid BEDROOMS values after filling NA values: ',
      housing_df['BEDROOMS'].count())
Output

Number of rows with valid BEDROOMS values after setting to NAN: 5782
Number of rows after removing rows with missing values: 5772
Number of rows with valid BEDROOMS values after filling NA values: 5802
```

在有些数据集中，某些变量会出现大量的缺失值。换言之，很多记录没有这些变量的测量值。在这种情形下，直接丢弃包含缺失值的记录会损失大量数据。插补这些缺失值也可能没有意义，因为插补值是根据现有的很少记录得到的。另一种方法是分析预测变量的重要性，如果不是很重要，则可以丢弃它们；如果很重要，则可以用缺失值较少的代理变量取而代之。当预测变量非常重要时，最好的解决办法是重新获得缺失数据。

处理缺失数据所需要付出的时间是非常可观的，因为并非所有情况都可以自动解决。例如，在一个比较混乱的数据集里，0 可能表示不同的意义：表示数据缺失或实际值为零。在信用卡行业，如果逾期(past due)变量的值为零，则表示某个客户已还清全部贷款，或者表示这个客户根本就没有信用记录。这是两种完全不同的情形。对于这些个案，需要做出人工判断或者使用特殊规则进行处理。

数据归一化和数据重定标　有些算法在实施之前要求数据必须经过归一化处理。所谓变量的归一化，是指用均值去减变量的每一个值，再除以标准差。这个过程有时也称为标准化过程。Pandas 没有为这种操作提供自定义方法，但是通过 mean() 和 std() 函数很容易实现这一功能: (df-df.mean())/df.std()。事实上，我们可以使用 z 分数来表示每个数值相对于均值有多少个标准差。也可使用 StandardScaler() 函数，它是 sklearn 包提供的许多不同类型的变换函数之一。在训练数据集上，可以先首先使用 fit() 或 fit_transform() 函数训练变换器，然后把 transform() 函数应用于验证数据集上。经过变换后的结果不再是数据框架格式，但是它们很容易变回数据框架格式。表 2.8 展示了这两种方式。

归一化是把全部变量变换到同一尺度的一种方法。另一种常用方法是重定标处理(rescaling)，也就是把每个变量变换到[0,1]刻度。这很容易实现，只需要把每个变量的值减去最小值，然后除以区间就行。把变量的值减去最小值相当于把变量变换到起点 0，然后除以区间，这相当于把数据缩放到[0,1]区间。在 Pandas 中，表达式(df-df.min())/(df.max()-df.min())就是用于定标化处理的。在 sklearn 包中，相应的变换器是 MinMaxScaler()函数。

为了说明把数据归一化或定标化到[0,1]区间是否有必要，下面考虑聚类算法。聚类算法通常需要计算每条记录离簇中心的距离或记录之间的距离。在多变量情形下，有可能使用不同的单位：天数、美元、次数等。如果美元按千来计算，而其他都按十来计算，那么美元变量在距离计算中占主导成分。此外，改变单位(比如把天改为小时或月)会产生不同的结果。

表 2.8　数据的归一化处理和定标化处理

```
对数据框架进行归一化处理和定标化处理
from sklearn.preprocessing import MinMaxScaler, StandardScaler
df = housing_df.copy()

# Normalizing a data frame

# pandas:
norm_df = (housing_df - housing_df.mean()) / housing_df.std()

# scikit-learn:
scaler = StandardScaler()
norm_df = pd.DataFrame(scaler.fit_transform(housing_df),
                       index=housing_df.index, columns=housing_df.columns)
# the result of the transformation is a numpy array, we convert it into a dataframe

# Rescaling a data frame

# pandas:
norm_df = (housing_df - housing_df.min()) / (housing_df.max() - housing_df.min())

# scikit-learn:
scaler = MinMaxScaler()
norm_df = pd.DataFrame(scaler.fit_transform(housing_df),
                       index=housing_df.index, columns=housing_df.columns)
```

2.5　预测力和过拟合

在监督学习中,有一个很关键的问题:把模型应用于新数据时的预测性能或分类性能如何?我们特别感兴趣的是如何对各种模型进行比较,从而选出在实际使用时性能最好的那个模型。但关键问题是,必须确保选取的模型能够推广到当前数据集之外的数据。为了确保模型具有普遍性,我们需要使用数据分割技术,并试图避免出现过拟合现象。

2.5.1　过拟合

给模型添加的变量越多,模型在特定数据上出现过拟合的风险就越大。到底什么是过拟合呢?

表 2.9 展示了一组假想的数据,它们是在某段时间里的广告费用以及之后的销售收入。图 2.2 展示了广告费用与销售收入的散点图。我们用一条光滑但却十分复杂的曲线把所有的数据点连接了起来。这条曲线能够十分完美地插值到每个数据点上,并且没有误差(残差),这可以从图 2.3 看出。但是我们发现,如果利用这样的曲线——根据广告费用预测未来的销售收入,那么结果可能不是十分准确,甚至根本没有用处。例如,我们很难相信,当广告费用从 400 美元增加到 500 美元时,销售收入反而会下降。

表2.9 一组假想的数据

(单位：美元)

广告费用	销售收入
239	514
364	789
602	550
644	1386
770	1394
789	1440
911	1354

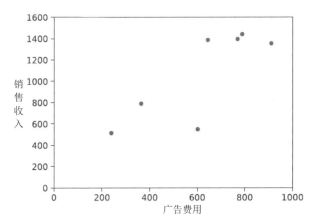

图2.2 广告费用与销售收入的散点图

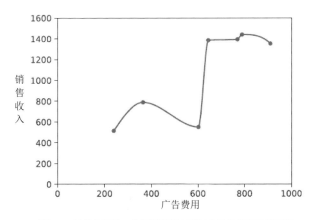

图2.3 过拟合现象：曲线能够拟合到每个数据点且没有误差

构建模型的根本目的是找到能够表示变量之间关系的函数，这样的函数可以根据预测变量的未来值比较准确地预测到因变量的未来值。当然，一方面我们希望模型能够较好地描述现有的数据；但是另一方面，我们更关心的是模型在未来数据上的表现。

在本例中，用一条直线而不是复杂的函数就可以根据广告费用预测未来的销售收入。相反，如果设计一个复杂的函数，那么尽管可以十分完美地拟合全部数据点，但这样做确实过头了。我们希望构建这样一个模型，它能模拟数据的变化，而这种变化不是由偶然因素引起的。我们会错误地把数据中存在的噪声当作有用的信号。

出于同样的道理，我们在模型里添加预测变量，以提高模型在现有数据上的性能。考虑一个包含100 人的数据库，其中一半的人已为慈善事业捐过钱。现在我们要根据一个人的收入、家庭人数和邮政编码等信息预测他是不是捐献者。我们不断地添加更多的预测变量，这样可以改善模型在现有数据上的性能，并且能把误分类率降到可以忽略的程度。很低的误分类率其实只是误导，因为里面可能包含虚假效应，而这种虚假效应可能只是这 100 个人特有的，并且可能不会出现在这个样本集之外的其他数据上。

例如，其中一个变量是身高。我们在理论上不会存在这样的假设：高个子的人会给慈善事业捐献更多的钱。但是在这个样本集里，正好有几个高个子的人给慈善事业捐了很多钱，我们的模型可能会加入身高这个变量，身材越高，捐献越多。于是，当把这个模型应用于其他数据时，效果肯定不好。

如果数据集中的记录数并不比预测变量的个数大许多，那么前面所讲的那种虚假关系就会不知不觉地被添加到模型里。继续讨论慈善捐款这个例子。在一个小的样本集里，只是少部分人身材很高，不管这部分高个子的人捐献多少，我们的算法都会被误导——把捐献金额与身高联系起来。当数据集相对于变量个数很大时，这种误导就不大会出现。对于这种情形，每个预测变量都会对大量记录的预测结果产生贡献。因此，预测结果不会依赖于少量的几条记录，那种情况纯属巧合。

令人奇怪的是，即使我们知道高阶曲线是合适的模型，但是当用于拟合模型的数据集不够大时，低阶函数(不大可能拟合噪声)反而在预测性能方面表现更好。出现过拟合的另一种情形是，我们试图从众多不同模型中选出性能最好的模型。

2.5.2　数据分区的创建和使用

初看起来，我们可能会认为最好选择这样一个模型：这个模型在现有的数据上可以很好地分类或预测因变量的结果。但是，当我们用同一组数据开发模型并评估模型的性能时，我们会引入"乐观的"偏置值。这是因为当我们选择在现有数据上使用性能最佳的模型时，这个模型的最佳性能来源于两方面：

- 这个模型确实比其他模型好。
- 可能是偶然因素，正好遇到这样的巧合：这些数据与选定的模型比较匹配，而与其他模型不是很匹配。

后者对某些方法(如树结构和神经网络等方法)会构成十分严重的问题。这些方法并没有强制要求数据的线性特性，也没有其他结构方面的要求，因此最后很可能会出现过拟合。

为了解决过拟合的问题，我们只需要把数据分割为几个分区(数据分区)，用其中一个分区开发模型。得到模型后，再用另一个分区测试模型，检查模型的性能。我们可以用多种方法测量模型的性能。对于分类模型，我们可以统计模型在保留数据上的误分类比例。对于预测模型，我们可以计算预测值与真实值的残差(预测误差)。这样的评估方法实际上模仿了部署的真实环境，在那种环境里，模型被应用于我们未曾遇到过的数据上。

我们通常把数据分割为两个或三个分区：一个训练集，一个验证集，有时还有一个测试集。也可通过随机方法，按照预先确定的比例把数据分割成训练集、验证集和测试集。我们可以根据一些变量的相关性(比如在时序预报中，数据是根据时间顺序进行分割的)，确定将哪些记录分割到哪个分区。在大多数情形下，为了使得到有偏向性的分区的可能性最小，可以使用随机分割。需要注意名称上的区别，训练区几乎总是使用"训练"这个术语，而其他两个分区的名称可能会有所不同，也可能发生重叠。

　　训练区：训练区通常是最大的数据区，其中包含的数据用来建立我们需要比较的各个模型。同一个训练区还可经常用来开发多个不同的模型。

　　验证区：验证区(有时也称为测试区)用来评估每个模型的预测性能，因此我们可以比较多个模型，并从中选出最佳模型。在某些算法(如分类和回归树、k-近邻算法)中，验证区还可用来自动调整和改善模型。

　　测试区：测试区(有时也称为保留区或评估区)用来评估选中的模型在新数据上的性能。

　　为什么需要验证区和测试区呢？当使用验证数据集评估多个模型并从中选出在验证数据集上性能表现最佳的模型时，我们会再一次遇到过拟合的问题(只不过不是十分严重)——碰巧选中的模型比起其他模型与验证数据集匹配得比较好！换言之，选中的模型在验证数据集上的性能表现过于乐观。

　　验证数据集的随机特性会改善选定模型的表面性能，但实际应用时的新数据可能就没有这种随机特性。因此，我们可能高估了选定模型的准确度。测试的模型越多，就越有可能得到一个模型，使验证数据的模拟噪声特别有效。把这个模型应用于以前未曾遇到的测试数据，即可得到一个无偏的评估结果，这个评估结果表明了这个模型在应用于新数据时的性能。图 2.4 展示了这三个数据区以及它们在数据挖掘中的作用。当我们关心的问题仅仅是如何找到最佳模型，而不在意性能如何时，训练数据和验证数据就足够了。表 2.10 展示了如何使用 Python 程序把 West Roxbury 数据集分割成两个子集(训练集和验证集)或三个子集(训练集、验证集和测试集)。过程如下：首先随机地选取一个样本数据集作为训练集，然后把剩下的记录作为验证集；如果需要分割为三个子集，那么可以从剩下的记录中随机地选取部分记录作为验证集，最后剩下的记录则作为测试集。

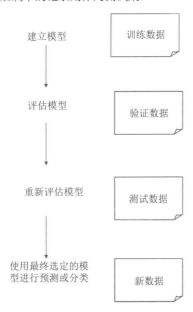

图 2.4　三个数据区以及它们在数据挖掘中的作用

表 2.10　使用 Python 程序分割数据

把 West Roxbury 数据集分割成训练集、验证集和测试集(可选)

```
# random_state is set to a defined value to get the same partitions when re-running
# the code
# training (60%) and validation (40%)
trainData, validData = train_test_split(housing_df, test_size=0.40, random_state=1)

print('Training : ', trainData.shape)
print('Validation : ', validData.shape)
print()

# training (50%), validation (30%), and test (20%)
trainData, temp = train_test_split(housing_df, test_size=0.5, random_state=1)
validData, testData = train_test_split(temp, test_size=0.4, random_state=1)

print('Training :    ', trainData.shape)
print('Validation : ', validData.shape)
print('Test :        ', testData.shape)
```

输出如下:

```
Training    : (3481, 15)
Validation  : (2321, 15)

Training    : (2901, 15)
Validation  : (1741, 15)
Test        : (1160, 15)
```

　　注意，有些算法(如最近邻算法)需要对验证集和测试集里的记录与训练集里的记录进行比较，从而找到最近邻的簇。本书在介绍 k-近邻算法时，把数据集分割成两个数据区是分类和预测过程中的关键步骤，而不只是为了改善或评估模型。尽管如此，我们仍将使用解释其他模型中错误的方法来解释验证数据中的错误。

　　交叉验证　如果样本中的记录比较少，那么分割数据是不明智的，因为每个分区的记录太少，无法用来建立模型，也无法用来评估模型的性能。另外，有些数据挖掘方法对训练数据的微小变化非常敏感，因此不同的分割会产生不同的结果。能够取而代之的一种方法是交叉验证，这种方法对于小样本数据特别有用。交叉验证的别名是 k-折交叉验证。通常我们取 k=5，这表示把数据随机分割为 5 个同样大小的子集，每个子集中包含 20%的数据。然后模型拟合 k 次，每一次都把其中一折数据用于验证，而把其余 k-1 折数据作为训练集。结果就是每一折数据都有一次机会作为验证集，因此数据集中的每条记录都有预测结果。然后对模型在 k 折验证集上的预测结果进行合并，用于评估模型的整体性能。在 Python 中，用 cross_val_score()函数就可以实现交叉验证。也可使用更加通用的 cross_validate()函数，其中的参数 cv 表示折叠次数。有时，还可将交叉验证嵌入数据挖掘算法内部，根据交叉验证的结果，自动选择算法的参数。

2.6　建立预测模型

　　现在我们通过一种大家都比较熟悉的模型来介绍数据挖掘的典型步骤：多变量线性回归。这可以帮助我们在开始讨论新的算法之前更好地理解数据挖掘的整个过程。

建模过程

现在我们以 West Roxbury 数据集为例详细介绍建模过程的每个阶段。

1) 确定目标：假设这个数据挖掘项目的目标是预测 West Roxbury 小区新上房源的房价。

2) 收集数据：我们使用 West Roxbury 小区 2014 年的房价数据。这个数据集很小，我们不需要再对它进行采样。我们将使用整个数据集。

3) 探索、整理和预处理数据：我们先查看变量的描述，或者说"数据字典"，以确保我们能够理解每个变量的意义，参见表 2.11。这个数据集的变量名和描述都十分直观，容易理解，但是实际情形并非都如此。你可能经常遇到一些变量名晦涩难懂，或者说变量的描述不容易理解，甚至缺失。

现在有必要停下来，思考一下这些变量的意义以及这些变量是否有必要出现在模型里。分析一下 TAX(税款)这个变量。初看起来，税款通常是房子估价的函数。模型里出现一个循环，我们想用税款来预测房价，即以 TAX 作为预测变量来预测房价，但是税款本身是由房价决定的。从数值意义上讲，TAX 是房价的一个很好的预测变量。但是，如果我们把这个模型应用于估计新上房源的房价，税款还有意义吗？正因为如此，我们把 TAX 变量从模型中删除了。

另外，有必要检查一下那些可能带来错误的奇异值。例如，分析表 2.11 里的 FLOOS(层数)列，对 FLOORS 列进行降序排列。我们马上就会发现，15 这个值是错误的——因为其他房子都只有一层或两层，所以这个数值可能是由于小数点位置错误引起的，估计原来的值应该是 1.5。

最后，我们要为分类变量建立虚拟码。本例只有一个分类变量 REMODEL，它有三个分类值。

表 2.11　West Roxbury 数据集中的奇异值

FLOOS(层数)	ROOMS(房间数)
15	8
2	10
1.5	6
1	6

4) 减少数据维数：West Roxbury 数据集已经过预先处理，其维数已经很少——只有 13 个变量和一个分类变量。这个分类变量有三个分类值(因此当这个分类变量出现在回归模型里时，需要增加两个虚拟码变量)。如果数据集中的变量很多，那么在这一阶段需要应用变量简约技术，比如把多个分类值压缩为较小的数值，或者应用主成分分析法，把多个拥有相似数值的变量(如起居室、房间、卧室、浴室和半浴)压缩为一组较少的变量。

5) 确定数据挖掘任务：这个模型的具体任务是用预测变量预测 TOTAL VALUE 变量的值。本例属于监督预测任务。为了简单起见，我们已经从原始数据集中排除了几个变量。这些变量中的很多是分类变量，如 BLDG TYPE(建筑类型)、ROOF TYPE(屋顶类型)和 EXT FIN(外部装修)。因此，我们打算使用几乎全部的数值型变量(除了 TAX)以及专为剩下的分类变量创建的虚拟码变量。

6) 分割数据(只用于监督学习)：在本例中，我们要把原来的数据集分割成两个分区：训练区和验证区。前者用于建立模型，后者用于测试模型在新数据上的性能。每次分割时都需要定义分割的比例。注意，虽然本例不需要测试集，但是在其他情形下可能需要生成测试集。

7) 选择算法：在本例中，我们选择多变量线性回归。既然数据已经分割为训练集和验证集，我们就可以用训练集建立多变量线性回归模型。我们的目的是根据其他预测变量(TAX 除外)预测 West Roxbury 小区某个房子的价格。

8) 用算法实现任务: 在 Python 中, 我们可以用 scikit-learn 中的 LinearRegression()方法预测训练集中的房价, 然后用同一个模型预测验证集中的房价。表 2.12 显示了训练集中前五条记录的预测值、实际值和残差(预测误差)。注意, 预测值也经常被称为拟合值, 因为它们是模型在这些记录上的拟合结果。应用于验证数据的预测结果如表 2.13 所示。训练数据和验证数据的预测误差如表 2.14 所示。

表 2.12　回归模型在训练集上的预测值(拟合值)

在训练数据上生成回归模型

```
from sklearn.linear_model import LinearRegression
# data loading and preprocessing
housing_df = pd.read_csv('WestRoxbury.csv')
housing_df.columns = [s.strip().replace(' ', '_') for s in housing_df.columns]
housing_df = pd.get_dummies(housing_df, prefix_sep='_', drop_first=True)

# create list of predictors and outcome
excludeColumns = ('TOTAL_VALUE', 'TAX')
predictors = [s for s in housing_df.columns if s not in excludeColumns]
outcome = 'TOTAL_VALUE'

# partition data
X = housing_df[predictors]
y = housing_df[outcome]
train_X, valid_X, train_y, valid_y = train_test_split(X, y, test_size=0.4,
                                                      random_state=1)
model = LinearRegression()
model.fit(train_X, train_y)

train_pred = model.predict(train_X)
train_results = pd.DataFrame({
    'TOTAL_VALUE': train_y,
    'predicted': train_pred,
    'residual': train_y - train_pred})
train_results.head()
```

输出结果如下:

```
     TOTAL_VALUE  predicted   residual
2024       392.0  387.726258   4.273742
5140       476.3  430.785540  45.514460
5259       367.4  384.042952 -16.642952
421        350.3  369.005551 -18.705551
1401       348.1  314.725722  33.374278
```

表 2.13　应用于验证数据的预测结果

把回归模型应用于验证集

```
valid_pred = model.predict(valid_X)
valid_results = pd.DataFrame({
    'TOTAL_VALUE': valid_y,
    'predicted': valid_pred,
    'residual': valid_y - valid_pred
})
valid_results.head()
```

输出结果如下：

	TOTAL_VALUE	predicted	residual
1822	462.0	406.946377	55.053623
1998	370.4	362.888928	7.511072
5126	407.4	390.287208	17.112792
808	316.1	382.470203	-66.370203
4034	393.2	434.334998	-41.134998

表 2.14　训练数据和验证数据的预测误差(以千美元为单位)

计算模型的度量指标

```
# import the utility function regressionSummary
from dmba import regressionSummary

# training set
regressionSummary(train_results.TOTAL_VALUE, train_results.predicted)

# validation set
regressionSummary(valid_results.TOTAL_VALUE, valid_results.predicted)
```

输出结果如下：

```
# training set
Regression statistics

                       Mean Error (ME) : -0.0000
       Root Mean Squared Error (RMSE) : 43.0306
             Mean Absolute Error (MAE) : 32.6042
           Mean Percentage Error (MPE) : -1.1116
  Mean Absolute Percentage Error (MAPE) : 8.4886


# validation set
Regression statistics

                       Mean Error (ME) : -0.1463
       Root Mean Squared Error (RMSE) : 42.7292
             Mean Absolute Error (MAE) : 31.9663
           Mean Percentage Error (MPE) : -1.0884
  Mean Absolute Percentage Error (MAPE) : 8.3283
```

　　预测误差可以用好几种汇总方法来表示。表 2.14 列出了 5 个常用的度量指标，第 1 个是平均误差(Mean Error，ME)，平均误差是对残差的简单平均。在表 2.12 和表 2.14 里，平均误差相对于 TOTAL VALUE 是很小的，这表示从总体上看，平均来说预测是正确的——预测是无偏的。当然，这只能说明正误差和负误差被相互抵消掉，而没有向我们提供误差到底有多大的相关信息。

　　均方根误差(Root-Mean-Squared Error，RMSE)提供了更多有关误差大小的信息。均方根误差表示平均平方差的平方根，因此它就是通常意义上的误差，且采用与原始因变量相同的刻度。在本例中，验证数据的 RMSE 是 42.7K$，这是模型第一次预测的结果，这个误差值与模型在训练数据上的 RMSE($43.0K$)处在同一区间。通常，我们能预料到，模型在验证数据上的误差会大于在训练数据上的误差。在这里，在预期的误差范围内，两者几乎一样。这正好说明我们的模型不会出现过拟合。其他几个度量指标将在第 5 章讨论。

9) 解释结果： 在这一阶段，我们通常需要尝试其他预测算法(如回归树)，看看它们的预测误差。我们可能需要用不同的参数测试不同的模型(例如，我们可能需要在多变量线性回归模型里使用最佳子集变量的选择方法压缩变量集，从而使模型在验证数据上性能更好)。在选出最佳模型后——我们通常要兼顾模型在验证数据上的最小误差和"简单就是好"的原则——用这个模型预测新数据的结果值。这些步骤将在案例分析中进行详细讨论。

10) 部署模型： 在选出最佳模型后，就需要把模型应用到新数据上，预测新上房源的房价(TOTAL VALUE)。这也是我们的最初目的。预测新记录结果变量值的过程称为计分。对于预测任务，计分过程生成数值型的预测值；对于分类任务，计数过程生成分类值或倾向值。表 2.15 中的数据框架展示了有三个新房需要用回归模型进行计分。注意，表 2.15 包含了所有必需的预测变量的值，但是缺少结果列。

表 2.15　数据框架包含三条需要计分的记录

```
new_data = pd.DataFrame({
    'LOT_SQFT': [4200, 6444, 5035],
    'YR_BUILT': [1960, 1940, 1925],
    'GROSS_AREA': [2670, 2886, 3264],
    'LIVING_AREA': [1710, 1474, 1523],
    'FLOORS': [2.0, 1.5, 1.9],
    'ROOMS': [10, 6, 6],
    'BEDROOMS': [4, 3, 2],
    'FULL_BATH': [1, 1, 1],
    'HALF_BATH': [1, 1, 0],
    'KITCHEN': [1, 1, 1],
    'FIREPLACE': [1, 1, 0],
    'REMODEL_Old': [0, 0, 0],
    'REMODEL_Recent': [0, 0, 1],
})
print(new_data)

print('Predictions: ', model.predict(new_data))
```
输出结果如下：
```
   LOT_SQFT  YR_BUILT  GROSS_AREA  LIVING_AREA  FLOORS  ROOMS  BEDROOMS  \
0      4200      1960        2670         1710     2.0     10         4
1      6444      1940        2886         1474     1.5      6         3
2      5035      1925        3264         1523     1.9      6         2

   FULL_BATH  HALF_BATH  KITCHEN  FIREPLACE  REMODEL_Old  REMODEL_Recent
0          1          1        1          1            0               0
1          1          1        1          1            0               0
2          1          0        1          0            0               1
Predictions:  [384.47210285 378.06696706 386.01773842]
```

2.7　在本地计算机上用 Python 实现数据挖掘

数据挖掘过程的一个重要方面是任务最重的分析过程并不需要大量的记录。虽然需要分析的记录可能多达上百万条，但是在应用多变量线性回归或分类树时，2 万条记录的样本集就可以得到很精确的结果，其效果与使用整个数据集几乎没有区别，其原理与民意调查一样：只要样本选择适当，通过2000 位选民就可以估计所有人口的观点，而且误差只有一两个百分点。

因此在大多数情形下，每个分区(训练区、验证区和测试区)所需要的记录数不会超出本地计算机的内存限制。

当使用 Python 进行大数据分析时，有必要删除没有用的对象(使用 del()函数)，然后调用垃圾回收命令(使用 gc.collect()函数)。但在一般情况下，则没有这种必要。

2.8　自动化数据挖掘解决方案

大多数监督型数据挖掘应用的目标不是对某个特定数据集进行一次性静态分析。实际上，我们的目标是开发一个模型，用它持续地对新记录进行预测。最初的分析只是原型，我们需要不断地探索问题、定义问题和测试不同的模型，并且需要遵循本章前面列出的全部步骤。

这个过程的最后一步是部署，我们希望选定的模型最终能够自动完成部署。例如，美国国内税务局每年会收到几亿条纳税申报单——为了预测欺诈概率，税务局不是把每条纳税申报单导入 Excel 表格或其他不同于主数据库的环境中，而是使欺诈概率的预测过程成为普通税单的填写过程和环境的一部分。音乐流媒体服务，如 Pandora 或 Spotify，需要为数百万用户确定下一首音乐的"推荐榜"。对于这些情形，根本没有时间读取用于人工分析的数据。

实际上，这个问题可以这样解决：把选定的算法嵌入整个分析过程中其他步骤所在的计算环境里。纳税申报单由报税人直接输入 IRS 系统，预测算法立刻对输入 IRS 系统的税单进行预测，确定税单的类别。然后根据商业规则，决定对分类结果采取什么的措施。在 IRS 系统中，规则可能是："如果没有欺诈行为，则继续正常处理；如果发现欺诈行为，则提醒稽核人员做进一步审核"。

税单处理流程——从用户填写数据到输入 IRS 系统，经过预测算法处理，而后反馈给用户——是"数据流水线"的典型示例。IRS 系统的各个组件通过应用编程接口(Application Programming Interface，API)进行通信，由 API 建立起本地数据传输和相关通信的有效规则。数据挖掘算法使用的 API 将自动创建预测算法所需要的元素——精准的预测变量、它们的顺序、数据格式等，此外还满足了传输算法结果的需求。用于自动数据流水线的算法必须符合 API 规范。

最后，即使计算环境已经建立起来而且能正常运行，数据挖掘工作也没有结束。通常模型的运行环境是动态的，预测模型的"保质期"(short shelf life)总是比较短—— 一位著名的咨询师发现预测模型很少能有效地工作超过一年的时间。因此，模型即使完全处于部署状态，也需要定期检查和重新评估。一旦发现性能下降，就需要回到原型状态，看看是否需要开发新的模型。

本书的重点在于原型开发阶段，包括模型定义、模型开发和模型选择所需要的全部步骤。但是我们必须明白，实际实施数据挖掘模型的绝大多数工作都是在自动部署阶段完成的。为了确保自动数据流程的各个方面都能正常运行，这项工作的绝大部分内容并不属于分析领域，而是属于数据库和计算机科学领域。

2.9　数据挖掘中的伦理规范

在互联网连接设备到来之前，大数据的最大来源是互联网上的公众互动。社交媒体用户、互联网上的购物者和搜索者已与提供服务的大公司签订了一份隐性协议：用户可以免费使用强大的探索、购物和社交互动等工具，但是作为回报，公司可以访问用户数据。自从 2007 年本书第 1 版出版后，数据挖掘和数据科学中存在的伦理问题已日益引起人们的关注，伴随而来的是新的规则和法规。作为数据科学家，我们必须知道并且遵循这些规则，另外还要考虑到当我们的工作超越原型设计阶段时，有可能牵连到的问题以及如何使用我们的成果。

现在有越来越多的新闻故事，都是关于对数据科学的非法、欺诈或不良使用的。很多人并没有意识到底有多少人的详细数据被收集、分享和出售。英国《卫报》的一位作家曾从 Facebook 下载自己的数据，发现竟有 600 MB——都是他本人生活详尽而清晰的记录。我们的智能手机里有几十个 App，其中任意一个都能收集我们的定位信息并且时刻监视我们。

为了保护个人隐私和个人安全，行业标准和政府法规很早以前就已覆盖了金融和医疗数据。虽然在大多数发达国家里，对个人数据的学术研究也有严格的规定，但是个人数据的收集、存储和使用在行业里并没有受到严格的法规约束。公众的担心不止局限于如何保护个人信息不被窃取或未经允许的泄漏等基本问题，而是转向这些个人数据的数据挖掘和分析方法。例如，在信贷等级评估方面，行业监管规定(如 Basel II 中的规定)要求任何信用评级模型都必须具有高度可重复性、透明性，并且必须是可审计的(Saddiqi，2017)。

2018 年，欧共体首次提出了针对整个欧共体的监管规定，规定的名称是通用数据保护条例(General Data Protection Regulation，GDPR)。GDPR 限制和约束了在欧共体内和欧共体之外运营的公司和机构对个人数据的使用和存储，主要涉及这些机构对居住在欧共体内的个人的隐私监控或者向他们提供的商品或服务。因此，GDPR 可能会对任何涉及欧共体内任何个人数据的机构产生影响，而不管数据处理发生的地点在哪里。这里的"处理"包括对数据的任何操作，比如预处理和数据挖掘算法的应用。

从法律层面看，机构必须清楚政府和行业规定的"最佳做法"和义务。但是数据分析专业人士和数据科学家必须考虑的问题往往超出规定，他们必须考虑如何把自己研究的预测技术推向实际应用。下面选取了几个与此有关的问题。

1) 老大哥式监督。执法机构和国家安全分析专家可以使用人口统计信息和定位信息实现他们的合法目的。例如，可以收集臭名昭著的恐怖分子的同伙信息。预测模型(第 6~13 章)和社交网络分析(第 19 章)被广泛应用在网络监控中，不管是善意的还是恶意的。同时，许多公司也利用类似的隐私入侵技术来达到商业目的。

2) 自动武器的标靶和使用。武装直升机在战争中的作用越来越重要。图像识别既能提升飞行器的导航服务，也能帮助飞行器识别和瞄准目标。假如飞行器能找到某个目标对象或某一类目标对象，可以允许它们自动扣动扳机吗？支持自动瞄准服务的关键角色可能会说，当然会有一条明确的红线规定是否把扣动扳机的决策权交给机器，但是技术也有自身的动态性。对手和其他角色可能不会画这样的红线。在军备竞赛中，一方或多方有可能认为对方并没有画这样的红线。自动武器瞄准只是由数据挖掘分析做出的自动决策的极端例子。

3) 偏见与歧视。基于预测模型建立的自动决策系统已渗透到人类生活的各个方面，从信用卡交易报警、机场安全扣留到大学入学录取、求职简历筛选、法官使用预测性警务和累犯分数。Cathy O'Neil 描写了多个案例，在这些案例里，自动决策系统成为"数学杀伤性武器"，这是由自动决策系统的不透明性、规模化和毁灭性决定的(O'Neil，2016)。预测模型通常可以帮助实现这些自动决策，深度学习神经网络是图像和声音识别的标准工具。如果算法是在本来就有偏见的数据上进行的，那么算法也会有偏见，并且这种偏见是永久性的，还会自动扩大和放大。

4) 互联网阴谋论、谣言和网络暴民。在互联网出现之前，不真实的谣言、阴谋论的扩散和传播自然会受到限制："传播媒体"都有自己的看守者，这种一对一传播方式虽然不受限制，但是传播速度很慢，谣言很难传播到本地之外。社交媒体不仅排除了看守者、扩展了个人的影响范围，而且提供的界面和算法使这种传播更为迅猛。比如聊天程序 WhatsApp，就通过短信转发功能瞬间诱发印度 2018 年的网络暴民事件，这起事件的起因就是有关儿童绑架者的不实谣言被迅速传播。

虚假或有害消息能够快速扩散的另一关键因素是社交媒体使用的推荐算法。这些算法经过训练后，会向用户推送他们最可能感兴趣的"新闻"(详见本书第 14 章)。例如，车祸比起流畅的交通更会引起普通用户的兴趣，并促使他们"点赞"和"转发"。

5) 心理操纵和干扰。Analytica 丑闻引起争论的一个重要因素就是有人宣称可以根据 Facebook 数据进行心理分析，因而可以控制个人的行为。有证据表明，心理操纵是有可能的。Matz 等人(在他们的 2017 PNAS 论文里，标题为"心理瞄准作为大众数字劝说的有效方法")在三个真实实验中发现了这些现象。在这些实验中，超过 350 万个人用户收到根据个人心理定制的广告。Matz 等人发现，根据用户的单击行为和网上购物记录，符合个人心理特征的劝说内容更容易引起用户行为的变化。但是，操纵他们的行为却不需要以前的心理特征信息。

预测算法和统计的实验准则是这些自动算法能影响个人行为的关键因素。从更深的层次看，人们关心这样的持续参与算法(engagement algorithm)会使人们得数码瘾，而且会影响人们的专注能力。英国《卫报》曾评估，这些算法会使用户处于持续的局部专注状态，因而严重影响人们的专注能力。

6) 数据掮客和个人数据的非本意使用。一些精算公司和数据掮客想指导医生如何给病人提供合适的治疗、用药和疗程。初看起来这很有用，但是如果这些数据被保险公司、雇主或不良机构使用会怎么样？当普通用户使用健康小程序时，这些小程序会跟踪他们的活动和健康，他们在不知不觉地向他人提供自己的健康数据。

面对这些情况，数据分析专业人员和数据科学家怎么办？数据科学家和数据分析专业人员不能只考虑这些方法给某个特定领域带来的好处，更要考虑它们可能给其他方面带来的伤害。最好问问自己这样的问题，"如果心怀恶意的个人或组织使用这项技术会怎么样"。只考虑当前正在使用的规则是不够的，作为数据专业人员，还必须能够独立思考和独立决断。不仅要考虑当前的意图和方案(它们目前可能对大家都有好处)，而且要考虑未来产生的影响和各种可能性。

数据挖掘软件：市场现状

(作者：Herb Edelstein)

自本书上一版问世以来，数据挖掘市场在某些重要方面已经发生了变化。最重要的趋势是可用信息量日益增大，大的公司普遍使用了云存储和数据分析。为适应新形势，数据挖掘和数据分析也在随之发展。

"大数据"这个术语反映了收集到的数据量和数据类型正在急剧膨胀：大量的交易数据、库存数据、科学数据和点击流数据。但是，除了传统数据需要大容量存储空间之外，现在的无结构数据源、社交媒体和物联网(会产生大量的传感数据)也在产生大量数据，也需要大容量的存储空间。现在，收集这类数据的机构急剧增加，在几乎每个行业里都在扩展业务。

技术的快速演变也是重要因素之一。数据存储的价格已经断崖式下跌。在编写本书时，硬盘存储器的价格已降到每太字节 50 美元以下，固态存储器的价格也降到每太字节 200 美元以下。与存储器价格下降同时发生的是带宽的急剧增加，而且成本更低，这使云计算得以快速扩展。云计算利用远程系统存储、管理数据并进行数据分析。由于为大数据项目升级硬件和软件基础设施是一项非常复杂的系统过程，因此许多机构选择把自己的数据交给外面的服务商。根据报道，当前世界上三个最大的云平台(亚马逊、IBM 和微软)每年大约有 200 亿美元的收入。

管理这么多的数据极富挑战。传统的关系数据库——如 Oracle、微软的 SQL Server 和 IBM 的 DB2——仍然是最重要的数据管理工具，但是开源数据库(如 Oracle 公司的 MySQL)正越来越受人们的欢迎。此外，非关系数据库存储技术在存储超大数据量方面也取得巨大进步。例如，Hadoop 可以管理分布式大型数据库，它已成为云数据库空间的重要提供者。然而，Hadoop 只是程序开发社区提供的一个工具，还不是最终用户的工具。因此，许多数据挖掘分析商(如 SAS)正在为 Hadoop 开发接口软件。

所有主要的数据库管理系统提供商都提供数据挖掘功能，通常这些功能都已经被集成到它们的数据库管理系统里，主导产品包括微软的 SQL Server Analysis Services、Oracle Data Mining 和 Teradata Warehouse Miner。嵌入式数据挖掘工具的目标用户是数据库专业人员。这些产品充分利用了数据库的功能，包括使用 DBMS 变换变量、在数据库里存储模型以及扩展数据访问语言并使之包含建模功能和数据库计分功能。有些产品还提供了专门的图形界面，用来建立数据挖掘模型。当 DBMS 系统具有并行处理功能时，嵌入式数据挖掘工具就会普遍利用这一工具来加速数据的处理，因而提高了性能。正如接下来将要介绍的数据挖掘套装软件，这些工具也提供了很多算法。IBM 不仅在 DB2 里嵌入了分析算法，而且在 IBM Modeler 中集成了 Clementine 和 SPSS。

此外，还有大量独立运行的数据挖掘工具。这些工具要么基于单个算法，要么基于某个算法集(也称算法套件)。它们的目标用户是统计学家和商业智能分析家，主要的套装软件包括 SAS Enterprise Miner、SAS JMP、IBM Modeler、Salford Systems SPM、Statistica、XLMiner 和 RapidMiner。这些套装软件的一个重要特性就是它们提供了一系列功能，并且可以通过图形界面提高建模效率。这些 GUI 工具采用的普遍做法是提供流程界面，允许用户把数据挖掘步骤和分析方法集成为一体。

许多套装软件还有非常优秀的可视化工具，可以链接到统计包，这些统计包大大扩展了它们的功能。它们提供了交互式数据变换工具和过程式脚本语言，可以实现复杂的数据变换。套装软件的供应商正在努力把这些工具更加紧密地链接到底层的 DBMS。例如，数据变换可以由 DBMS 完成，可以导出数据挖掘模型，并通过过程化脚本语言(如 C++或 Java)把它们添加到 DBMS 中。

相对于通用工具，专用工具是专门为某个特定分析应用而设计的，如信用计分、客户维系和产品营销。这些套装软件的目标是进一步满足抵押、借贷和金融服务等专业市场的需求。目标用户是在专业领域具有丰富知识的分析师。因此，这些软件的界面、算法甚至术语都是专门为某个特定行业、应用或客户定制的。虽然没有通用工具那么灵活，但它们的优点是把领域知识应用到了产品设计中，能用较少的成本提供更好的解决方案。包括 SAS、IBM 和 RapidMiner 在内的数据挖掘公司提供了垂直市场工具，就像 Fair Isaac 那样。其他公司(如 Domo)则专注于为商业智能的分析和可视化方法提供数据面板。

另一种技术迁移随开源模型构建工具和开放核心工具的推广而应运而生。简言之，开源软件的观点是社区里的任何人都可以使用开源代码，而且是免费的，允许修改或改进。改进版将被提交给代码的作者或版权所有者，后者会把这些新功能添加到原来的包里。开放核心工具是最近提出的，这类工具的核心功能一直是开放并且免费的，但是商业版不免费。

最重要的开源统计分析软件是 R 语言。R 语言来自贝尔实验室的一款名为 S 的程序。后者后来被商业化为 S+。R 语言中添加了许多数据挖掘算法以及大量的统计工具、数据管理工具和可视化工具。由于在本质上是一种程序设计语言，因此 R 语言非常灵活，但是比起其他基于 GUI 的工具，R 语言的学习难度较大。R 语言虽然也有一些 GUI 工具，但是它的绝大多数应用都是通过编程来实现的。

Python 作为数据分析工具和数据分析应用的开发工具，越来越受人们欢迎。部分原因在于 Python 程序的运行速度比 R 程序快，而且相比 C++或 Java 更容易掌握。scikit-learn 是开源的 Python 包，其中提供了一套综合的开发工具，可广泛应用于 Pyhton 社区里的数据分析。Orange 使用 Wrapper 为 Python 和 scikit-learn 提供了可视化界面。Wrapper 的设计初衷就是简化分析过程。Orange 作为开源软件，使用流程接口大大改进了数据分析过程。

前面曾提到，云服务提供商把注意力转移到了数据挖掘/预测分析业务上，它们提供了 SaaS(分析即服务)业务，它们的产品定价则建立在交易基础上。这些产品与其说面向商业智能分析人员，还不如说面向应用程序开发人员。在云中挖掘数据的最吸引人的地方就是可以存储和管理大量数据，而不必付任何费用，更不需要构建内部功能。这使得人们可以快速实现大型分布式多用户应用程序。如果云服务提供商提供的分析不满足用户的需求，那么基于云的数据可以用于基于非云的数据分析。

亚马逊在自己的 Amazon Web 服务(AWS)里增加了 Amazon 机器学习功能，以充分利用 Amazon 专为内部使用而开发的预测模型工具。AWS 既支持关系数据库，也支持 Hadoop 数据处理。使用 AWS 创建的模型无法导出，因为它们只能使用存储在亚马逊云上的数据。

谷歌也在非常积极地加大对云分析的投入，先后开发了 BigQuery 和 Prediction API。BigQuery 允许用户利用谷歌的基础设施，通过像 SAL 那样的接口来访问公司的海量数据。Prediction API 可通过不同的语言来访问，包括 R 语言和 Python 语言。它使用了各种机器学习算法，并且能自动选择最佳结果。但令人遗憾的是，过程不是透明的，而且与亚马逊一样，创建的模型也无法导出。

微软也是云分析的积极参与者，先后开发了 Azure Machine Learning Studio 和 Stream Analytics。Azure 平台既支持 Hadoop 簇，也支持传统的关系数据库。Azure 机器学习提供了各种不同类型的算法，如提升树、支持向量，并且支持 R 脚本和 Python 语言。Azure 机器学习还支持工作流接口，因而更适合非程序员出身的数据科学家。实时分析组件可以实时分析来自各种不同源的流数据。微软收购了 Revolution Analytics，后者是 R 语言分析业务的主要承担者。完成收购后，微软把 Revolution 的 R 企业版与 SQL Server 和 Azure 机器学习集成到了一起。R 企业版扩展了 R 的一些功能，比如去掉了内存限制，并且充分利用了并行计算。

云分析的一个缺点是不够透明，用户无法控制算法及其参数。在某些情形下，云服务会直接为用户选择一个模型，这个模型对于用户来说相当于黑盒子。云分析的另一个缺点是，大多数基于云的工具针对的是更高级的精通系统的数据科学家。

很多机构正在利用数据科学实现从生产到投放市场的整个过程的优化。新的存储方法和分析工具为数据科学提供了更强大的功能。关键是要根据机构特有的目标和约束条件选择一种合适的技术。与平常一样，人工判断仍然是数据挖掘方案中最关键的成分。

本书的重点在于帮助大家全面理解数据挖掘的各种技术和算法，而不大关心数据挖掘模型的实时部署对数据管理的要求。

本文作者 Herb Edelstein 是 Two Crows 咨询公司的总裁。Two Crows 是一家处于行业领先地位的数据挖掘咨询公司，办公地点位于华盛顿特区。Herb Edelstein 是国际公认的数据挖掘和数据仓库领域的专家，他在这两个领域发表了多篇文章，是一位很受欢迎的演讲家。

2.10 习题

2.1 假设要将数据挖掘技术应用于以下案例，请判断这些任务属于监督学习还是无监督学习？

a. 根据人口统计数据和财务数据(利用以前客户的类似数据库)决定是否批准贷款申请人的贷款申请。

b. 一家网上书店打算建立推荐系统，从而根据以前交易记录中的购买模式向客户推荐其他相关商品。

c. 根据与其他已知攻击类型的数据包所做的比较,识别网络上的数据包是否包含危险成分(病毒或黑客攻击)。

d. 识别相似客户的细分市场。

e. 预测某公司是否会破产，依据是这家公司的财务数据，方法是对类似的破产企业和非破产企业进行比较。

f. 根据飞机的故障报修单估计一架飞机的维修时间。

g. 通过扫描邮政编码自动分类邮件。

h. 根据客户购买的商品和其他客户以前购买的商品，在杂货店结账结束时打印客户的优惠券。

2.2 简述验证区和测试区的作用。

2.3 考虑表 2.16 所示的来自信用卡申请人数据库的样本数据。评价这些样本数据被随机抽样的可能性以及它们是否有使用价值。

表 2.16　来自信用卡申请人数据库的样本数据

OBS	CHECK ACCT	DURATION	HISTORY	NEW CAR	USED CAR	FUNINTURE	RADIO TV	EDUC	RETRAIN	AMOUNT	SAVE ACCT	RESPONSE
1	0	6	4	0	0	0	1	0	0	1169	4	1
8	1	36	2	0	1	0	0	0	0	6948	0	1
16	0	24	2	0	0	0	1	0	0	1282	1	0
24	1	12	4	0	0	0	1	0	0	1804	1	1
32	0	24	2	0	1	0	0	0	0	4020	0	1
40	1	9	2	0	0	0	1	0	0	458	0	1
48	0	6	2	1	0	0	0	0	0	1352	2	1
56	3	6	1	1	0	0	0	0	0	783	4	1
64	1	48	0	0	0	0	0	0	1	14 421	0	0
72	3	7	4	0	0	0	1	0	0	730	4	1
80	1	30	2	0	1	0	0	0	0	3832	0	1
88	1	36	2	0	0	0	0	1	0	12 612	1	0
96	1	54	0	0	0	0	0	0	1	15 945	0	0
104	1	9	4	0	1	0	0	0	0	1919	0	1
112	2	15	2	0	0	0	0	1	0	392	0	1

2.4 考虑表 2.17 所示的来自银行数据库的样本数据，这是从一个较大数据库中随机抽取的训练集。PERSONAL LOAN(个人贷款)变量表示个人贷款申请是否获批，它是一个响应变量。假设银行正计划建立一个模型，功能是为类似的申请提供服务并识别可能的响应者。仔细分析这些数据，阐述需要执行哪些步骤。

表 2.17　来自银行数据库的样本数据

OBS	AGE	EXPERIENCE	INCOME	ZIP CODE	FAMILY	CC AVG	EDUC	MORTAGE	PERSONAL LOAN	SECURRITIES ACCT
1	25	1	49	91107	4	1.6	1	0	0	1
4	35	9	100	94112	1	2.7	2	0	0	0
5	35	8	45	91330	4	1	2	0	0	0
9	35	10	81	90089	3	0.6	2	104	0	0
10	34	9	180	93023	1	8.9	3	0	1	0
12	29	5	45	90277	1	0.1	2	0	0	0
17	38	14	130	95010	4	4.7	3	134	1	0
18	42	18	81	94305	4	2.4	1	0	0	0

OBS	AGE	EXPERIENCE	INCOME	ZIP CODE	FAMILY	CC AVG	EDUC	MORTAGE	PERSONAL LOAN	SECURRITIES ACCT
21	56	31	25	94015	4	0.9	2	111	0	0
26	43	19	29	94305	3	0.5	1	97	0	0
29	56	30	48	94539	1	2.2	3	0	0	0
30	38	13	119	94104	1	3.3	2	0	1	0
35	31	5	50	94035	4	1.8	3	0	0	0
36	48	24	81	92647	3	0.7	1	0	0	0
37	59	35	121	94720	1	2.9	1	0	0	0
38	51	25	71	95814	1	1.4	3	198	0	0
39	42	18	141	94114	3	5	3	0	1	1
41	57	32	84	92672	3	1.6	3	0	0	1

2.5　利用过拟合的概念，解释为什么零误差模型(即拟合到全部训练数据的模型)并不一定是好的模型。

2.6　建立一个拟合模型，这个模型可以把客户分类为有购买意愿的客户和无购买意愿的客户。某公司从内部数据(这些数据包含了人口统计信息和购物信息)抽取训练数据。未来需要分类的数据是从其他渠道购买得到的，里面只有人口统计信息(没有购买信息)。该公司发现"退款已发"是训练数据中的一个很有用的预测变量。请思考，为什么这个变量放在模型中并不合适。

2.7　某数据集有 1000 条记录和 50 个变量，另有 5% 的缺失值，这些缺失值随机地分布在各个变量和各条记录里。一位分析师决定删除包含缺失值的记录，大概要删除多少条记录?

2.8　对表 2.18 所示的数据进行归一化处理，并给出计算过程。

表 2.18　示例数据

年龄	收入($)
25	49 000
56	156 000
65	99 000
32	192 000
41	39 000
49	57 000

2.9　两条记录间的统计距离有多种计算方法。考虑使用欧几里得距离(简称欧氏距离)，欧氏距离是分量差的平方和的平方根。以表 2.18 中的前两条记录为例，它们之间的距离为

$$\sqrt{(25-56)^2 + (49\ 000 - 156\ 000)^2}$$

请思考，数据的归一化处理是否会改变两条距离最远的记录。

2.10　将两个模型 A 和 B 应用于一个已经分割的数据集。在训练集上，模型 A 相比模型 B 准确许多，但是在验证集上，模型 A 不如模型 B 准确。你会选哪个模型用于最终的部署?

2.11 ToyotaCorolla.csv 数据文件包含了 2014 年夏末荷兰的二手车销售数据，其中包含 1436 条记录，共有 38 个属性，包括价格、车龄、里程数、马力等。

我们打算使用本书后面各章介绍的数据挖掘方法对这个数据文件进行分析。请按下面的要求准备好数据。

a. 我们想要的数据集只有两个分类属性：燃料类型和颜色。简述如何把这两个变量的属性转变为二元变量。可使用 Pandas 把分类数据转换为虚拟码，并验证自己的结果。

b. 为监督学习的数据挖掘方法准备好数据集(比如把分类变量转换为虚拟码)，再用 Python 实现数据分割。选择全部变量，使用默认的随机种子，训练集占 50%，验证集占 30%，测试集占 20%。描述这些数据区在模型构建中的作用。

第 II 部分

数据探索与降维技术

## 第3章

数据可视化

本章将介绍一系列可用于探索数据集多维特性的图形。我们首先介绍基本图形(条形图、折线图和散点图)和分布图形(箱线图和直方图),然后介绍以基本图形为基础的用来显示更多信息的增强型图形。本章的重点在于探讨如何用不同的可视化工具和操作支持从监督学习(如预测、分类和时间系列预测)到无监督学习的数据挖掘任务。对于每一类数据挖掘任务,本章都提供了具体的操作步骤。我们还介绍交互式的可视化图形相对于静态图形的优点。本章最后介绍适合于特殊结构数据(层次数据、网络数据和地理数据)的专用图形。

3.1 引言

俗话说,"一图胜千言"。我们建议把凌乱的文字信息浓缩为一幅容易理解的图形。对于数值型数据,数据可视化方法和数据汇总既为我们提供了功能强大的数据探索工具,也为我们提供了一种展示结果的有效方法(Few,2012)。

在数据挖掘过程的哪个阶段需要加入可视化技术?可视化技术主要用在数据挖掘过程的预处理阶段,支持数据清理(data cleaning),因为通过这些可视化方法,可以发现数据中存在的以下问题:不正确的数值(如患者的年龄为 999 岁或-1 岁)、缺失值或重复行、某些列的值全部相同,等等。可视化技术也可用于变量推导(variable derivation)和变量选择,因为它们可以帮助我们确定哪些变量需要添加到分析模型里,而哪些变量是多余的。另外,它们还可以帮助我们确定数值型变量的箱形大小(如果是yes/no 这样的决策值,那么数值型因变量可能需要转换为二元变量)。可视化技术还可以作为数据压缩的一部分,帮助我们合并分类值。最后,当数据还没有收集且收集成本非常昂贵时(就像 Pandora 项目的初始阶段,参见第 7 章),可视化技术可以帮助我们确定在使用样本数据时,哪些变量和哪些度量值是有用的。

在本章,我们把重点放在如何利用图形展示实现数据探索,特别是与预测分析有关的数据探索。本章的重点虽然不是数据报表的可视化技术,但也介绍了这方面的思想,即如何用图形可视化技术有效地展示数据。除了汇总表(tabular summaries)和基本的条形图之外,本章还介绍了大量有用的图形展示方法。当前,汇总表和条形图是企业环境中最常用的数据展示方式。参考文献 Few(2012)很精彩地介绍了如何用图表技术生成商用的数据报表。至于如何用图表展示数据挖掘的结果,我们将在本书的其他地方详细介绍常见的图表生成方法。其中一些图形是某些技术专用的,如专用于层次聚类分析的树状图(参见第 15 章)、专用于社交网络分析的网络图(参见第 19 章)、专用于分类和回归树的树状图(参见第 9 章),而其余的都是比较通用的图形,如受试者工作特征曲线(Receiver Operating Characteristic,ROC)、分类的提升图(lift charts for classification,参见第 5 章)、轮廓图(profile plot)以及用于聚类分析的热图(参见第 15 章)。

注意，图形(graph)一词在统计学中有两种意义：其中一种意义是指图形的通用用法，即任何可以展示数据的图形(如线段图、条形图、直方图)；另一种意义是比较专业的用法，指网络中的数据结构和可视化显示。为了避免混淆，本章用图表(plot)表示将要介绍的可视化图形。

不管后面是否还要进行更多形式的数据分析，数据探索都是必不可少的初始步骤。图形探索可以支持任意形式的探索，从而让你能够更好地理解数据结构、整理数据(例如识别不符合预期的数据间隔或"非法"数值)、识别奇异值、发现数据的初始模式(如变量之间或簇之间存在的相关关系)以及提出有意义的问题。图形探索可以只专注某些特定问题。在数据挖掘领域里，需要对它们进行组合：任意形式的探索和特定目标的实现。

图形探索的范围很广。从基本图形的生成，到使用过滤和交互式缩放等操作探索一组互连的图形，这些图形往往包含了颜色等子图。本章不是包罗万象的可视化使用指南，而是只介绍在数据挖掘背景下实现数据探索时应该遵循的主要原则和功能。我们将从可视化的不同复杂程度的级别开始讨论，然后介绍各种不同功能和操作的优点。我们的讨论基于这样的思想：必须满足后续数据挖掘任务的需要。特别需要指出的是，本章还讨论了监督学习和无监督学习的差别。对于监督学习，本章还更进一步讨论了分类算法(分类结果变量)与预测算法(数据型结果变量)的区别。

3.1.1 Python 编程语言

Python 提供了很多用于数据可视化的库，其中最早也是最灵活的库是 matplotlib。这个库被广泛使用，而且有很多资源指导初学者如何使用这个库，以及可以从哪里寻求帮助。后来，许多开发者以 matplotlib 为基础推出了其他库，利用这些库更容易生成图形。

Seaborn 和 Pandas 是两个建立在 matplotlib 之上的库。这两个库非常有用，可以快速创建图形。然而，即使使用这两个库，掌握 matplotlib 的用法也仍可以帮助我们更好地控制最终的图形。

ggplot 库源自同名的 R 库，由 Hadley Wickham 开发。ggplot 库的理论基础是"图形语法"，这个术语最早由 Leland Wilkinson 提出，旨在定义一种包含图形理论和图形命名法的系统。掌握了 ggplot 库的用法，就等于熟悉了图形的基本思想和绘制语言。

Bokeh 是最近推出的一个十分吸引人的图形工具，用它可以生成交互式图表、图形面板和专用于 Web 浏览器的数据应用程序。

本章主要介绍如何用 Pandas 实现数据可视化，并且讨论如何用 matplotlib 命令生成个性化图形，其他几个包则用来生成特殊图形：Seaborn 包用于生成热图，Gmaps 和 Cartopy 包用于地图可视化。

导入本章所需要的功能：

```
import os
import calendar
import numpy as np
import networkx as nx
import pandas as pd
from pandas.plotting import import scatter_matrix, parallel_coordinates
import seaborn as sns
from sklearn import preprocessing
import matplotlib.pylab as plt
```

3.2 数据实例

为了介绍数据可视化，我们要用到两个数据集，而且这两个数据集也将用在本书的其他章节里。

实例 3.1：波士顿房价数据

波士顿房价数据集来自波士顿几个普查区的普查数据，我们从普查数据中选取了若干观测数据(如犯罪率、学生/教师比例等)，共有 14 个变量，表 3.1 描述了每个变量的含义。表 3.2 展示了这个数据集的前 9 条记录。除了原始的 13 个变量之外，这个数据集还包含附加变量 CAT.MEDV，创建这个变量的目的是想要根据房价的中位数把房子分成两类：高于中位数的房子和低于中位数的房子。在 Pandas 中，列名中只允许有字母、数字和下画线，因此需要把 CAT.MEDV 重命名为 CAT_MEDV。

表 3.1 波士顿房价数据集中的 14 个变量及相关说明

变量	说明
CRIM	犯罪率
ZN	占地面积超过 25 000 平方英尺的住宅用地的比例
INDUS	非零售商业用地的比例
CHAS	住宅小区是否以查尔斯河为边界(1 表示是，0 表示不是)
NOX	一氧化氮浓度(单位为千万分之一)
RM	每个住宅的平均房间数
AGE	1940 年之前自建房的比率
DIS	离波士顿 5 个就业中心的加权距离
RAD	辐射状高速公路的可达性指数
TAX	每 1 万美元的全额物业税税率
PTRATIO	按城镇标准的学生/教师比例
LSTAT	总人口中贫困人口所占的比例
MEDV	自有住房价格的中位数，单位是千美元
CAT.MEDV	自有住房价格的中位数是否大于 3 万美元(大于时，CAT.MEDV=1，否则 CAT.MEDV=0)

我们现在可能面临三个任务：

1) 有监督的预测任务。结果变量是自有住房价格的中位数(MEDV)。

2) 有监督的分类任务。结果变量是二元变量 CAT.MED，表示房子的价格是否大于 3 万美元或小于 3 万美元。

3) 无监督任务，目标是对普查区进行聚类划分。

注意，MEDV 和 CAT.MEDV 不能同时出现在上述三种情况中。

表 3.2 波士顿房价数据集中的前 9 条记录

打开波士顿房价数据文件并显示前 9 条记录

```
housing_df = pd.read_csv('BostonHousing.csv')
# rename CAT. MEDV column for easier data handling
housing_df = housing_df.rename(columns={'CAT. MEDV': 'CAT_MEDV'})
housing_df.head(9)
```

输出结果如下：

	CRIM	ZN	INDUS	CHAS	NOX	RM	AGE	DIS	RAD	TAX	PTRATIO	LSTAT	MEDV	CAT_MEDV
0	0.0063	18.0	2.31	0	0.538	6.575	65.2	4.090	1	296	15.3	4.98	24.0	0
1	0.0273	0.0	7.07	0	0.469	6.421	78.9	4.967	2	242	17.8	9.14	21.6	0
2	0.0273	0.0	7.07	0	0.469	7.185	61.1	4.967	2	242	17.8	4.03	34.7	1
3	0.0324	0.0	2.18	0	0.458	6.998	45.8	6.062	3	222	18.7	2.94	33.4	1
4	0.0691	0.0	2.18	0	0.458	7.147	54.2	6.062	3	222	18.7	5.33	36.2	1
5	0.0299	0.0	2.18	0	0.458	6.430	58.7	6.062	3	222	18.7	5.21	28.7	0
6	0.0883	12.5	7.87	0	0.524	6.012	66.6	5.561	5	311	15.2	12.43	22.9	0
7	0.1446	12.5	7.87	0	0.524	6.172	96.1	5.951	5	311	15.2	19.15	27.1	0
8	0.2112	12.5	7.87	0	0.524	5.631	100.0	6.082	5	311	15.2	29.93	16.5	0

实例 3.2：美铁列车客运数据

美铁(Amtrak)是指美国铁路公司，这家公司定期地收集客运数据。在本章，我们将利用 1991 年 1 月至 2004 年 3 月之间每个月的客运数据来预测未来客运量。客运数据及其来源将在第 16 章介绍。因此，这个实例的任务是进行(数值型的)时间序列预测。

3.3 基本图形：条形图、折线图和散点图

最有效的三类基本图形是条形图、折线图和散点图，如图 3.1 所示。在 Python 中，使用 Pandas 很容易创建这些图形，它们也是当前商业领域里最常用的图形，被广泛用于数据探索和数据展示(饼图虽然也十分流行，但通常不是有效的可视化工具)。基本图形通过每次显示一两列数据来支持数据探索，这在早期是比较有效的方法，可以帮助用户了解数据结构、变量个数和变量类型、缺失值的数量和类型，等等。

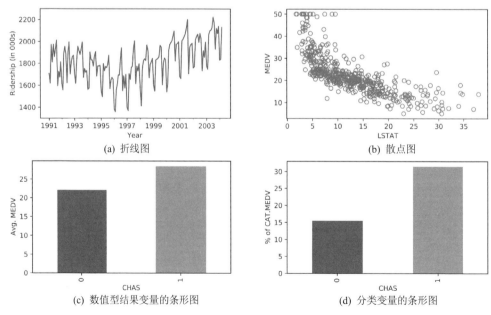

(a) 折线图　　　　　　　　　　　　　　　　(b) 散点图

(c) 数值型结果变量的条形图　　　　　　　(d) 分类变量的条形图

图 3.1　基本图形

数据挖掘任务的性质和数据的领域知识会影响使用这些基本图形所需付出的时间和努力。在监督

学习里，我们更关心结果变量。在散点图里，结果变量通常对应 y 轴。在无监督学习里(假如目的是进行数据压缩或聚类划分)，这些能够表示数据之间关系的基本图形(如散点图)更受欢迎。

以下代码用于生成图 3.1 中的各个子图：

```
## Load the Amtrak data and convert them to be suitable for time series analysis
Amtrak_df = pd.read_csv('Amtrak.csv', squeeze=True)
Amtrak_df['Date'] = pd.to_datetime(Amtrak_df.Month, format='%d/%m/%Y')
ridership_ts = pd.Series(Amtrak_df.Ridership.values, index=Amtrak_df.Date)

## Boston housing data
housing_df = pd.read_csv('BostonHousing.csv')
housing_df = housing_df.rename(columns={'CAT.MEDV': 'CAT_MEDV'})
```

Pandas 可视化

```
## line graph
ridership_ts.plot(ylim=[1300, 2300], legend=False)
plt.xlabel('Year') # set x-axis label
plt.ylabel('Ridership (in 000s)') # set y-axis label

## scatter plot with axes names
housing_df.plot.scatter(x='LSTAT', y='MEDV', legend=False)

## barchart of CHAS vs. mean MEDV
# compute mean MEDV per CHAS = (0, 1)
ax = housing_df.groupby('CHAS').mean().MEDV.plot(kind='bar')
ax.set_ylabel('Avg. MEDV')

## barchart of CHAS vs. CAT_MEDV
dataForPlot = housing_df.groupby('CHAS').mean()['CAT_MEDV'] * 100
ax = dataForPlot.plot(kind='bar', figsize=[5, 3])
ax.set_ylabel('% of CAT.MEDV')
```

matplotlib 可视化

```
## line graph
plt.plot(ridership_ts.index, ridership_ts)
plt.xlabel('Year') # set x-axis label
plt.ylabel('Ridership (in 000s)') # set y-axis label

## Set the color of the points in the scatterplot and draw as open circles.
plt.scatter(housing_df.LSTAT, housing_df.MEDV, color='C2', facecolor='none')
plt.xlabel('LSTAT'); plt.ylabel('MEDV')

## barchart of CHAS vs. mean MEDV
# compute mean MEDV per CHAS = (0, 1)
dataForPlot = housing_df.groupby('CHAS').mean().MEDV
fig, ax = plt.subplots()
ax.bar(dataForPlot.index, dataForPlot, color=['C5', 'C1'])
ax.set_xticks([0, 1], False)
```

```
ax.set_xlabel('CHAS')
ax.set_ylabel('Avg. MEDV')

## barchart of CHAS vs. CAT.MEDV
dataForPlot = housing_df.groupby('CHAS').mean()['CAT_MEDV'] * 100
fig, ax = plt.subplots()
ax.bar(dataForPlot.index, dataForPlot, color=['C5', 'C1'])
ax.set_xticks([0, 1], False)
ax.set_xlabel('CHAS'); ax.set_ylabel('% of CAT.MEDV')
```

图 3.1(a)是时间系列数据的折线图,用于表示美铁公司每个月的客运量。折线图主要用于显示时间序列。时间帧或时间刻度的选择取决于预测任务的目标和数据性质。

条形图常用来比较不同组之间的单个统计量(如均值、计数和百分比)。条形的高度(对于水平条形图,则是宽度)代表统计值。不同的条形对应不同的组。图 3.1(c)是数值型结果变量(MEDV)的条形图,图 3.1(d)是分类变量(CAT.MEDV)的条形图。在这两个子图中,两个条形分别代表波士顿靠近查尔斯河的房子和不靠近查尔斯河的房子(对应数据集中 CHAS 变量的两个分类值),图中的 y 轴是数值型结果变量(MEDV)的均值。这两个子图可以支持以下预测任务:将 y 轴作为数值型结果变量,而将 x 轴作为潜在的分类预测变量[1](条形图的 x 轴必须是分类变量,这是因为条形图中的条形顺序可以互换)。对于分类任务(参见图 3.1(d)),y 轴表示房价中位数大于 3 万美元的小区所占的百分比;x 轴是二元变量,表示是否靠近查尔斯河。图 3.1(d)告诉我们,靠近查尔斯河的住宅小区,房价中位数更有可能大于 3 万美元。

图 3.1(b)所示的散点图显示了 MEDV 与 LSTAT 的关系,这个子图对于预测任务来说非常重要。注意,MEDV 也在 y 轴上(x 轴上的 LSTAT 表示潜在的预测变量)。由于散点图中的两个变量都必须是数值型,因此它们不能在分类任务中用来表示 CAT.MEDV 与潜在预测变量的关系(但是经过改进可以做到,详见 3.4 节)。对于无监督学习,散点图可以帮助我们研究两个数值型变量之间的关系,确定信息的重叠程度以及预测数据中存在的簇。

这里使用基本图形显示了全局信息,如总体客运量或 MEDV 以及它们随时间的变化情况(折线图)、各组之间的差异(条形图)以及数值型变量之间的关系(散点图)。

3.3.1 分布图:箱线图和直方图

在开始讨论多维数据分析工具——高级可视化图形之前,我们需要说明两种重要的图形,通常它们不被大家当作基本图形,但是它们在统计学和数据挖掘领域非常有用。它们就是箱线图和直方图。这两类图形可以显示数值型变量的整体分布。虽然平均值是十分流行也是十分有用的统计汇总量,但是分析变量的中位数和标准差等其他统计量,或者分析它们的整体分布,有可能得到更多有用信息。条形图只能提供单个汇总信息,而箱线图和直方图可以显示数值型变量的整体分布。通过生成并排的箱线图,可以有效地比较两组数据;或者通过生成一系列的箱线图,可以分析数据分布随时间的变化情况。

分布图在监督学习中非常有用,它们可以用来决定潜在的数据挖掘方法和变量变换方法。例如,对于偏态分布的数值型变量,如果想要当作正态分布(如线性回归、判别分析)使用,就必须对它们应用变换(如变换到对数刻度)。

1　这里的条形图是指竖直条形图,同样的原理也适用水平条形图。对于水平条形图,y 轴代表分类变量,x 轴代表数值型结果变量。

直方图用一系列连接起来的矩形来表示所有 *x* 值的频数。例如, 图 3.2(a)表示有超过 150 个住宅小区, 它们的房价中位数在 2.0 万美元与 2.5 万美元之间。

箱线图表示绘制在 *y* 轴上的变量(但是旋转 90 度后, 箱形框与 *x* 轴平行)的分布情况。图 3.2(b)中有两个箱线图(这种情况称为并排箱线图), 右边的那个箱形图包含了 50%的数据, 这表示有一半住宅小区的房价中位数处在 2.0 万美元与 3.3 万美元之间, 箱形框内部的水平线表示中位数(第 50 个百分分位数), 箱形框的顶边和底边分别代表第 75 个和第 25 个百分分位数。向上和向下延伸出来的线段包含了数据区间里的其余数据, 奇异值用点或圆表示。有时候, 均值用+(或其他类似的符号)表示。通过对比均值和中位数, 可以评估数据的偏态程度。箱线图经常被绘制成一系列箱形框, 不同的箱形框表示另一个变量的不同值, 另一个变量也用 *x* 轴表示。

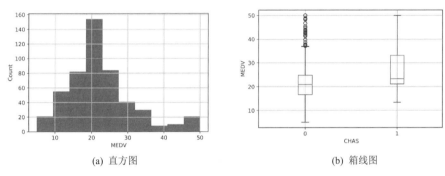

(a)　直方图　　　　　　　　　　(b)　箱线图

图 3.2　数值型结果变量(MEDV)的分布图

以下代码用于生成图 3.2 中的两个子图:

```
## histogram of MEDV
ax = housing_df.MEDV.hist()
ax.set_xlabel('MEDV'); ax.set_ylabel('count')

# alternative plot with matplotlib
fig, ax = plt.subplots()
ax.hist(housing_df.MEDV)
ax.set_axisbelow(True) # Show the grid lines behind the histogram
ax.grid(which='major', color='grey', linestyle='--')
ax.set_xlabel('MEDV'); ax.set_ylabel('count')
plt.show()

## boxplot of MEDV for different values of CHAS
ax = housing_df.boxplot(column='MEDV', by='CHAS')
ax.set_ylabel('MEDV')
plt.suptitle('') # Suppress the titles
plt.title('')

# alternative plot with matplotlib
dataForPlot = [list(housing_df[housing_df.CHAS==0].MEDV),
               list(housing_df[housing_df.CHAS==1].MEDV)]
fig, ax = plt.subplots()
ax.boxplot(dataForPlot)
```

```
ax.set_xticks([1, 2], False)
ax.set_xticklabels([0, 1])
ax.set_xlabel('CHAS'); ax.set_ylabel('MEDV')
plt.show()
```

　　直方图和箱线图适用于数值型变量，它们的基本形状常用于预测任务。箱线图支持无监督学习，因为它可以显示数值型变量(y 轴)与分类变量(x 轴)的关系。为了说明这些内容，再次观察图 3.2。图 3.2(a)是 MEDV 的直方图，也是一张偏态的分布图。把对数变换应用于结果变量(log(MEDV))，就可以改善线性回归预测器的预测结果。

　　图 3.2(b)中有两个并排的箱形框，用来比较靠近查尔斯河和不靠近查尔斯河的房子的 MEDV 分布。我们发现，相对于不靠近查尔斯河的房子，靠近查尔斯河的房子不仅平均 MEDV 高，而且整体分布也比较高(中位数、四分位数、最小值和最大值都相对比较大)。此外我们还发现，所有靠近查尔斯河的房子，它们的价格中位数都在 1 万美元以上。以上信息不仅说明了 CHAS 预测变量的重要性，而且有助于我们选择数据挖掘方法：要选择那些能够捕捉到这两个分布的非重叠区域的方法。

　　应用于数值型变量的箱线图和直方图还能指引我们导出新的变量。例如，它们能够表示如何对数值型变量进行分组(为了使用朴素贝叶斯分类器，需要对数值结果进行分组，也可在波士顿房价实例中，使用某个阈值把 MEDV 转换为 CAT.MEDV)。

　　最后，并排箱线图在分类任务中也非常有用，它们可以帮助分类器评估数值型预测变量的重要性。为此，用 x 轴表示分类结果变量，用 y 轴表示数值型预测变量。观察图 3.3，可以发现，有 4 个数值型预测变量会对 CAT.MEDV 产生影响。其中，分隔比较远的两个变量(PTRATIO 和 INDUS)可能是最有用的预测变量。

　　当处于最简单形式时，基本图形和分布图的最大缺点是它们只能显示两个变量，因此无法表达多维信息。每个基本图形都只有两个维度，每个维度表示一个变量。在数据挖掘中，数据在本质上都是多变量的，因此需要设计能够表达和度量多变量信息的方法。在 3.4 节，我们将介绍如何把基本图形(和分布图)推广应用于多维数据的可视化，包括如何增加新的特征、如何操作数据以及如何加入交互性。之后将介绍几个专用图形，它们可以显示专用的数据结构。

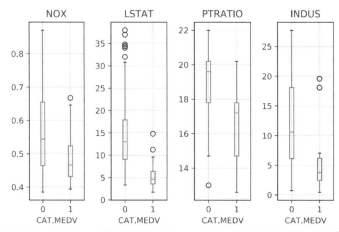

图 3.3　并排箱线图，用于探索 4 个数值型预测变量与 CAT.MEDV 结果变量的关系。在并排箱线图里，其中一个轴用于分类变量，另一个轴用于数值型变量

以下代码用于生成图 3.3：

```
## side-by-side boxplots
fig, axes = plt.subplots(nrows=1, ncols=4)
housing_df.boxplot(column='NOX', by='CAT_MEDV', ax=axes[0])
housing_df.boxplot(column='LSTAT', by='CAT_MEDV', ax=axes[1])
housing_df.boxplot(column='PTRATIO', by='CAT_MEDV', ax=axes[2])
housing_df.boxplot(column='INDUS', by='CAT_MEDV', ax=axes[3])
for ax in axes:
    ax.set_xlabel('CAT.MEDV')
plt.suptitle('') # Suppress the overall title
plt.tight_layout() # Increase the separation between the plots
```

3.3.2　热图：可视化相关性和缺失值

热图(heatmap)是用来显示数值型数据的图形，这种图形用颜色表示数值大小。在数据挖掘中，热图主要有两个作用：可视化数据的相关性以及可视化数据的缺失值。在这两种情形下，以上信息都可以转换为一张二维表。p 个变量的相关性表有 p 行 p 列。数据表则包含 p 列(p 个变量)n 行(n 个观测数据)。如果数据表的行数巨大，那么需要使用数据表子集。但不管是哪种情形，检查颜色图形都比检查数值更容易、更快。需要说明的是，只有当数值个数很大时，热图才有使用价值，但是热图无法取代比较精细的图形工具，如条形图，这是因为人们有时无法精确理解颜色上的差别。

图 3.4 展示的热图指明了 13 个变量(12 个预测变量和 MEDV)中每两个变量之间的相关程度。黑色表示强相关(正或负)。我们从中很容易看出哪些变量存在强相关，哪些变量存在弱相关。蓝色和红色分别表示正相关和负相关。

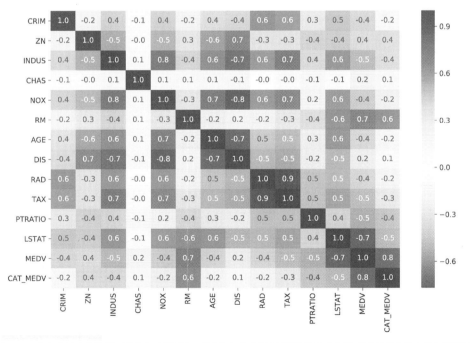

图 3.4　一张相关性表的热图：黑色表示强相关，蓝色和红色分别表示正相关和负相关(彩色效果参见本书在线资源)

以下代码用于生成图 3.4 所示的热图:

```
## simple heatmap of correlations (without values)
corr = housing_df.corr()
sns.heatmap(corr, xticklabels=corr.columns, yticklabels=corr.columns)

# Change the colormap to a divergent scale and fix the range of the colormap
sns.heatmap(corr, xticklabels=corr.columns, yticklabels=corr.columns, vmin=-1,
            vmax=1, cmap="RdBu")

# Include information about values (example demonstrate how to control the size of
# the plot
fig, ax = plt.subplots()
fig.set_size_inches(11, 7)
sns.heatmap(corr, annot=True, fmt=".1f", cmap="RdBu", center=0, ax=ax)
```

在缺失值热图中,行对应记录,列对应变量,二元编码表示原始数据,其中 1 表示缺失值,0 表示不是缺失值,只有包含缺失值的单元格(值为 1)才有颜色。图 3.5 展示的缺失值热图源于一个摩托车碰撞事故数据集[1]。缺失值热图可以帮助我们看出数据集缺失现象的严重程度和数量级别。有些“缺失现象”很容易出现,比如有些变量的全部观测值都是缺失值,或者某些相邻记录缺失很多值。缺失值很少的变量也很容易看出。缺失值热图提供的信息可用来确定缺失值的处理方法(丢弃某些变量、丢弃某些记录、采用插补或其他方法)。

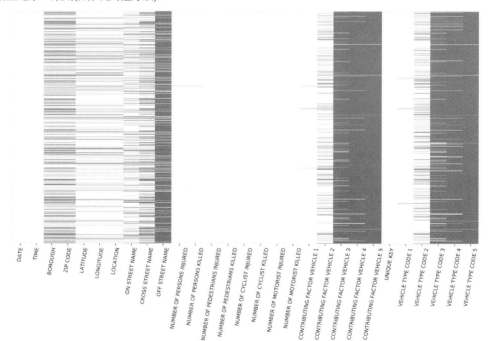

图 3.5　某摩托车碰撞事故数据集的缺失值热图:灰色表示缺失值

---

1 这个数据集可从 https://data.cityofnewyork.us/Public-Safety/NYPD-Motor-Vehicle-Collisions/h9gi-nx95 网站获得。

以下代码用于生成图 3.5 所示的缺失值热图:

```
df = pd.read_csv('NYPD_Motor_Vehicle_Collisions_1000.csv').sort_values(['DATE'])

# given a dataframe df create a copy of the array that is 0 if a field contains a
# value and 1 for NaN
naInfo = np.zeros(df.shape)
naInfo[df.isna().values] = 1
naInfo = pd.DataFrame(naInfo, columns=df.columns)

fig, ax = plt.subplots()
fig.set_size_inches(13, 9)
ax = sns.heatmap(naInfo, vmin=0, vmax=1, cmap=["white", "#666666"], cbar=False, ax=ax)
ax.set_yticks([])

# draw frame around figure
rect = plt.Rectangle((0, 0), naInfo.shape[1], naInfo.shape[0], linewidth=1,
                        edgecolor='lightgrey', facecolor='none')
rect = ax.add_patch(rect)
rect.set_clip_on(False)

plt.xticks(rotation=80)
```

3.4 多维数据的可视化

基本图形能通过颜色、大小和多面板等特性传达更多的信息。此外,基本图形还允许重定标、聚合、交互等附加操作。这些附加操作允许一次查看多个变量,优点是它们能以易于理解的方式有效地显示复杂信息。有效的特征信息建立在对视觉感知模式的正确理解之上,目的是使信息更容易理解,而不单单是用高维图形表示数据(通常这样的三维图形的视觉效果并非十分有效)。

3.4.1 添加变量:颜色、大小、形状、多面板和动画

为了在图形中包含更多的变量,必须考虑需要添加到图形中的变量的类型。为了表示额外的分类信息,最好的办法是使用色调、形状和多面板。为了表示数值型变量的额外信息,可以使用颜色强度或不同大小的数据点。时序信息可以通过动画图形来表示。

在基本图形中加入额外的分类变量或数值型变量,意味着现在这些图形既可以用于预测任务,也可以用于分类任务。例如,前面曾提到,基本的散点图不可以用于分析分类结果变量与预测变量(在分类情形下)的关系。但是对于分类任务来说,一种非常有效的图形是包含两个数值型预测变量的散点图,可用不同颜色表示分类结果变量的不同值。观察图 3.6(a),CAT.MEDV 的不同值对应图中不同的颜色。

对于预测任务,颜色编码可以帮助我们解释数值型结果变量与数值型预测变量的关系。用颜色编码的散点图可以帮助我们评估是否需要添加交互项(比如 MEDV 与 LSTAT 的关系是否与房子靠近查尔斯河有关)。

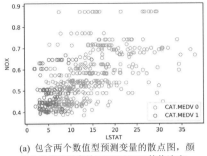

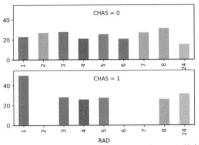

(a) 包含两个数值型预测变量的散点图，颜色由分类结果变量(CAT.MEDV)的值决定

(b) 用包含两个分类预测变量(CHAS 和 RAD)的条形图表示 MEDV 的值，用多面板表示 CHAS 的分类值

图 3.6   用颜色编码和多面板在图形中添加分类变量

以下代码用于生成图 3.6 中的子图：

```
# Color the points by the value of CAT.MEDV
housing_df.plot.scatter(x='LSTAT', y='NOX',
                        c=['C0' if c == 1 else 'C1' for c in housing_df.CAT_MEDV])


# Plot first the data points for CAT.MEDV of 0 and then of 1
# Setting color to 'none' gives open circles
_, ax = plt.subplots()
for catValue, color in (0, 'C1'), (1, 'C0'):
    subset_df = housing_df[housing_df.CAT_MEDV == catValue]
    ax.scatter(subset_df.LSTAT, subset_df.NOX, color='none', edgecolor=color)
ax.set_xlabel('LSTAT')
ax.set_ylabel('NOX')
ax.legend(["CAT.MEDV 0", "CAT.MEDV 1"])
plt.show()


## panel plots
# compute mean MEDV per RAD and CHAS
dataForPlot_df = housing_df.groupby(['CHAS','RAD']).mean()['MEDV']
# We determine all possible RAD values to use as ticks
ticks = set(housing_df.RAD)
for i in range(2):
    for t in ticks.difference(dataForPlot_df[i].index):
        dataForPlot_df.loc[(i, t)] = 0
# reorder to rows, so that the index is sorted
dataForPlot_df = dataForPlot_df[sorted(dataForPlot_df.index)]

# Determine a common range for the y axis
yRange = [0, max(dataForPlot_df) * 1.1]

fig, axes = plt.subplots(nrows=2, ncols=1)
dataForPlot_df[0].plot.bar(x='RAD', ax=axes[0], ylim=yRange)
dataForPlot_df[1].plot.bar(x='RAD', ax=axes[1], ylim=yRange)
axes[0].annotate('CHAS = 0', xy=(3.5, 45))
axes[1].annotate('CHAS = 1', xy=(3.5, 45))
plt.show()
```

在条形图中，也可以用颜色添加更多分类变量，但前提是分类值的个数必须很少。当分类值的个数很多时，另一种更好的办法是使用多面板。多面板的创建过程(也称网格化)如下：先按分类变量的分类值对观测数据进行分组，再为每一组单独创建一个图形(或同类图形)。观察图 3.16(b)，原来按 RAD 分类值分组的 MEDV 均值条形图被分解为两个面板图，它们分别对应 CHAS 的两个分类值。我们发现 MEDV 均值受高速公路可达性指数的影响程度因房子是否靠近查尔斯河而不同。其中，下方的面板图对应靠近查尔斯河的房子，上方的面板图对应远离查尔斯河的房子。当 RAD=1 时，两者的差异尤为明显。我们还看到，当 RAD 为 2、6、7 时，没有靠近查尔斯河的房子。这些信息会引导我们创建 RAD 与 CHAS 的交互项，并且引导我们考虑对 RAD 中的某些小组进行合并。所有这些探索结果对预测任务和分类任务都非常有用。

有一种特殊的图形称为散点阵列图，这种图形用多面板表示散点图。在散点阵列图中，全部成对的散点图都显示在一个图形里。散点阵列图中的面板是以一种特殊方式组织起来的，使得每一列和每一行都代表一个变量，因此行与列的交叉代表所有可能的成对散点图。散点阵列图在无监督学习里十分有用，用来研究数值型变量之间的关系、检测奇异值和识别簇。对于监督学习，散点阵列图可以用来分析预测变量的配对关系，实现变量变换和变量选择。对于预测任务，散点阵列图可以用来描述结果变量与数值型预测变量的关系。

图 3.7 所示的散点阵列图反映了 MEDV 与三个预测变量的关系。对角线以下是散点数，变量名表示 y 轴变量。例如，在最底部的一排图形中，它们的 y 轴变量都是 MEDV(这样我们便可以分析单个结果变量与每个预测变量的关系)。我们发现不同形状代表不同类型的关系。例如，MEDV 与 LSTAT 存在指数关系；CRIM 与 INDUS 存在高度偏态关系，这表示它们需要变换。对角线上的散点图只与一个变量有关，因此代表的是相应变量的频数分布。对角线上方的散点图代表相应两个变量的相关系数。

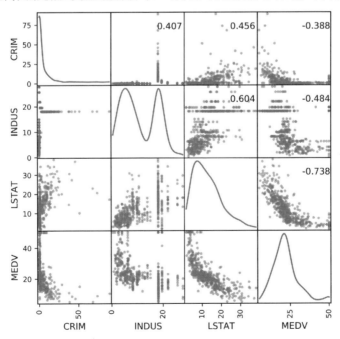

图 3.7 MEDV 与三个数值型预测变量的散点阵列图

使用色调后，就可以通过形状和多面板添加更多分类变量。然而，我们必须谨慎地添加多面板，因为增加太多的面板会使图形显得杂乱拥挤，因而影响视觉效果。

在散点图中，通过数据点的大小添加数值型变量是一种特别有用的方法，这种图也称为气泡图 (bubble plot)。这是因为在散点图中，每个数据点代表一个观测数据。在观测数据的汇总图(如箱线图、直方图和条形图)中，数据点的大小和色调通常无法联合使用。

以下代码用于生成图 3.7 所示的散点阵列图：

```
# Display scatterplots between the different variables
# The diagonal shows the distribution for each variable
df = housing_df[['CRIM', 'INDUS', 'LSTAT', 'MEDV']]
axes = scatter_matrix(df, alpha=0.5, figsize=(6, 6), diagonal='kde')
corr = df.corr().as_matrix()
for i, j in zip(*plt.np.triu_indices_from(axes, k=1)):
    axes[i, j].annotate('%.3f' %corr[i,j], (0.8, 0.8),
                        xycoords='axes fraction', ha='center', va='center')
plt.show()
```

最后，通过在图形中添加时间维度，可以显示信息随时间的动态变化情况，这可能需要用动画来实现。一个著名的例子是 Rosling 的动画散点图，该图显示了世界人口统计数据每年的变化情况 (www.gapminder.org)。这类动画虽然起着"统计故事叙述"的作用，但是作为数据探索方法却并不十分有效。

3.4.2　数据操作：重定标、聚合与层次结构、缩放与过滤

我们在数据挖掘项目上所花时间的大部分都用在了数据的预处理上。通常，我们要花较多的精力，才能把全部数据转换为数据挖掘软件实际能够接受的格式。为了提高数据挖掘程序的性能，我们需要在数据的预处理上花费大量额外时间。数据挖掘的预处理阶段还包括为确保模型顺利进行而执行的变量变换、新变量导出等操作。变量变换包括改变变量的数值刻度、对数值型变量进行分组，以及对分类变量的分类值进行压缩。下面列出的操作属于数据的预处理阶段，同时也展示了合适的数据挖掘方法的选择过程。下面详细介绍每个操作的模式及性质。

重定标　改变图形中的尺度，除了可以提高图形的质量之外，还可以更好地说明变量之间的关系。例如，在图 3.8 中，我们看到了在对散点图的两个轴和箱线图的 y 轴进行对数变换后的效果。原图(图 3.8(a))不太容易理解，但是经过对数变换后的图 3.8(b)，就很容易看出数据中存在的模式。在直方图中，MEDV 与 CRIM 的关系性质用原来的尺度很难确定，因为有太多的数据点集中在 y 轴附近。这两个变量在经过对数变换后，数据点分散开来，我们很容易看出它们之间存在线性关系。在箱线图中，在使用原始尺度的图形里，数据点集中在 x 轴附近，因此我们无法比较两个矩形的大小、位置、奇异值和大部分分布信息。重定标使得数据不再向 x 轴聚集，因而图 3.8 中的两个箱线图变得容易比较了。

聚合与层次结构　数据缩放中的另一项有用操作是改变聚合的级别。例如，对于时间尺度，我们可以按不同的时间单位(按月、按日或按时)进行聚合，甚至按某个特殊时间进行汇总(比如按每年的某月，或按每周的某一天)。时间序列的常用聚合方法是移动平均法：在大小给定的窗口里，绘制相邻数值的平均值。通过移动均值图形，就可以发现全局趋势(见第 6 章)。

对于非时序变量，如果存在有意义的层次结构，那么也可以使用聚合操作。数据往往存在地理层次结构(例如，对于波士顿房价实例，住宅小区将按邮政编码聚合)或机构层次结构(如某单位某个部门的员工)。图 3.9 展示了火车客运量时间序列的两类聚合。图 3.9(a)是原始的表示每个月客运量的系列数据，而图 3.9(b)是按月平均结果。从图 3.9(b)很容易看出，客运量在每年 7 月和 8 月达到高峰，而在

来年的 1 月和 2 月跌到谷底。图 3.9 的右下角面板是按年聚合的结果(每年的客运量)，从中可以看出火车客运量整体上的长期变化趋势——从 1996 年开始，客运量每年都在增加。

从不同尺度、不同聚合级别和不同层次结构分析数数据图形，既有助于监督学习方法，也有助于无监督学习方法，因为它们可以揭示数据在不同级别的模式和关系，并且有助于推导新的变量。

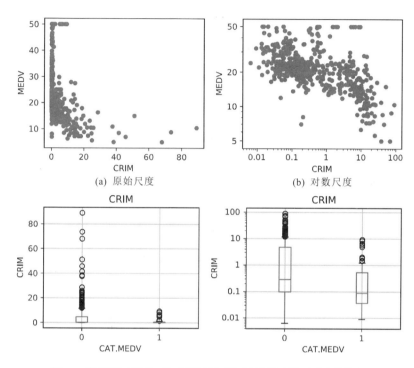

图 3.8　在进行重定标后，就可以提高图形的质量并揭示数据中存在的模式

以下代码用于生成图 3.8 中的子图：

```
# Avoid the use of scientific notation for the log axis
plt.rcParams['axes.formatter.min_exponent'] = 4

## scatter plot: regular and log scale
fig, axes = plt.subplots(nrows=1, ncols=2, figsize=(7, 4))

# regular scale
housing_df.plot.scatter(x='CRIM', y='MEDV', ax=axes[0])
# log scale
ax = housing_df.plot.scatter(x='CRIM', y='MEDV', logx=True, logy=True, ax=axes[1])
ax.set_yticks([5, 10, 20, 50])
ax.set_yticklabels([5, 10, 20, 50])
plt.tight_layout(); plt.show()

## boxplot: regular and log scale
fig, axes = plt.subplots(nrows=1, ncols=2, figsize=(7, 3))
```

```
# regular scale
ax = housing_df.boxplot(column='CRIM', by='CAT_MEDV', ax=axes[0])
ax.set_xlabel('CAT.MEDV'); ax.set_ylabel('CRIM')
# log scale
ax = housing_df.boxplot(column='CRIM', by='CAT_MEDV', ax=axes[1])
ax.set_xlabel('CAT.MEDV'); ax.set_ylabel('CRIM'); ax.set_yscale('log')
# suppress the title
axes[0].get_figure().suptitle(''); plt.tight_layout(); plt.show()
```

缩放与平移　对图形中的某个区域进行放大或缩小后,就可以显示数据中存在的模式和奇异值。我们经常对信息密集的区域或特别重要的区域感兴趣,平移是把缩放窗口的操作移到其他区域(这在 Google Maps 等地图应用中非常普遍)。如图 3.9(c)所示,原图在经过放大后,我们将只能看到前两年的数据。

缩放和平移支持监督学习和无监督学习方法,因为通过缩放和平移可以检测到不同模式的区域,因而可以创建新的交互项和变量,甚至为数据子集创建新的模型。此外,缩放和平移既可以帮助我们在反映整体行为的方法(如回归模型)和反映数据驱动的方法(如指数光滑预测器,k 近邻分类)之间做出选择,也可以表示整体行为/局部行为的级别(这可以从 k 近邻算法的 k 参数、树的大小以及指数光滑方法的指数参数中看出)。

过滤　过滤是指删除图形中的某些观测数据。进行过滤的目的是删除其他数据产生的"噪声",从而把重点放在某些数据上。与缩放和平移一样,过滤也支持监督学习和无监督学习:过滤能帮助我们发现不同或异常的局部行为。

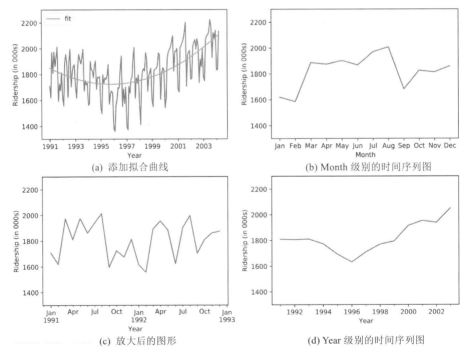

(a) 添加拟合曲线　　　　　　　(b) Month 级别的时间序列图

(c) 放大后的图形　　　　　　　(d) Year 级别的时间序列图

图 3.9　放大或缩小图形中的某个区域

以下代码用于生成图 3.9 中的各个子图：

```
fig, axes = plt.subplots(nrows=2, ncols=2, figsize=(10, 7))

Amtrak_df = pd.read_csv('Amtrak.csv')
Amtrak_df['Month'] = pd.to_datetime(Amtrak_df.Month, format='%d/%m/%Y')
Amtrak_df.set_index('Month', inplace=True)

# fit quadratic curve and display
quadraticFit = np.poly1d(np.polyfit(range(len(Amtrak_df)), Amtrak_df.Ridership, 2))
Amtrak_fit = pd.DataFrame({'fit': [quadraticFit(t) for t in range(len(Amtrak_df))]})
Amtrak_fit.index = Amtrak_df.index

ax = Amtrak_df.plot(ylim=[1300, 2300], legend=False, ax=axes[0][0])
Amtrak_fit.plot(ax=ax)
ax.set_xlabel('Year'); ax.set_ylabel('Ridership (in 000s)') # set x and y-axis label

# Zoom in 2-year period 1/1/1991 to 12/1/1992
ridership_2yrs = Amtrak_df.loc['1991-01-01':'1992-12-01']
ax = ridership_2yrs.plot(ylim=[1300, 2300], legend=False, ax=axes[1][0])
ax.set_xlabel('Year'); ax.set_ylabel('Ridership (in 000s)') # set x and y-axis label

# Average by month
byMonth = Amtrak_df.groupby(by=[Amtrak_df.index.month]).mean()
ax = byMonth.plot(ylim=[1300, 2300], legend=False, ax=axes[0][1])
ax.set_xlabel('Month'); ax.set_ylabel('Ridership (in 000s)') # set x and y-axis label
yticks = [-2.0,-1.75,-1.5,-1.25,-1.0,-0.75,-0.5,-0.25,0.0]
ax.set_xticks(range(1, 13))
ax.set_xticklabels([calendar.month_abbr[i] for i in range(1, 13)]);

# Average by year (exclude data from 2004)
byYear = Amtrak_df.loc['1991-01-01':'2003-12-01'].groupby(pd.Grouper(freq='A')).mean()
ax = byYear.plot(ylim=[1300, 2300], legend=False, ax=axes[1][1])
ax.set_xlabel('Year'); ax.set_ylabel('Ridership (in 000s)') # set x and y-axis label

plt.tight_layout()
plt.show()
```

3.4.3　趋势线和标签

　　趋势线和标签可以帮助我们发现模式和奇异值。趋势线相当于参考线，通过趋势线更容易评估模式的形状。虽然线性趋势线相对容易理解，但是指数曲线或多项式曲线可以反映更加精细的模式，而这些模式用人眼很难评估。图 3.9(a) 在原来的折线图上添加了一条多项式曲线(参见第 16 章)。

　　如果图形不是十分拥挤，那么利用标签可以帮助我们更好地探索奇异值和簇，参见图 3.10(图 3.10 是后面第 15 章中的图 15.1 的副本，但是这里添加了标签)。由于在散点图上显示了不同的公用事业单位，因而可以比较它们的燃料成本与销售收入的关系。你可能对数据的聚类分析感兴趣，可利用聚类分析算法确定燃料成本和销售收入上存在的簇。图 3.10 中的标签能够帮助我们辨认簇及其成员(例如，Nevada 和 Puget 属于同一个簇，特点就是低燃料成本和高销售收入)。如果想进一步了解聚类分析和实例数据，请参阅第 15 章。

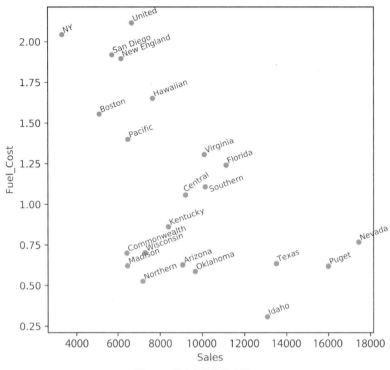

图 3.10   带有标签的散点图

以下代码用于生成图 3.10 所示的图形：

```
utilities_df = pd.read_csv('Utilities.csv')
ax = utilities_df.plot.scatter(x='Sales', y='Fuel_Cost', figsize=(6, 6))
points = utilities_df[['Sales','Fuel_Cost','Company']]
_ = points.apply(lambda x:
                 ax.text(*x, rotation=20, horizontalalignment='left',
                        verticalalignment='bottom', fontsize=8), axis=1)
```

3.4.4   扩展到大型数据集

当观测数据(行)非常大时，显示所有观测数据的图形(散点图)就不那么有效了。除了使用箱线图等聚合图形之外，还可以使用如下技术。

1) 采样——生成随机样本，绘制样本图形。
2) 压缩标签尺寸。
3) 采用透明的标签颜色，去掉填充颜色。
4) 把数据分解为子集(用多面板表示图形)。
5) 使用聚合图(如气泡图，大小对应某个区间里观测数据的个数)。
6) 使用抖动技术(加入微小的噪声，稍微移动每个标签)进行采样——生成随机样本，绘制样本图形。

本书第 12 章中的图 12.2 展示了使用大型数据集中的样本绘制图形的好处。在图 12.2 中，其中一个子图是包含 5000 条记录的散点图，另一个子图是样本数据的散点图。图 3.11 是改进后的散点图，其中包含整个数据集中的所有散点，但是使用了较小的标签，并且为了避免标签挡住数据点，这里还使用了抖动技术以及比较透明的填充颜色。我们发现图形的很大区域由灰色占据，黑色区域主要在右边，而在右上角，有一块很大的区域是这两种颜色(黑色和灰色)的叠加。

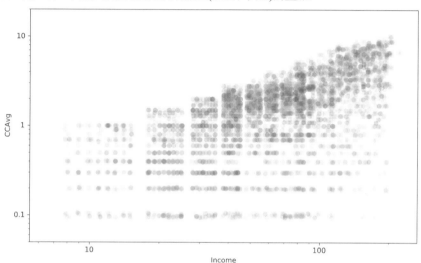

图 3.11　大型数据集的散点图：压缩标签尺寸，使用抖动技术，同时采用透明的填充颜色(彩色效果参见本书在线资源)

以下代码用于生成图 3.11 所示的图形：

```
def jitter(x, factor=1):
    """ Add random jitter to x values """
    sx = np.array(sorted(x))
    delta = sx[1:] - sx[:-1]
    minDelta = min(d for d in delta if d > 0)
    a = factor * minDelta / 5
    return x + np.random.uniform(-a, a, len(x))


universal_df = pd.read_csv('UniversalBank.csv')

saIdx = universal_df[universal_df['Securities Account'] == 1].index

plt.figure(figsize=(10,6))
plt.scatter(jitter(universal_df.drop(saIdx).Income),
            jitter(universal_df.drop(saIdx).CCAvg),
            marker='o', color='grey', alpha=0.2)
plt.scatter(jitter(universal_df.loc[saIdx].Income),
            jitter(universal_df.loc[saIdx].CCAvg),
            marker='o', color='red', alpha=0.2)
plt.xlabel('Income')
plt.ylabel('CCAvg')
```

```
plt.ylim((0.05, 20))
axes = plt.gca()
axes.set_xscale("log")
axes.set_yscale("log")
plt.show()
```

3.4.5 多变量图：平行坐标图

在二维图形中显示多维数据的另一种方法是使用平行坐标图等专用图形。在这种图形中，每个竖直轴对应一个变量。每个观测对象则通过一条连接了这个观测对象在各个轴上的数值的直线来表示，这样的折线图被称为"多变量剖面图"。图 3.12 用平行坐标图展示了波士顿房价数据。在图 3.12 中，有上下两个面板，它们分别代表 CAT.MEDV 的两个分类值，这样更容易比较这两类房子(分类任务)。我们发现价格较高的房子(下面板)，它们的 CRIM 和 LSAT 值比较小；而价格比较低的房子(上面板)，它们的 CRIM 和 LSAT 值比较分散，但是 RM 值处于中等水平。这些观察结果告诉了我们哪些是有用的预测变量，而哪些数值型预测变量需要进行分组。

平行坐标图在无监督学习中也很有用。它们可以揭示簇、奇异值和变量之间的重叠信息。一种比较有用的操作是对列重新进行排列，从而更好地揭示观测数据的聚类分析结果。

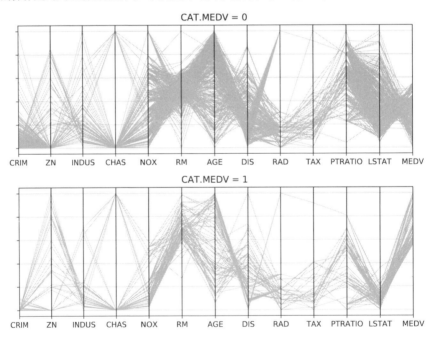

图 3.12 波士顿房价数据的平行坐标图，每个变量的值都被缩放成原来的 0%~100%，上下两个面板分别
对应 CAT.MEDV 的两个分类值，上面板对应房价低于 3 万美元，下面板对应房价高于 3 万美元

以下代码用于生成图 3.12 中的各个子图：

```
# transform the axes, so that they all have the same range
min_max_scaler = preprocessing.minmaxscaler()
datatoplot = pd.dataframe(min_max_scaler.fit_transform(housing_df),
```

```
                    columns=housing_df.columns)

fig, axes = plt.subplots(nrows=2, ncols=1)
for i in (0, 1):
    parallel_coordinates(datatoplot.loc[datatoplot.cat_medv == i],
                         'cat_medv', ax=axes[i], linewidth=0.5)
    axes[i].set_title('cat.medv = {}'.format(i))
    axes[i].set_yticklabels([])
    axes[i].legend().set_visible(false)

plt.tight_layout() # increase the separation between the plots
```

3.4.6　交互式可视化

与数据挖掘过程中的交互性相似，利用可视化中的交互性可以从图形中获取更多的信息。Few 是数据可视化领域的专家，用他的话来说(Few，2009)：

面对静态的可视化图形(如打印出来的图形)，我们能够获取的信息非常有限。如果我们无法与数据进行交互，我们就有可能撞到南墙。

交互式的可视化图形具有以下几个特征。

1) 可以方便、快速、可逆地修改图形。

2) 能够容易地把多个并发图形和表格集成在一起，并且可以显示在单个屏幕上。

3) 一组可视化图形能够相互链接在一起，因此在一个图形上执行的操作可以反映到其他图形上。

下面我们通过几个例子，对比静态图形生成器(如 Excel)与交互式的可视化图形接口。

直方图重组　考虑一下，假设有一个数值型变量需要分组，那么可以用直方图完成这项任务。如果是静态的直方图，那么当选择新的重组方案时需要重新绘图。如果由用户生成多个图形，那么屏幕将变得杂乱。如果重复生成同一图形，那将很难比较不同分组的结果。相反，交互式的可视化图形允许我们互动地调整组宽(看看图 3.13 所示直方图下方的滑动条)，当用户改变组宽时，直方图会自动且快速地重新绘制图形。

聚合与缩放　考虑时间序列预测任务。给定时间序列数据，为了确定其中的短期或长期模式，需要在不同的时间级别对数据进行聚合。缩放和平移通常用来识别时间序列中存在的异常周期。对于静态的绘图软件，每一次按时间进行聚合时，都要求用户重新计算一个新的变量(例如，只有聚合每日的数据，才可能得到每周的汇总)。缩放和平移要求人们用人工方法修改某个轴在显示区间内的最小值和最大值(因此，如果不创建多个图形，就无法在不同的区域间快速切换)。但是，如果使用交互式可视化技术，那么得到的将是一种时间层次结构，用户可以在这种结构中自由切换。利用轴旁边的滑动条就可以实现缩放(参考图 3.13 左上角的滑动条)，因此允许用户直接操作图形，并且可以立即得到响应。

把多个关联图合并到单个窗口中　为了支持分类任务，可能需要创建多个图形，从表示结果变量与潜在的分类预测变量或数值型预测变量的关系。并排箱线图、颜色编码的散点图和多面板条形图都属于这类图形。如果想发现数据中存在的多维关系(并且识别可能存在的奇异值)，可以选择数据的某个子集(某个变量的某一分类值)，然后在其他图形中找到观测对象。如果采用静态方法，用户将不得不手动组织图形并改变图形的大小，从而使所有图形都能集中到一个窗口中。静态方法通常不支持图形间的链接功能，即使支持，每当用户进行选择时，也需要重新生成全部图形。与此相反，交互式的可视化图形为用户提供了一种简单方法，这种方法可以自动组织和调整图形的大小，并且能够把全部图形集中到一个窗口中。图形之间的链接关系也很容易实现，并且会自动对用户的选择做出响应。当用户在某个图形上做出选择时，其他图形上也会自动高亮显示出用户所做的选择(参见图 3.13)。

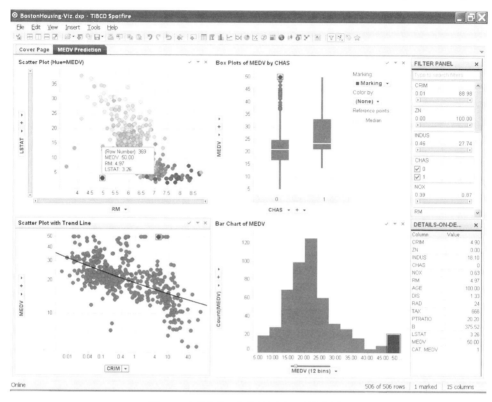

图 3.13　在单个窗口中显示多个相互链接的图形

　　有了与图形交互并且把图形链接起来的能力之后，就可以把图形工具变为分析工具，从而对数据进行连续的探索。有几个商用的可视化工具向我们提供了强大的交互式可视化功能，当前两个非常受欢迎的工具是 Spotfire(http://spotfile.tibco.com)和 Tableau(www.tableausoftware.com)。图 3.13 就是用 Spotfire 生成的。

　　Tableau 和 Spotfire 在软件研发和客户沟通方面花费了数百万美元，经过千锤百炼，最终推出一些非常成功的图形接口，它们允许分析师通过图形与数据建立起顺畅而高效的互动。用 Python 等编程语言很难复现这些复杂且高度工程化的接口，而且这些接口允许用户通过像 Python 这样的编程语言，使用不同的图形探索数据。然而确实存在这样的需求，Python 社区正努力开发交互式图形工具。JavaScript 在网站开发中的广泛应用已促使一些程序员把 Plotly 或 Bokeh 等 JavaScript 库添加到 Python 中。若想深入了解 Plotly 库，请访问 https://plot.ly/python/。若想深入了解 JavaScript 开发，请访问 http://bokeh.pydata.org/en/latest/docs/user_guide/bokehjs.html)。在编写本书时，Python 语言已经有了可视化交互工具，而且 Python 程序员将会看到更多、更高级的工具出现。有了这些工具，就可以很快开发出个性化的交互式图形，并且可以向其他非程序员出身的分析师提供这些可视化软件。

3.5 专用的可视化技术

本节将介绍几个专用的可视化工具,这些工具不仅能表示标准时间序列和横截面结构等简单的数据结构,而且能表示复杂的数据结构——用普通图形很难表示的特殊类型的关系。特别是,我们能用它们处理层次数据、网络数据和地理数据——这三类数据正越来越普遍。

3.5.1 网络数据可视化

社交网络数据和产品网络数据的爆炸式增长促使网状分析技术的出现。eBay 上买卖双方构成的网络以及 Facebook 上的用户网络就是社交网络的两个例子。网络数据的可视化技术不仅出现在各种网络专用的软件里,也出现在通用软件里。

网络图由两部分组成:角色以及角色之间的关系。"节点"代表角色(社交网络中的用户或产品网络中的产品),用圆形表示。角色之间的关系用边表示,边是连接两个节点的线段。例如,在 Facebook 等社交网络里,我们可以构建一个用户列表(节点),用边表示用户之间的好友关系。我们也可以用边表示一个用户在另一个用户的 Facebook 页面上发布的一个帖子。网络图可能有多层节点,比较常用的网络结构有两类节点,如图 3.14 所示。图 3.14 显示了 www.ebay.com 网站上卖方与买方达成的交易(这里的数据是一段时间里施华洛世奇珠子的交易记录,来自 Jank 和 Yahav 于 2010 年发表的文章)。黑色圆点代表卖方,灰色圆点代表买方。我们发现,市场上有很多高成交量的卖家。我们还发现,很多买家只与单个卖家有联系。许多产品的市场结构与此相似。网络提供商可以利用这些信息来识别与卖方的未来合作关系。

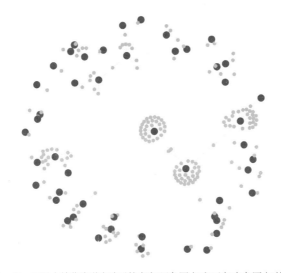

图 3.14 eBay 网站上施华洛世奇珠子的卖家(黑色圆点)和买家(灰色圆点)的网络图

以下代码生成图 3.14 所示的图形:

```
ebay_df = pd.read_csv('eBayNetwork.csv')

G = nx.from_pandas_edgelist(ebay_df, source='Seller', target='Bidder')

isBidder = [n in set(ebay_df.Bidder) for n in G.nodes()]
```

```
pos = nx.spring_layout(G, k=0.13, iterations=60, scale=0.5)
plt.figure(figsize=(10,10))
nx.draw_networkx(G, pos=pos, with_labels=False,
                 edge_color='lightgray',
                 node_color=['gray' if bidder else 'black' for bidder in isBidder],
                 node_size=[50 if bidder else 200 for bidder in isBidder])
plt.axis('off')
plt.show()
```

图 3.14 是用 Python 中的 networkx 包绘制的。另一个有用的图形包是 python-igraph。利用这些包，可以从各种来源导入网络图。图形的形状和颜色可由用户进行个性化定制，并且具有其他高级功能，比如过滤节点和边、修改图形布局、确定相关节点的簇、计算网络指标、执行网络分析等(相关的内容和例子，请参阅第 19 章)。

网络图在分析关联规则(参阅第 14 章)时非常有用。考虑这样一个例子：我们想对杂货店的交易数据进行挖掘，从而发现哪些商品是一起购买的。我们可以构建这样的网络图：将商品作为节点，用边把两个一起购买的商品连接起来。在通过数据挖掘算法生成一组规则(通常其中包含大量的规则，但部分规则并不重要)后，网络图可以帮助我们发现两个重要商品被一同选购的规则。一个大家都很熟悉的例子——"啤酒与婴儿尿布"组合经常出现在网络图中，这表示这两个商品具有很高的关联性。不管其他商品如何，如果一个商品(如牛奶)总是被顾客经常购买，就把对应的节点画得非常大，以表示这个节点与其他节点有很强的关联性。

3.5.2 层次数据可视化：树状结构图

前面讨论过层次结构数据，并且从图形操作角度讨论了如何探索不同层次级别的数据。树状结构图是一种十分有用的可视化工具，专用于探索具有层次结构(树状结构)的大型数据集。树状结构图允许我们对不同维度的数据进行探索，并且不会改变数据的层次性。图 3.15 所示的树状结构图显示了 eBay 网站上的一个大型拍卖数据集，这里按拍卖品的分类、子分类和品牌组成了一种有序的层次结构。树状结构图的层次级别可以看成矩形中包含矩形。分类变量在图形中用色调表示。数值型变量可以通过矩形尺寸和色彩强度添加到图形中。在图 3.15 中，尺寸用来表示平均拍价(这反映了商品的真实价格)，颜色强度表示卖方的负面评价比例(负面评价表示买方对过去的交易不满意，这通常可以作为不诚实商家行为的评价指标)。考虑这样一个分类任务：根据欺诈结果变量分类正在进行的拍卖品。从树状结构图可以看出，负面评价比例最高的商家(黑色)都集中于最贵的拍卖品(劳力士和卡地亚腕表)。当前，Python 只能提供简单的树状结构图，其中只有一个层次，并用不同颜色和大小的矩形来表示其他变量。

在理想情形下，树状结构图可以用交互式方法进行探索，并且可以缩放到不同的级别。交互式树状结构图在线应用的典型实例出现在 www.drasticdata.nl 网站上。树状结构图的典型应用实例是显示 2014 年世界杯运动员级别(但是可以聚合到球队级别)的数据，用户可以选择运动员级别或球队级别来浏览比赛结果的树状结构图。在图 3.15 所示的树状结构图中，有多达 11 000 个拍卖品，它们是按商品的类别进行组织的。矩形的大小代表平均拍价。填充颜色代表卖家的负面评价比例(颜色越深，负面评价比例越高)。

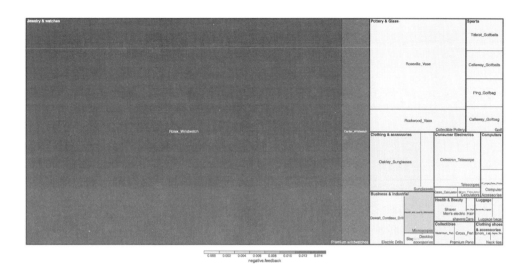

图3.15　显示了将近 11 000 个拍卖品的树状结构图，它们是按商品的分类、子分类和品牌进行组织的。矩形大小代表平均拍价(反映了商品的真实价格)。颜色的深浅反映了商家的负面评价比例(颜色越深，负面评价比例越高)

图 3.15 是用 R 语言生成的，图 3.16 是用 Python 语言生成的与图 3.15 对应的树状结构图。

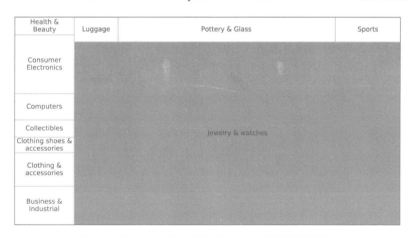

图 3.16　用 Python 语言生成的与图 3.15 对应的树状结构图

以下代码用于生成图 3.16 所示的图形：

```
import squarify

ebayTreemap = pd.read_csv('EbayTreemap.csv')

grouped = []
for category, df in ebayTreemap.groupby(['Category']):
    negativeFeedback = sum(df['Seller Feedback'] < 0) / len(df)
    grouped.append({
        'category': category,
```

```
        'negativeFeedback': negativeFeedback,
        'averageBid': df['High Bid'].mean()
    })
byCategory = pd.DataFrame(grouped)

norm = matplotlib.colors.Normalize(vmin=byCategory.negativeFeedback.min(),
                                   vmax=byCategory.negativeFeedback.max())
colors = [matplotlib.cm.Blues(norm(value)) for value in byCategory.negativeFeedback]

fig, ax = plt.subplots()
fig.set_size_inches(9, 5)

squarify.plot(label=byCategory.category, sizes=byCategory.averageBid, color=colors,
              ax=ax, alpha=0.6, edgecolor='grey')

ax.get_xaxis().set_ticks([])
ax.get_yaxis().set_ticks([])

plt.subplots_adjust(left=0.1)
plt.show()
```

3.5.3　地理数据可视化：地图

当前，我们在数据挖掘中使用的许多数据集都包含了地理信息。邮政编码是包含多个分类值的分类变量的典型代表。在具体的分析中，要为邮政编码创建有意义的变量并不太容易。但是，通过在地图上绘制数据，就可以显示用其他方法难以识别的模式。可以地图为背景，然后使用色调、颜色和其他特征添加分类变量或数值型变量。除了专业的地图软件之外，地图现在已成为通用软件的一部分，谷歌地图(Google Maps)提供了地图 API，从而允许其他机构把自己的数据叠加在谷歌地图上。虽然谷歌地图很容易使用(参见图 3.17)，但是效率不如专用的交互式可视化软件。

图 3.17　在谷歌地图上显示学生和老师的位置(数据来源：statistics.com)

以下代码用于生成图 3.17 所示的图形:

```
import gmaps
SCstudents = pd.read_csv('SC-US-students-GPS-data-2016.csv')

gmaps.configure(api_key=os.environ['GMAPS_API_KEY'])
fig = gmaps.figure(center=(39.7, -105), zoom_level=3)
fig.add_layer(gmaps.symbol_layer(SCstudents, scale=2,fill_color='red',
                                 stroke_color='red'))
fig
```

在图 3.18 中,上图比较了一些国家的幸福感(根据 2006 年的盖洛普调查数据),下图比较了它们的国内生产总值(GDP)。颜色越浅,幸福感或 GDP 越高。

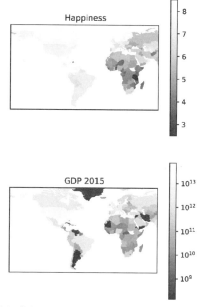

图 3.18　上图比较了各个国家的幸福感(根据 2006 年的盖洛普调查数据),下图比较了它们的国内生产总值(GDP)。
颜色越浅,分值越大(来源:维恩霍文的全世界幸福感数据库)

以下代码用于生成图 3.18 所示的图形:

```
import matplotlib
import matplotlib.pyplot as plt
import cartopy
import cartopy.io.shapereader as shpreader
import cartopy.crs as ccrs

gdp_df = pd.read_csv('gdp.csv', skiprows=4)
gdp_df.rename(columns={'2015': 'GDP2015'}, inplace=True)
gdp_df.set_index('Country Code', inplace=True) # use three letter country code to
                                               # access rows
```

```
# The file contains a column with two letter combinations, use na_filter to avoid
# converting the combination NA into not-a-number
happiness_df = pd.read_csv('Veerhoven.csv', na_filter = False)
happiness_df.set_index('Code', inplace=True) # use the country name to access rows

fig = plt.figure(figsize=(7, 8))
ax1 = plt.subplot(2, 1, 1, projection=ccrs.PlateCarree())
ax1.set_extent([-150, 60, -25, 60])
ax2 = plt.subplot(2, 1, 2, projection=ccrs.PlateCarree())
ax2.set_extent([-150, 60, -25, 60])

# Create a color mapper
cmap = plt.cm.Blues_r
norm1 = matplotlib.colors.Normalize(vmin=happiness_df.Score.dropna().min(),
                                    vmax=happiness_df.Score.dropna().max())
norm2 = matplotlib.colors.LogNorm(vmin=gdp_df.GDP2015.dropna().min(),
                                  vmax=gdp_df.GDP2015.dropna().max())

shpfilename = shpreader.natural_earth(resolution='110m', category='cultural',
                                      name='admin_0_countries')
reader = shpreader.Reader(shpfilename)
countries = reader.records()
for country in countries:
    countryCode = country.attributes['ADM0_A3']
    if countryCode in gdp_df.index:
        ax2.add_geometries(country.geometry, ccrs.PlateCarree(),
                           facecolor=cmap(norm2(gdp_df.loc[countryCode].GDP2015)))
    # check various attributes to find the matching two-letter combinations
    nation = country.attributes['POSTAL']
    if nation not in happiness_df.index: nation = country.attributes['ISO_A2']
    if nation not in happiness_df.index: nation = country.attributes['WB_A2']
    if nation not in happiness_df.index and country.attributes['NAME'] == 'Norway':
        nation = 'NO'
    if nation in happiness_df.index:
        ax1.add_geometries(country.geometry, ccrs.PlateCarree(),
                           facecolor=cmap(norm1(happiness_df.loc[nation].Score)))

ax2.set_title("GDP 2015")
sm = plt.cm.ScalarMappable(norm=norm2, cmap=cmap)
sm._A = []
cb = plt.colorbar(sm, ax=ax2)
cb.set_ticks([1e8, 1e9, 1e10, 1e11, 1e12, 1e13])

ax1.set_title("Happiness")
sm = plt.cm.ScalarMappable(norm=norm1, cmap=cmap)
sm._A = []
cb = plt.colorbar(sm, ax=ax1)
cb.set_ticks([3, 4, 5, 6, 7, 8])
plt.show()
```

3.6　小结

预测

- 在箱线图、条形图和散点图的 y 轴上绘制结果变量。
- 通过并排箱线图、条形图和多面板研究结果变量与分类预测变量的关系。
- 利用散点图研究结果变量与数值型预测变量的关系。
- 利用分布图(箱线图和直方图)确定结果变量(或数值型变量)是否需要变换。
- 分析带颜色/多面板/尺寸的散点图，确定是否需要添加交互项。
- 利用不同级别的聚合和缩放操作确定数据中存在不同模式的区域，并用来评估全局模式和局部模型的级别。

分类

- 利用以 y 轴为结果变量的条形图分析结果变量与分类预测变量的关系。
- 通过颜色编码的散点图(颜色代表结果变量)研究结果变量与一对数值型预测变量的关系。
- 通过并排箱线图分析结果变量与数值型预测变量的关系。用并排箱线图表示数值型变量与结果变量的关系。为每个数值型预测变量生成类似的图形。相隔最远的矩形框很可能是最有用的预测变量。
- 在平行坐标图里用颜色代表结果变量。
- 利用分布图(箱线图和直方图)确定数值型预测变量是否需要变换。
- 分析带颜色/多面板/尺寸的散点图，确定是否需要添加交互项。
- 利用不同级别的聚合和缩放操作确定数据中存在不同模式的区域，并用来评估全局模式和局部模式的级别。

时间序列预测

- 按不同的时刻对数据进行聚合，生成折线图，从而确定时间序列中的模式类型。
- 使用缩放和平移分析时间序列中的较短时段，确定时间序列中存在的不同模式和时段。
- 生成各种不同刻度的聚合结果，确定时间序列中的全局模式和局部模式。
- 确定时间序列中的缺失值。
- 重叠显示不同类型的趋势曲线，以便选择合适的模型。

无监督学习

- 生成散点阵列图，确定两个变量之间存在的相关性和观测数据中的簇。
- 利用热图分析相关性表。
- 利用不同级别的聚合和缩放操作确定数据中存在不同行为的区域。
- 生成平行坐标图，确定观测数据中的簇。

3.7　习题

3.1 用折线图表示家用电器发货量。数据文件 ApplianceShipments.csv 中包含了 1985 年至 1989 年美国国内家用电器每个季度的发货量，单位是百万美元。

a. 用 Python 程序创建这个数据集的时序图，要求格式良好。

b. 数据中是否存在季度模式? 为了仔细查看这些模式,请放大 y 轴上 3500~5000 的区间。

c. 用 Python 程序创建一个包含 4 条折线的折线图。这 4 条折线分别代表 Q1(第一季度)、Q2(第二季度)、Q3(第三季度)、Q4(第四季度)的发货量。为此,需要在 Python 程序里为季度和年度添加相应的列。对数据按季度进行分组,然后以年份为 x 轴、以发货量为 y 轴,绘制 4 条折线,它们分别对应每年 4 个季度的发货量的变化情况。各季度发货量的变化趋势有什么不同?

d. 用 Python 程序绘制另一折线图,用于表示每年发货量的变化情况。

3.2 用散点图表示驾驶式割草机的销售数据。一家驾驶式割草机制造公司想确定一场密集推销活动的最佳销售前景。该公司想根据收入(单位为千美元)和房屋占地面积(单位为千平方英尺)将客户分为两类:一类为有割草机家庭(mover),另一类为无割草机家庭(nomover)。营销专家分析了 mover.csv 文件里的 24 个随机家庭样本。

用 Python 程序创建一个散点图,两个坐标轴分别为房屋占地面积和家庭收入,并用不同颜色表示结果变量 mover 和 nomover。确保生成格式良好的图形(拥有清晰的标题和图例等)。

3.3 用条形图和箱线图表示伦敦某电脑连锁店的手提电脑销售数据。数据文件 LaptopSalesJanuary2008.csv 中包含了所有连锁店 2008 年 1 月份的手提电脑销售记录,这只是全年销售数据的一个子集。

a. 创建一个条形图,显示每家连锁店的平均零售价格。哪家连锁店的平均价格最高?哪家连锁店的平均价格最低?

b. 为了更好地比较所有连锁店的零售价格,要求创建一个按连锁店分类的平行箱线图。比较两家连锁店的价格,这两家连锁店的价格分布有什么不同?

3.4 用交互式的可视化图形表示伦敦某电脑连锁店的手提电脑销售数据。这个题目是专为使用交互式的可视化工具而设计的。LaptopSales.csv 数据文件有 30 万条记录,它是 ENBIS(欧洲商业和工业统计网络)专为 2009 年秋天举行的数据处理比赛提供的数据文件。

想象一下,你是 Acell 公司(一家专门销售手提电脑的公司)新来的数据分析师,公司向你提供了产品和销售数据。现在,你需要帮助公司规划商业目标,制订产品战略和定价政策,确保 Acell 公司 2009 年的收入最大化。利用交互式可视化工具,回答以下问题:

a. 价格问题。

i. 手提电脑的实际销售价格是多少?

ii. 这个价格会随时间变化吗? (提示:必须使用计算机能够识别的日期格式,并且允许用户选择不同的时间级别来聚合数据,可以按周、按月甚至按一周的某一天进行聚合)

iii. 需要统一所有连锁店的价格吗?

iv. 手提电脑的价格如何随电脑的配置而变化?

b. 地段问题。

i. 连锁店和顾客所在的位置如何?

ii. 哪家连锁店的销售额最高?

iii. 顾客购买手提电脑要走多远?

提示 1:必须对数据进行聚合。例如,绘制图形来表示平均价格和总价格。

提示 2:必须在同一页面的多个可视化图形之间实现动态交互。例如,在某个图形中选择一家连锁店,另一个图形将自动显示这家连锁店的顾客。

提示 3:在缩小的视图中使用过滤方法发现差异。例如,可利用"位置"滑动条动态地比较连锁店的位置。如果需要比较的位置超 50 个,这种方法将更有用,因为比较容易发现奇异值。

iv. 尝试使用另一种方法分析顾客购买手提电脑要走多远的问题。为此，需要新建一列数据来表示顾客与连锁店的距离。

c. 收入问题。

i. 每个连锁店的销售额与公司的总收入有什么关系？

ii. 这种关系与手提电脑的配置有关吗？

d. 配置问题。

i. 说出每种配置的详细内容？这与价格有关吗？

ii. 所有连锁店都销售包含全部配置的手提电脑吗？

## 第 4 章

降　维

本章介绍预处理阶段的一个重要步骤——降维。数据集的维数等于变量的个数。为了使数据挖掘算法有效运行，必须减少维数。这个过程属于数据挖掘的先导阶段(或原型阶段)的一部分，必须在模型部署之前完成。本章将提出并讨论 4 种降维方法：

1) 结合领域知识删除或合并分类值；

2) 使用数据摘要发现变量之间的重叠信息(删除或合并冗余变量或分类值)；

3) 使用数据变换技术，比如把分类变量转换为数值型变量；

4) 使用自动降维技术，如主成分分析(PCA)，生成一组互不相关且规模较小，但却包含原来的大部分组合信息的新变量(因此，可利用新创建的变量子集来实现降维)。

最后，本章将讨论数据挖掘方法，如回归模型、分类和回归树等。它们可以用来删除冗余变量，还可以用来合并分类变量的相似分类值。

本章需要使用 Pandas 包处理数据，使用 scikit-learn 包实现数据变换，以及使用 matplotlib 包实现可视化。

导入本章所需要的功能：

```
import numpy as np
import pandas as pd
from sklearn.decomposition import PCA
from sklearn import preprocessing
import matplotlib.pylab as plt
```

4.1　引言

在数据挖掘中，我们经常遇到这样的情形：数据库中的变量太多了。即使初始时变量不多，但是随着在数据准备阶段不断导出新的变量(比如为分类变量定义虚拟码，以及为现有变量使用新的格式)，变量个数会急剧增多。在这些情形下，变量的子集很可能高度相关。在分类或预测模型里，如果包含强相关变量，或包含与结果无关的变量，就会使模型过拟合，或者影响模型的准确度和可靠性。过多的变量会给监督学习和无监督学习带来一些计算问题(除了相关性问题)。在模型部署阶段，过多的变量还会增加变量的收集和处理成本。

4.2　维数的诅咒

模型的维数是指模型中使用的输入变量或预测变量的个数。维数的诅咒是指由于给多变量数据模型添加过多变量而带来的麻烦。随着不断地添加变量，数据空间越来越稀疏。分类和预测模型会失效，因为现有的数据无法提供能够覆盖如此多变量的有用模型。另一个需要考虑的因素是随着变量的不断增加，模型的计算难度也呈指数增长。以棋盘为例，考虑棋子在棋盘上的位置。如果棋盘只是二维的，那么棋盘上只有 64 个格子或选项。把棋盘扩展为三维，维数虽然只增加了 50%——从二维增加到三维，但格子或选项却是原来的 8 倍。用统计学术语讲，变量的"繁殖"意味着把大量的噪声带入数据，以至于无法识别数据中存在的模式和结构。这个问题在基因工程等大数据应用中尤为突出。例如，我们可能需要对成千上万种不同基因进行分析。其中的一个关键步骤是进行数据挖掘，因此我们必须找到一种方法，以牺牲尽可能小的准确度来换取维数的减少。在人工智能文献中，降维技术通常被称为因子选择(factor selection)或特征提取(feature extraction)。

4.3 实际考虑

虽然数据挖掘喜欢自动化的方法胜过领域知识，但是在数据探索过程中，必须首先确保需要观测的变量适合当前的任务。与数据提供者(或用户)进行讨论，并把专家知识应用到模型中，这样做有可能让我们得到更好的结果。但是，我们还需要考虑以下实际问题：哪些变量对于当前任务是最重要的？哪些变量最有可能是无用的？哪些变量最有可能包含很大误差？如果需要重复分析过程，那么哪些变量需要在以后的测量中出现？哪些变量可以在实际结果出现之前观测到？例如，如果想要预测正在网上进行拍卖的商品的收拍价格，就不能以出价次数作为预测变量，因为出价次数在收拍之前是无法确定的。

实例 4.1：波士顿房价数据

回到第 3 章介绍的波士顿房价实例。对于每个住宅小区，都有一组固定的变量，如犯罪率、学生/教师比例、所在小区的房价中位数。表 4.1 描述了这个数据集中的全部 14 个变量。表 4.2 列出了这个数据集中的前 9 条记录，其中，第一行所代表的住宅小区，人均犯罪率是 0.006，18%的住宅占地面积超过 25 000 平方英尺，2.31%的土地是非零售商务用地，并且不以查尔斯河为界。

表 4.1　波士顿房价数据集中的 14 个变量及相关说明

变量	说明
CRIM	犯罪率
ZN	占地面积超过 25 000 平方英尺的住宅用地的比例
INDUS	非零售商务用地的比例
CHAS	住宅小区是否以查尔斯河为边界(1 表示是，0 表示不是)
NOX	一氧化氮浓度(单位为千万分之一)
RM	每个住宅的平均房间数
AGE	1940 年之前自建房的比率
DIS	离波士顿 5 个就业中心的加权距离
RAD	辐射状高速公路的可达性指数
TAX	每 1 万美元的全额房产税税率
PTRATIO	按城镇标准的学生/教师比例
LSTAT	总人口中贫困人口所占的比例
MEDV	自有住房价格的中位数，单位是千美元
CAT.MEDV	自有住房价格的中位数是否大于 3 万美元(大于时，CAT.MEDV=1，否则 CAT.MEDV=0)

表 4.2　波士顿房价数据集中的前 9 条记录

CRIM	ZN	INDUS	CHAS	NOX	RM	AGE	DIS	RAD	TAX	PTRATIO	LSTAT	MEDV	CAT_MEDV
0.0063	18.0	2.31	0	0.538	6.575	65.2	4.090	1	296	15.3	4.98	24.0	0
0.0273	0.0	7.07	0	0.469	6.421	78.9	4.967	2	242	17.8	9.14	21.6	0
0.0273	0.0	7.07	0	0.469	7.185	61.1	4.967	2	242	17.8	4.03	34.7	1
0.0324	0.0	2.18	0	0.458	6.998	45.8	6.062	3	222	18.7	2.94	33.4	1
0.0691	0.0	2.18	0	0.458	7.147	54.2	6.062	3	222	18.7	5.33	36.2	1
0.0299	0.0	2.18	0	0.458	6.430	58.7	6.062	3	222	18.7	5.21	28.7	0
0.0883	12.5	7.87	0	0.524	6.012	66.6	5.561	5	311	15.2	12.43	22.9	0
0.1446	12.5	7.87	0	0.524	6.172	96.1	5.951	5	311	15.2	19.15	27.1	0
0.2112	12.5	7.87	0	0.524	5.631	100.0	6.082	5	311	15.2	29.93	16.5	0

4.4　数据摘要

正如我们在第 3 章中指出的那样,数据探索中十分重要的初始步骤是通过数据摘要和图形熟悉数据以及数据的特性。这个步骤的重要性无论怎么强调都不过分。对数据的理解越深,从模型或挖掘过程中获得的结果就越好。

数据的数值摘要和图形对于数据压缩非常有用。它们提供的信息有助于执行以下操作:合并分类变量的分类值、选取需要删除的变量、评估变量之间的信息重叠程度等。在讨论如何用这些方法减少数据集的维数之前,我们先介绍一些有用的统计摘要和可视化工具。

统计摘要

Pandas 包提供了几个方法,它们可以用来生成数据摘要。DataFrame 对象的 describe() 方法能够给出数据集中全部变量的摘要说明。mean()、std()、min()、max()、median() 和 len() 等方法则可以帮助我们获取每个变量的特性。这些方法都会告诉我们变量的取值范围和类型。最小值和最大值可以用来检测可能因为错误操作带来的极端值。均值和中位数可以向我们提供分布的偏移程度。标准差可以告诉我们数据的分散性(相对于均值)。其他选项,比如函数组合 .isnull().sum(),则可以告诉我们空值的个数(即缺失值的个数)。

表 4.3 列出了波士顿房价数据集的统计摘要和 Python 代码。从中我们很容易看出,不同变量有不同的取值范围。不同变量的取值范围相差很大,如果处理不好,就会影响分析。另一个需要讨论的问题是第一个变量 CRIM(以及其他几个变量)的均值。对于 CRIM 变量来说,均值比中位数大许多,这表示数据分布是右偏的。这里没有任何变量包含缺失值。另外,从表面看,这里也不存在可能由于错误操作带来的极端值。

表 4.3　波士顿房价数据集的统计摘要

```
bostonHousing_df = pd.read_csv('BostonHousing.csv')
bostonHousing_df = bostonHousing_df.rename(columns={'CAT. MEDV': 'CAT_MEDV'})
bostonHousing_df.head(9)
bostonHousing_df.describe()

# Compute mean, standard deviation, min, max, median, length, and missing values of CRIM
print('Mean : ', bostonHousing_df.CRIM.mean())
print('Std. dev : ', bostonHousing_df.CRIM.std())
print('Min : ', bostonHousing_df.CRIM.min())
```

```
print('Max : ', bostonHousing_df.CRIM.max())
print('Median : ', bostonHousing_df.CRIM.median())
print('Length : ', len(bostonHousing_df.CRIM))
print('Number of missing values : ', bostonHousing_df.CRIM.isnull().sum())

# Compute mean, standard dev., min, max, median, length, and missing values for all
# variables
pd.DataFrame({'mean': bostonHousing_df.mean(),
             'sd': bostonHousing_df.std(),
             'min': bostonHousing_df.min(),
             'max': bostonHousing_df.max(),
             'median': bostonHousing_df.median(),
             'length': len(bostonHousing_df),
             'miss.val': bostonHousing_df.isnull().sum(),
})
```

部分输出结果如下：

	mean	sd	min	max	median	length	miss.val
CRIM	3.613524	8.601545	0.00632	88.9762	0.25651	506	0
ZN	11.363636	23.322453	0.00000	100.0000	0.00000	506	0
INDUS	11.136779	6.860353	0.46000	27.7400	9.69000	506	0
CHAS	0.069170	0.253994	0.00000	1.0000	0.00000	506	0
NOX	0.554695	0.115878	0.38500	0.8710	0.53800	506	0
RM	6.284634	0.702617	3.56100	8.7800	6.20850	506	0
AGE	68.574901	28.148861	2.90000	100.0000	77.50000	506	0
DIS	3.795043	2.105710	1.12960	12.1265	3.20745	506	0
RAD	9.549407	8.707259	1.00000	24.0000	5.00000	506	0
TAX	408.237154	168.537116	187.00000	711.0000	330.00000	506	0
PTRATIO	18.455534	2.164946	12.60000	22.0000	19.05000	506	0
LSTAT	12.653063	7.141062	1.73000	37.9700	11.36000	506	0
MEDV	22.532806	9.197104	5.00000	50.0000	21.20000	506	0
CAT_MEDV	0.166008	0.372456	0.00000	1.0000	0.00000	506	0

　　接下来，我们为两个或更多变量之间的相关性生成摘要信息。对于数值型变量，可以使用 Pandas 的 corr() 方法生成每对变量的完全相关性矩阵。表4.4 显示了波士顿房价数据的相关性表。我们发现大部分数据的相关系数很低，甚至许多都是负相关的。回忆一下第 3 章中使用热图表示的相关性矩阵(参见第 3 章的图3.4，图3.4 展示了用于表示相关性表的热图)。在后面有关相关性分析的章节中，我们还将讨论相关性矩阵的重要性。

表4.4　波士顿房价数据的相关性表

```
> bostonHousing_df.corr().round(2)
          CRIM    ZN INDUS  CHAS   NOX    RM   AGE   DIS   RAD   TAX PTRATIO LSTAT  MEDV CAT_MEDV
CRIM      1.00 -0.20  0.41 -0.06  0.42 -0.22  0.35 -0.38  0.63  0.58    0.29  0.46 -0.39    -0.15
ZN       -0.20  1.00 -0.53 -0.04 -0.52  0.31 -0.57  0.66 -0.31 -0.31   -0.39 -0.41  0.36     0.37
INDUS     0.41 -0.53  1.00  0.06  0.76 -0.39  0.64 -0.71  0.60  0.72    0.38  0.60 -0.48    -0.37
CHAS     -0.06 -0.04  0.06  1.00  0.09  0.09  0.09 -0.10 -0.01 -0.04   -0.12 -0.05  0.18     0.11
NOX       0.42 -0.52  0.76  0.09  1.00 -0.30  0.73 -0.77  0.61  0.67    0.19  0.59 -0.43    -0.23
RM       -0.22  0.31 -0.39  0.09 -0.30  1.00 -0.24  0.21 -0.21 -0.29   -0.36 -0.61  0.70     0.64
```

AGE	0.35	-0.57	0.64	0.09	0.73	-0.24	1.00	-0.75	0.46	0.51	0.26	0.60	-0.38	-0.19
DIS	-0.38	0.66	-0.71	-0.10	-0.77	0.21	-0.75	1.00	-0.49	-0.53	-0.23	-0.50	0.25	0.12
RAD	0.63	-0.31	0.60	-0.01	0.61	-0.21	0.46	-0.49	1.00	0.91	0.46	0.49	-0.38	-0.20
TAX	0.58	-0.31	0.72	-0.04	0.67	-0.29	0.51	-0.53	0.91	1.00	0.46	0.54	-0.47	-0.27
PTRATIO	0.29	-0.39	0.38	-0.12	0.19	-0.36	0.26	-0.23	0.46	0.46	1.00	0.37	-0.51	-0.44
LSTAT	0.46	-0.41	0.60	-0.05	0.59	-0.61	0.60	-0.50	0.49	0.54	0.37	1.00	-0.74	-0.47
MEDV	-0.39	0.36	-0.48	0.18	-0.43	0.70	-0.38	0.25	-0.38	-0.47	-0.51	-0.74	1.00	0.79
CAT_MEDV	-0.15	0.37	-0.37	0.11	-0.23	0.64	-0.19	0.12	-0.20	-0.27	-0.44	-0.47	0.79	1.00

汇总和透视表

探索数据的另一种非常有用的方法是对一个或多个变量进行汇总。对于单个变量的汇总，可以使用 Pandas 的 value_count()方法。例如，表 4.5 显示了靠近查尔斯河和不靠查尔斯河的住宅小区的数量(以 CHAS 作为分组变量)。我们发现大多数住宅小区(506 个住宅小区中有 471 个)并没有靠近查尔斯河。

使用 groupby()方法不仅可以实现一个或多个变量的汇总，而且可以得到一系列的摘要统计。对于分类变量，我们可以根据分类值的组合把记录分解成若干小组。例如，在表 4.6 里，按 CHAS 和 RM 分类值可得到 MEDV 的平均值。注意，数值型变量 RM(某小区住宅单元的平均房间数)应该先按组宽 (bin size)分组。空值表示数据集中没有住宅小区符合这一组合要求(靠近查尔斯河且平均有 3 个房间)。

我们还可以使用 Pandas 包提供的 pivot_table()方法，先生成透视表，再通过选择汇总变量对数据重新进行分组。例如，表 4.7 按 CHAS 和 RM 分组计算了 MEDV 的平均值，并把结果表示成了透视表。

在分类任务里，我们的目标是找到可以区分两个类别的预测变量。较好的探索步骤就是为每个类别生成数据摘要，这可以帮助我们发现有用的预测变量，从而显示两个类别的边界。数据摘要几乎对所有的数据挖掘任务都有用，因此在继续分析之前，生成数据摘要是清理数据和理解数据的一个十分重要的基本步骤。

表 4.5　靠近查尔斯河与不靠近查尔斯河的住宅小区的数量

```
> bostonHousing_df = pd.read_csv('BostonHousing.csv')
> bostonHousing_df = bostonHousing_df.rename(columns={'CAT. MEDV': 'CAT_MEDV'})
> bostonHousing_df.CHAS.value_counts()

0  471
1   35
Name: CHAS, dtype: int64
```

表 4.6　计算 MEDV 在 CHAS 和 RM 分组上的平均值

```
# Create bins of size 1 for variable using the method pd.cut. By default, the method
# creates a categorical variable, e.g. (6,7]. The argument labels=False determines
# integers instead, e.g. 6.
bostonHousing_df['RM_bin'] = pd.cut(bostonHousing_df.RM, range(0, 10), labels=False)

# Compute the average of MEDV by (binned) RM and CHAS. First group the data frame
# using the groupby method, then restrict the analysis to MEDV and determine the
# mean for each group.
bostonHousing_df.groupby(['RM_bin', 'CHAS'])['MEDV'].mean()
```
输出结果如下：
```
RM_bin  CHAS
```

```
3          0          25.300000
4          0          15.407143
5          0          17.200000
           1          22.218182
6          0          21.769170
           1          25.918750
7          0          35.964444
           1          44.066667
8          0          45.700000
           1          35.950000
Name: MEDV, dtype: float64
```

表 4.7　使用 Python 生成透视表

```
bostonHousing_df = pd.read_csv('BostonHousing.csv')
bostonHousing_df = bostonHousing_df.rename(columns={'CAT. MEDV': 'CAT_MEDV'})
# create bins of size 1
bostonHousing_df['RM_bin'] = pd.cut(bostonHousing_df.RM, range(0, 10), labels=False)

# use pivot_table() to reshape data and generate pivot table
pd.pivot_table(bostonHousing_df, values='MEDV', index=['RM_bin'], columns=['CHAS'],
               aggfunc=np.mean, margins=True)
```

输出结果如下:

CHAS	0	1	All
RM_bin			
3	25.300000	NaN	25.300000
4	15.407143	NaN	15.407143
5	17.200000	22.218182	17.551592
6	21.769170	25.918750	22.015985
7	35.964444	44.066667	36.917647
8	45.700000	35.950000	44.200000
All	22.093843	28.440000	22.532806

4.5　相关性分析

如果一个数据集包含很多变量(它们很可能被当作预测变量)，那么这组变量提供的信息通常存在很多重叠部分。发现冗余信息的一种简单方法是使用相关性矩阵。这种矩阵会显示每对变量之间的相关性。如果一对变量存在很强的相关性(不管是正相关还是负相关)，就说明它们极可能包含很多重叠的信息，删除其中一个变量可以实现数据的压缩。删除与其他变量存在强相关性的变量是避免各个模型中出现多重共线问题的最好办法(多重共线是指两个或多个预测变量与结果变量共享同一线性关系)。

相关性分析也是检测数据中是否存在重复变量的一种好方法。有时，同一个变量很可能由于偶然的因素多次出现在数据集中(使用不同的名称)，造成这种结果的原因就在于数据集是从多个不同来源合并而成的，例如使用不同的单位测量同一现象。使用第 3 章介绍的热图很容易判别具有强相关性的变量。

4.6　减少分类变量的分类值个数

当一个分类变量有很多分类值，并且这个分类变量将被作为预测变量时，许多数据挖掘算法都会要求把这个分类变量转换为多个虚拟码变量。特别是，当一个分类变量有 m 个分类值时，它就会被转换为 m 或 m-1 个虚拟码变量(取决于选用的方法)。这意味着即使原始的分类变量不多，它们的虚拟码变量也会急剧增加数据集的维数。解决这个问题的方法之一是通过合并相邻或相似的分类值来减少分类值的个数。合并分类值需要结合专家知识和常识。透视表是减少分类值的一种非常有用的工具：利用透视表，我们可以分析不同分类值的个数以及结果变量在每一个分类值上的表现情况。通常，包含很少观测记录的分类值是与其他分类值合并的最佳选择。建议只选择与数据分析关系最密切的分类值，而把其余分类值当作"其他"变量。在分类任务(带有分类结果变量)中，可根据结果的分组分类值对透视表进行分解，这可以帮助我们识别无法区分结果类别的分类值。这些分类值也应该划入"其他"类别。如图 4.1 所示，我们发现可以根据 ZN 值(将 ZN 当作分类变量)把结果变量 CAT.MEDV 的分布分解成若干组。对于 ZN=17.5、90、95 和 100(在 ZN=100 的邻近区域里，CAT.MEDV 都为 1)，CAT.MEDV 的分布是相同的。因此，可以把这 4 个分类值合并成一个分类值)。同样，在所有 CAT.MEDV 都为 0 的邻近区域里，它们的 ZN 值也都可以合并成一个分类值。根据条形框的相似性，我们还可以进一步合并其他分类值。

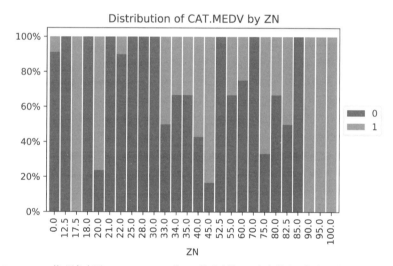

图 4.1　CAT.MEDV 值(黑色表示 CAT.MEDV = 0)按 ZN 的分布情况。相似的条形框表示类别的分离度很低，因此可以合并成一个分类值

以下代码用于生成图 4.1 所示的图形：

```
# use method crosstab to create a cross-tabulation of two variables
tbl = pd.crosstab(bostonHousing_df.CAT_MEDV, bostonHousing_df.ZN)

# convert numbers to ratios
propTbl = tbl / tbl.sum()
propTbl.round(2)

# plot the ratios in a stacked bar chart
```

```
ax = propTbl.transpose().plot(kind='bar', stacked=True)
ax.set_yticklabels(['{:,.0%}'.format(x) for x in ax.get_yticks()])
plt.title('Distribution of CAT.MEDV by ZN')
plt.legend(loc='center left', bbox_to_anchor=(1, 0.5))
plt.show()
```

在时间序列里，可能有一个表示时间特性(如月份、一天中的某个整点时间)的分类变量，可以把这个分类变量当作预测变量。通过分析时间序列图以及时间序列图中可能存在相似性的时间特性，也可以减少分类值的个数。例如，图 4.2 所示的时间序列图反映了玩具巨头"反斗城"(Toys "R" Us)公司1992 年到 1995 年每季度的收入。我们发现第四季度不同于其他三个季度。因此，我们可以把前三个季度合并成一个分类值。

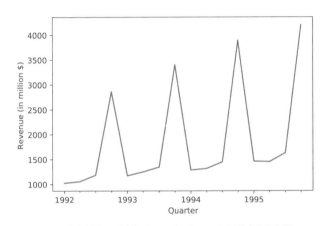

图 4.2　"反斗城"玩具公司 1992 年至 1995 年每季度的收入图

4.7　把分类变量转换为数值型变量

有时，分类变量的分类值代表区间，常见的例子是年龄组或收入等级。如果区间值已知(例如，2代表 20~30 岁年龄组)，就可以用区间的中间值(这里的 25)取代分类值(这里的 2)。经过这样处理后，分类变量就变成了数值型变量，因而不再需要转换为多个虚拟码变量。

4.8　主成分分析

当变量的个数非常巨大时，主成分分析(Principal Components Analysis，PCA)将是一种非常有用的降维方法。当所观测数据的子集具有相同的尺度且强相关时，主成分分析特别有价值。在这种情形下，会有几个变量是原始变量的加权线性组合，而且它们保留了整个原始数据集的绝大部分信息。PCA 专用于数值型变量。对于分类变量，对应分析法(correspondence analysis)等其他方法可能更合适。

实例 4.2：早餐谷类食物

本例使用的数据文件收集了 77 种早餐谷类食物的营养数据和消费者评级数据。消费者评级代表了谷类食物的健康等级(而不是由消费者给出的评分)。每一种早餐谷类食物的数据包含 13 个数值型变量，这里我们感兴趣的是如何压缩数据集的维数。对于每一种谷物，这些信息都基于一碗谷物食品，而非基于食用份量，因为大多数人只盛满一碗(虽然体积是相同的，但是它们的重量可能不同)。表 4.8 展示了一些样本数据，表 4.9 对这个数据集中的 13 个数值型变量做了详细说明。

表 4.8 来自 77 种早餐谷物食品的样本数据

cereal	mfr	type	calories	protein	fat	sodium	fiber	carbo	sugars	potass	vitamins
100% Bran	N	C	70	4	1	130	10	5	6	280	25
100% Natural Bran	Q	C	120	3	5	15	2	8	8	135	0
All-Bran	K	C	70	4	1	260	9	7	5	320	25
All-Bran with Extra Fiber	K	C	50	4	0	140	14	8	0	330	25
Almond Delight	R	C	110	2	2	200	1	14	8		25
Apple Cinnamon Cheerios	G	C	110	2	2	180	1.5	10.5	10	70	25
Apple Jacks	K	C	110	2	0	125	1	11	14	30	25
Basic 4	G	C	130	3	2	210	2	18	8	100	25
Bran Chex	R	C	90	2	1	200	4	15	6	125	25
Bran Flakes	P	C	90	3	0	210	5	13	5	190	25
Cap'n'Crunch	Q	C	120	1	2	220	0	12	12	35	25
Cheerios	G	C	110	6	2	290	2	17	1	105	25
Cinnamon Toast Crunch	G	C	120	1	3	210	0	13	9	45	25
Clusters	G	C	110	3	2	140	2	13	7	105	25
Cocoa Puffs	G	C	110	1	1	180	0	12	13	55	25
Corn Chex	R	C	110	2	0	280	0	22	3	25	25
Corn Flakes	K	C	100	2	0	290	1	21	2	35	25
Corn Pops	K	C	110	1	0	90	1	13	12	20	25
Count Chocula	G	C	110	1	1	180	0	12	13	65	25
Cracklin' Oat Bran	K	C	110	3	3	140	4	10	7	160	25

表 4.9 早餐谷物食品数据集中的变量及其说明

变量	说明
mfr	制造商(美国食品公司、通用磨坊、家乐氏等)
type	冷或热
calories	每份食物的卡路里
protein	蛋白质(克)
fat	脂肪(克)
sodium	纳(毫克)
fiber	膳食纤维(克)
carbo	复合碳水化合物(克)
sugars	糖(克)
potass	碳酸钾(毫克)
vitamins	维生素和矿物质含量——0、25 或 100，FDA 推荐使用标准百分比形式
shelf	展示架的编号
weight	每份食物的重量(盎司)

(续表)

变量	说明
cups	每份多少杯
rating	评级，根据顾客报告计算得到的消费者评级

在表 4.9 中，我们重点关注的两个对象是卡路里和消费者评级，它们的数据已列在表 4.10 中。77 种谷物食品的平均卡路里是 106.88，平均消费者评级为 42.67。这两个变量(calories 和 rating)的协方差矩阵的估计值为

$$S = \begin{bmatrix} 379.63 & -188.68 \\ -188.68 & 197.32 \end{bmatrix}$$

可以看出，这两个变量存在负的强相关，相关系数为

$$\frac{-188.68}{\sqrt{(379.63)(197.32)}} = -0.69$$

表 4.10　77 种谷物食品的卡路里和消费者评级

cereal (谷物名称)	calories (卡路里)	rating (消费者评级)	cereal (谷物名称)	calories (卡路里)	Rating (消费者评级)
100% Bran	70	68.40297	Just Right Fruit & Nut	140	36.471512
100% Natural Bran	120	33.98368	Kix	110	39.241114
All-Bran	70	59.42551	Life	100	45.328074
All-Bran with Extra Fiber	50	93.70491	Lucky Charms	110	26.734515
Almond Delight	110	34.38484	Maypo	100	54.850917
Apple Cinnamon Cheerios	110	29.50954	Muesli Raisins, Dates & Almonds	150	7.136863
Apple Jacks	110	33.17409	Muesli Raisins, Peaches & Pecans	150	34.139765
Basic 4	130	37.03856	Mueslix Crispy Blend	160	30.313351
Bran Chex	90	49.12025	Multi-Grain Cheerios	100	40.105965
Bran Flakes	90	53.31381	Nut&Honey Crunch	120	29.924285
Cap´n´ Crunch	120	18.04285	Nutri-Grain Almond-Raisin	140	40.69232
Cheerios	110	50.765	Nutri-grain Wheat	90	59.642837
Cinnamon Toast Crunch	120	19.82357	Oatmeal Raisin Crisp	130	30.450843
Clusters	110	40.40021	Post Nat. Raisin Bran	120	37.840594
Cocoa Puffs	110	22.73645	Product 19	100	41.50354
Corn Chex	110	41.44502	Puffed Rice	50	60.756112
Corn Flakes	100	45.86332	Puffed Wheat	50	63.005645
Corn Pops	110	35.78279	Quaker Oat Squares	100	49.511874
Count Chocula	110	22.39651	Quaker Oatmeal	100	50.828392
Cracklin´ Oat Bran	110	40.44877	Raisin Bran	120	39.259197

cereal (谷物名称)	calories (卡路里)	rating (消费者评级)	cereal (谷物名称)	calories (卡路里)	Rating (消费者评级)
Cream of Wheat (Quick)	100	64.53382	Raisin Nut Bran	100	39.7034
Crispix	110	46.89564	Raisin Squares	90	55.333142
Crispy Wheat & Raisins	100	36.1762	Rice Chex	110	41.998933
Double Chex	100	44.33086	Rice Krispies	110	40.560159
Froot Loops	110	32.20758	Shredded Wheat	80	68.235885
Frosted Flakes	110	31.43597	Shredded Wheat´n´Bran	90	74.472949
Frosted Mini-Wheats	100	58.34514	Shredded Wheat spoon size	90	72.801787
Fruit & Fibre Dates, Walnuts & Oats	120	40.91705	Smacks	110	31.230054
Fruitful Bran	120	41.01549	Special K	110	53.131324
Fruity Pebbles	110	28.02577	Strawberry Fruit Wheats	90	59.363993
Golden Crisp	100	35.25244	Total Corn Flakes	110	38.839746
Golden Grahams	110	23.80404	Total Raisin Bran	140	28.592785
Grape Nuts Flakes	100	52.0769	Total Whole Grain	100	46.658844
Grape-Nuts	110	53.37101	Triples	110	39.106174
Great Grains Pecan	120	45.81172	Trix	110	27.753301
Honey Graham Ohs	120	21.87129	Wheat Chex	100	49.787445
Honey Nut Cheerios	110	31.07222	Wheaties	100	51.592193
Honey-comb	110	28.74241	Wheaties Honey Gold	110	36.187559
Just Right Crunchy Nuggets	110	36.52368			

粗略地讲，这两个变量的 69%变化属于它们的"共同变化"。换言之，其中一个变量的变化可以从另一个变量的相似变化中得到。我们能否借用这个事实减少变量的个数，同时最大程度地利用它们对总变异做出的贡献？既然这两个变量提供的信息存在冗余，因此可以将它们压缩为一个变量，而不会损失很多信息。PCA 的主要思想就是找到这两个变量的一种线性组合，其中包含了绝大部分原始信息(即使不是全部信息)，然后用组合而成的新变量取代这两个原始变量。这里的信息是指数据的可变性：什么样的变量能解释这 77 种谷物食品之间的最大可变性？这里的总变异值是指这两个变量的方差之和：379.63+193.32=577。这意味着卡路里可以解释总变异性的 66%(379.63/577)，消费者评级则可以解释剩余 34%的变异性。如果为了压缩维数而放弃其中一个变量，那么我们至少要损失 34%的变异性。我们能否以一种更极端的方式在这两个变量之间重新分配总变异值？如果能，就可以保留那个能够解释绝大部分变异性的变量。

图 4.3 是 rating(消费者评级)和 calories(卡路里)的散点图。直线 z1 表示数据点发生最大变异值的方向。当我们把这个数据集的维数从 2 减到 1 时，直线 z1 能捕获到数据的绝大部分变异值。在所有直线中，这条直线正是我们想要的，因为如果把数据集中的所有数据点正交投影到这条直线上，就能生成一个包含 77 个值的一维数据集，并使 z1 值的可变性最大。z1 就是所谓的第一主成分。正是这条直线，能够使得相对于它的垂直距离的平方和最小化。我们把垂直于 z1 的直线选择为 z2。在两变量情形下，只有一条直线垂直于 z1，这就是所谓的第二主成分。一般而言，当变量不止两个时，在选定最大变异

值的方向为 z1 之后，就可以在所有与 z1 正交的方向中找到下一条能够指明最大变异值的直线，这里就是 z2。我们这样做是为了找到这些直线的坐标，并分析它们如何重新分配总变异值。

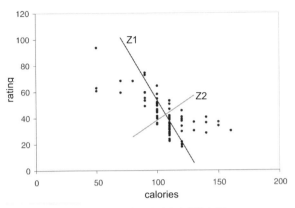

图 4.3　带有两个主成分方向的散点图

　　scikit-learn 包中的 sklearn.decomposition.PCA 类可用来实现主成分分析。表 4.11 显示了把 PCA 算法应用于 calories 和 rating 这两个变量的结果。这里的 components_值是旋转矩阵，代表了把原始数据点投影到新方向的权重。投影到 z1 的权重是(−0.847,0.532))，投影到 z2 的权重是(0.532, 0.847)。输出摘要给出了重新分配后的差异值: z1 占总变异值的 86%，z2 占总变异值的 14%。因此，即使放弃 z2，也仍然可以保留总变异值的 86%。

　　这些权重可以用来计算主成分的分数，它们代表了在将 calories 和 rating 投影到新轴之后的值(需要先减去均值)。PCS 对象的 transform 方法可用来计算原始数据的分数。第一列(−0.847,0.532)是投影到 z1 时使用的权重，第二列(0.532, 0.847)是投影到 z2 时使用的权重。例如，100% Bran 谷物食品(卡路里是 70，消费者评级是 68.4)的分数是(−0.847)×(70−106.88)+(0.532)×(68.4−42.67)= 44.92。

　　注意，新变量 z1 和 z2 的均值都为 0，这是因为我们已经减去了每个变量的均值。方差之和(var(z1)+var(z2))等于原来变量的方差之和(var(calories)+var(rating))。z1 和 z2 的方差分别为 498 和 79，因此第一主成分(z1)占总方差的 86%。由于能够捕获数据中变异的绝大部分，因此用一个变量——第一主成分的分数代表原来数据中的两个变量是合理的。下面我们把上述思想推广到多于两个变量的情形。

表 4.11　在 calories 和 rating 两个变量上应用 PCA 算法

```
cereals_df = pd.read_csv('Cereals.csv')
pcs = PCA(n_components=2)
pcs.fit(cereals_df[['calories', 'rating']])

pcsSummary = pd.DataFrame({'Standard deviation': np.sqrt(pcs.explained_variance_),
                           'Proportion of variance': pcs.explained_variance_ratio_,
                           'Cumulative proportion': np.cumsum(pcs.explained_
                                                   variance_ratio_)})

pcsSummary = pcsSummary.transpose()
pcsSummary.columns = ['PC1', 'PC2']
pcsSummary.round(4)
```

```
pcsComponents_df = pd.DataFrame(pcs.components_.transpose(), columns=['PC1', 'PC2'],
                                index=['calories', 'rating'])
pcsComponents_df

scores = pd.DataFrame(pcs.transform(cereals_df[['calories', 'rating']]),
                      columns=['PC1', 'PC2'])
scores.head()
```
输出结果如下:
```
# pcsSummary
                            PC1                 PC2
Standard deviation          22.3165             8.8844
Proportion of variance      0.8632              0.1368
Cumulative proportion       0.8632              1.0000
# Components
                            PC1                 PC2
calories                    -0.847053           0.531508
rating                      0.531508            0.847053


# Scores
                            PC1                 PC2
0                           44.921528           2.197183
1                           -15.725265          -0.382416
2                           40.149935           -5.407212
3                           75.310772           12.999126
4                           -7.041508           -5.357686
```

4.8.1　主成分

现在我们把前面描述的过程规则化,并推广到多于两个变量的情况。下面使用 $X_1, X_2, \cdots, X_p$ 表示原来的 p 个变量。根据 PCA 算法,我们需要找到一组新的变量 $Z_1, Z_2, \cdots, Z_p$,它们是原始变量(需要先减去它们的均值)的加权平均:

$$Z_i = a_{i,1}(X_1 - \bar{X}_1) + a_{i,2}(X_2 - \bar{X}_2) + \cdots + a_{i,p}(X_p - \bar{X}_p), \quad i = 1, \cdots, p \qquad \text{式}(4.1)$$

其中,每对 Z 变量的相关性为 0。然后根据方差对 Z 值进行排序,排序后,使得 Z_1 的方差最大、Z_p 的方差最小。PCA 算法需要计算权值 a_{ij},然后根据权值计算主成分的分数。

相对于原始数据,主成分的另一个优点在于它们都是不相关的(相关系数都为 0)。如果以主成分作为预测变量建立回归模型,就不会遇到多重共线问题。

现在回到早餐谷物食品实例,在其中的 15 个变量中,有 13 个是数值型变量,将 PCA 算法应用于这些数值型变量,结果如表 4.12 所示。我们发现,前 3 个成分可以解释这 13 个原始变量的总变异性的 96%。这提示我们,用数据中不超过 25% 的维数就可以表示原始数据中的绝大部分变异性。

事实上,使用最前面的两个主成分就可以捕获 92.6% 的总变异性。但是这些结果受变量的刻度影响,这也是我们接下来将要讨论的问题。

表 4.12　用 PCA 分析早餐谷物食品数据集中的 13 个数值型变量,分析结果显示前 5 个变量是主成分

```
pcs = PCA()
pcs.fit(cereals_df.iloc[:, 3:].dropna(axis=0))
pcsSummary_df = pd.DataFrame({'Standard deviation': np.sqrt(pcs.explained_variance_),
```

```
                          'Proportion of variance': pcs.explained_variance_ratio_,
                          'Cumulative proportion': np.cumsum(pcs.explained_variance_ratio_)})
    pcsSummary_df = pcsSummary_df.transpose()
    pcsSummary_df.columns = ['PC{}'.format(i) for i in range(1, len(pcsSummary_df.columns) + 1)]
    pcsSummary_df.round(4)
```

	PC1	PC2	PC3	PC4	PC5	PC6	\
Standard deviation	83.7641	70.9143	22.6437	19.1815	8.4232	2.0917	
Proportion of variance	0.5395	0.3867	0.0394	0.0283	0.0055	0.0003	
Cumulative proportion	0.5395	0.9262	0.9656	0.9939	0.9993	0.9997	

	PC7	PC8	PC9	PC10	PC11	PC12	PC13
Standard deviation	1.6994	0.7796	0.6578	0.3704	0.1864	0.063	0.0
Proportion of variance	0.0002	0.0000	0.0000	0.0000	0.0000	0.000	0.0
Cumulative proportion	0.9999	1.0000	1.0000	1.0000	1.0000	1.000	1.0

```
    pcsComponents_df = pd.DataFrame(pcs.components_.transpose(),
                            columns=pcsSummary_df.columns,
                            index=cereals_df.iloc[:, 3:].columns)

    pcsComponents_df.iloc[:,:5]
```

	PC1	PC2	PC3	PC4	PC5
calories	-0.077984	-0.009312	0.629206	-0.601021	0.454959
protein	0.000757	0.008801	0.001026	0.003200	0.056176
fat	0.000102	0.002699	0.016196	-0.025262	-0.016098
sodium	-0.980215	0.140896	-0.135902	-0.000968	0.013948
fiber	0.005413	0.030681	-0.018191	0.020472	0.013605
carbo	-0.017246	-0.016783	0.017370	0.025948	0.349267
sugars	-0.002989	-0.000253	0.097705	-0.115481	-0.299066
potass	0.134900	0.986562	0.036782	-0.042176	-0.047151
vitamins	-0.094293	0.016729	0.691978	0.714118	-0.037009
shelf	0.001541	0.004360	0.012489	0.005647	-0.007876
weight	-0.000512	0.000999	0.003806	-0.002546	0.003022
cups	-0.000510	-0.001591	0.000694	0.000985	0.002148
rating	0.075296	0.071742	-0.307947	0.334534	0.757708

注意，使用 dropna(axis=0)方法可以去除含有缺失值的观测记录，使用 transpose()方法可以计算变量的分数。

4.8.2 数据归一化

PCA 的另一个应用是帮助我们理解数据的结构，可通过观察权重来分析原始变量对不同主成分的贡献程度。显然，在谷物食品实例中，第一主成分是食物的钠含量，它的权重最大(这里是正值)，这意味着第一主成分就是测量谷物食品中的钠含量。同理，第二主成分是食物中的碳酸钾含量。这两种营养成分的单位都是毫克，而其他营养成分的单位都是克，显然这是由于测量刻度不同导致的。钠和碳酸钾的变异(方差)比其他变量都大许多，因此这两个变量占据了总方差的绝大部分。这个问题的解决办法是在应用 PCA 之前对数据进行归一化处理。归一化处理(或标准化)是指把变量原来的值替换为以方差为单位的标准化变量。这很容易实现，只需要使用每个变量的标准差去除变量的每个值即可。进行完归一化处理后，每个变量在总变异性上将具有同等重要性。

那么什么时候要对数据进行归一化处理呢？这取决于数据的性质。如果变量的测量单位都相同(比如都为美元)，并且如果尺度也反映了它们的重要性(比如飞机航油的销售就不同于取暖用油的销售)，那么最好不要进行归一化处理(不需要为了使数据具有单位方差而对数据进行缩放处理)。如果因为变量的测量单位各不相同，并导致无法比较不同变量的变异性(例如，有些变量的单位是美元，有些变量的单位是百万美元)，或者即使变量的测量单位相同，它们的取值范围也仍然不能反映它们的重要性(比如每股收益与总收入)，那么进行归一化处理是明智的选择。在这种情形下，测量单位的不同不会影响主成分的权重。当需要给变量分配相对权重时————这种情形不是十分常见，我们通常会在处理 PCA 之前把经过归一化处理后的变量乘以这些权重。

至此，我们已经用协方差矩阵计算了主成分。这种方法首先对数据进行归一化处理，然后应用 PCA 算法；还有另一种方法，就是不使用协方差矩阵，而是在相关性矩阵上应用 PCA。大多数软件允许用户从这两种方法中选择一种。需要注意的是，使用相关性矩阵意味着归一化数据。

回到早餐谷物食品数据集，考虑到其中 13 个变量的尺度不一样，我们要对它们进行归一化处理，然后应用 PCA(或者说，把 PCA 应用于相关性矩阵)，结果如表 4.13 所示。

表 4.13 对早餐谷物食品数据集中的 13 个数值型变量经过归一化处理，然后应用 PCA，最后显示 5 个主成分的处理结果

```
pcs = PCA()
pcs.fit(preprocessing.scale(cereals_df.iloc[:, 3:].dropna(axis=0)))
pcsSummary_df = pd.DataFrame({'Standard deviation': np.sqrt(pcs.explained_variance_),
                    'Proportion of variance': pcs.explained_variance_ratio_,
                    'Cumulative proportion': np.cumsum(pcs.explained_variance_ratio_)})
pcsSummary_df = pcsSummary_df.transpose()
pcsSummary_df.columns = ['PC{}'.format(i) for i in range(1, len(pcsSummary_df.columns) + 1)]
pcsSummary_df.round(4)
```

	PC1	PC2	PC3	PC4	PC5	PC6	\
Standard deviation	1.9192	1.7864	1.3912	1.0166	1.0015	0.8555	
Proportion of variance	0.2795	0.2422	0.1469	0.0784	0.0761	0.0555	
Cumulative proportion	0.2795	0.5217	0.6685	0.7470	0.8231	0.8786	

	PC7	PC8	PC9	PC10	PC11	PC12	PC13
Standard deviation	0.8251	0.6496	0.5658	0.3051	0.2537	0.1399	0.0
Proportion of variance	0.0517	0.0320	0.0243	0.0071	0.0049	0.0015	0.0
Cumulative proportion	0.9303	0.9623	0.9866	0.9936	0.9985	1.0000	1.0

```
pcsComponents_df = pd.DataFrame(pcs.components_.transpose(),
                    columns=pcsSummary_df.columns,
                    index=cereals_df.iloc[:, 3:].columns)
pcsComponents_df.iloc[:,:5]
```

	PC1	PC2	PC3	PC4	PC5
calories	-0.299542	-0.393148	0.114857	-0.204359	0.203899
protein	0.307356	-0.165323	0.277282	-0.300743	0.319749
fat	-0.039915	-0.345724	-0.204890	-0.186833	0.586893
sodium	-0.183397	-0.137221	0.389431	-0.120337	-0.338364
fiber	0.453490	-0.179812	0.069766	-0.039174	-0.255119
carbo	-0.192449	0.149448	0.562452	-0.087835	0.182743
sugars	-0.228068	-0.351434	-0.355405	0.022707	-0.314872
potass	0.401964	-0.300544	0.067620	-0.090878	-0.148360
vitamins	-0.115980	-0.172909	0.387859	0.604111	-0.049287
shelf	0.171263	-0.265050	-0.001531	0.638879	0.329101

weight	−0.050299	−0.450309	0.247138	−0.153429	−0.221283
cups	−0.294636	0.212248	0.140000	−0.047489	0.120816
rating	0.438378	0.251539	0.181842	−0.038316	0.057584

在应用 PCA 之前，需要使用 preprocessing.scale()对数据进行归一化处理。

至此，我们发现，使用 7 个主成分就可以解释 90%以上的总变异性。前两个主成分能解释总变异性的 52%，因此，如果把变量压缩到两个，将会损失很多信息。仔细分析权重，我们发现，第一主成分能够表示如下两组平衡关系：1) 卡路里和每份食物的杯数(存在很大的负权重)；2) 蛋白含量、纤维含量、碳酸钾含量和消费者评级(存在很大的正权重)。第一主成分的分数很高，这说明每份食物的卡路里和份量比较低，而蛋白含量和纤维含量较高。毫无疑问，这类谷物会得较高的消费者评级。第二主成分受每份食物的份量影响最大，第三主成分受复合碳水化合物含量的影响最大。我们可以继续使用同样的方法解释其他的主成分，从而理解数据的结构。

当数据降到只有二维时，一种有用的工具就是散点图，可使用散点绘制第一主成分与第二主成分的关系，并加上相应的标签(假设数据集不是很大)。为了说明这个过程，我们绘制早餐谷物食品数据集中前两个主成分的散点图，如图 4.4 所示。

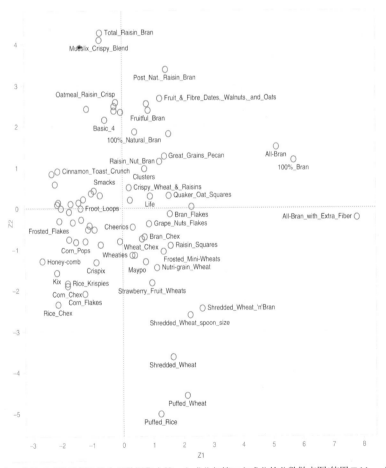

图 4.4 经归一化处理后的早餐谷物食品数据集中第一主成分与第二主成分的分数散点图(使用 Tableau 生成)

在图 4.4 中，如果按高卡路里、低蛋白和高纤维等指标来说，从右到左的食物越来越不健康。同时，从下到上，食物的重量越来越大。如果想从观测数据中找到我们感兴趣的簇，那么这样的图形特别有用。例如，在图 4.4 中，我们发现适合儿童的谷类食物都集中于图形的左中部位置。

4.8.3　使用主成分进行分类和预测

当压缩数据是为了得到一个较小的可以用作预测变量的变量集时，我们可以继续下面的工作：在训练集中，把 PCA 应用于预测变量。根据输出结果确定需要保留的主成分个数。现在，模型里的预测变量可以使用主成分分数列(即压缩后的列)。对于验证集，我们可以从训练集中获得一些权重，然后把这些权重应用于验证集中的变量，并获得一组主成分分数。这组新变量可当作预测变量使用。

在监督学习里，把主成分当作预测变量的缺点是：我们可能会损失非线性的预测信息(例如，预测变量对结果变量的二次效应或两个预测变量之间的交互效果)。这是因为 PCA 只生成线性变换，从而只保留了原始变量之间的线性关系。

4.9　利用回归模型实现降维

本章讨论了如何使用统计摘要、图形和 PCA 等方法压缩数据的列数，所有这些方法都是解释性方法。其中一些方法完全没有考虑结果变量(如 PCA)，而在其他方法里，我们试图加入预测变量与结果变量的关系(例如，根据结果变量的模式合并相似的分类值)。压缩预测变量个数的另一种方法是拟合回归模型，这种方法可直接用于预测或分类任务。对于预测任务，可以使用线性回归模型(参见第 6 章)；对于分类任务，我们则通常利用 Logistic 回归(参见第 10 章)。在这两种情形下，都要用到子集选择程序，也就是通过算法从很多变量中选择一个子集。

拟合的回归模型还可以进一步用来合并相似的分类值：对那些不具有统计显著性的系数(p 值很高的系数)与参考分类值进行合并，因为在把它们与参考分类值分离之后并没有给结果变量产生显著效果。另外，具有相似系数值(相同符号)的分类值经常可以合并，因为将它们作用于结果变量的效果相似。要想深入理解回归模型如何实现降维，可以阅读本书第 10 章中有关延误航班的预测实例。

4.10　利用分类树与回归树实现降维

实现列数压缩和分类变量的分类值合并的另一种方法是使用分类树与回归树(参见第 9 章)。分类树用于分类任务，回归树用于预测任务。不管是分类树还是回归树，它们都是对预测变量进行二分分割(例如，可根据年龄分为两组，大于 30 岁的和小于 30 岁的)，从而使结果变量的预测结果或分类结果最优。需要强调的是，这两种方法生成的结果图都可以用来确定最优预测变量。没有出现在树状结构中的预测变量(不管是数值型变量还是分类变量)都可以删除。同样，没有出现在树状结构中的分类值也都可以合并。

4.11　习题

4.1　早餐谷类食物。利用 4.8 节的早餐谷类食物数据实例探索和汇总数据。

a. 哪些变量是数量型或数值型变量？哪些变量是定序变量？哪些变量是定类变量？

b. 计算每个数值型变量的均值、中位数、最小值、最大值和标准差。使用 Pandas 中的函数计算这些统计量，参见表 4.3。

c. 绘制每个数值型变量的直方图，根据直方图和统计摘要，回答以下问题：

  i. 哪些变量的变异性最大？

  ii. 哪些变量是偏态分布的？

  iii. 有没有极端值？

d. 绘制并排箱线图，比较冷谷类食物与热谷类食物的卡路里，从中可以得出什么结论？

e. 绘制并排箱线图以表示顾客评级与货架高度的关系。如果想要根据货架高度预测顾客评级，是否需要货架高度的全部三个分类值？

f. 比较数值型变量的相关性表(使用 corr()方法)。此外，生成矩阵图以表示这些变量的相关性(可使用 Seaborn 库来实现上述功能)。

  i. 哪一对变量是最强相关变量？

  ii. 如何根据它们的相关性压缩变量的个数？

  iii. 如果先归一化数据，相关性表会有变化吗？

  iv. 考虑表 4.12 中 13 个数值型变量的第一主成分，简单说明这个主成分的意义。

4.2 大学排名。本题中的数据集是关于美国大学排名的(源自 www.dataminingbook.com)，其中包含了全美 1302 所提供本科教育的大学或学院的排名信息。在 17 个测量指标中，既包含一些连续指标(如学费和毕业率)，也包括一些分类指标(如属于哪个州、是公立学校还是私立学校)。

a. 删除所有分类变量，删除所有出现数值型缺失值的记录。

b. 对整理后的数据集进行主成分分析，并对结果发表看法。是否需要对数据进行归一化处理？简述成为主成分需要具有哪些特性？

4.3 丰田卡罗拉轿车销售数据。数据文件 ToyotaCorolla.csv 包含了丰田卡罗拉轿车 2004 年夏末在荷兰的销售情况。其中含有 1436 条记录，共 38 个属性，涉及汽车的价格、车龄、行驶里程、马力等信息。我们的目标是根据汽车的规格预测其销售价格。

a. 确定哪些变量是分类变量。

b. 简述分类变量与从中导出的二元虚拟码变量的关系。

c. 如果一个分类变量有 N 个分类值，那么需要多少个二元虚拟码变量才能完全表示其中的信息？

d. 使用 Python 把这个数据集里的分类变量转换为虚拟码变量，用其中一条记录阐述这些虚拟码变量的意义。

e. 使用 Python 生成相关性矩阵和矩阵图，评价变量之间的关系。

4.4 红酒的化学特性。表 4.14 是将 PCA 应用于红酒数据集 Wine.csv 的结果(没有经过归一化处理)。每个变量代表红酒的一种化学性质，每个实例则代表某一类型的红酒。

表4.14　非归一化红酒数据的主成分分析

```
wine_df = pd.read_csv('Wine.csv')
wine_df = wine_df.drop(columns=['Type'])
pcs = PCA()
pcs.fit(wine_df.dropna(axis=0))
pcsSummary_df = pd.DataFrame({'Standard deviation': np.sqrt(pcs.explained_variance_),
                'Proportion of variance': pcs.explained_variance_ratio_,
                'Cumulative proportion': np.cumsum(pcs.explained_variance_ratio_)})
pcsSummary_df = pcsSummary_df.transpose()
pcsSummary_df.columns = ['PC{}'.format(i) for i in range(1, len(pcsSummary_df.columns) + 1)]
pcsSummary_df.round(4)
```

	PC1	PC2	PC3	PC4	PC5	PC6	\
Standard deviation	314.9632	13.1353	3.0722	2.2341	1.1085	0.9171	
Proportion of variance	0.9981	0.0017	0.0001	0.0001	0.0000	0.0000	
Cumulative proportion	0.9981	0.9998	0.9999	1.0000	1.0000	1.0000	

	PC7	PC8	PC9	PC10	PC11	PC12	PC13
Standard deviation	0.5282	0.3891	0.3348	0.2678	0.1938	0.1452	0.0906
Proportion of variance	0.0000	0.0000	0.0000	0.0000	0.0000	0.0000	0.0000
Cumulative proportion	1.0000	1.0000	1.0000	1.0000	1.0000	1.0000	1.0000

```
pcsComponents_df = pd.DataFrame(pcs.components_.transpose(),
                  columns=pcsSummary_df.columns,
                  index=wine_df.columns)
pcsComponents_df.iloc[:,:5]
```

	PC1	PC2	PC3	PC4	PC5
Alcohol	0.001659	0.001203	-0.016874	-0.141447	0.020337
Malic_Acid	-0.000681	0.002155	-0.122003	-0.160390	-0.612883
Ash	0.000195	0.004594	-0.051987	0.009773	0.020176
Ash_Alcalinity	-0.004671	0.026450	-0.938593	0.330965	0.064352
Magnesium	0.017868	0.999344	0.029780	0.005394	-0.006149
Total_Phenols	0.000990	0.000878	0.040485	0.074585	0.315245
Flavanoids	0.001567	-0.000052	0.085443	0.169087	0.524761
Nonflavanoid_Phenols	-0.000123	-0.001354	-0.013511	-0.010806	-0.029648
Proanthocyanins	0.000601	0.005004	0.024659	0.050121	0.251183
Color_Intensity	0.002327	0.015100	-0.291398	-0.878894	0.331747
Hue	0.000171	-0.000763	0.025978	0.060035	0.051524
OD280_OD315	0.000705	-0.003495	0.070324	0.178200	0.260639
Proline	0.999823	-0.017774	-0.004529	0.003113	-0.002299

a. 这里用到的数据文件是 Wine.csv。分析带有 Proportion of Variance 标志的行的意义，解释为什么 PC1 的值比其他列的值大许多？

b. 解释归一化(或标准化)在上一问题中的作用。

第 III 部分

性 能 评 价

第 5 章
评估预测性能

评估预测性能

本章讨论如何评估数据挖掘方法的预测性能。除了指出训练数据过拟合带来的风险，我们还将使用在训练阶段未曾用过的数据来测试模型的性能，并且介绍常用的性能度量指标。对于预测任务，性能度量指标有平均误差(Average Error)、平均绝对百分比误差(MAPE)和均方根误差(RMSE，需要基于验证数据)。对于分类任务，基于混淆矩阵的性能度量指标包括准确度、特异度(specificity)、灵敏度以及误分类成本。我们还将介绍临界值的选择与分类性能的关系，并介绍 ROC 曲线。ROC 曲线是一种十分常用的图形，经常用来估计预测方法或分类方法在不同临界值下的性能。当我们的目标是准确分类我们认为最有意义或最重要的记录(相当于排名)，而不是对整个样本进行准确分类(例如，可能有 10%的客户对公司的促销广告做出响应，或有 5%的理赔最有可能属于欺诈)时，可以使用提升图来评价性能。本章还讨论了对稀有类进行过采样的必要性，并介绍了一些调整性能的度量方法，以适应过采样情形。最后，我们还提到，有必要对基于验证数据的性能指标与基于训练数据的性能指标进行比较，从而发现过拟合问题；它们两者之间的某些差异在预料之中，但是极端差异则说明可能存在过拟合。

本章使用 Pandas 包处理数据，使用 statsmodels 包创建回归模型，使用 scikit-learn 包评价性能，使用 matplotlib 包绘制图形。此外，本章还将用到附录中的一些工具函数。

导入本章所需要的功能:

```
import math
import pandas as pd
from sklearn.model_selection import train_test_split
from sklearn.linear_model import LinearRegression
from sklearn.metrics import accuracy_score, roc_curve, auc
import matplotlib.pylab as plt

from dmba import regressionSummary, classificationSummary
from dmba import liftChart, gainsChart
```

5.1 引言

在监督学习里，我们最感兴趣的是对新记录的预测结果。我们主要对如下三类结果变量的预测感兴趣。

- 数值型预测：结果变量是数值型变量(如房价)。
- 类别预测：结果变量是分类变量(如买家或非买家)。

- 倾向值：结果变量属于分类变量时实验结果属于某个类别的概率(如出现违约的倾向值)。

预测方法用来生成数值型预测结果；而分类方法("分类器")用来确定倾向值，再根据倾向值的临界值，确定实验结果属于哪个类别。

分类器在预测方面有两个不同的应用：一个是用于分类，即预测新记录属于哪个类别；另一个是用于排名，即在众多新记录中，哪条记录最有可能属于某个特定类别(后面称为排名分类器)。

接下来，我们介绍如何评估预测方法的预测性能、分类器的分类性能以及排名分类器的排名性能。此外，我们还将介绍如何评估模型在过采样情形下的性能。

5.2 评估预测性能

我们首先要强调的是预测准确度与拟合的优度并不是一回事。使用经典统计方法评估模型的性能是为了找到一个能够很好地拟合到训练数据的模型。在数据挖掘领域里，我们感兴趣的是这样的模型：当应用于新的记录时，它的预测准确度很高。R^2 和标准差等误差指标在经典回归模型里是十分常用的度量指标，在这种情形下，残差分析也可用来表示拟合的优度。然而，这些度量指标并没有向我们提供有关模型预测新记录的能力方面的信息。

有好几种方法可用来评估预测性能。但不管使用哪种方法，评估指标都是基于验证集的。比起训练集，用验证集评估模型更加客观。这是因为验证集里的记录与未来需要预测的新记录更为接近。我们可以在训练集上训练模型，在验证集上应用模型，然后将模型在验证集上的预测误差作为模型的准确度。

朴素基准：均值

我们在预测中经常使用的基准是结果变量的平均值(因而忽略了全部预测变量的信息)。换言之，某条新记录的预测结果就是训练集中全部记录的结果变量的均值($\bar{y}$)，这个指标有时也称为朴素基准。好的预测模型在预测准确度上肯定胜过朴素基准。

预测准确度指标

第 i 条记录的预测误差是指这条记录的实际值与预测结果的差：$e_i = y_i - \hat{y}_i$。用于表示预测准确度的几个常用的数值型指标如下。

1) MAE(平均绝对误差，Mean Absolute Error/Deviation)=$\frac{1}{n}\sum_{i=1}^{n}|e_i|$。MAE 能够给出平均绝对误差的大小。

2) 平均误差(Mean Error)=$\frac{1}{n}\sum_{i=1}^{n}e_i$。平均误差与 MAE 相似，但是保留了误差的正负号，负的误差会抵消同样大小的正误差。平均而言，预测结果往往是预测不足或预测过头。

3) MPE(平均百分比误差)=$100 \times \frac{1}{n}\sum_{i=1}^{n}e_i/y_i$。MPE 使用百分比来表示预测结果与真实值的偏离程度，正负误差会相互抵消。

4) MAPE(平均绝对百分比误差)=$100 \times \frac{1}{n}\sum_{i=1}^{n}|e_i/y_i|$。MAPE 使用百分比来表示预测结果与真实值的偏离程度(平均效果)。

5) RMSE(均方根误差)=$\sqrt{\frac{1}{n}\sum_{i=1}^{n}e_i^2}$。RMSE 类似于线性回归中估计的标准误差，所不同的是，

RMSE 是在验证集而非训练集上计算得出的。RMSE 使用与结果变量相同的单位。

以上这些指标都可以用来比较模型的性能，并且可以用来评估预测的准确度。需要指出的是，它们都会受奇异值的影响。为了检查是否受奇异值的影响，需要计算基于中位数的误差指标(并且与上面的基于均值的误差指标进行比较)，或者绘制误差的直方图或箱线图。事实上，绘制预测误差的分布图是一种非常有效的方法，与单纯的误差指标值相比，分布图能够提供更多的信息。

为了说明如何使用预测准确度指标和预测误差的分布图，下面分析表 5.1 中的程序以及图 5.1 所示的误差指标值和分布图。它们都展示了使用预测模型预测二手丰田卡罗拉汽车价格的结果。训练集包含 861 辆汽车，验证集包含 575 辆汽车，图 5.1 用两个图形分别显示了模型在训练集和验证集上的预测结果。从图 5.1 所示的直方图和箱线图可以看出，在验证集里，大多数误差都在区间[−2000，2000]内。

表 5.1　二手丰田卡罗拉汽车价格预测模型在训练集和验证集上的预测误差

计算预测准确度

```
# Reduce data frame to the top 1000 rows and select columns for regression analysis
car_df = pd.read_csv('ToyotaCorolla.csv')

# create a list of predictor variables by remvoing output variables and text columns
excludeColumns = ('Price', 'Id', 'Model', 'Fuel_Type', 'Color')
predictors = [s for s in car_df.columns if s not in excludeColumns]
outcome = 'Price'

# partition data
X = car_df[predictors]
y = car_df[outcome]
train_X, valid_X, train_y, valid_y = train_test_split(X, y, test_size=0.4,
                                                      random_state=1)

# train linear regression model
reg = LinearRegression()
reg.fit(train_X, train_y)

# evaluate performance
# training
regressionSummary(train_y, reg.predict(train_X))
# validation
regressionSummary(valid_y, reg.predict(valid_X))
```

部分输出结果如下：

```
# training
Regression statistics

                        Mean Error (ME) :   0.0000
      Root Mean Squared Error (RMSE) :   1121.0606
           Mean Absolute Error (MAE) :   811.6770
         Mean Percentage Error (MPE) :   -0.8630
 Mean Absolute Percentage Error (MAPE) :   8.0054

# validation
Regression statistics
                        Mean Error (ME) :   97.1891
```

```
     Root Mean Squared Error (RMSE) :    1382.0352
            Mean Absolute Error (MAE) :     880.1396
         Mean Percentage Error (MPE) :       0.0138
Mean Absolute Percentage Error (MAPE) :       8.8744
```

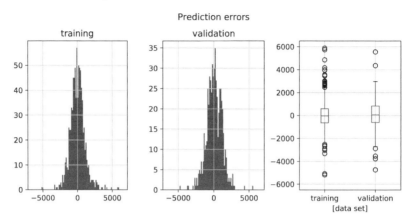

图 5.1　用直方图和箱线图表示二手丰田卡罗拉汽车的价格预测模型在训练集和验证集上的预测误差

以下代码用于生成图 5.1 所示的图形:

```python
pred_error_train = pd.DataFrame({
    'residual': train_y - reg.predict(train_X),
    'data set': 'training'
})
pred_error_valid = pd.DataFrame({
    'residual': valid_y - reg.predict(valid_X),
    'data set': 'validation'
})
boxdata_df = pred_error_train.append(pred_error_valid, ignore_index=True)

fig, axes = plt.subplots(nrows=1, ncols=3)
fig.set_size_inches(9, 4)
common = {'bins': 100, 'range': [-6500, 6500]}
pred_error_train.hist(ax=axes[0], **common)
pred_error_valid.hist(ax=axes[1], **common)
boxdata_df.boxplot(ax=axes[2], by='data set')

axes[0].set_title('training')
axes[1].set_title('validation')
axes[2].set_title(' ')
axes[2].set_ylim(-6500, 6500)
plt.suptitle('Prediction errors')
plt.subplots_adjust(bottom=0.1, top=0.85, wspace=0.35)
plt.show()
```

5.2.1　比较模型在训练集和验证集上的性能

基于训练集得到的误差只是向我们提供了有关模型的拟合信息,而基于验证集的误差(即所谓的预测误差)则表明了模型预测新数据的能力(也就是我们所说的预测性能)。我们可以预料到,训练误差比验证误差要小(因为模型是在训练集上拟合得到的),而且模型越复杂,就越有可能在训练数据上出现过拟合(这说明训练误差与验证误差的差值非常大)。过拟合的极端情形是,训练误差均为零(模型被完美拟合到训练数据上),但是验证误差不为零,而且相当大,不可忽略。正因为如此,我们必须使用误差图和误差指标(如 RMSE、MAE)来比较训练误差和验证误差,如表 5.1 所示。表 5.1 表明训练集上的性能指标相比验证集上的性能指标稍微低了一些(这说明模型在训练集上的性能要好于在验证集上的性能)。图 5.1 中的误差分布图比起单独的误差指标可以揭示更多的信息,图 5.1 还表明模型在训练集和验证集上具有相似的误差分布。

累积增益图和提升图

在某些应用中,我们的目标是在一组新记录中找到这样一个子集:这个子集可以得到最大的累积预测值。在这种情形下,可以通过累积增益图和提升图等工具评估预测性能,从而对模型的预测性能与没有预测变量的基线模型进行比较[1]。连续响应变量的累积增益图和提升图只有在我们寻找一组具有最大累积预测值的记录时才有意义。如果只是想预测每条新记录的结果值,这些图将没有意义。

为了说明此类预测目标(排名),我们以一家汽车租赁公司为例。这家汽车租赁公司需要定期更新公司的车队,从而使客户总能租到最新款的汽车,为此,需要处理掉大量已租过的汽车。由于这家公司目前的主要业务不是二手车业务,因此公司老板想通过与专业二手车公司进行批量交易处理掉这些二手车。但是,通过自己的渠道出售一定数量的二手车可以获得相当可观的利润。与专业二手车公司进行批量交易则允许公司灵活地挑选旧车,然后通过自己的渠道销售这些二手车。因此,公司老板想建立一个汽车选择模型,从而选出专门通过公司自己的渠道销售的汽车。由于所有的汽车都是早些年购买的,批量卖给专业二手车公司的汽车的价格则是固定的(根据某个牌子或型号的汽车数量),因此原来的购车成本无关紧要,而二手车公司只关心如何实现利润的最大化。为此,在选择供自己销售的汽车时,应尽量选择可能会产生最大利润的那些汽车。提升图能够给出收益的预测提升量。

下面首先根据预测的结果对相关记录集(通常是验证集)进行排序(降序),并根据排序结果建立累积增益图和提升图。然后,对实际值进行累加,以累加结果(增益)为 y 轴,以累加记录的条数为 x 轴,绘制两者的函数曲线。这条曲线就是累积增益曲线。对这条曲线与按如下方法得到的对角线进行比较:计算每条记录的朴素预测值($\bar{y}$),然后累加这些平均值,从而得到一条对角线。累积增益曲线离对角线越远,表示模型越能够比较好地分离高结果值的记录和低结果值的记录。同样的信息也可以通过十分位提升图得到。在十分位提升图中,有序的记录被分组成 10 个十分位数,对于每个十分位数,十分位提升图显示了模型增益相对于朴素基准增益的比例,这个比例有时也称为提升量。

图 5.2 所示的累积增益图和十分位提升图展示了将线性回归模型拟合到丰田卡罗拉二手车数据的结果。它们来自验证集里的 575 条记录的预测结果。从累积增益图可以看出这个模型的预测性能要好于基准模型。图 5.2 在以下情景中十分有用:选择销售利润排名前 10%的二手车,它们创造的利润是随机选择 10%汽车所创造利润的 1.75 倍。上述提升量也可以通过累积增益图计算得到:随机选择 57 辆汽车的利润是 607 703 美元(基准曲线在 x=57 处的值,等于将验证集中全部 575 辆汽车的实际销售价格之和除以 10),销售利润排名前 40 辆汽车的实际销售额是 1 073 830 美元(等于累积增益曲线在 x=57

---

1 提升与增益偶尔可以互换使用。为了避免混淆,我们使用流行的定义。增益是指被模型识别的重要实例的个数或比例。提升是指这些实例的数量与随机选择的基准量的比例。

处的值)。两者之比等于 1.76。

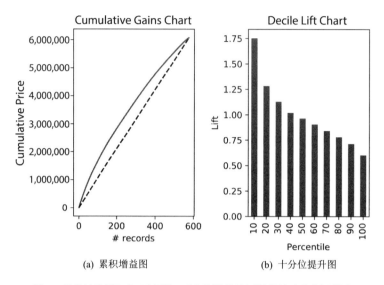

(a) 累积增益图　　　　　　　(b) 十分位提升图

图 5.2　连续结果变量(丰田卡罗拉二手车数据)的累积增益图和十分位提升图

以下代码用于生成图 5.2 所示的图形:

```
pred_v = pd.Series(reg.predict(valid_X))
pred_v = pred_v.sort_values(ascending=False)

fig, axes = plt.subplots(nrows=1, ncols=2)
ax = gainsChart(pred_v, ax=axes[0])
ax.set_ylabel('Cumulative Price')
ax.set_title('Cumulative Gains Chart')

ax = liftChart(pred_v, ax=axes[1], labelBars=False)
ax.set_ylabel('Lift')

plt.tight_layout()
plt.show()
```

5.3　评估分类器的性能

　　之所以需要评估模型的性能,是因为我们需要从多个分类器或多种预测方法中选择最优者。我们不仅要面对很多不同的方法,而且即使是同一方法,通常也有很多选项,不同选项得到的结果完全不同。其中一个比较简单的例子,就是在某个预测算法里选择预测变量。在深入研究这些算法以及如何选择这些参数之前,我们需要知道如何用指标来表示成功的分类。

　　显然,判断分类器性能的准则之一就是分类器的错误分类概率。错误分类是指属于某一类别的记录被模型分类为另一类别。没有错误的分类器是理想的分类器,但是我们不能奢望现实世界中存在这样的分类器,因为数据中总是存在噪声,无法提供精确分类器所需要的全部信息。那么,分类器是否具有存在错误分类的最低概率?

基准：朴素准则

假设有 m 个类别，我们暂且不考虑当前全部预测变量提供的信息$(x_1, x_2, \cdots, x_p)$，将某条记录分类为某个类别的最简单准则是多数准则，也就是把记录分类到出现次数最多的类别。这就是朴素准则。朴素准则常用作评估较复杂分类器性能的基线或基准。显然，使用外部预测变量的分类器，性能肯定胜过朴素准则。有很多性能指标建立在朴素准则之上，它们用来表示分类器的性能比朴素准则好多少。

对于数值型结果变量，可使用样本的均值$\bar{y}$作为朴素基准。同样，分类器的朴素基准只与 y 的信息有关，而与预测变量的信息无关。

类别的分离度

如果用预测变量就能够很好地分类记录，那么通过一个很小的数据集就足以找到很好的分类器。相反，如果用预测变量确实无法分类记录，那么再大的数据集也将无济于事。图 5.3 描述了这两种情形。图 5.3(a)使用了一个小型数据集(n=24 条记录)，这里根据两个预测变量(收入和占地面积)分离了拥有割草机的家庭和没有割草机的家庭。在这里，预测变量的信息在分离两个类别(有割草机家庭/无割草机家庭)时十分有用。图 5.3(b)使用了一个很大的数据集(n=5000 条记录)，我们发现，用两个预测变量(收入和信用卡月平均支出)并不能很好地分离处在顶部的大部分申请人(贷款承兑人和贷款无法承兑人)。

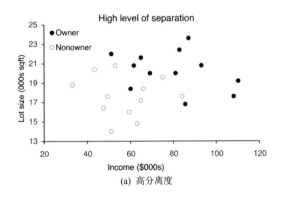

(a) 高分离度

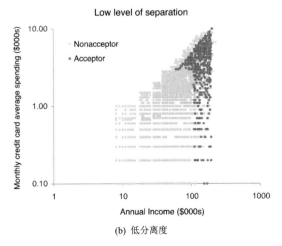

(b) 低分离度

图 5.3　用两个预测变量分离两个类别

混淆(分类)矩阵

在实践中，多数准确度指标都来自混淆矩阵，混淆矩阵也称为分类矩阵。这种矩阵用来表示分类器在某个数据集上的正确分类和错误分类。混淆矩阵的行和列分别对应于结果的预测类别和实际类别。表 5.2 所示的二分类问题的混淆矩阵，来自将某个分类器应用于 3000 条记录的分类结果。两个对角单元(左上角和右下角)给出了正确分类的次数，即预测类别与实际类别相符的次数。非对角线上的元素给出了错误分类的次数，左下角元素表示把类别 1 分类为类别 0 的次数(在本例中，这表示出现 85 次错误分类)。同样，右上角元素表示把类别 0 错误分类为类别 1 的次数(这里是 25 次)。在 Python 中，可以使用 scikit-learn 包中的 confusion_matrix()函数生成混淆矩阵。该函数能生成一个交叉表，它表示实际类别与预测类别的关系。附录中提供的工具函数 ClassificationSummary()可用于生成可读性更好的混淆矩阵。

混淆矩阵给出了正确分类率和错误分类率的估计。当然，它们仅仅是估计，并不一定正确。但是，如果有一个很大的数据集，并且每个类别都不稀缺，那么这些估计将十分可靠。有时，我们需要用普查数据等公共数据估计这些比率值。但是在大多数商业背景下，我们并不知道这些数据。

表 5.2　由 3000 条记录和两个类别得到的混淆矩阵

	预测类别 0	预测类别 1
实际类别 0	2689	25
实际类别 1	85	201

使用验证数据

为了得到对未来误分类率的真实估计，我们需要用验证数据计算混淆矩阵。换言之，我们需要首先使用随机选择法把原始数据集分割为训练集和验证集。然后使用训练数据构建一个分类器，并把它应用到验证数据上，用它计算验证集里每条记录的预测结果。最后，使用混淆矩阵表示全部记录的分类结果。我们虽然也可以从训练数据生成混淆矩阵，但是这样得到的混淆矩阵无法真实地反映分类器在新数据上的错误分类率，原因是分类器在训练数据上可能存在过拟合的情况。

除了用验证数据的混淆矩阵评估分类器在新数据上的性能之外，我们还可以比较训练数据的混淆矩阵与验证数据的混淆矩阵，目的是检查是否存在过拟合的情况。我们虽然预料到了分类器在验证数据上的性能要差一些，但是如果两者差别太大的话，就说明分类器在训练数据上可能存在过拟合的情况。

准确度指标

可从分类矩阵得到不同性质的准确度指标。考虑这样一个二元问题，它有两个类别 C_1 和 C_2(如买家和非买家)。表 5.3 显示了相应的混淆矩阵，这里用 n_{ij} 表示属于类别 C_i 而被分类为 C_j 的记录条数。当然，当 $i{\neq}j$ 时，n_{ij} 表示错误分类的次数，总记录数 $n=n_{1,1}+n_{1,2}+n_{2,1}+n_{2,2}$。

表 5.3　混淆矩阵中各个元素的意义

		预测类别	
		C_1	C_2
实际类别	C_1	$n_{1,1}$=记录中 C_1 类别被正确分类的次数	$n_{1,2}$=记录中 C_1 类别被错误分类为 C_2 类别的次数
	C_2	$n_{2,1}$=记录中 C_2 类别被错误分类为 C_1 类别的次数	$n_{2,2}$=记录中 $C2$ 类别被正确分类的次数

在所有的准确度指标中，最主要的准确度指标是误分类率，也称为总错误率，计算公式如下：

$$误分类率 = \frac{n_{1,2} + n_{2,1}}{n}$$

其中，n 是验证集中全部记录的条数。以表 5.2 为例，误分类率为(25+85)/3000=3.67%。

与其使用误分类率，不如使用正确分类率来表示准确度。上述分类器的准确度可以用以下公式来计算：

$$准确度 = 1 - 误分类率 = \frac{n_{1,1} + n_{2,2}}{n}$$

仍以表 5.2 为例，准确度是(201+2689)/3000=96.33%。

分类的倾向值和临界值

大多数分类算法的第一步是估计某一记录属于每个类别的概率，这些概率也称为倾向值。计算倾向值通常作为过渡步骤出现在分类算法中，用来预测记录属于哪个类别，或者用来确定记录属于某个类别的概率，然后根据概率对记录进行排名。

如果对分类的整体准确度(包括所有类别)感兴趣，那么可以把记录分到概率最大的类别。对于多记录情形，如果对某个类别(暂且称为目标类别)特别感兴趣，并且只想关注这个类别，那么可以对属于这个类别的倾向值与分析师设定的临界值进行比较。这种方法可用于两个或多个类别的情形，但需要把多个类别合并成两个类别：一个是我们想要考虑的类别(目标类别)，另一个是其余全部类别。如果属目标类别的概率大于临界值，就把记录分到目标类别。

目标类别的临界值

在某些情形下，有必要定义两个临界值，并且允许分类器提供"无法预测"选项。在二元情形下，对于某一记录，有三种预测结果：属于类别 C_1、属于类别 C_2 和无法预测(因为分类器没有足够的信息把这条记录归类为 C_1 或 C_2)。对于分类器无法确定的记录，需要做进一步检查，要么利用专家知识，要么添加更多的预测变量。后一种方法需要收集更多的信息，这可能会比较困难，而且可能增加成本。比较典型的例子是对法律披露(诉讼双方必须相互公开的全部文档)中的文档进行分类。按照传统的人眼查阅方法，有权查阅的个人需要查阅多达成千上万份的法律文档，才能从中确定哪些文档与本案有关。利用分类器和三类别的结果变量，所有的文档可分为三类：明显有关的文档、明显无关的文档和灰色文档(需要人眼查阅的文档)。这样的分类器可以极大降低人力成本。

表5.4 实际类别和分类器估计的属于"有割草机家庭"类别的概率(倾向值)

实际类别	属于"有割草机家庭"类别的概率	实际类别	属于"有割草机家庭"类别的概率
Owner	0.9959	Owner	0.5055
Owner	0.9875	Nonowner	0.4713
Owner	0.9844	Nonowner	0.3371
Owner	0.9804	Owner	0.2179
Owner	0.9481	Nonowner	0.1992
Owner	0.8892	Nonowner	0.1494
Owner	0.8476	Nonowner	0.0479

(续表)

实际类别	属于"有割草机家庭" 类别的概率	实际类别	属于"有割草机家庭" 类别的概率
Nonowner	0.7628	Nonowner	0.0383
Owner	0.7069	Nonowner	0.0248
Owner	0.6807	Nonowner	0.0218
Owner	0.6563	Nonowner	0.0161
Nonowner	0.6224	Nonowner	0.0031

在二元分类器里,默认的临界值是 0.5。因此,如果某条记录属于 C_1 类别的概率大于 0.5,那么可以把这条记录分到 C_1 类别。任何概率估计值小于 0.5 的记录都将被分到 C_2 类别。然而,临界值大于 0.5 或小于 0.5 也是有可能的。如果临界值大于 0.5,就会把较少的记录分到 C_1 类别;而如果临界值小于 0.5,就会把更多的记录分到 C_1 类别。通常,不论以上哪种情形都会引起误分类率增大。

分析表 5.4 里的数据,其中一共有 24 条记录,按记录属于"有割草机家庭"类别的概率(这个概率可由数据挖掘算法估计得到)对它们进行排序。如果采用标准临界值 0.5,那么误分类率是 3/24;而如果采用 0.25 作为临界值,则会把许多没有割草机的家庭分类为拥有割草机的家庭,这会导致误分类率增大到 5/24(因为把很多没有割草机的家庭误分类为拥有割草机的家庭)。相反,如果把临界值定为 0.75,那么只有较少的记录被分类为拥有割草机的家庭,误分类率会上升到 6/24(因为把更多拥有割草机的家庭分类为没有割草机的家庭)。这一切从表 5.5 所示的分类表中可以看得清清楚楚。

表 5.5　基于 0.5、0.25 和 0.75 临界值得到的混淆矩阵(驾驶式割草机数据实例)

```
owner_df = pd.read_csv('ownerExample.csv')

## cutoff = 0.5
predicted = ['owner' if p > 0.5 else 'nonowner' for p in owner_df.Probability]
classificationSummary(owner_df.Class, predicted, class_names=['nonowner', 'owner'])

Confusion Matrix (Accuracy 0.8750)

        Prediction
   Actual    nonowner    owner
   nonowner       10        2
     owner         1       11

## cutoff = 0.25
predicted = ['owner' if p > 0.25 else 'nonowner' for p in owner_df.Probability]
classificationSummary(owner_df.Class, predicted, class_names=['nonowner', 'owner'])

Confusion Matrix (Accuracy 0.7917)

        Prediction
   Actual    nonowner    owner
   nonowner        8        4
     owner         1       11
## cutoff = 0.75
predicted = ['owner' if p > 0.75 else 'nonowner' for p in owner_df.Probability]
```

```
classificationSummary(owner_df.Class, predicted, class_names=['nonowner', 'owner'])
Confusion Matrix (Accuracy 0.7500)
          Prediction
    Actual    nonowner    owner
   nonowner        11        1
      owner         5        7
function classificationSummary can be found in the Python Utilities Functions Appendix.
```

为了分析临界值的整个取值范围及其对准确度或误分类率的影响，可绘制图形来表示分类器性能指标与临界值的关系曲线。驾驶式割草机数据实例的绘制结果如图 5.4 所示。我们发现，在临界值范围 0.2~0.8 内，准确度比较稳定，维持在 0.8 附近。

既然取不同于 0.5 的其他临界值会增大误分类率，那么为什么还要使用这些临界值呢？答案可能是，正确分类拥有割草机的家庭比正确分类没有割草机的家庭更加重要，并且允许在分类没有割草机的家庭时存在较大误差。反之亦然。换种说法就是，误分类带来的成本可能是非对称的。在这种情形下，我们可以调整临界值，因而可以把更多的记录分类为高价值的类别，抑或在误分类成本较低时接受更多的误分类。记住！这是在数据挖掘模型选好之后进行的——因此不会影响模型。我们也有可能需要在导出模型之前，先考虑这些成本。这些问题将在后面的章节里详细介绍。

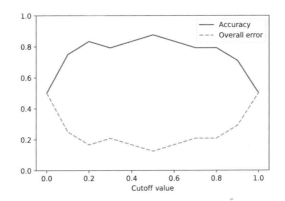

图 5.4 准确度和总误差率是临界值的函数(驾驶式割草机数据实例)

以下代码用于生成图 5.4 所示的图形：

```
df = pd.read_csv('liftExample.csv')

cutoffs = [i * 0.1 for i in range(0, 11)]
accT = []
for cutoff in cutoffs:
    predicted = [1 if p > cutoff else 0 for p in df.prob]
    accT.append(accuracy_score(df.actual, predicted))

line_accuracy = plt.plot(cutoffs, accT, '-', label='Accuracy')[0]
line_error = plt.plot(cutoffs, [1 - acc for acc in accT], '--', label='Overall error')[0]
plt.ylim([0,1])
plt.xlabel('Cutoff Value')
plt.legend(handles=[line_accuracy, line_error])
plt.show()
```

类别重要性不平等时的性能

假设正确预测属于 C_1 类别的成员比正确预测属于 C_2 类别的成员更加重要。以预测一些公司的财务状况(破产/有偿付能力)为例，正确预测到公司将要破产可能比正确预测到公司继续有偿还能力更加重要，这样的分类器在本质上是一种用来检测或预测公司破产的系统。在这种情形下，分类器的总体准确度并不是评估分类器性能的最佳指标。

假设 C_1 是比较重要的类别，我们常用的两个准确度指标如下。

灵敏度: 分类器的灵敏度(也称为召回率)是指分类器正确检测重要类别成员的能力，计算公式是 $n_{1,1}/(n_{1,1}+n_{1,2})$，表示的是 C_1 类别成员中得到正确分类的比例。

特异度: 分类器的特异度是指正确排除 C_2 类别成员的能力，计算公式是 $n_{2,2}/(n_{2,1}+n_{2,2})$，表示的是从 C_2 类别成员中得到正确分类的比例。

为了找到能够平均这两个指标的临界值，可以将这两个指标与临界值的关系绘制成图形。

另一种更常用的方法是使用 ROC(Receiver Operating Characteristic)曲线来表示这两个指标的关系。ROC 曲线描述了{灵敏度，特异度}随临界值从 1 到 0 发生的变化(另一种绘制方法是，在 x 轴上使用特异度 1，这样便可把 0 放在 x 轴的左端，而把 1 放在 x 轴的右端)。曲线离左上角越近，分类器的性能越好。图形中的对角线是参考线，反映了随机分类器的平均性能，随机分类器不提供任何与预测变量和结果变量有关的信息。本例中的随机分类器假定有 α 比例的记录属于类别 1，因此每一条记录的等概率值 $P(Y=1)$ 为 α。在这里，平均来说，类别 1 的记录中有 α 比例能得到正确分类(灵敏度为 α)，类别 0 的记录中也有 α 比例能得到正确分类(1 − 特异度=α)。当把 α 的值从 0 增大到 1 时，可得到直线"灵敏度=1-特异度"，这正是图 5.5 中的对角线。注意，朴素准则只是对角线上的一个点，在那里，α 就是实际类别为 1 时的比例。

另一个经常用来归纳 ROC 曲线的度量指标是 AUC(Area Under the Curve)。AUC 的取值范围为 1~0.5。1 代表两个类别得到了完美分类(0.5 与随机分类无异)。驾驶式割草机数据实例的 ROC 曲线和相应的 AUC 如图 5.5 所示。

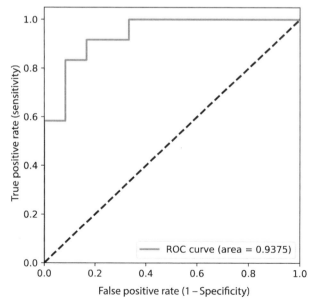

图 5.5　驾驶式割草机数据实例的 ROC 曲线

以下代码用于生成 ROC 曲线和计算 AUC:

```
from sklearn.metrics import roc_curve, auc

# compute ROC curve and AUC
fpr, tpr, _ = roc_curve(df.actual, df.prob)
roc_auc = auc(fpr, tpr)


plt.figure(figsize=[5, 5])
plt.plot(fpr, tpr, color='darkorange',
         lw=2, label='ROC curve (area = %0.4f)' % roc_auc)
plt.plot([0, 1], [0, 1], color='navy', lw=2, linestyle='--')
plt.xlim([0.0, 1.0])
plt.ylim([0.0, 1.05])
plt.xlabel('False Positive Rate (1 - Specificity)')
plt.ylabel('True Positive Rate (Sensitivity)')
plt.legend(loc="lower right")
```

从不同角度计算错误遗漏率和错误检出率

灵敏度和特异度是两个从"分类机构"角度(比如公司分类自己的客户或者医院分类自己的病人)描述分类器性能的指标。它们能够回答这样的问题: 分类器能够准确分类重要类别中的成员吗? 其实,也可以从被分类对象(如公司的客户或医院的病人)的角度来描述分类器的准确度, 这些人往往提出这样的问题: 根据预测, 本人属于那个类别的概率有多大? 尽管这个问题通常与数据挖掘应用的关系不大。术语"错误检出率"(False Discovery Rate, FDR)和"错误遗漏率"(False Omission Rate, FOR)就是从被分类对象角度提出的性能指标。假设 C_1 是重要类别, 那么

- 错误检出率(FDR)是错误预测 C_1 类别的比率, 等于 $n_{2,1}/(n_{1,1}+n_{2,1})$。注意, 这是 C_1 一行预测结果的比例(只引用所有被分类为 C_1 类别的记录)。
- 错误遗漏率(FOR)是错误预测 C_2 类别的比率, 等于 $n_{1,2}/(n_{1,2}+n_{2,2})$。注意, 这是 C_2 一行预测结果的比例(只引用所有被分类为 C_2 类别的记录)。

非对称的误分类成本

在讨论提升曲线时, 我们曾提到, 这种曲线可以帮助我们有效地识别某个特定类别里的成员。但是, 这种曲线也暗示了如下假设: 把一条记录错误分类为某一类别带来的后果比起分类为其他类别更加严重。例如, 把实际上"会对推销广告做出响应"的家庭, 错误分类为"不会对推销广告做出响应"的家庭, 这样的错误比起反向错误会带来更大的损失。对于前一种情形, 我们可能会错过几百甚至几千美元的销售额。对于后一种情形, 造成的损失不过是联系了一位不想购买的客户而已。在这个例子中, 使用误分类率准则会产生误导作用。

注意, 我们假设做出正确分类的成本(或收益)为零。初看起来, 这个假设并不完整, 因为把一位客户正确地分类为买家的收益(或负成本)是相当可观的。在其他情形下(例如, 根据分类算法在新数据上的表现进行计分并做出选择), 我们必须考虑每个类别(或误分类)可能带来的实际经济效益。但是, 这里试图用误分类率评估分类器的性能, 如果考虑所有误分类记录的成本/收益比, 问题就能够被极大简化。因此, 与其记录正确分类响应家庭带来的收益, 不如记录没有正确分类响应家庭带来的损失。它们在本质上是一样的, 但现在的目标是最小化成本, 而不管是实际成本还是损失的收益(机会成本)。

考虑以下情景：将推销广告通过邮件发送给随机选取的客户，目的是构建高性能的分类器。假设有 1%的家庭会收到广告。基于这些数据，假设分类器能够简单地把每个家庭分类为无响应家庭，且误差率仅有 1%，这样的分类器实际上毫无用处。假设分类器能够把 2%的有购买意向家庭误分类为无购买意向家庭，并且把 20%的无购买意向家庭误分类为购买家庭，虽然误差率比前一个例子大许多，但是销售收入却远远大于发送广告的成本，因此这个分类器比前一个分类器要好许多。在这些情形下，假设两类误分类的成本已知，可以用混淆矩阵计算验证集里误分类每条记录的期望成本。这样就可以将总期望成本(利润)作为准则，以比较不同的分类器。

假设我们正在考虑给 1000 人发送销售广告，其中平均只有 1%的人响应。用朴素准则把每个客户分类为 0 类别，误差率是 1%。现在使用数据挖掘算法，假设我们得到的分类结果如下：

	预测类别 0	预测类别 1
实际类别 0	970	20
实际类别 1	2	8

分类器的误差率是 100×(20+2)/1000=2.2%，这比朴素准则的误差率还高。

现在假设从每一个响应者获得的利润是 10 美元，发送广告的费用是 1 美元。把每个客户分类为类别 0 的误分类率只有 1%，但产生的利润是 0。假设使用数据挖掘程序，尽管误分类率比较高，但是可以产生 60 美元的利润。

这个问题的利润矩阵如下(没有给预测的归为类别 0 的家庭发送任何东西，因此这一列既没有费用，也没有收益)：

利润	预测的类别 0	预测的类别 1
实际类别 0	0	−20 美元
实际类别 1	0	80 美元

现在单纯从成本角度分析这个问题。如果把每个客户都分类为类别 0，就不需要发送任何广告，因而没有任何费用。唯一的成本是机会成本——因为无法向类别 1 的客户销售商品而带来的 100 美元损失。利用数据挖掘方法，有选择地把广告发送到目标客户的成本只有 48 美元(发送广告的实际费用加上销售损失的机会成本)，如下所示：

成本	预测类别 0	预测类别 1
实际类别 0	0	20 美元
实际类别 1	20 美元	8 美元

但这本身并没有改善分类性能。如前所述，一种较好的办法是修改分类规则(因而改变了误分类率)，这是非对称成本问题。

常用的且把成本也考虑在内的性能指标是平均误分类成本——每条被误分类记录的平均成本。用 q_1 表示误分类 C_1 类别记录的成本(记录被误分类为 C_2 类别)，用 q_2 表示误分类 C_2 类别记录的成本(记录被误分类为 C_1 类别)，那么平均误分类成本为

$$\frac{q_1 n_{1,2} + q_2 n_{2,1}}{n}$$

因此，我们的目标是找到这样一个分类器：它能使平均误分类成本最小。这可以用不同的临界值计算得到。

我们终于发现，最优参数是由误分类成本决定的，实际上只与误分类成本的相对比例有关。对前

面的测量公式进行简单的变化，就可以看出：

$$\frac{q_1 n_{1,2} + q_2 n_{2,1}}{n} = \frac{n_{1,2}}{n_{1,1} + n_{1,2}} \frac{n_{1,1} + n_{1,2}}{n} q_1 + \frac{n_{2,1}}{n_{2,1} + n_{2,2}} \frac{n_{2,1} + n_{2,2}}{n} q_2$$

最小化上述表达式等效于将这个表达式除以一个常量，之后再进行最小化处理。如果用 q_1 除以这个表达式，就可以很清楚地看到，它的最小值只依赖于 q_2/q_1，而与 q_1 或 q_2 的值无关。这符合实际情形，因为在许多情形下，我们很难评估误分类 C_1 类别或误分类 C_2 类别的成本，但是比较容易评估它们的相对成本。

当样本数据中的 C_1 类别和 C_2 类别的比例与未来数据中的比例相似时，上述表达式就能够合理地表示未来误分类成本。如果不是随机样本，并且样本中的某个类别存在过采样(过采样的概念将在稍后讨论)，那么与未来总体样本相比，样本中 C_1 和 C_2 类别的比例可能失真。我们必须对样本中失真的平均误分类成本进行校准，还必须在公式中加入真实的比例(根据外部数据或领域知识)。假设真实值分别用 $p(C_1)$ 和 $p(C_2)$ 表示：

$$\frac{n_{1,2}}{n_{1,1} + n_{1,2}} p(C_1) q_1 + \frac{n_{2,1}}{n_{2,1} + n_{2,2}} p(C_2) q_2$$

基于相同的思想，上述表达式的最优解取决于它们的成本比(q_1/q_2)和先验概率比($p(C_2)/p(C_1)$)。这正是某些考虑了误分类成本和先验概率的软件包要求用户输入成本比和概率比，而不是要求用户输入实际的成本和概率的原因所在。

推广到多于两个类别的情形

以上论述仅限于两个类别的分类器，但是同样的道理很容易推广到两个以上类别的分类器。假设有 m 个类别，分别为 $C_1, C_2, \cdots, C_m$，则混淆矩阵有 m 行和 m 列。当然，对角线上的误分类成本都为 0。用同样的方法加入各个类别的先验概率(现在这样的概率也有 m 个)。然而，评估误分类成本更加复杂：对于 m 个不同类别，一共有 $m(m-1)$ 个误分类。构造这样的误分类成本矩阵是一件非常复杂的事情。

5.4 判断排名性能

我们的预测目标是从一组新记录中找到最有可能属于某个特定类别的记录。回想一下，这个目标不同于我们原来的目标：预测每条新记录的类别。

二元数据的增益图和提升图

我们已经讨论了数值型结果变量的增益图和提升图。现在我们介绍如何把它们推广到二元结果变量。比起连续型结果变量，二元结果变量更常用。利用增益图和提升图，我们可以用较少的记录得到相对较大的响应群体，从而帮助我们有效地重点关注核心问题。构建这些图形时，要求输入的数据必须是经过计分处理的验证集。所谓计分处理，就是给每条记录添加表示这条记录属于某个特定类别的倾向值。

现在我们继续讨论这样一个例子：某个特定类别相对较少，但比起其他类别又相对比较重要，如税单欺诈、债务逃避、广告邮件的响应者。我们希望分类模型能从数据集中筛选出最有可能存在税务欺诈的客户，抑或选出最有可能是广告邮件响应者的人，诸如此类。这样我们就可以做出更明智的决策。例如，假如我们要查找税务欺诈者，我们可以决定哪些报税单需要核查。这个模型还可以帮助我们评估在查找最有可能属于税务欺诈记录的过程中，需要审查多少条非欺诈记录。我们还可以利用归类数据确定预算有限的邮件广告应该针对哪些目标客户。换言之，我们现在的目标是根据记录归属类别的倾向值来确定记录的排名。

根据倾向值进行排序

为了绘制累积增益图，需要按倾向值对记录进行降序排列。这里的倾向值是指属于重要类别 C_1 的那些倾向值。然后在每一行，计算 C_1 类别里成员的累积数(实际类别为 C_1)。例如，表 5.6 展示了 24 条记录按它们属于类别 1 的倾向值降序排列的结果。表 5.6 的最右一列是实际类别 1 的累积数，累积增益图描述了累积数与记录条数的关系曲线。

用 Python 程序很容易生成累积增益图，详见图 5.6。

表 5.6　对记录按"有割草机家庭"类别的倾向值进行排序(降序)

记录编号	类别 1 的倾向值	实际类别	累积的实际类别数
1	0.995976726	1	1
2	0.987533139	1	2
3	0.984456382	1	3
4	0.980439587	1	4
5	0.948110638	1	5
6	0.889297203	1	6
7	0.847631864	1	7
8	0.762806287	0	7
9	0.706991915	1	8
10	0.680754087	1	9
11	0.656343749	1	10
12	0.622419543	0	10
13	0.505506928	1	11
14	0.471340450	0	11
15	0.337117362	0	11
16	0.217967810	1	12
17	0.199240432	0	12
18	0.149482655	0	12
19	0.047962588	0	12
20	0.038341401	0	12
21	0.024850999	0	12
22	0.021806029	0	12
23	0.016129906	0	12
24	0.003559986	0	12

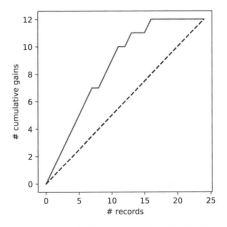

图5.6 "有割草机家庭"类别的累积增益图

以下代码用于生成图5.6所示的累积增益图：

```
df = pd.read_csv('liftExample.csv')
df = df.sort_values(by=['prob'], ascending=False)
gainsChart(df.actual, figsize=(4, 4))
```

解释累积增益图

模型性能的好坏标准是什么？理想的排名结果会把属于类别 1 的所有记录排在最前面(也就是把实际类别为 1 且具有最大倾向值的记录排在最前面)，而把属于类别 0 的所有记录排在最后面。这种理想情形对应的累积增益曲线应该是一条斜率为 1 的对角线，之后则变为一条水平线(在把类别 1 的所有记录都累加起来之后)。在本例中，最优分类器(没有分类错误的分类器)的累积增益曲线会在起点与现有曲线重合，然后继续按斜率为 1 的直线上升，直至到达全部 12 个类别 1 为止，最后继续按水平方向向右扩展。

相反，无用模型则是这样的：随机地给各个类别设置倾向值(在实际类别一列中，类别 1 和类别 0 取随机值)。这种随机性会增大类别 1 的累积值，平均每行增大 $\frac{\text{类别1的个数}}{n}$。实际上，这正是图5.6中连接点(0, 0)和点(24, 12)的对角线。这条对角线可当作参考线。给定记录数(即 x 轴上的某个值)，它代表了当模型不用随机方法选择记录时把记录分类为类别 1 的期望值(等于增益)。这提供了一个基准，我们将使用这个基准评价模型的排名性能。在这个例子中，尽管模型不是十分完美，但是它的性能看起来要比随机基准好许多。

如何理解累积增益图？当记录数给定时，增益曲线的 y 轴上的值表示我们获得的增益量，将它与随机分配的增益量进行比较。例如，分析图 5.6，如果用模型选择排在前面的 10 条记录，那么根据增益曲线，其中的 9 条记录是正确的。如果随机选择 10 条记录，那么正确的记录数是 $10 \times 12/24 = 5$ 条。用提升术语来讲，相当于这个模型提升了类别 1 的检测能力，提升量为 9/5=1.8。这个提升量将随记录数而变化。好的分类器只需要根据少量记录就可以带给我们很大的提升量。随着记录的增多，提升量通常会随之降低。

十分位提升图

从累积增益图可以得到十分位提升图，如图 5.7 所示，它常用作直销预测模型。十分位提升图把提升图的全部信息分成了 10 组。沿 y 轴的矩形框表示模型的分类性能相对于随机分配类别 0 和类别 1 的提升程度，每个矩形框表示一个十分位数。分析图 5.7 最左边的矩形框，我们发现，在被模型排列为最可能是类别 1 的前 8%的记录中，属于类别 1 的比例是随机选择的 8%记录中属于类别 1 的比例的两倍。在这个例子中，十分位提升图表示，使用这个模型选择最高倾向值的前 40%记录时，性能仍然是随机选择的两倍。

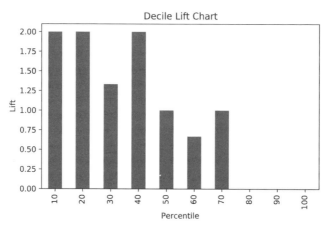

图 5.7　十分位提升图

以下代码用于生成十分位提升图：

```
# use liftChart method from utilities
liftChart(df.actual, labelBars=False)
```

多于两个类别的分类器

增益图和提升图不能用于多类别分类器，除非定义"重要"类别，然后把分类类别压缩为"重要"类别与非重要类别。

融合了成本和收益的增益图和提升图

当正确分类和错误分类的成本和收益已知或可以估计时，增益图和提升图将成为非常有用的展示工具和决策工具。与前面一样，我们需要这样一个分类器：它能为每条记录计算这条记录属于某个特定类别的倾向值。具体步骤如下：

(1) 根据成功类别的预测概率将记录降序排列(这里的成功表示记录属于目标类别)。

(2) 对于每一条记录，计算将它与实际结果进行关联的成本(收益)。

(3) 对于倾向值最大的记录，它在 x 轴上的值为 1，它在 y 轴上的值就是它在累积增益曲线上的成本或收益(可由步骤(2)计算得到)。

(4) 对于下一条记录，同样计算它关联到实际结果的成本(或收益)，并累加到前一条记录的成本(或收益)上。得到的结果就是累积增益曲线上第二个点的 y 轴坐标，对应的 x 轴坐标是 2。

(5) 重复步骤(4)，直到所有记录处理完为止。把所有的点连接起来，即可得到累积增益曲线。

(6) 参考线是从原点到终点的直线。其中，终点的 x 轴坐标表示记录数 n，y 轴坐标表示总的净收益。

注意，参考线的斜率完全有可能是负值。当整个数据集的净收益是负值时，就会出现这种情形。

例如，假设发送一封推销邮件的成本是 0.65 美元，得到一名响应者的收益是 25 美元，并且总的响应比例是 2%，那么发送 10 000 封邮件的期望净收益为 0.02×25×10000−(0.65×10000)=5000−6500=−1500 美元。因此，提升曲线右端点的 y 值是−1500 美元，从原点到右端点的斜率肯定是负值。最优位置出现在累积增益曲线的最大值位置(给大约 3000 位客户发送邮件)，如图 5.8 所示。

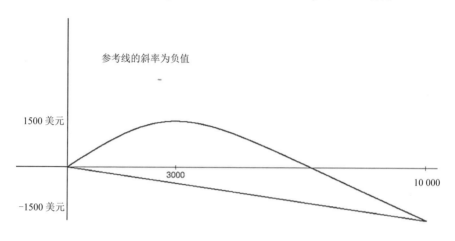

图 5.8 考虑了成本后的累积增益曲线

累积增益是临界值的函数

也可以用图形表示累积增益与临界值的函数曲线，唯一的差别是 x 轴的刻度。当我们的目标是根据预算选择排在最前面的记录时，累积增益与记录数的函数曲线更有用。相反，当我们的目标是找到一个能够区分两个类别的临界值时，累积增益与临界值的函数曲线更有用。

5.5 过采样

在第 2 章我们曾提到过，当各个类别的存在比例不相等时，简单的随机采样可能会使某些稀有类别的样本非常少，以至于没有足够的信息来识别主导类别。在这样的情形下，通常使用分层采样方法，对少数类别进行过采样，这样可以改进分类器的性能。通常情况是这样的：不常出现的事件往往是重要的或令人感兴趣的事件，例如邮件的响应者、信用卡的欺诈者、无法及时偿还债务者，等等。分层采样过程有时也称为加权采样或欠采样，后者基于以下事实：相对稀有类别而言，主导类别是欠采样的。

分析图 5.9 中的数据，其中的×代表无响应者，○代表响应者。两个轴分别对应两个预测变量。垂直的虚线表示等成本假设下的最优分类：它只有一个误分类(把○误分类为×)。如果考虑到误分类的实际成本——假设没有捕捉到○的代价是没有捕捉到×的代价的 5 倍——误分类的成本将飙升到 5。在这样的情形下，图 5.10 所示水平线的分类结果会更好：产生的误分类成本仅为 2。

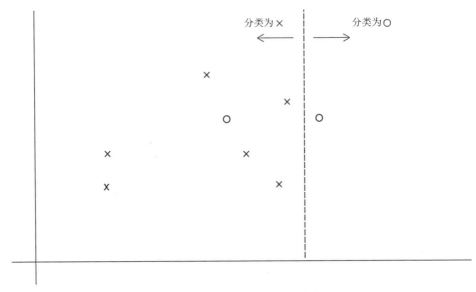

图 5.9　误分类成本相同时的分类结果

　　过采样是把这些成本因素融入训练过程的方法之一。在图 5.11 中，我们发现，如果每个○都存在 4 个附加的○，那么分类算法会自动确定合适的分类分界。因此，使用以下方法可以得到比较合适的结果：对于简单的随机抽样，抽取 5 倍的 o 样本(如有必要，可以使用带回放采样)，也可将现有的○样本复制 4 次。

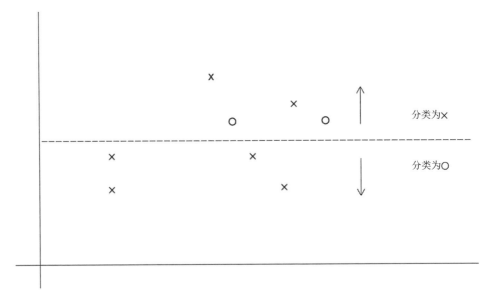

图 5.10　误分类成本不对称时的分类结果

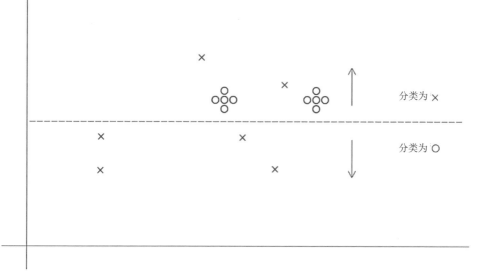

图 5.11　用过采样解决误分类成本不对称问题时的分类结果

　　根据成本比例使用无回放过采样(之前介绍的第一种方法)是最优解决方案，但是可能不切实际。如果响应者只占总样本中很小的比例，则可能没有足够多的响应者来拟合模型。此外，通常情形是，人们对响应者的兴趣远远超过对非响应者的兴趣，但是两者成本的准确比例难以确定。假如在某个分类问题里响应者比例非常低，则在实际操作中，通常采样同等数量的响应者和非响应者，这往往被认为是一种既简单又有效的办法。不管采用哪种方法，当我们需要评估和预测模型的性能时，都必须通过以下两种方法之一来调整过采样过程：

- 在没有经过过采样的验证集上评估模型并计分。
- 在经过过采样的验证集上评价模型并计分。然后根据计分结果重新分配权重，消除过采样带来的影响。

　　上述第一种方法比较直观，而且容易实现。下面讨论过采样过程以及如何评估以上两种方法的性能。

　　当需要分类的数据的响应率很低时，数据分析师通常：

- 在响应者和非响应者各占一半的数据上训练模型。
- 用原始数据的简单随机采样样本(无权重)验证模型。

训练集的过采样

如何实现加权采样？当响应者非常稀少时，需要用到全部响应者，流程如下：

(1) 把响应者和非响应者分离成两个不同的子集或层。

(2) 从每一层随机选取记录作为训练集。通常，从响应者子集(里面的记录较为稀少)选取一半记录作为训练集，然后从非响应者子集选取同样数量的记录。

(3) 把剩余的响应者作为验证集。

(4) 从非响应者子集中随机选择记录并添加到验证集中，必须选择足够多的记录，以保持两者的比例与原来的比例一致。

(5) 如果还需要测试集，那么可以从验证集里随机选取记录。

用无过采样的验证集评估模型的性能

虽然过采样的数据可以用来训练模型，但是通常它们并不适合用来评估模型的性能，因为响应者的数量会被夸大。获取模型性能无偏估计的最简单办法是把模型应用于普通数据(没有过采样的数据)。换言之，在过采样的数据上训练模型，在普通数据上验证模型。

仅存在过采样的验证集时如何评估模型的性能

在某些情形(如响应率非常低)下，过采样的数据不仅适用于训练集，而且适用于验证集，这其实更为切实可行。例如，为了进行探索和原型开发，某分析师获得了一个数据集。为了提升某个重要类别的比例，这个数据集已经经过过采样处理(原因是较小的数据集更容易传输和处理)。在这种情形下，虽然仍然能够评估模型在实际数据上的性能，但是需要为过采样的验证集重新分配权重，目的是恢复采样过程中没有被充分表达的那个类别。为了得到更准确的结果，需要调整混淆矩阵和提升图。下面介绍调整过程。

调整过采样的混淆矩阵 假设从整体上数据的响应率是 2%，而且在使用了过采样得到的样本数据后，响应率变为原来的 25 倍(响应率提高到了 50%)，则存在以下关系。

- 响应者：占总体数据的 2%、样本数据的 50%。
- 非响应者：占总体数据的 98%、样本数据的 50%。

总体数据中的每一个响应者相当于样本数据中的 25 个响应者。总体数据中的每个非响应者相当于样本数据中的 0.5102(50/98)个非响应者。这两个值就是过采样权重。

假设验证集的混淆矩阵如下：

	预测类别 0	预测类别 1	合计
实际类别 0	390	110	500
实际类别 1	80	420	500
合计	470	530	1000

从中可以计算出，误分类率=(80+110)/1000=19%。模型最终把 53%的记录分类为类别 1，这反映了模型在样本数据(50%响应者)上的性能。

为了估计模型在原来总体数据(2%响应者)上的预测性能，需要取消过采样效果。这要求响应者的实际人数必须等于上述混淆矩阵中的数据除以 25，而非响应者的实际人数必须等于上述混淆矩阵中的数据除以 0.5102。

调整后的混淆矩阵如下：

	预测类别 0	预测类别 1	合计
实际类别 0	390/0.5102=764.4	110/0.5102=215.6	980
实际类别 1	80/25=3.2	420/25=16.8	20
合计			1000

调整后的误分类率=(3.2+215.6)/1000=21.9%，假设响应者的比例是 2%，模型最终会把 (215.6+16.8)/1000=23.24%的记录分类为类别 1。

调整过采样的累积增益曲线 在低响应率下，使用提升曲线和累积增益曲线可能是比较有效的方法。在低响应率下，我们感兴趣的可能并不是正确分类全部记录，而是找到这样一个模型：它能引导我们到那些最有可能包含目标类别的记录(假设没有足够的资源，无法分析或接触全部记录)。通常在这种情形下，我们的目标是最大化收益或最小化成本，因此在调整过程中需要加入收益/成本元素。流程如下：

(1) 根据成功类别预测的概率将记录降序排列(这里的成功表示记录属于目标类别)。

(2) 对于每一条记录，计算将它关联到实际结果的成本(收益)。

(3) 用步骤(2)计算得到的值除以过采样率。例如，如果响应者的权重是原来的 25 倍，就除以 25。

(4) 对于概率值最大的记录(第一条记录)，步骤(3)得到的值将是增益曲线上第一个点的 y 轴坐标，对应的 x 轴坐标则是索引值 1。

(5) 对于下一条记录，同样计算与实际结果关联的调整值，并累加到前一条记录的成本(或收益)上。得到的结果就是累积增益曲线上第二个点的 y 轴坐标，对应的 x 轴上的值是 2。

(6) 重复步骤(5)，直到所有记录都处理完为止。把所有的点连接起来即可得到累积增益曲线。

(7) 参考线是从原点到终点的直线。终点的 x 轴坐标表示记录的个数 n，y 轴坐标表示总的净收益。

5.6　习题

5.1 某数据挖掘例程已被应用于一个交易数据集，其中的 88 条记录已分类为欺诈行为(正确的分类有 30 条)，另有 952 条记录被分类为无欺诈行为(其中 920 条分类正确)。构建一个混淆矩阵并计算总的误分类率。

5.2 假设上一题中的数据挖掘例程可以调整临界值(阈值)，因而可以修改被分类为欺诈行为的记录所占的比例。简述增大或减小这个临界值产生的效果。

a. 实际属于欺诈记录的误分类率。

b. 实际属于非欺诈记录的误分类率。

5.3 FiscalNote 是一家由华盛顿特区的一位企业家创立的新兴公司，得到了新加坡主权财富基金、Winklevoss 兄弟公司(与 Facebook 齐名)和其他公司的投资。FiscalNote 利用机器学习和数据挖掘技术为客户预测某项法规是否得到美国国会和美国各州立法机构的批准。据说，FiscalNote 的预测准确率高达 94%。

假设只考虑提交给美国国会的法案，在 Internet 上搜索有关提交给美国国会的法案数量和通过率。说出可能存在的误分类的类型，并对以总体准确率作为评价指标的方法进行评价。简述其他可以使用的度量指标以及倾向值的作用。

5.4 分析图 5.12，其中展示了将交易数据模型应用于新数据之后的十分位提升图。

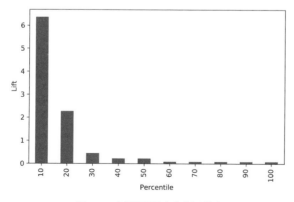

图 5.12　交易数据的十分位提升图

    a. 解释图 5.12 中左边第一个条形框和第二个条形框的意义。

    b. 解释这些信息的实际作用。

    c. 假设另一位分析师对你说,如果把全部记录归类为非欺诈记录,就可以提高模型的准确度。如果按他所说的去做,误分类率会是多少?

    d. 评价这两种性能度量方法(误分类率和提升图)在本例中的作用。

5.5 为了开发一个能够预测保险理赔中欺诈行为的模型,我们需要分析大量的历史数据。根据历史数据,1%的理赔申请属于欺诈行为。为了开发这个模型,我们需要进行采样。考虑到非常低的响应率,为了使样本数据平衡,我们使用了过采样技术。当把模型应用于样本集时($n=800$),模型的最终分类结果是:能正确分类 310 条欺诈记录和 270 条非欺诈记录,但错过了 90 条欺诈记录,并把 130 条非欺诈记录误分类为欺诈记录。

    a. 创建样本集的混淆矩阵。

    b. 计算调整后的误分类率(对过采样进行调整)。

    c. 当把模型应用于新记录时,有多少新记录会被分类为欺诈记录(用百分比表示)?

5.6 一家提供软件服务的公司一直在推销自己公司的新产品。这家公司有 500 个客户,他们中的一些人可能已经购买过公司的产品,还有一些人并不准备购买。我们的目标是进行每笔成交的收益估计(减去销售成本)。假设总体平均收益是 2500 美元。然而,推销成本可不低——根据公司推算,在这 500 个客户中,每个客户的推销成本是 2500 美元(不管是否购买了公司的产品)。这家公司想开发一个预测模型,希望能够定位未来的顶级买家。图 5.13 展示了验证集的累积增益图和十分位提升图。

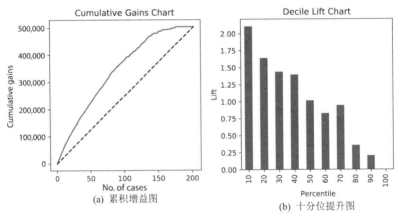

(a) 累积增益图   (b) 十分位提升图

图 5.13   这家软件服务公司的产品销售数据(验证集)

    a. 假设这家公司现在有了一个新的数据集,其中包含 1000 个客户,公司想要向这些客户推销软件服务,这与初始研究中的 500 条记录相似。如果这家公司没有提供预测模型来优化销售收益,那么估计的利润是多少?

    b. 假设这家公司希望每次销售的平均利润大约是销售成本的两倍。如果把预测模型应用于这个新的数据集,并且使用合适的临界值,那么应从这 1000 个客户中从上到下取多少个客户? (多少个十分位?)

    c. 仍然考虑这个新的包含 1000 个客户的数据集,如果公司打算应用预测模型,并且把临界值设置为 2500 美元,那么应从这 1000 个客户中从上到下取多少个客户? (多少个十分位?)

    d. 为什么使用两步过程来预测销售收入? 为什么不开发这样一个模型:它能够预测这 1000 个客

户带来的利润。

5.7 表 5.7 展示了将分类模型应用于验证集的预测结果，其中包含了实际值和倾向值。

a. 分别计算临界值为 0.25、0.5 和 0.75 时的误分类率、灵敏度和特异度。

b. 创建十分位提升图。

表 5.7　验证数据中类别成员的倾向值和实际类别

类别 1 的倾向值	实际类别
0.03	0
0.52	0
0.38	0
0.82	1
0.33	0
0.42	0
0.55	1
0.59	0
0.09	0
0.21	0
0.43	0
0.04	0
0.08	0
0.13	0
0.01	0
0.79	1
0.42	0
0.29	0
0.08	0
0.02	0

第 IV 部分

预测与分类方法

第**6**章

多元线性回归

　　本章介绍用于预测目的的线性回归模型。我们将讨论用于推断(也就是经典统计学中的推断)的回归模型拟合和应用与用于预测的回归模型拟合和应用的差别。预测目标需要通过验证集来评估模型的性能，并且需要应用预测准确度这一指标。我们还提出了多变量预测存在的问题，并且介绍了经常出现在线性回模型中的变量选择算法。

　　本章使用 Pandas 包处理数据，使用 scikit-learn 包建立模型和实现变量(特征)选取。此外，本章还将用到附录中的 Python 工具函数。注意，我们可以使用 statsmodels 包来创建线性回归模型，但是 statsmodels 包提供的功能远不止于构建预测模型。

导入本章所需要的功能：

```
import pandas as pd
from sklearn.model_selection import train_test_split
from sklearn.linear_model import LinearRegression, Lasso, Ridge, LassoCV, BayesianRidge
import statsmodels.formula.api as sm
import matplotlib.pylab as plt

from dmba import regressionSummary, exhaustive_search
from dmba import backward_elimination, forward_selection, stepwise_selection
from dmba import adjusted_r2_score, AIC_score, BIC_score
```

6.1　引言

　　最常用的预测模型是绝大多数统计学导论课和教材里都会提到的多元线性回归模型。这个模型用来拟合数值型因变量 Y(也称响应变量、目标变量或结果变量)和一组预测变量 $X_1, X_2, \cdots, X_p$(有时也称为自变量、输入变量、回归因子或协变量)的关系。假设下面的函数可以近似表示预测变量与因变量的关系。

$$Y = \beta_0 + \beta_1 x_1 + \beta_2 x_2 + \cdots + \beta_p x_p + \epsilon$$

式(6.1)

　　其中，$\beta_0, \cdots, \beta_p$ 是系数，ϵ 表示噪声或模型无法解释的部分。数据用来估计方程里的系数和量化表示噪声。另外，在预测模型里，还需要使用数据来评估模型的性能。

　　回归模型不仅意味着需要估计模型的系数，也意味着需要选择预测变量和选择函数的形式。例如，数值型预测变量既可以对数形式($\log(X)$)出现在模型中，也可以分组形式(如年龄分组)出现在模型中。正确的形式依赖于领域知识、数据的可用性和一定的预测能力。

多元线性回归可用于许多预测模型。经典案例包括：根据信用卡用户的人口统计信息和他们的历史活动模式预测用户的活动轨迹，根据过去的飞行里程数据预测假期旅游开支，根据历史数据、产品数据和销售信息预测前台人员的配置需求，根据历史购物信息和商品的交叉信息预测销售数据，根据零售点的销售信息预测折扣对销售的影响。

6.2 解释模型和预测模型

在讨论用线性回归模型实现预测之前，我们必须弄清楚这里的线性回归模型与统计学里的线性回归模型的一些重要区别。特别需要指出的是，在一般情形下，拟合回归模型有两个常见但不同的目标：

- 解释或量化输入变量对结果变量的影响(分别对应解释性任务和描述性任务)。
- 给定输入变量，预测新记录的结果变量(预测任务)。

经典统计方法致力于实现上述第一个目标。在这种情形下，数据被视为来自总体的随机样本。由样本数据估计得到的回归模型试图捕捉总体样本中存在的关系。然后把模型应用于决策，得到类似于下面的描述：当其他因素$(X_2, X_3, \cdots, X_p)$保持不变时，服务速度(X_1)每增加一个单位，顾客的满意度(Y)平均增加 5 个点。如果 X_1(因)与 Y(果)的因果关系已知，那么以上陈述也表示可行的行动方案——这就是所谓的解释性建模。当因果关系未知时，模型只是量化表示输入量与因变量的关联程度，因此被称为描述性建模。

然而在预测方法里，我们把重点放在了上述第二个目标上：预测新记录。这里，我们感兴趣的不是系数本身，也不是"平均记录"，而是模型对新记录的预测结果。在这种情形下，模型可用于记录级的微观决策。在前面的例子中，我们可以使用回归模型来预测重要新客户的满意度。

不管是解释模型还是预测模型，都需要使用数据集来拟合模型(即估计模型的系数)，并检查模型的有效性、评估模型的性能以及比较这个模型与其他模型的差异。但是，这两种适用于不同情景的模型，其构建步骤和性能评估方法也各不相同，因而最终导致不同的结果。模型的选择与解释性目标或预测性目标密切相关。

在解释模型和描述模型里，重点是为平均记录构建模型。我们试图在数据中找到最佳拟合模型，并通过它来表示总体数据中存在的关系。相反，预测模型的目标是找到能够预测新记录的结果变量的最佳回归模型。在现有数据上拟合得很好的模型有可能在新记录上的性能表现并不是很好。为此，可使用如下方法来找到预测能力最强的模型：用预测性能指标评估模型在保留数据上的性能(参见第5 章)。

现在归纳一下线性回归在这两种情形下的主要差别：

1) 好的解释模型能够很好地拟合到现有数据上，而好的预测模型能够准确预测新记录的结果变量。因此，输入变量的选择以及它们的形式并不完全相同。

2) 在解释模型里，整个数据集都被用来估计最佳拟合模型，这使总体样本中关于假设关系的信息量得到了最大化。当目标是预测新记录的结果变量时，通常将数据集分割为训练集和验证集。训练集用来估计模型，验证集用来评估模型对新数据的预测性能。

3) 解释模型的性能指标用于衡量数据与模型的拟合程度(即模型与数据的接近程度)以及平均关系的强度，而预测模型的性能指标用于衡量预测的准确度(模型预测新记录的准确程度)。

4) 在解释模型中，重点是系数(β)；而在预测模型中，重点是预测结果$(\hat{y})$。

综合以上内容，在开始构建模型之前知道分析的目标是非常重要的。好的预测模型与数据可以有比较松散的拟合度，而好的解释模型可以有较低的预测准确度。在本章的其余部分，我们将重点讨论预测模型，其中一个原因在于预测模型在数据挖掘中比较常见，另一个原因在于大多数统计学教材讨论的重点是解释模型。

6.3 估计回归方程和预测结果

一旦选定了回归模型中的预测变量以及它们的形式，就可以使用名为普通最小二乘法(Ordinary Least Squares，OLS)的方法来估计回归方程中的系数。可使用普通最小二乘法找到 $\hat{\beta}_0, \hat{\beta}_1, \hat{\beta}_2, \cdots, \hat{\beta}_p$ 的值，使得实际结果(Y)与预测值($\hat{Y}$)的离差平方和最小化。

假设对于一条新的记录，预测变量的值为 $x_1, x_2, \cdots, x_p$，则可以使用以下公式预测因变量的值：

$$\hat{Y} = \hat{\beta}_0 + \hat{\beta}_1 x_1 + \hat{\beta}_2 x_2 + \cdots + \hat{\beta}_p x_p \qquad \text{式(6.2)}$$

基于上述公式得到的预测结果可能是最优结果。这里的最优包含两方面的意思：其一，它们是无偏估计(平均来说，它们等于真实值)；其二，它们的均方差最小。这是因为上述公式主要基于以下假设：

1) 噪声 ϵ(等价于 Y)遵从正态分布。
2) 选择了正确的预测变量以及它们的正确形式(线性)。
3) 自变量之间是相互独立的。
4) 对于给定的一组预测变量，结果变量的变异性与预测变量的值无关(同方差性)。

一个重要的且十分有意思的事实是，即使上述第一个假设不成立，利用这些估计值也可以得到比较好的预测结果。这是因为在由式(6.1)定义的所有线性模型中，使用最小二乘估计值(也就是 $\hat{\beta}_0, \hat{\beta}_1, \hat{\beta}_2, \cdots, \hat{\beta}_p$)的模型，均方误差最小。用于正态分布的假设仅在解释模型中有用，因为解释模型需要用它们构置信区间，并且还需要用它们对模型参数进行统计检验。

即使其他假设都不成立，预测结果也仍然可能相当好，能够实现模型本来的目标。现在的关键是如何评估模型的预测性能，这是一个非常重要的问题。满足以上假设反而是次要问题。残差分析可以为我们提供改进模型的线索。

实例：预测二手丰田卡罗拉汽车的价格

一家大型的丰田汽车经销商为购买丰田新车的客户提供了如下选择：他们可以选择以旧车折价换新车，并为此特地推出了如下促销活动：如果购买一辆丰田新车，就以很高价格回收二手丰田卡罗拉汽车。之后再把二手车卖掉，获得一小笔利润。为了确保有一定的利润，这家丰田汽车经销商预测专业的二手车经销商愿意为旧车出相对合理的价格。为此，这家公司需要收集以前的二手丰田卡罗拉汽车在二手车经销商那里的销售数据。这些数据包括销售价格以及其他与车况有关的信息，如车龄、燃油类型和发动机排量。表 6.1 给出了这些变量的详细描述，表 6.2 显示了样本集中的部分数据(这里使用了 ToyotoCorolla.csv 数据集中的前 1000 条记录)。先把数据集分割为训练集(60%)和验证集(40%)，再用训练集拟合一个多元线性回归模型，以表示价格(因变量)与其他变量(预测变量)的关系。表 6.3 对模型系数做了估计。注意，燃油有三个分类值(汽油、柴油和双燃料(CNG))。因此，需要定义两个虚拟变量 Fuel_Type_Petrol(0/1)和 Fuel_Type_Diesel(0/1)。另一个虚拟变量是 CNG(0/1)，它是多余的，因为它可以从前两个虚拟变量获得。如果在模型中加入冗余的虚拟变量，回归算法就会失效，因为冗余的虚拟变量实际上是另外两个虚拟变量的线性组合。

表 6.1　二手丰田卡罗拉汽车实例中的变量及相关说明

变量	中文含义	说明
Price	价格	报价，单位为美元
Age	车龄	自 2004 年 8 月以来的车龄，单位为月
Kilometers	行驶里程	里程表上的累计行驶里程
Fuel type	燃油类型	燃油类型(汽油、柴油和 CNG)
HP	马力	马力
Metallic	金属颜色	金属颜色(Yes = 1，No = 0)
Automatic	自动型	是否自动型(Yes = 1，No = 0)
CC	排量	汽缸容积，单位为立方厘米
Doors	车门数	车门数
QuartTax	季度税	季度税，单位为美元
Weight	重量	重量，单位为千克

表 6.2　二手丰田卡罗拉汽车的价格及其他信息(只选择了部分行和列)

Price	Age	Kilometers	Fuel Type	HP	Metallic	Automatic	CC	Doors	QuartTax	Weight
13,500	23	46,986	Diesel	90	1	0	2000	3	210	1165
13,750	23	72,937	Diesel	90	1	0	2000	3	210	1165
13,950	24	41,711	Diesel	90	1	0	2000	3	210	1165
14,950	26	48,000	Diesel	90	0	0	2000	3	210	1165
13,750	30	38,500	Diesel	90	0	0	2000	3	210	1170
12,950	32	61,000	Diesel	90	0	0	2000	3	210	1170
16,900	27	94,612	Diesel	90	1	0	2000	3	210	1245
18,600	30	75,889	Diesel	90	1	0	2000	3	210	1245
21,500	27	19,700	Petrol	192	0	0	1800	3	100	1185
12,950	23	71,138	Diesel	69	0	0	1900	3	185	1105
20,950	25	31,461	Petrol	192	0	0	1800	3	100	1185
19,950	22	43,610	Petrol	192	0	0	1800	3	100	1185
19,600	25	32,189	Petrol	192	0	0	1800	3	100	1185
21,500	31	23,000	Petrol	192	1	0	1800	3	100	1185
22,500	32	34,131	Petrol	192	1	0	1800	3	100	1185
22,000	28	18,739	Petrol	192	0	0	1800	3	100	1185
22,750	30	34,000	Petrol	192	1	0	1800	3	100	1185
17,950	24	21,716	Petrol	110	1	0	1600	3	85	1105
16,750	24	25,563	Petrol	110	0	0	1600	3	19	1065
16,950	30	64,359	Petrol	110	1	0	1600	3	85	1105
15,950	30	67,660	Petrol	110	1	0	1600	3	85	1105
16,950	29	43,905	Petrol	110	0	1	1600	3	100	1170
15,950	28	56,349	Petrol	110	1	0	1600	3	85	1120

（续表）

Price	Age	Kilometers	Fuel Type	HP	Metallic	Automatic	CC	Doors	QuartTax	Weight
16,950	28	32,220	Petrol	110	1	0	1600	3	85	1120
16,250	29	25,813	Petrol	110	1	0	1600	3	85	1120
15,950	25	28,450	Petrol	110	1	0	1600	3	85	1120
17,495	27	34,545	Petrol	110	1	0	1600	3	85	1120
15,750	29	41,415	Petrol	110	1	0	1600	3	85	1120
11,950	39	98,823	CNG	110	1	0	1600	5	197	1119

　　下面使用回归系数以及车龄、里程数等信息预测二手丰田卡罗拉汽车的价格。表 6.4 显示了将模型应用于验证集里 20 辆汽车的预测结果和误差(相对于实际价格的误差)，预测结果的后面是表示预测准确度的总体指标。我们发现，平均误差(ME)是 104$，均方根误差(RMSE)是 1313$。残差的直方图(参见图 6.1)说明绝大部分误差处在±2000$范围内。这个误差相对于汽车的价格来说是比较小的，但在分析利润时需要考虑这个因素。另一个值得注意的性能指标是超大正残差(用于表示预测不准的程度)，这也许是我们需要关心的问题，也许不是，具体取决于实际应用。均方误差和误差百分位数也可用来评估和比较模型的性能。

表 6.3　用于表示二手车价格与二手车属性关系的线性回归模型

生成拟合的回归模型

```
# reduce data frame to the top 1000 rows and select columns for regression analysis
car_df = pd.read_csv('ToyotaCorolla.csv')
car_df = car_df.iloc[0:1000]

predictors = ['Age_08_04', 'KM', 'Fuel_Type', 'HP', 'Met_Color', 'Automatic', 'CC',
              'Doors', 'Quarterly_Tax', 'Weight']
outcome = 'Price'

# partition data
X = pd.get_dummies(car_df[predictors], drop_first=True)
y = car_df[outcome]
train_X, valid_X, train_y, valid_y = train_test_split(X, y, test_size=0.4,
                                                      random_state=1)

car_lm = LinearRegression()
car_lm.fit(train_X, train_y)

# print coefficients
print(pd.DataFrame({'Predictor': X.columns, 'coefficient': car_lm.coef_}))

# print performance measures (training data)
regressionSummary(train_y, car_lm.predict(train_X))
```
部分输出结果如下：
```
          Predictor      coefficient
0         Age_08_04      -140.748761
1                KM        -0.017840
2                HP        36.103419
3         Met_Color        84.281830
```

```
4              Automatic     416.781954
5                     CC       0.017737
6                  Doors     -50.657863
7          Quarterly_Tax      13.625325
8                 Weight      13.038711
9       Fuel_Type_Diesel    1066.464681
10      Fuel_Type_Petrol    2310.249543


Regression statistics
                      Mean Error (ME) :   0.0000
      Root Mean Squared Error (RMSE) :   1400.5823
           Mean Absolute Error (MAE) :   1046.9072
         Mean Percentage Error (MPE) :   -1.0223
 Mean Absolute Percentage Error (MAPE) :   9.2994
```

表 6.4　将模型应用于验证集里 20 辆汽车的预测结果和误差,输出模型在整个验证集上的预测性能指标

在训练集上拟合回归模型,并预测验证集中二手车的价格

```
# Use predict() to make predictions on a new set
car_lm_pred = car_lm.predict(valid_X)

result = pd.DataFrame({'Predicted': car_lm_pred, 'Actual': valid_y,
                       'Residual': valid_y - car_lm_pred})
print(result.head(20))

# print performance measures (validation data)
regressionSummary(valid_y, car_lm_pred)
```
输出结果如下:
```
          Predicted    Actual        Residual
507     10607.333940     11500        892.666060
818      9272.705792      8950       -322.705792
452     10617.947808     11450        832.052192
368     13600.396275     11450      -2150.396275
242     12396.694660     11950       -446.694660
929      9496.498212      9995        498.501788
262     12480.063217     13500       1019.936783
810      8834.146068      7950       -884.146068
318     12183.361282      9900      -2283.361282
49      19206.965683     21950       2743.034317
446     10987.498309     11950        962.501691
142     18501.527375     19950       1448.472625
968      9914.690947      9950         35.309053
345     13827.299932     14950       1122.700068
971      7966.732543     10495       2528.267457
133     17185.242041     15950      -1235.242041
104     19952.658062     19450       -502.658062
6       16570.609280     16900        329.390720
600     13739.409113     11250      -2489.409113
496     11267.513740     11750        482.486260


Regression statistics
```

```
              Mean Error (ME) :   103.6803
Root Mean Squared Error (RMSE) :   1312.8523
     Mean Absolute Error (MAE) :   1017.5972
   Mean Percentage Error (MPE) :   -0.2633
Mean Absolute Percentage Error (MAPE) :   9.0111
```

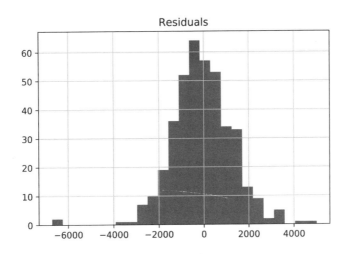

图 6.1　用直方图表示模型的预测误差(基于验证集)

6.4　线性回归中的变量选择

6.4.1　减少预测变量的数量

在数据挖掘中经常遇到的一个问题是：当使用回归方程预测因变量的值时，需要从很多变量中选择几个变量作为模型的预测变量。由于多元线性回归算法的计算速度都非常快，因此在这种情形下，人们自然想到如下原则：为什么费心去选择预测变量？为什么不把全部变量添加到模型中？

支持在模型中加入更多变量的另一个因素在于我们希望原来隐藏的关系能显现出来。例如，一家公司发现，为椅子脚和桌子脚购买抗磨保护层的客户往往是信用卡低风险客户。但是，在把全部变量添加到模型中之前，以下几个理由促使我们不得不采取谨慎的态度：

- 等到未来进行预测时，收集全部预测变量的数据的代价可能非常昂贵，甚至不可行。
- 也许预测变量较少时，预测反而更加准确(比如在观测中)。
- 预测变量越多，数据中出现缺失值的可能性就越大。如果删除或插补含有缺失值的记录，那么预测变量越多，记录的删除率或插补率就越高。
- "节俭"是优秀模型的一个重要特征。对于预测变量较少的模型，我们更容易洞察预测变量在模型中的作用。
- 由于模型中的很多变量可能存在多重共线性，因此回归系数的计算过程可能不稳定(多重共线性是指两个或两个以上的预测变量都与因变量具有线性关系)。在"节俭型"模型中，回归系数的计算过程比较稳定。一条非常简单的准则是记录数 n 要大于 $5 \times (p+2)$，这里的 p 是指预测变量的个数。

● 可以证明，使用与因变量无关的预测变量可能会增加预测的方差。

● 可以证明，丢弃与因变量有关的预测变量可能会增加预测的平均误差(偏差)。

以上最后两点表明在过多预测变量与过少预测变量之间需要达到某种平衡。通常，接受某种偏差可以减少预测误差。当预测变量非常多时，偏差-方差平衡就显得非常重要。因为在这种情形下，对于模型中的某些变量，它们的系数相对于噪声的标准方差可能非常小，并且它们与其他变量之间可能存在一定程度的相关性。丢弃这些变量能改善预测结果，因为这样会减小预测方差。偏差-方差这种平衡关系是绝大多数用于预测和分类的数据挖掘的基本特征。正因为如此，人们总是想办法减少模型中预测变量的个数(即减小 p 的值)。

如何减少预测变量的个数

减少预测变量个数的第一步是使用领域知识。为此，我们首先需要理解各个预测变量的度量单位所代表的意义，并且必须知道它们为什么与因变量的预测有关。有了这些知识，就可以把预测变量减少到合理的数量，但却仍然能够描述当前的问题。此外，在删除某些预测变量时需要考虑一些实际问题，如未来收集这些数据的代价可能非常高，或者收集的数据不是很准确，或者与其他变量存在相关性，或者有很多缺失值，或者与问题没有任何关系，等等。能帮助我们分析潜在的预测变量的两个有用工具是统计摘要和图形，如频数表和相关性表、缺失值计数等。

下一步是充分利用计算能力和统计性能用的度量指标。通常有两种方法可以减少模型中预测变量的个数。第一种方法是穷举搜索法：用预测变量的各种可能组合拟合回归模型，找到最佳的预测变量子集。在很多应用中，穷举搜索法是不切实际的，因为需要拟合的模型太多。第二种方法是局部迭代搜索法，目的也是找到最佳的预测变量子集。

穷举搜索法 穷举搜索法的核心思想是评估预测变量的所有子集。即使预测变量的个数(p)不大，所有子集的个数也非常大。穷举搜索法需要生成预测变量的子集，并且在执行所有模型后，分析那些最有可能得到最佳预测结果的子集，然后从中选择最佳子集。问题是，我们既不能选择过于简单的模型，因为可能会把很多重要的参数排除在外(模型欠拟合)；也不能选择过于复杂的模型，因为可能会产生很大的随机噪声(模型过拟合)。下面介绍评估和比较模型的几条准则，它们都是从训练集得到的指标。

其中一条常用准则是调整 R^2，它被定义为

$$R_{\text{adj}}^2 = 1 - \frac{n-1}{n-p-1}(1 - R^2)$$

R^2 表示结果变量的变异性可由回归方程解释的程度(当模型只有单个预测变量时，变异性就是相关系数的平方)。与 R^2 一样，R_{adj}^2 的值越大，模型拟合得越好。但是不同于 R^2，R_{adj}^2 并没有考虑到模型中预测变量的个数，而前者使用了一个与预测变量个数有关的罚因子，从而避免了一些人为增大 R^2 的情况，这些情况会增大预测变量的个数，但不会增加信息量。可以证明，用 R_{adj}^2 选择子集等效于用训练集上的 RMSE 最小化指标选择子集。

另一条常用准则是使用赤池信息量准则(Akaike Information Criterion，AIC)和的贝叶斯信息准则(Bayesian Information Criterion，BIC)实现过拟合与欠拟合的平衡。AIC 和 BIC 度量表示模型拟合的优度，并且也包含一个与模型中参数个数有关的罚因子。正因为如此，它们可以用来比较同一数据集上的不同模型。AIC 和 BIC 是根据信息论对预测结果所做的估计。对于线性回归模型，AIC 和 BIC 的计算公式如下：

$$\text{AIC} = n\ln(\text{SSE}/n) + n(1 + \ln(2\pi)) + 2(p + 1) \qquad \text{式(6.3)}$$

$$\text{BIC} = n\ln(\text{SSE}/n) + n(1 + \ln(2\pi)) + \ln(n)(p + 1) \qquad \text{式(6.4)}$$

在以上公式中, SSE 是模型的误差平方和。通常, AIC 和 BIC 越小, 模型越好。

最后, 有一点必须记住。假设子集的大小固定, 那么利用 R^2、R^2_{adj}、AIC 和 BIC 等准则得到的将是同一个子集。事实上, 对于大小固定的子集, 这些准则没有差别。当比较预测变量个数相同的两个模型时, 这一点很有用。但实际上, 我们经常需要比较预测变量个数不同的模型。

表 6.5 给出了把穷举搜索法应用于丰田卡罗拉汽车价格数据集(包含 11 个预测变量)的结果。由于 Python 并没有提供穷举搜索程序, 因此我们使用循环来遍历预测变量的所有组合, 并从预测变量个数相等的模型中选择 R^2_{adj} 最大的模型(这等效于选择上述提到的准则之一)。输出结果显示了单个预测变量、两个预测变量或其他情况下的最佳模型。从输出结果还可以看出, R^2_{adj} 一直在增大, 直到模型中包含 8 个预测变量时, 才开始慢慢减小。AIC 也显示了包含 8 个预测变量的模型是最佳模型。在所有模型中, 最重要的预测变量是车龄, 其次是马力、车重和里程数。

表 6.5 使用穷举搜索法减少丰田卡罗拉汽车价格数据集中预测变量的个数

```
def train_model(variables):
    model = LinearRegression()
    model.fit(train_X[list(variables)], train_y)
    return model

def score_model(model, variables):
    pred_y = model.predict(train_X[list(variables)])
    # we negate as score is optimized to be as low as possible
    return -adjusted_r2_score(train_y, pred_y, model)

allVariables = train_X.columns
results = exhaustive_search(allVariables, train_model, score_model)

data = []
for result in results:
    model = result['model']
    variables = list(result['variables'])
    AIC = AIC_score(train_y, model.predict(train_X[variables]), model)

    d = {'n': result['n'], 'r2adj': -result['score'], 'AIC': AIC}
    d.update({var: var in result['variables'] for var in allVariables})
    data.append(d)
    pd.DataFrame(data, columns=('n', 'r2adj', 'AIC') + tuple(sorted(allVariables)))
```

输出结果如下:

	n	r2adj	AIC	Age_08_04	Automatic	CC	Doors	Fuel_Type_Diesel \
0	1	0.767901	10689.712094	True	False	False	False	False
1	2	0.801160	10597.910645	True	False	False	False	False
2	3	0.829659	10506.084235	True	False	False	False	False
3	4	0.846357	10445.174820	True	False	False	False	False
4	5	0.849044	10435.578836	True	False	False	False	False
5	6	0.853172	10419.932278	True	False	False	False	False

6	7	0.853860	10418.104025	True	False	False	False	True
7	8	0.854297	10417.290103	True	True	False	False	True
8	9	0.854172	10418.789079	True	True	False	True	True
9	10	0.854036	10420.330800	True	True	False	True	True
10	11	0.853796	10422.298278	True	True	True	True	True

	Fuel_Type_Petrol	HP	KM	Met_Color	Quarterly_Tax	Weight
0	False	False	False	False	False	False
1	False	True	False	False	False	False
2	False	True	False	False	False	True
3	False	True	True	False	False	True
4	False	True	True	False	True	True
5	True	True	True	False	True	True
6	True	True	True	False	True	True
7	True	True	True	False	True	True
8	True	True	True	False	True	True
9	True	True	True	True	True	True
10	True	True	True	True	True	True

局部选代搜索法 寻找最佳预测变量子集的另一种方法是通过局部迭代搜索法对所有回归模型构成的空间进行搜索(此外还有一些类似的方法,使用这些方法可以找到几个不同大小的准最佳预测变量子集)。这种方法的计算成本相对较低,但却可能丢失最佳的预测变量子集。没有任何方法能保证任何一条准则(如R^2_{adj})都能得到最佳预测变量子集。这里介绍的方法适用于预测变量个数很多的情形,但不适用于预测变量个数适中的情形,后者用穷举搜索法更合适。

三种常用的迭代搜索算法分别是前向选择、后向剔除和逐步回归。在前向选择算法中,开始时没有预测变量,然后逐个增加预测变量。每次添加的预测变量是对R^2值贡献最大的那个变量,然后把它插到已入选预测变量的最前面。当添加的预测变量对R^2值的贡献在统计上不显著时,迭代过程结束。前向选择算法的主要缺点在于可能会忽略单独表现不好,但组合表现非常好的变量组合。这类似于逐个面试某团队项目的每位应聘者,这样做会错过那些单独表现不好或与非同事一起表现不好,但集体表现却十分优秀的应聘者。

在后向剔除算法中,刚开始时选择全部预测变量,然后在接下来的每一步中删除最没有价值的预测变量(根据统计显著性)。当剩下的所有预测变量都在统计上显著时,算法结束。这种算法的缺点在于,计算包含全部预测变量的最初模型可能非常耗时且可能不稳定。

逐步回归算法与前向选择算法相似,所不同的是,类似于后向剔除算法,在每一步中需要丢弃统计不显著的预测变量。

目前,scikit-learn 和 statsmoldes 包都没有提供通过逐步回归算法选择子集的功能。但是,只需要几行代码就可以实现这样的功能。表 6.6 展示了把后向剔除算法应用于二手丰田卡罗拉汽车数据的程序和结果。我们选择的最佳模型是一个 8 预测变量模型,结果与使用穷举搜索法选择的结果相同。在这个例子里,前向选择算法(参见表 6.7)和逐步回归算法(参见表 6.8)的选择结果相同——一个 8 预测变量模型。但是对于其他数据集,情况可能会不一样。

一旦选定一个或多个最有应用价值的模型后,就把模型应用于验证集,并评估模型在验证集上的性能。例如,表 6.6 显示了一个 8 预测变量模型在验证集上的性能,但实际上它的性能只是比 10 预测变量模型(参见表 6.4)稍微好了一点点。甚至有可能预测变量较少的模型,反而性能只是稍微差了一点点。

最后，其他降维方法还包括主成分分析(参见第 4 章)和回归树(参见第 9 章)。

表 6.6　使用后向剔除算法压缩二手丰田卡罗拉汽车数据实例中预测变量的个数

```
def train_model(variables):
    model = LinearRegression()
    model.fit(train_X[variables], train_y)
    return model


def score_model(model, variables):
    return AIC_score(train_y, model.predict(train_X[variables]), model)


allVariables = train_X.columns
best_model, best_variables = backward_elimination(allVariables, train_model,
                                  score_model, verbose=True)


print(best_variables)


regressionSummary(valid_y, best_model.predict(valid_X[best_variables]))
```
输出结果如下：
```
Variables: Age_08_04, KM, HP, Met_Color, Automatic, CC, Doors, Quarterly_Tax,
           Weight, Fuel_Type_Diesel, Fuel_Type_Petrol
Start: score=10422.30
Step: score=10420.33, remove CC
Step: score=10418.79, remove Met_Color
Step: score=10417.29, remove Doors
Step: score=10417.29, remove None

['Age_08_04', 'KM', 'HP', 'Automatic', 'Quarterly_Tax', 'Weight',
'Fuel_Type_Diesel', 'Fuel_Type_Petrol']

Regression statistics
                        Mean Error (ME) :   103.3045
         Root Mean Squared Error (RMSE) :   1314.4844
              Mean Absolute Error (MAE) :   1016.8875
            Mean Percentage Error (MPE) :   -0.2700
   Mean Absolute Percentage Error (MAPE) :   8.9984
```

表 6.7　使用前向选择算法压缩二手丰田卡罗拉汽车数据实例中预测变量的个数

```
# The initial model is the constant model - this requires special handling
# in train_model and score_model
def train_model(variables):
    if len(variables) == 0:
        return None
    model = LinearRegression()
    model.fit(train_X[variables], train_y)
    return model


def score_model(model, variables):
    if len(variables) == 0:
        return AIC_score(train_y, [train_y.mean()] * len(train_y), model, df=1)
```

```
        return AIC_score(train_y, model.predict(train_X[variables]), model)

best_model, best_variables = forward_selection(train_X.columns, train_model, score_model,
                                verbose=True)
print(best_variables)
```

输出结果如下：

```
Start: score=11565.07, constant
Step: score=10689.71, add Age_08_04
Step: score=10597.91, add HP
Step: score=10506.08, add Weight
Step: score=10445.17, add KM
Step: score=10435.58, add Quarterly_Tax
Step: score=10419.93, add Fuel_Type_Petrol
Step: score=10418.10, add Fuel_Type_Diesel
Step: score=10417.29, add Automatic
Step: score=10417.29, add None
['Age_08_04', 'HP', 'Weight', 'KM', 'Quarterly_Tax', 'Fuel_Type_Petrol',
'Fuel_Type_Diesel', 'Automatic']
```

表6.8 使用逐步回归算法压缩二手丰田卡罗拉汽车数据实例中预测变量的个数

```
best_model, best_variables = stepwise_selection(train_X.columns, train_model, score_model,
                                verbose=True)
print(best_variables)
```

输出结果如下：

```
Start: score=11565.07, constant
Step: score=10689.71, add Age_08_04
Step: score=10597.91, add HP
Step: score=10506.08, add Weight
Step: score=10445.17, add KM
Step: score=10435.58, add Quarterly_Tax
Step: score=10419.93, add Fuel_Type_Petrol
Step: score=10418.10, add Fuel_Type_Diesel
Step: score=10417.29, add Automatic
Step: score=10417.29, unchanged None
['Age_08_04', 'HP', 'Weight', 'KM', 'Quarterly_Tax', 'Fuel_Type_Petrol',
'Fuel_Type_Diesel', 'Automatic']
```

6.4.2 正则化(收缩模型)

选择一组预测变量等效于把模型的某些系数设置为零，从而生成可以解释的结果——让我们知道哪些变量可以忽略，哪些变量需要保留。此外，另一种更加灵活的方法是正则化或收缩模型，收缩是指把系数向零收缩。回忆一下，前面曾提到，我们在调整 R^2 指标时加入了罚因子，罚因子与预测变量的个数(p)有关。同样，收缩方法也给拟合模型设置了罚因子，只是这里的罚因子与预测变量的个数无关，而与系数值的某种聚合结果有关(通常预测变量在经过标准处理后，将具有相同的区间)。

限制系数 β 的取值范围的理由是，对于强相关的预测变量，它们的系数的标准误差往往很大，因为训练集的微小变化可能会从根本上改变相关变量的主导地位。这种不稳定性(高标准误差)会降低模型的预测能力。通过限制系数组合值的幅度，可以减小标准误差。

两种最常用的收缩方法是岭回归和 lasso 回归。两者的差别体现在罚因子上。在岭回归里，罚因子与系数的平方和 $\sum_{j=1}^{p} \beta_j^2$ 有关(称为 L2 罚因子)，而 lasso 回归中的罚因子与系数的绝对值之和 $\sum_{j=1}^{p} |\beta_j|$ 有关(称为 L1 罚因子)。这里的 p 表示预测变量的个数(不包括截距)。我们发现，lasso 回归中的罚因子可以有效地把某些系数压缩为 0，因此得到预测变量的一个子集。

但在线性回归模型里，系数是通过最小化训练数据的平方误差和(SSE)得到的；并且在岭回归和 lasso 回归中，系数也是通过最小化训练数据的平方误差和(SSE)得到的，但会受到罚因子的制约——必须小于某个阈值 t。阈值 t 可以由用户设置，也可以通过交叉验证得到。

在 Python 中，正则化的线性回归可以用 sklearn.linear_model 包中的 Lasso 和 Ridge 两个方法来实现。罚因子参数 α 决定了阈值的大小(通常情况下，默认 $\alpha=1$，注意，$\alpha=0$ 表示没有考虑罚因子，这就是普通的线性回归)。使用 linear_model 包提供的 LassoCV、RidgeCV 和 BayesianRidge 方法的额外好处是，它们可以自动选择罚因子参数。LassoCV 和 RidgeCV 方法使用交叉验证确定最佳罚因子，BayesianRidge 方法则采用迭代方式从整个训练集中推导出罚因子。不要忘了把 normalize 参数设置为 True，否则数据在应用正则化回归模型之前得不到正则化处理。

表 6.9 显示了把岭回归和 lasso 回归应用于二手丰田卡罗拉汽车数据实例的结果。我们发现，在这个例子里，优化后的 lasso 回归模型的性能比普通的线性回归模型的性能稍微差一些。分析回归系数，我们发现前者得到的模型只有 6 个预测变量(Age_08_04、KM、HP、Automatic、Quarterly_Tax 和 Weight)。BayesianRidge 回归得到的正则参数非常小，这表示正则化数据不会带来好处。只有当数据集包含大量强相关的预测变量时，这些方法的优点才能真正地体现出来。

表 6.9　把 lasso 回归和岭回归应用于二手丰田卡罗拉汽车数据实例

```
lasso = Lasso(normalize=True, alpha=1)
lasso.fit(train_X, train_y)
regressionSummary(valid_y, lasso.predict(valid_X))

    Regression statistics

                        Mean Error (ME) :    120.6311
        Root Mean Squared Error (RMSE) :   1332.2752
              Mean Absolute Error (MAE) :   1021.5286
            Mean Percentage Error (MPE) :     -0.2364
 Mean Absolute Percentage Error (MAPE) :      9.0115


lasso_cv = LassoCV(normalize=True, cv=5)
lasso_cv.fit(train_X, train_y)
regressionSummary(valid_y, lasso_cv.predict(valid_X))
print('Lasso-CV chosen regularization: ', lasso_cv.alpha_)
print(lasso_cv.coef_)
Regression statistics
                        Mean Error (ME) :    145.1571
        Root Mean Squared Error (RMSE) :   1397.9428
              Mean Absolute Error (MAE) :   1052.4649
            Mean Percentage Error (MPE) :     -0.2966
 Mean Absolute Percentage Error (MAPE) :      9.2918
 Lasso-CV chosen regularization: 3.5138
```

```
       [-140 -0.018 33.9 0.0 69.4 0.0 0.0 2.71 12.4 0.0 0.0]

ridge = Ridge(normalize=True, alpha=1)
ridge.fit(train_X, train_y)
regressionSummary(valid_y, ridge.predict(valid_X))

    Regression statistics
                        Mean Error (ME) :    154.3286
          Root Mean Squared Error (RMSE) :   1879.7426
                Mean Absolute Error (MAE) :   1353.2735
               Mean Percentage Error (MPE) :  -2.3897
     Mean Absolute Percentage Error (MAPE) :   11.1309

bayesianRidge = BayesianRidge(normalize=True)
bayesianRidge.fit(train_X, train_y)
regressionSummary(valid_y, bayesianRidge.predict(valid_X))
alpha = bayesianRidge.lambda_ / bayesianRidge.alpha_
print('Bayesian ridge chosen regularization: ', alpha)

    Regression statistics
                        Mean Error (ME) :    105.5382
          Root Mean Squared Error (RMSE) :   1313.0217
                Mean Absolute Error (MAE) :   1017.2356
               Mean Percentage Error (MPE) :  -0.2703
     Mean Absolute Percentage Error (MAPE) :   9.0012
          Bayesian ridge chosen regularization:  0.004623
```

6.5　statmodels 包的使用

statmodels 包中的 sm.ols 可以取代 scikit-learn 包中的 LinearRegression 方法。前者能够生成一份非常详细的描述了模型性质的输出结果，这些结果也适用于统计诊断等非预测型任务。表 6.10 显示了把 sm.ols 应用于与表 6.3 中同一个模型(汽车价格与汽车属性)后得到的结果。这里需要用到 statmodels 包提供的 OLS.fit_regularized 方法。参数 L1_wt=0 表示岭回归，参数 L1_wt=1 表示 lasso 回归。

表6.10　使用 statmodels 包生成汽车价格与汽车属性的线性回归模型(可用来与表 6.3 进行比较)

```
# run a linear regression of Price on the remaining 11 predictors in the training set
train_df = train_X.join(train_y)

predictors = train_X.columns
formula = 'Price ~ ' + ' + '.join(predictors)

car_lm = sm.ols(formula=formula, data=train_df).fit()
car_lm.summary()
```
输出结果如下：
```
                        OLS Regression Results
==============================================================================
Dep. Variable:           Price         R-squared:          0.856
Model:                   OLS Adj.      R-squared:          0.854
```

```
Method:                 Least Squares     F-statistic:            319.0
Date:               Mon, 18 Feb 2019     Prob (F-statistic):   1.73e-239
Time:                       18:38:04     Log-Likelihood:       -5198.1
No. Observations:            600 AIC:                          1.042e+04
Df Residuals:                588 BIC:                          1.047e+04
Df Model:                        11
Covariance Type:           nonrobust
===============================================================================
                     coef    std err        t      P>|t|     [0.025      0.975]
-------------------------------------------------------------------------------
Intercept        -1319.3544  1728.427    -0.763    0.446   -4713.997    2075.288
Age_08_04         -140.7488     5.142   -27.374    0.000    -150.847    -130.650
KM                  -0.0178     0.002    -7.286    0.000      -0.023      -0.013
HP                  36.1034     5.321     6.785    0.000      25.653      46.554
Met_Color           84.2818   127.005     0.664    0.507    -165.158     333.721
Automatic          416.7820   259.794     1.604    0.109     -93.454     927.018
CC                   0.0177     0.099     0.179    0.858      -0.177       0.213
Doors              -50.6579    65.187    -0.777    0.437    -178.686      77.371
Quarterly_Tax       13.6253     2.518     5.411    0.000       8.680      18.571
Weight              13.0387     1.602     8.140    0.000       9.893      16.185
Fuel_Type_Diesel  1066.4647   527.285     2.023    0.044      30.872    2102.057
Fuel_Type_Petrol  2310.2495   521.045     4.434    0.000    1286.914    3333.585
===============================================================================
Omnibus:                      62.422   Durbin-Watson:              1.899
Prob(Omnibus):                 0.000   Jarque-Bera(JB):          366.046
Skew:                          0.186   Prob(JB):                3.27e-80
Kurtosis:                      6.808   Cond. No.                2.20e+06
```

6.5　习题

6.1 预测波士顿城市房价。数据文件 BostonHousing.csv 中的信息来自美国人口统计局关于马萨诸塞州波士顿市的房价数据。这个数据集包含了波士顿 506 个普查小区的房价信息，目的是根据犯罪率、污染程度和房间数等信息预测新住宅小区的房价中位数。这个数据集还包含了 12 个预测变量和 1 个因变量(房价中位数，MEDV)。表 6.11 解释了每个预测变量和因变量的意义。

表 6.11　波士顿房价数据集中的变量及相关说明

变量	说明
CRIM	犯罪率
ZN	占地面积超过 25 000 平方英尺的住宅用地的比例
INDUS	非零售商业用地的比例
CHAS	住宅小区是否以查尔斯河为边界(1 表示是，0 表示不是)
NOX	一氧化氮浓度(单位为千万分之一)
RM	每个住宅的平均房间数
AGE	1940 年之前自建房的比率
DIS	离波士顿 5 个就业中心的加权距离
RAD	辐射状高速公路的可达性指数

(续表)

变量	说明
TAX	每 1 万美元的全额物业税税率
PTRATIO	按城镇标准的学生/教师比例
LSTAT	总人口中贫困人口所占的比例
MEDV	自有住房价格的中位数，单位是千美元
CAT.MEDV	自有住房价格的中位数是否大于 3 万美元(大于时，CAT.MEDV=1，否则 CAT.MEDV=0)

a. 为什么要把数据集分割为训练集和验证集？训练集有什么用？验证集有什么用？

b. 以房价中位数为因变量，以 CRIM、CHAS 和 RM 为自变量，构建一个多元线性回归模型。写出这个模型的预测方程，根据预测方程和预测变量的预测值预测房价的中位数。

c. 利用刚才得到的多元线性回归模型，预测满足如下条件的小区的房价中位数：小区没有靠近查尔斯河，犯罪率为 0.1，每个住宅平均有 6 个房间。

d. 减少预测变量的个数。

i. 在这 13 个预测变量中，哪些变量最有可能表示同一件事情？讨论 INDUX、NOX 和 TAX 之间的关系。

ii. 计算这 12 个数值型预测变量的相关性表，找到相关性最强的两个变量。这些变量可能存在冗余性，因而可能出现多重共线性。根据相关性表，哪些变量可以删除？

iii. 使用三种不同的算法——后向剔除、前向选择和逐步回归算法，压缩剩下的预测变量的个数。计算使用它们选取的模型在验证集上的性能，并比较它们的 RMSE、MAPE、平均误差以及误差的直方图。最后描述最佳模型。

6.2 预测软件分销利润。Tayko 是一家软件分销公司，专门分销游戏和教育软件。Tayko 公司是做软件开发起家的，后来才开始转向软件分销。最近，Tayko 公司更新了所要分销的软件，编写了一个列表，并且想通过电子邮件发送给客户。这次邮件推销活动会产生 2000 条交易记录。根据这些数据，Tayko 公司想建立模型来预测每个客户支付的金额。数据文件 Tayko.csv 中包含了 2000 条购买记录。表 6.12 描述了这里需要用到的变量(Excel 文件中包含了其他变量)。

表 6.12　Tayko 软件销售数据集中的变量及相关说明

变量	说明
FREQ	上一年的交易次数
LAST_UPDATE	距离客户记录最后一次更新的天数
WEB	客户是否至少有一次通过网络购买软件的经历
GENDER	客户性别，男或女
ADDRESS_RES	是否使用住宅地址
ADDRESS_US	是否为美国地址
SPENDING	客户在邮寄测试中所付的费用

a. 为分类变量建立透视表，分析客户的支出费用，计算每个类别的平均费用和标准差。

b. 创建两个散点图,分析客户的支出费用(SPENDING)与两个连续变量(FREQ 和 LAST_UPDATE)的关系，它们之间是线性关系吗？

c. 创建拟合模型以预测 SPENDING(支出费用)。

i. 把这 2000 条记录分割成训练集和验证集。

ii. 创建多元线性回归模型来表示 SPENDING 与其他 6 个预测变量的关系。写出预测方程。

iii. 基于预测模型，预测哪类客户最有可能花大笔钱购买软件？

iv. 如果使用后向剔除算法压缩预测变量的个数，那么最先应该删除哪个变量？

v. 把上述预测方程应用于验证集中的第一条记录，说明如何计算预测结果和预测误差？

vi. 通过分析预测模型在验证集上的性能，评价模型的预测准确度。

vii. 创建直方图来表示模型的残差，残差是否遵从正态分布？残差对模型的预测准确度有何影响？

6.3 预测新航线的机票价格。我们所要讨论的问题发生在 20 世纪 90 年代后期的美国。当时美国的许多大城市都面临机场拥堵问题，部分原因是 1978 年政府放松了对航空公司的管制。由于机票价格和航线都不受管制，因此像西南航空公司这样的廉价航空公司开始出现在现有的航线上，并且在某些航线上提供不间断服务，这些航线原来没有这种无间断服务。修建全新的机场通常是不可行的，但有时退役的军事基地或者小城市的市政机场可以重新配置为区域性的大型民用机场。这个问题涉及多方利益，如航空公司、城市、州和联邦当局、公民团体、军队和机场运营商等。一家航空咨询公司正在与这些相关方进行洽谈。该公司需要使用预测模型来支持咨询业务。第一件事情是，这家公司希望能够预测一个新机场投入运营后的票价。为此，该公司先从 Airfares.csv 数据文件开始，这个数据文件收集了 1996 年第三季度到 1997 年第二季度期间真实的机票和机场信息。表 6.13 描述了其中的变量，它们是预测票价的最重要依据，它们中的一些是关于机场对机场的信息，但大多数是关于城市对城市的信息。在数据分析中，有个很有意思的问题，就是西南航空公司的存在对票价(FARE)的预测到底有没有影响。

表 6.13 机票数据实例中的变量及相关说明

变量	说明
S_CODE	出发机场的代码
S_CITY	出发城市
E_CODE	到达机场的代码
E_CITY	到达城市
COUPON	平均票根数(number of coupons)。一票根航班是直达航班，二票根航班需要中转一次，依此类推
NEW	从 1996 年第三季度到 1997 年第二季度，其间加入这条航线的新飞机数量
VACATION	是否休假线路(Yes 或 No)
SW	是否有西南航空公司的飞机在这条航线上运营
HI	赫芬达尔指数，表示市场集中度
S_INCOME	出发城市的人均收入
E_INCOME	到达城市的人均收入
S_POP	出发城市的人口规模
E_POP	到达城市的人口规模
SLOT	所要到达的机场是否有起降时段控制(这是机场拥堵的指标之一)
GATE	所要到达的机场是否有机位限制(这是机场拥堵的另一个指标)
DISTANCE	两个机场之间的距离
PAX	数据收集期间，航线上的乘客数量
FARE	航线的平均票价

a. 生成相关性表,分析数值型预测变量与结果变量(FARE)的关系。哪个单独变量是 FARE 的最佳预测变量?

b. 通过计算每类航班占总航班的比例来分析分类预测变量(不包括前 4 个预测变量)。创建透视表,计算每类航班的平均票价。哪个类别的预测变量可以最佳地预测票价(FARE)?

c. 建立模型以预测新航线的平均票价。

i. 把分类变量转换为虚拟变量,然后把数据集分割为训练集和验证集。在训练集上拟合模型,在验证集上评价模型。

ii. 用逐步回归算法压缩预测变量的个数。可以忽略前 4 个预测变量((S_CODE、S_CITY、E_CODE 和 E_CITY)。输出最终选择的预测模型。

iii. 用穷举搜索法重复步骤(ii)。对得到的最佳模型与步骤(ii)得到的模型进行比较,使用模型中的预测变量讨论这两个模型。

iv. 用 RMSE、平均误差和提升图比较步骤(ii)所得模型和步骤(iii)所得模型的预测准确度。

v. 用步骤(iii)得到的模型预测以下航线的平均票价: COUPON = 1.202、NEW = 3、VACATION = No、SW = No、HI = 4442.141、S_INCOME = $28,760、E_INCOME = $27,664、S_POP = 4,557,004、E_POP = 3,195,503、SLOT = Free、GATE = Free、PAX = 12,782 且 DISTANCE = 1976 miles。

vi. 假设美国西南航空公司也准备开通这条航线,预测步骤(v)得到的平均票价将会降多少(用步骤(iii)得到的模型)。

vii. 实际上,哪些因素不能用来预测从新机场出发的航线的平均票价(比如,在这些航线开始运营之前),哪些预测变量需要估计? 如何估计?

viii. 用穷举搜索法找到如下模型:在新航线开始运营之前,模型就将已有数据作为预测变量。

ix. 用步骤(viii)得到的模型预测以下新航线的平均票价: COUPON = 1.202、NEW = 3、VACATION = No、SW = No,HI = 4442.141、S_INCOME = $28,760、E_INCOME = $27,664、S_POP = 4,557,004、E_POP = 3,195,503、SLOT = Free、GATE = Free、PAX = 12,782 且 DISTANCE = 1976 miles。

x. 对步骤(ix)所得模型的预测准确度与步骤(iii)所得模型的进行比较。前者是否已经足够好? 一旦新航线开始运营,是否需要重新计算模型?

d. 在一些竞争激烈的行业里,带着新颖商业计划的加入者会给现有的公司带来断裂效应。如果新加入者的商业模式是可持续的,那么其他公司就必须做出响应,且必须改变自己的商业模式。如果我们的目的是评价美国西南航空公司的存在对民用航空业的影响,而不是预测新航线的票价,那么所做的分析又有什么不同? 请从技术和概念两个方面进行论述。

6.4 预测二手汽车的价格。数据文件 ToyotaCorolla.csv 收集了 2004 年夏季在荷兰销售的二手汽车(丰田卡罗拉)的信息,共包含 1436 条记录和 38 个属性,涵盖价格、车龄、里程数、马力等信息。我们的目的是根据这些属性预测二手丰田卡罗拉汽车的价格(6.3 节中的样本数据是这个数据集的一个子集)。

请把这个数据集分割为训练集(50%)、验证集(30%)和测试集(20%)。

以价格(Price)为因变量,以 Age_08_04、KM、Fuel_Type、HP、Automatic、Doors、Quarterly_Tax、Mfr_Guarantee、Guarantee_Period、Airco、Automatic_airco、CD_Player、Powered_Windows、Sport_Model 和 Tow_Bar 为预测变量,建立多元线性回归模型。

a. 从这些属性中找出 3 个或 4 个预测变量,它们是预测二手丰田卡罗拉汽车价格的最重要因素。

b. 用自认为有用的度量指标评价模型在预测价格时的性能。

k-近邻算法

本章介绍 k-近邻算法。k-近邻算法既可以用于分类任务(分类结果变量),也可以用于预测(数值型结果变量)任务。为了分类或预测一条新的记录,可首先使用这种算法在训练数据中找到相似的记录,然后在这些近邻记录中用选举法(用于分类)或平均法(用于预测)推断出新记录的类别或预测值。我们将介绍如何定义相似度、如何设置近邻个数以及如何计算预测结果或分类值。k-近邻算法是一种高度自动化的数据驱动方法,我们将从性能和计算时间等角度讨论这种算法的优缺点。

本章使用 Pandas 包处理数据,使用 scikit-learn 包建立 k-近邻模型,使用 matplotlib 包实现数据可视化。

导入本章所需要的功能:

```
import pandas as pd
from sklearn import preprocessing
from sklearn.model_selection import train_test_split
from sklearn.metrics import accuracy_score
from sklearn.neighbors import NearestNeighbors, KNeighborsClassifier
import matplotlib.pylab as plt
```

7.1 k-近邻分类器(分类结果变量)

k-近邻算法的思想是在训练集中找到与新记录非常相似的 k 条记录,然后根据这些相似(近邻)记录把新记录分类为某个类别,也就是把新记录分类为这些近邻记录中占多数记录的类别。假设我们使用 $x_1, x_2, \cdots, x_p$ 表示新记录的预测变量值,在训练集的预测变量空间中寻找与新记录相似或接近的记录(即寻找与 $x_1, x_2, \cdots, x_p$ 最接近的记录),之后便可根据这些近邻记录所属的类别,确定目标记录的类别。

7.1.1 确定近邻记录

k-近邻算法属于分类算法,不需要对类别成员(Y)与预测变量($x_1, x_2, \cdots, x_p$)之间的函数关系做任何假设。由于属于非参数方法,因此既不需要假定函数形式,也不需要估计函数的参数。不同于线性回归算法,因为线性回归算法假设因变量与预测变量存在线性关系(参见第 6 章),k-近邻算法试图从训练集的相似记录中推导出分类信息。

核心问题是如何根据目标记录的预测变量值计算它们之间的距离。最常见的距离计算方法是使用欧几里得距离(简称欧氏距离)。两条记录$(x_1, x_2, \cdots, x_p)$和$(u_1, u_2, \cdots, u_p)$的距离计算公式如下:

$$\sqrt{(x_1 - u_1)^2 + (x_2 - u_2)^2 + \cdots + (x_p - u_p)^2}$$ 式(7.1)

在第 12 章和第 15 章，读者将看到其他距离计算公式，它们可用于数值型变量和分类变量。然而，k-近邻算法需要计算很多距离(需要计算目标记录与训练集中每条记录的距离)。欧氏距离由于计算成本很低，因此逐渐成为 k-近邻算法最常用的距离计算方法。

为了确保不同预测变量的取值区间相同，在大多数情形下，在计算距离之前，可以先对预测变量的值进行标准化处理(即归一化处理)。另外还需要注意，用于标准化新记录的均值和方差均来自训练集。在计算训练集的均值和方差时，并没有包括新的记录。验证集与新记录一样，也没有出现在均值和方差的计算中。

7.1.2 分类规则

在计算了需要分类的记录与现有记录的距离之后，我们需要一条准则，从而根据近邻记录的类别，为新记录分配类别。最简单的情形是 k=1，即只寻找最接近的那条记录(最近记录)，并把这条记录所属的类别作为新记录的类别。使用单条最近邻记录的思想简单且直观，而且当训练集中的记录非常多时，这种方法非常强大且十分有效。实践证明，1-近邻方案的误分类率不会超过以下方案的误分类率的两倍：根据近邻的每个类别的准确概率密度函数确定新记录的类别。

1-近邻思想可以推广到 k>1 近邻的情形，具体过程如下：

(1) 找到与目标记录最近的 k 条记录。

(2) 用多数选举法确定目标记录的类别，也就是将 k 条近邻记录中出现次数最多的类别作为目标记录的类别。

7.1.3 实例：驾驶式割草机

驾驶式割草机制造商想找到一种方法来将城市里的家庭分为两类：很有可能购买驾驶式割草机的家庭("有割草机家庭"类别)和不大可能购买割草机的家庭("无割草机家庭"类别)。现有一些初始的随机样本数据，其中包含了城市中 12 个有割草机的家庭和另外 12 个无割草机的家庭，得到的数据如表 7.1 所示。我们首先把数据集分割成训练集(含 14 个家庭)和验证集(含 10 个家庭)。显然，由于需要分割的数据集太小，这可能会导致结果不稳定，但这里只是用于演示目的，因此我们继续分割这个数据集。图 7.1 展示了训练集的散点图。

表7.1　24 个家庭的住宅占地面积、收入和驾驶式割草机的拥有情况

家庭编号	收入(单位为千美元)	住宅占地面积(单位为千平方英尺)	是否拥有驾驶式割草机
1	60.0	18.4	是
2	85.5	16.8	是
3	64.8	21.6	是
4	61.5	20.8	是
5	87.0	23.6	是
6	110.1	19.2	是
7	108.0	17.6	是
8	82.8	22.4	是
9	69.0	20.0	是

(续表)

家庭编号	收入(单位为千美元)	住宅占地面积(单位为千平方英尺)	是否拥有驾驶式割草机
10	93.0	20.8	是
11	51.0	22.0	是
12	81.0	20.0	是
13	75.0	19.6	否
14	52.8	20.8	否
15	64.8	17.2	否
16	43.2	20.4	否
17	84.0	17.6	否
18	49.2	17.6	否
19	59.4	16.0	否
20	66.0	18.4	否
21	47.4	16.4	否
22	33.0	18.8	否
23	51.0	14.0	否
24	63.0	14.8	否
25	60.0	20.0	?

以下代码用于载入并分割驾驶式割草机数据集并生成散点图。

```
mower_df = pd.read_csv('RidingMowers.csv')
mower_df['Number'] = mower_df.index + 1

trainData, validData = train_test_split(mower_df, test_size=0.4, random_state=26)

## new household
newHousehold = pd.DataFrame([{'Income': 60, 'Lot_Size': 20}])

## scatter plot
def plotDataset(ax, data, showLabel=True, **kwargs):
    subset = data.loc[data['Ownership']=='Owner']
    ax.scatter(subset.Income, subset.Lot_Size, marker='o',
        label='Owner' if showLabel else None, color='C1', **kwargs)
    subset = data.loc[data['Ownership']=='Nonowner']
    ax.scatter(subset.Income, subset.Lot_Size, marker='D',
        label='Nonowner' if showLabel else None, color='C0', **kwargs)
    plt.xlabel('Income') # set x-axis label
    plt.ylabel('Lot_Size') # set y-axis label
    for _, row in data.iterrows():
        ax.annotate(row.Number, (row.Income + 2, row.Lot_Size))

fig, ax = plt.subplots()
plotDataset(ax, trainData)
plotDataset(ax, validData, showLabel=False, facecolors='none')
ax.scatter(newHousehold.Income, newHousehold.Lot_Size, marker='*',
```

Python 商业数据挖掘(第 6 版)

```
        label='New household', color='black', s=150)

plt.xlabel('Income'); plt.ylabel('Lot_Size')
ax.set_xlim(40, 115)
handles, labels = ax.get_legend_handles_labels()
ax.legend(handles, labels, loc=4)
plt.show()
```

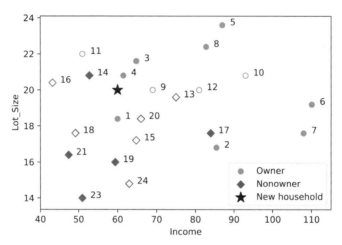

图 7.1　住宅占地面积和收入的散点图，图中包含了训练集中的 14 个家庭、验证集中的 10 个家庭以及需要分类的新家庭

　　现有一个新家庭，年收入为 6 万美元，住宅占地面积为 2 万平方英尺(表 7.1 中的最后一条记录)。在训练集里，与这条新记录最接近的是 4 号家庭(按归一化处理后收入和住宅占地面积的欧氏距离)，后者的收入为 61 500 美元，住宅占地面积为 20 800 平方英尺。如果使用 1-近邻分类器，那么可以把这个新家庭分类为"有割草机家庭"。如果使用 $k=3$，那么 3 个最接近的家庭分别是 4 号、14 号和 1 号家庭，这既可以从散点图看出，也可以用程序计算得到(见表 7.2 中的输出结果)。在这三个家庭中，有两个家庭拥有割草机，一个家庭没有割草机。根据多数选举法，可把这个新家庭分类为"有割草机家庭"(见表 7.2 中输出结果的最后一行)。

表 7.2　执行 k-近邻算法

以下代码先归一化处理数据，再寻找最近邻类别。

```
predictors = ['Income', 'Number']
outcome =

# initialize normalized training, validation, and complete data frames
# use the training data to learn the transformation.
scaler = preprocessing.StandardScaler()
scaler.fit(trainData[['Income', 'Lot_Size']]) # Note use of array of column names

# Transform the full dataset
mowerNorm = pd.concat([pd.DataFrame(scaler.transform(mower_df[['Income', 'Lot_Size']]),
                                    columns=['zIncome', 'zLot_Size']),
                       mower_df[['Ownership', 'Number']]], axis=1)
trainNorm = mowerNorm.iloc[trainData.index]
validNorm = mowerNorm.iloc[validData.index]
```

146

```
newHouseholdNorm = pd.DataFrame(scaler.transform(newHousehold),
    columns=['zIncome', 'zLot_Size'])

# use NearestNeighbors from scikit-learn to compute  knn
from sklearn.neighbors import NearestNeighbors
knn = NearestNeighbors(n_neighbors=3)
knn.fit(trainNorm.iloc[:, 0:2])
distances, indices =knn.kneighbors(newHouseholdNorm)

# indices is a list of lists, we are only interested in the first element
trainNorm.iloc[indices[0], :]
```

输出结果如下：

	zIncome	zLot_Size	Ownership	Number
3	-0.409776	0.743358	Owner	4
13	-0.804953	0.743358	Nonowner	14
0	-0.477910	-0.174908	Owner	1

如何选择 *k* 值

选择 *k*>1 的好处是，选用较大的 *k* 值可以降低由于训练集中的噪声引起过拟合的风险。一般来说，当 *k* 值太小时，模型可能会被拟合到数据中的噪声。但是，如果 *k* 值太大，那么有可能丧失发现数据中局部结构的能力，而这正是 *k*-近邻算法的主要优点。在极端情形下 ，*k*=*n*=训练集中的记录数。在这种情形下，我们把训练集中的每条记录都当作多数类记录，不管(x_1, x_2, …, x_p)的实际值如何，这等同于栈朴素准则。显然这是过分光滑的典型示例，我们没有考虑预测变量包含的类别信息。换言之，我们要在两种极端情形之间达到平衡：预测信息过拟合与预测信息完全被忽略。平衡点的选择在很大程度上取决于数据本身的性质。数据越复杂，结构越不规则，*k* 的最佳值就越小。通常，*k* 值在 1~20 范围内。为了避免出现"平局"，我们通常会选用奇数。

如何选择 *k* 值呢？答案是选择的 *k* 值要确保分类器的分类性能最佳。可首先使用训练数据来分类验证集中的记录，然后计算不同 *k* 值的误分类率。对于本例，一方面，如果选择 *k*=1，这将成为一种对训练数据的局部特性非常敏感的分类方法；而另一方面，如果选择很大的 *k* 值，如 *k*=14，那么表示不管新记录如何，*k* 近邻算法总是把训练集中最经常出现的类别作为新记录的类别。这虽然是一种非常稳定的预测方法，但却完全没有考虑到新记录中的信息。为了找到平衡点，可以将 *k* 值设置为 1~14 以测试验证集的预测准确度。如果 *k* 值是偶数，那么当两类家庭出现"平局"时，可利用随机方法破坏平局，结果如表 7.3 所示。请选择 *k*=4，因为这能使验证集的预测准确度最大化。需要注意的是，现在的验证集已作为训练过程的一部分(*k* 条记录)，而不再是前面那样的真正保留集。在理想情形下，我们要用第三个数据集(测试集)来评估这种方法在未知数据上表现出来的性能。

k 值选定后，为了得到新记录的分类结果，需要在训练数据和测验数据的组合集上重新执行 *k*-近邻算法。表 7.4 展示了如何使用 4 条最近邻记录确定新家庭的类别。

表7.3 选择不同的 *k* 值来计算验证集的预测准确度(正确率)

```
train_X = trainNorm[['zIncome', 'zLot_Size']]
train_y = trainNorm['Ownership']
valid_X = validNorm[['zIncome', 'zLot_Size']]
valid_y = validNorm['Ownership']

# Train a classifier for different values of k
results = []
```

```
for k in range(1, 15):
    knn = KNeighborsClassifier(n_neighbors=k).fit(train_X, train_y)
    results.append({
        'k': k,
        'accuracy': accuracy_score(valid_y, knn.predict(valid_X))
    })

# Convert results to a pandas data frame
results = pd.DataFrame(results)
print(results)
```

输出结果如下：

```
     k   accuracy
0    1    0.6
1    2    0.7
2    3    0.8
3    4    0.9    <==
4    5    0.7
5    6    0.9
6    7    0.9
7    8    0.9
8    9    0.9
9   10    0.8
10  11    0.8
11  12    0.9
12  13    0.4
13  14    0.4
```

7.1.4 设置临界值

k-近邻算法利用多数选择法来确定新记录的类别——把新记录分类为 k 个近邻中次数出现最多的那个类别(简称多数类别)。"多数"的定义直接与类别成员的概率的临界值有关。以二元结果量为例，在某条新记录的近邻中，类别 1 的比例就是这条记录属于类别 1 的倾向值(概率)估计。在割草机实例中，当 k=4 时，新家庭(收入为 6 万美元，住宅占地面积为 2 万平方英尺)有 4 条近邻记录，分别对应编号为 4、9、14 和 1 的家庭。由于这 4 个家庭中有 3 个家庭拥有割草机，因此这个新家庭拥有割草机的概率是 0.75(无割草机的概率是 0.25)。简单的多数选择法等效于把临界值设置为 0.5，表 7.4 把这个新家庭归为"有割草机家庭"。

第 5 章曾提到，改变临界值会影响混淆矩阵。因此，在某些情形下，我们可能会想到把临界值设置为其他值而不是使用默认值(0.5)，目的是使分类的准确度最大化或使误分类率最小化。

表 7.4 用最佳 k 值(4)分类新家庭

```
# Retrain with full dataset
mower_X = mowerNorm[['zIncome', 'zLot_Size']]
mower_y = mowerNorm['Ownership']
knn = KNeighborsClassifier(n_neighbors=4).fit(mower_X, mower_y)

distances, indices = knn.kneighbors(newHouseholdNorm)
print(knn.predict(newHouseholdNorm))
```

```
print('Distances',distances)
print('Indices', indices)
print(mowerNorm.iloc[indices[0], :])
```
输出结果如下:
```
['Owner']
Distances [[0.31358009 0.40880312 0.44793643 0.61217726]]
Indices [[ 3 8 13 0]]
```

	zIncome	zLot_Size	Ownership	Number
3	-0.409776	0.743358	Owner	4
8	-0.069107	0.437269	Owner	9
13	-0.804953	0.743358	Nonowner	14
0	-0.477910	-0.174908	Owner	1

7.1.5　多类别的 k-近邻算法

k-近邻算法很容易被推广到结果变量有 m 个分类值的情形,这里的 m>2。多数选择法是指把新记录分类为 k 个近邻中出现次数最多的那个类别。在另一种情形下,我们可能对某个类别特别感兴趣。此时,可使用分类方法(也可有意把某些记录归类为这个类别)计算 k 个近邻中属于这个目标类别的比例,并以这个比例作为新记录属于这个类别的概率估计,然后根据用户定义的临界值决定是否应该把新记录分类为这个类别。要想更多地了解如何在分类中用临界值确定单个类别,可参阅第 5 章的内容。

7.1.6　把分类变量转换为二元虚拟变量

通常,计算两个非数值型分类值之间的距离是没有意义的(比如计算书店里地图与食谱的距离)。因此,在应用 k-近邻算法之前,必须把分类变量转换为二元虚拟变量。不同于统计回归模型,k-近邻算法需要生成全部的 m 个虚拟变量。虽然从数学上讲,这存在冗余——因为 m-1 个变量包含的信息与 m 个虚拟变量包含的信息是一样的,但是这里的冗余信息不会出现线性模型中经常出现的共线性问题。另外,在应用 k-近邻算法时,使用 m-1 个虚拟变量得到的分类结果不同于使用 m 个虚拟变量,这会导致不同类别对模型的贡献不平衡。

7.2　将 k-近邻算法应用于数值型结果变量

我们很容易就可以把 k-近邻算法的思想推广到连续因变量(就像多元线性回归模型那样)。第一步与前面一样,先计算距离,再确定近邻记录。第二步是使用多数选择法在近邻记录中确定类别,但是这里需要略做修改——以 k 条近邻记录的平均结果作为预测结果。通常,这里使用加权平均值,权值随着离目标点的距离的增大而减小。在 scikit-learn 包里,我们可以使用 KNeighborsRegressor 函数计算应用于验证集的 k-近邻算法的预测结果。

与之前相比，其他需要修改的是用来确定最佳 k 值的误分类率指标。这里不使用分类方法里的整体误差率，而是使用预测方法中的 RMSE 或其他指标(参见第 5 章)。

---

pandora 项目

pandora 作为网络音乐电台服务，允许用户建立个性化的"广播站"，从而播放事先指定的某位音乐家的歌曲或其他类似歌曲。pandora 通过类似于 k-近邻算法的聚类/分类过程来寻找用户指定歌曲或其他类似歌曲，这个过程又称为"音乐基因工程"。

pandora 是 Tim Westergren 想出来的主意。Tim 在 20 世纪 80 年代从斯坦福大学毕业后，曾从事音乐工作，他与正在研究中世纪音乐的 Nolan Gasser 一起开发了一个"匹配引擎"，这个引擎只需要用户在一张电子表格里输入一首歌曲的特征。最初的匹配结果令人惊讶：甲壳虫乐队(Beatles)的歌曲被匹配到 Bee Gees 乐队的歌曲。但是后来，他们根据这个想法成立了一家公司。早先的日子过得非常艰难——Tim Westergren 的个人债务累加起来多达 30 万美元，而且刷爆了 11 张信用卡，最后还由于得了应激性心悸而住院。直到 2004 年，一位风险投资家注入资金，才使这家公司免于破产。到了 2013 年，这家公司已在纽约证券交易所上市。

pandora 的匹配过程可简单地归纳为如下几个步骤。

(1) pandora 已建立几百个特征变量，用来描述每首歌曲，它们的取值范围是 0~5。其中的前 4 个特征变量分别为

- Acid Rock Qualities (酸性摇滚值)
- Accordion Playing (手风琴演奏)
- Acousti-Lectric Sonority (电子音响效果)
- Acousti-Synthetic Sonority (电子合成效果)

(2) pandrora 聘请音乐家对数万首歌曲进行分析，并请他们给每首歌曲的每个属性打分。因此，每首歌曲可表示为一个行向量，这个向量的元素值为 0~5。例如，齐柏林飞艇乐队的 Kashmir 歌曲可表示为

```
Kashmir 4 0 3 3 ...
```
(表示酸性摇滚值较高，没有用手风琴演奏，等等)

这一步需要投入大量的资金，这也是 pandora 的核心价值所在，因为这些变量在经过反复测试和选择后，便能够准确反映每一首歌曲的本质，这是定义高度个性化偏好的基础。

(3) 在线用户从 pandora 的歌曲数据库中选定一首歌曲。

(4) pandora 计算用户选定的歌曲与数据库中其他歌曲的统计距离，并选择与用户指定的歌曲最为接近的歌曲，然后播放。

(5) 用户从三个选项"我喜欢这首歌曲""我不喜欢这首歌曲""不发表评论"中选择一项。

(6) 如果用户选择"我喜欢这首歌曲"，pandrora 就将原始歌曲和新歌曲合并成一个含有两首歌曲的簇。这在实质上相当于定义一个向量，这个向量的值分别是这些变量在这两首歌曲上的平均值。

(7) 如果用户选择"我不喜欢这首歌曲"，pandrora 就将这首用户不喜欢的歌曲保存起来作为参考(如果用户选择对这首歌曲不发表自己的意见，那么在这个简单的例子里，这首歌曲将不再用来比较)。

(8) pandora 是这样搜索歌曲数据库中的新歌的：与"喜欢"簇的统计距离最近，但与"不喜欢"簇不要太接近。一首新歌是否加入"喜欢"簇或"不喜欢"簇，取决于用户的反映。

经过一段时间后，pandora 就能够根据特定用户的特定风格要求发送匹配的歌曲。单个用户可以根据不同的歌曲簇建立起不同的音乐电台。显然，比起直接选择歌曲，这种方法比较灵活，可以按歌曲的风格选择歌曲。

虽然上面描述的过程比起本章前面介绍的"新数据的分类过程"要复杂许多,但基本过程是一样的——根据新记录与其他记录的接近程度对新记录进行分类。需要特别指出的是,领域知识在这个机器学习过程中所起的作用——特征变量的测试和选择——是由项目负责人实行的,特征指标值则需要专家通过人工方法测量得到。

7.3　*k*-近邻算法的优缺点

k-近邻算法最主要的优点是简单和不需要做参数假设。当训练集足够大时,*k*-近邻算法的性能非常出色,特别是当每个类别的特性是由预测变量值的多个组合来描述时。例如,在房地产数据集中,可利用{住宅类型,房间数量,所处小区,报价}等多种组合预测市场上哪些房子卖得快、哪些房子长久卖不出。

在实际应用 *k*-近邻算法的强大功能时,我们将面临三个难题。首先,虽然 *k*-近邻算法不需要从训练集估计参数(回归模型需要从训练集估计参数),但是在大型训练集上找到最近邻记录所需要的时间可能会让人望而却步,为克服这个困难,人们提出了许多新的想法,比如:

1) 为了减少计算距离所花的时间,用主成分分析等降维技术压缩维数,详见第 4 章。

2) 利用搜索树等高级数据结构,加速最近邻记录的搜索过程。我们经常使用"准最近"的思想来加速搜索速度,比较典型的代表就是使用桶搜索法:把记录分组成桶,同一个桶里的记录非常接近。对于需要预测的目标记录,可根据它们与目标记录的距离对桶进行排序。从最近的桶开始,计算目标记录与桶内每条记录的距离。当与桶的距离大于当前最近记录的距离时,操作结束。

其次,训练集所需的记录数随预测变量的个数 p 呈指数增长。这是因为与最近邻记录的期望距离也会随 p 急剧增大,除非训练集中的记录数也随 p 呈指数增长。这种现象被称为维度灾难(curse of dimensionality),这是一个与分类、预测和聚类技术都有关的问题,也是我们想方设法压缩预测变量个数的原因。我们可以为模型选择预测变量的子集,也可利用主成分分析、奇异值分解和因子分析等方法减小预测变量的个数。

最后,*k*-近邻算法是一种"惰性学习法":耗时的计算会推迟预测时间。对于每一条需要预测的记录,我们在预测时才开始计算这条记录到训练集中每条记录的距离。正因为如此,*k*-近邻算法不能用于大量记录的实时预测。

7.4　习题

7.1　计算分类预测变量的距离。这个题目使用一个小型数据集来说明欧氏距离的计算和二元虚拟变量的生成。在线教育公司 statistics.com 把已有客户和潜在客户分为三组:IT 专业人员(IT)、统计人员(Stat)和其他人员(Other)。该公司还记录了每个客户自第一次联系以来的年数。考虑以下两个客户,以下信息指出了他们是否已参加某个课程(这正是将要预测的结果变量)。

- 客户 1:Stat,1 年,未参加这个课程。
- 客户 2:Other,1.1 年,参加了这个课程。

现在考虑以下新的潜在客户。

- 潜在客户:IT,1 年。

a. 利用上面的信息创建一个包含上述三个客户的数据集，把分类预测变量转换为两个虚拟变量；然后创建另一个与之前类似的数据集，但把其中的分类变量转换为三个虚拟变量。

b. 对于上述派生出来的数据集，计算潜在客户与其他两个客户的距离(说明：虽然需要归一化想要应用 k-近邻算法的数据集，但也并非一成不变，这里就不需要进行归一化处理)。

c. 应用 k=1 的 k-近邻算法，分类这个潜在客户，预测他是否参加这个课程。分别用上述两个数据集进行计算。用两个虚拟变量和用三个虚拟变量是否有差别？

7.2 个人贷款申请接受度。环球银行是一家就成立的银行，但是正在迅速壮大，得到越来越多客户的认同。这些客户中的绝大多数都是承兑客户(存款人)，他们与银行存在不同程度的业务联系，资产客户(借款人)的客户群相当小。现在，环球银行想扩大资产客户的客户群，以带动贷款业务。特别是，这家银行想找到一种方法，从而把承兑客户转为个人贷款客户(但是需要继续作为存款人)。

环球银行去年开展了一场促销活动，结果表明成功的转换率超过 9%。这促使环球银行的零售营销部门设计一场更加智能的活动，以便更有针对性地向客户推销业务。目标是使用 k-近邻算法预测新客户是否接受贷款合约，并以此作为这次营销活动的基础。

UniversityBank.csv 文件中保存了 5000 个客户的数据。这些数据包含客户的人口统计信息(如年龄、收入等)、客户与银行的关系(抵押、证券账户等)、客户对上次贷款促销活动的反映(Personal Loan)等。在这 5000 个客户中，只有 480 个客户(占 9.6%)接受上次活动提供的个人贷款业务。

首先，把数据集分割为训练集(60%)和验证集(40%)。

a. 考虑以下客户：

```
Age = 40, Experience = 10, Income = 84, Family = 2, CCAvg = 2, Education_1 = 0, Education_2
= 1, Education_3 = 0, Mortgage = 0, SecuritiesAccount = 0, CD Account = 0, Online = 1, Credit Card
= 1
```

把 k-近邻算法应用于上述数据，除 ID 和 ZIP(邮政编码)外，其余属性都当作预测变量，并且 k=1。记住，需要把一些二元分类预测变量转换为虚拟变量。定义成功=1(接受贷款)，不成功=0。使用默认的临界值(0.5)，给出这个客户的分类结果。

b. 为 k 设置一个合适的值，使过拟合与完全忽略预测变量信息之间达到平衡。

c. 用最佳 k 值分类验证集，计算验证集的混淆矩阵。

d. 考虑以下客户：

```
Age = 40, Experience = 10, Income = 84, Family = 2, CCAvg = 2, Education_1 = 0, Education_2
= 1, Education_3 = 0, Mortgage = 0, Securities Account = 0, CD Account = 0, Online = 1, Credit
Card = 1
```

请用最佳 k 值分类这个客户。

e. 重新分割数据集，这一次分割成训练集(50%)、验证集(30%)和测试集(20%)。用前面选择的最佳 k 值，执行 k-近邻算法。比较测试集的混淆矩阵与验证集的混淆矩阵，简述两者的差异并说出原因。

7.3 预测房价中位数。BostonHousing.csv 数据文件包含了波士顿超过 500 个普查小区的房价信息，每个普查小区都保存了多个实例。最后一列(CAT.MEDV)来自 MEDV。当 MEDV>30 时，CAT.MEDV 为 1，否则为 0。现在的目标是根据前 12 列信息预测某小区的房价中位数。首先，把数据集分割为训练集(60%)和验证集(40%)。

a. 把 *k*-近邻算法应用于数据集中的 12 个变量(忽略 CAT.MEDV 列)，尝试把 *k* 从 1 增大 5。确保数据经过归一化处理。*k* 的最佳值是几？这说明什么？

b. 根据以下小区的信息，预测 MEDV，请使用最佳 *k* 值。

CRIM	ZN	INDUS	CHAS	NOX	RM	AGE	DIS	RAD	TAX	PTRATIO	LSTAT
0.2	0	7	0	0.538	6	62	4.7	4	307	21	10

c. 如果应用上述 *k*-近邻算法给训练集计分，那么训练集的误差是多少？

d. 把 *k*-近邻算法应用于新记录，得到的误差与验证集的误差相比，为什么验证集的误差总是过分乐观？

e. 假设我们现在的目的是预测几千个小区的 MEDV，使用 *k*-近邻算法有哪些缺点？为了得到每个预测结果，*k*-近邻算法都要经过哪些运算？列出这些运算。

第 8 章

朴素贝叶斯分类器

朴素贝叶斯分类器用于分类预测变量。本章首先概述条件概率的概念，然后提出完全或精准的贝叶斯分类器，接着说明此类分类器在大多数情况下并不实用的原因，最后介绍如何改进此类分类器，并用朴素贝叶斯分类器取代它们，因为朴素贝叶斯分类器更有实用价值。

本章使用 Pandas 包处理数据，使用 scikit-learn 包建立朴素贝叶斯模型，使用 matplotlib 包生成可视化图形。另外，本章还要用到附录中的 Python 工具函数。

导入本章所需要的功能：

```
import pandas as pd
from sklearn.model_selection import train_test_split
from sklearn.naive_bayes import MultinomialNB
import matplotlib.pylab as plt
from dmba import classificationSummary, gainsChart
```

8.1 引言

朴素贝叶斯方法是以受人尊敬的托马斯·贝叶斯(1702—1761 年)的名字命名的(其实统计学的整个分支都与他有关)。为了更好地理解朴素贝叶斯方法，我们先讨论完全或精准的贝叶斯分类器，其基本原理非常简单。对于需要分类的每一条记录：

(1) 找出具有相同预测变量值的其他全部记录。
(2) 确定这些记录属于哪些类别，找出出现次数最多的类别。
(3) 把这个类别赋给这条记录。

对以上步骤稍做修改，就可以回答问题"新记录属于目标类别的倾向值有多大"，而非回答问题"新记录最有可能属于哪个类别"。在获取类别概率的过程中，允许使用可变的临界值把记录分类为类别 C_i，即使 C_i 并不是记录最有可能归属的类别。以上方法在某些情形下是有用的，例如，当研究某个特定类别或自认为重要的类别时，我们更愿意把记录归类为这一类别(要想深入了解临界值在分类中的应用和非对称误分类成本，请参考第 5 章)。

8.1.1 临界概率方法

过程如下：
(1) 为目标类别定义临界概率，把超过临界概率的记录归类为那个类别。
(2) 在训练集中找到所有与新记录具有相同预测变量值的记录。

(3) 计算这些记录属于目标类别的概率。

(4) 如果概率大于临界概率，就把新记录归类为目标类别。

8.1.2　条件概率

完全贝叶斯方法和朴素贝叶斯方法都用到了条件概率这个概念。所谓条件概率，是指给定事件 B，事件 A 发生的概率，通常表示为 $P(A|B)$。在这里，给定预测变量值 $(x_1, x_2, \cdots, x_p)$，计算某条记录属于类别 C_i 的概率。一般情形下，响应变量有 m 个类别(即 $C_1, C_2, \cdots, C_m$)，预测变量值为 $(x_1, x_2, \cdots, x_p)$，我们想要计算的条件概率可以表示为

$$P(C_i \mid x_1, \cdots, x_p) \qquad\qquad\qquad 式(8.1)$$

为了分类某条记录，我们需要按上述公式计算这条记录属于每个类别的概率，然后分类为概率值最大的类别，也可根据临界概率决定这条记录是否属于目标类别。

根据上述定义，我们发现，贝叶斯分类器仅可用于分类预测变量。如果面对的是一组数值型预测变量，那么从大量记录中找到具有相同预测变量值的可能性非常小。因此，数值型预测变量需要事先经过分组处理，变成分类预测变量。贝叶斯分类器是本书唯一专用于(或仅限于)分类预测变量的分类方法或预测方法。

实例 8.1：预测欺诈财务报表

一家会计师事务所的客户中有很多大型公司，每个客户都要向这家会计师事务所提交年度财务报表，会计师事务所负责对这些报表进行审计。为简单起见，我们把审计结果表示为"欺诈"和"真实"两类，这是会计师事务所对客户财务报表做出的评价。这家会计师事务所有很强的责任感，要求必须准确识别欺诈财务报表。如果把欺诈财务报表误认为真实报表，需要负法律责任。

这家会计师事务所注意到，除了全部的财务数据之外，还需要其他信息，如客户以前是否有法律纠纷(针对客户的任何性质的刑事或民事诉讼)。这些信息在以前的审计中未曾使用，但是这家会计师事务所想知道未来当需要严格审查某些报告时是否应该使用这些信息。具体来说，这家会计师事务所想知道，以前的法律纠纷可否用来预测欺诈财务报告。

在本例中，每个客户对应一条记录，结果变量 $Y=\{fraudulent, truthful\}$(分别表示欺诈和真实)。我们需要把每个客户归类为 $C_1=fraudulent$ 或 $C_2=truthful$。预测变量——以前的法律纠纷——有两个值：0 表示没有法律纠纷，1 表示有法律纠纷。

已有的数据文件包含了这家会计师事务所过去曾经审计过的 1500 家公司，每家公司的记录中都有两项信息：以前的财务报告是否有欺诈行为以及是否有法律纠纷。把数据集分割为训练集(含 1000 家公司)和验证集(含 500 家公司)。训练集的统计结果如表 8.1 所示。

表 8.1　财务报告实例的透视图

	以前曾有法律纠纷(X=1)	没有法律纠纷(X=0)	合计
欺诈(C_1)	50	50	100
真实(C_2)	180	720	900
合计	230	770	1000

8.2　使用完全或精准的贝叶斯分类器

假设现在要审核一家新公司的财务报表，可利用前面的数据将其归类为欺诈或真实。下面计算这家新公司属于这两个类别的概率。

如果新公司曾经有过法律纠纷，那么属于欺诈类别的概率是 P(fraudulent|prior legal)=50/230(在 230 家有法律纠纷的公司中，50 家公司的财务报表存在欺诈行为)，而属于真实类别的概率 =1−50/230=180/230。

8.2.1　使用"归类为最有可能的类别"准则

如果一家公司曾经有过法律纠纷，那么可将其归类为"真实"类别。对于以前没有法律纠纷的公司，也可使用类似的计算方法。本例使用"归类为最有可能的类别"准则，因此所有记录都可归类为"真实"类别，这相当于使用"把所有记录都归类为多数类别"准则。

8.2.2　使用临界概率方法

在本例中，我们更加重视欺诈报告的识别——因为如果把欺诈报告判断为真实报告，审计师会被送入监狱。为了识别欺诈报告，我们宁可把一些"真实"报告误分类为"欺诈"报告，尽管这会降低整体的分类准确度。可设置用于判断欺诈报告的临界值，所有大于临界值的记录都将被判断为欺诈报告。以下贝叶斯公式可用于计算记录属于 C_i 类别的概率：

$$P(C_i|x_1,\cdots,x_p) = \frac{P(x_1,\cdots,x_p|C_i)P(C_i)}{P(x_1,\cdots,x_p|C_1)P(C_1)+\cdots+P(x_1,\cdots,x_p|C_m)P(C_m)} \qquad 式(8.2)$$

在这个实例中(欺诈报告很少)，如果把临界值定义为 0.20，就会把以前有过法律纠纷的记录归为欺诈类别，因为 P(fraudulent|prior legal)=50/230=0.22。可以把这个临界值看成滑动条，为了优化性能，就像分类模型里的其他参数那样，这个临界值可以任意调整。

8.2.3　精准贝叶斯方法存在的实际问题

前面介绍的方法在实质上就是根据预测变量的值，在样本集里搜索每一条记录，从而找到一条与新记录完全一样的记录。对于上面这个只有一个预测变量的小样本集来说，这种方法最容易实现。

当预测变量的个数变得非常大时(即使只有中等规模，预测变量也多达 20 个)，很难在样本集中找到完全匹配的记录。这个问题可以用另一个例子来解释。构建一个模型，目的是根据人口统计变量预测选举结果。即使是相当大的样本集，也不可能包含一条与以下新记录完全匹配的记录：男性、西班牙裔、高收入、来自美国中西部、在上次选举中参加投票、在以前的选举中没有参加投票、有三个女儿和一个儿子、离婚。这里只有 8 个变量，这对于大多数数据挖掘问题来说数量并不大。通过增加一个包含 5 个分类值的分类变量，可以把模型匹配成功的概率降低 80%。

解决办法：朴素贝叶斯方法

对于朴素贝叶斯方法，概率的计算不再局限于所有与目标记录相匹配的记录，而是扩大到整个数据集。

本章开头介绍了分类过程的基本原理，现在回顾一下：

① 找出所有具有相同预测变量值的记录。

② 确定这些记录所属的类别，找出其中出现次数最多的那个类别。

③ 把这个类别赋给新记录。

朴素贝叶斯方法的详细步骤(基本分类过程)如下:

(1) 对于类别 C_1,估计每个预测变量值的条件概率 $P(X_j | C_1)$——待分类记录的预测变量值出现在 C_1 类别中的概率。例如,对于 x_1,这个概率值等于在训练集中所有属于类别 C_1 的记录中出现 x_1 的比例。

(2) 把这些概率相乘,然后乘以记录属于 C_1 类别的概率。

(3) 对每个类别重复步骤(2)和(3)。

(4) 使用步骤(2)得到的概率,除以所有类别的概率和,得到类别 C_i 的概率估计。

(5) 把概率值最大的类别当作新记录所属的类别。

上面的计算过程可表示为朴素贝叶斯公式,以计算预测变量值为 $x_1, x_2, \cdots, x_p$ 的记录属于 m 个类别中的 C_1 类别的概率。

$$P_{nb}(C_1 | x_1, \cdots, x_p)$$
$$= \frac{P(C_1)[P(x_1 | C_1)P(x_2 | C_1) \cdots P(x_p | C_1)]}{P(C_1)[P(x_1 | C_1)P(x_2 | C_1) \cdots P(x_p | C_1)] + \cdots + P(C_m)[P(x_1 | C_m)P(x_2 | C_m) \cdots P(x_p | C_m)]} \quad 式(8.3)$$

上述公式初看起来有点吓人,实例 8.2 给出了计算过程。注意,这个公式所需要的数据都可以从反映 Y 与每个分类预测变量关系的透视表获得。

8.2.4 朴素贝叶斯的独立条件假设

用概率术语讲,我们已经做出如下简化的假设:给定一条记录,它的预测变量值为 $x_1, x_2, \cdots, x_p$,这条记录属于某个类别的准确条件概率应该是 $P(x_1, x_2, \cdots, x_p | C_i)$,这个概率可以近似表示为单个条件概率的乘积,也就是 $P(x_1 | C_i) \times P(x_2 | C_i) \times \cdots \times P(x_p | C_i)$。只有当预测变量在每个类别上都独立时,这两个值才相等。

例如,假设在财务欺诈实例中增加额外变量"去年是否亏损"。根据朴素贝叶斯方法所做的简化假设,在某个给定的类别里,我们不再需要寻找同时具有"以前有法律纠纷"和"去年亏损"这两个特征的记录,而只需要把"以前有法律纠纷"的概率乘以"去年亏损"的概率。当然,想要这两个变量完全独立实际上是不大可能的,它们之间可能存在一定程度的相关性。

实际上,即使上述假设不成立,朴素贝叶斯方法的结果也是很不错的——主要是因为我们需要的不是每条记录的倾向值的绝对准确值,而是它们的相对值——倾向值的相对排名。即使假设得不到满足,记录的倾向值排名顺序通常情况下也不会发生变化。

需要指出的是,如果只关心排名顺序,那么式(8.3)中的分母部分对于所有类别都一样,因此我们只需要关心分子部分。上述方法的缺点是,得到的概率值(倾向值)虽然在顺序上正确,但与用户真正期望的值不是同一个概念。

前面介绍的方法适用于以下简单情形:所有类别的分类准确度都得到了最大化。对于某些具有特殊意义且出现次数相对较少的类别,可以执行以下步骤:

(1) 为特殊类别定义临界概率,凡是大于临界概率的记录,都认为属于这一类别。

(2) 对于目标类别,计算待分类记录的每个预测变量值在训练集中出现的概率。

(3) 把步骤(2)得到的全部概率值相乘,然后乘以记录属于这一特殊类别的概率。

(4) 估计目标类别的概率——用步骤(3)得到的结果除以所有类别中相似值的概率之和。

(5) 如果这个值大于临界值,就把记录归为这一特殊类别,否则记录就不属于这一特殊类别。

(6) 根据需要调整临界值,将其当作模型参数。

实例 8.2：预测欺诈报告，其中包含两个预测变量

现在把前面例子中的财务报告数据扩展为包含两个预测变量，并且用一个小型数据集来说明完全(精准)贝叶斯方法和朴素贝叶斯方法的计算过程。

假设有 10 个客户需要审计，如表 8.1 所示。每个客户都有这样的信息：以前是否有法律纠纷，是大型公司还是小型公司。利用这些信息，计算全部 4 种组合情况出现欺诈的条件概率。这 4 种组合是{Yes, Small}、{Yes, Large}、{No, Small}和{No, Small}。在这里，Yes 和 No 表示以前有无法律纠纷，Small 和 Large 表示公司是小型公司还是大公司。

表 8.2　客户信息

客户编码	以前有无法律纠纷 (PriorLegal)	公司规模 (Size)	状态 (Status)
1	Yes	Small	Truthful
2	No	Small	Truthful
3	No	Large	Truthful
4	No	Large	Truthful
5	No	Small	Truthful
6	No	Small	Truthful
7	Yes	Small	Fraudulent
8	Yes	Large	Fraudulent
9	No	Large	Fraudulent
10	Yes	Large	Fraudulent

按完全(精准)贝叶斯方法计算得到的概率如下：

P(Fraudulent | PriorLegal=Yes,Size=Small) =1/2=0.5

P(Fraudulent | PriorLegal=Yes,Size=Large) = 2/2=1

P(Fraudulent | PriorLegal=No,Size=Small) =0/2=0

P(Fraudulent | PriorLegal=No,Size=Large)=1/3=0.33

朴素贝叶斯计算方法： 现在计算朴素贝叶斯概率。给定组合条件{PriorLegal=Yes, Size=Small}，计算出现欺诈行为的条件概率。计算公式是式(8.3)，式(8.3)中的分子值是三个比例值的乘积。第一个比例值是{PriorLegal=Yes}在所有欺诈公司中出现的比例，第二个比例值是{Size=Small}在所有欺诈公司中出现的比例，第三个比例值是欺诈公司在全部公司中出现的比例，最后得到(3/4)(1/4)(4/10)=0.075。为了计算实际概率值，还需要计算条件为{PriorLegal=Yes, Size =Small}时，真实行为概率公式中分子部分的值，最后得到(1/6)(4/6)(6/10)=0.067。分母部分的值是这两个条件概率之和，也就是0.075+0.067=0.14。给定条件{PriorLegal=Yes,Size=Small}，欺诈行为的条件概率为0.075/0.14=0.53。使用同样的方法，全部 4 个不同组合的条件概率如下：

$$P_{nb}(\text{Fraudulent|PriorLegal=Yes,Size=Small})= \frac{(3/4)(1/4)(4/10)}{(3/4)(1/4)(4/10) + (1/6)(4/6)(6/10)} =0.53$$

P_{nb}(Fraudulent|PriorLegal=Yes,Size=Large) =0.87

P_{nb}(Fraudulent|PriorLegal=No,Size=Small) =0.07

P_{nb}(Fraudulent|PriorLegal=No,Size=Large) =0.31

不难发现，朴素贝叶斯概率与精准贝叶斯概率非常接近。虽然它们的值并不完全相等，但是当临界值为 0.5 时，分类结果却完全一样(还有其他临界值)。在很多情形下，朴素贝叶斯概率的排序比起概率本身更接近精准贝叶斯概率的排序，但对于分类算法来说，真正重要的是概率排序。

下面分析另一个大型的数值型预测变量示例，这个例子能根据航班信息预测航班是否延误。

实例 8.3：预测航班是否延误

预测航班是否延误对很多机构都很有用，如机场管理当局、航空公司、民航当局。政府有时还需要成立联合任务小组来处理航班延误问题。假设这类机构的目的是为航班延误提供持续的实时服务，那么如果能够预先知道有可能延误的航班，将对此类机构大有裨益。

在这个简单的演示实例中，我们只分析 5 个预测变量(见表 8.3)。结果变量是航班是否延误(这里的延误是指比预定时间至少晚 15 分钟)。数据文件包含了所有在 2004 年 1 月从华盛顿特区到纽约市的航班信息。一条记录对应一个航班。在 2201 个航班中，有 19.5%的航班出现了延误。这些数据来自美国运输统计局的网站(www.transtats.gov)。我们的目标是精确预测没有出现在数据集中的新航班是否会延误。结果变量为 1 表示延误，为 0 表示准时。

可以首先把全部的预测变量转换为分类变量，并为分类变量定义虚拟变量。然后把数据集分割为训练集(60%)和验证集(40%)，并把朴素贝叶斯分类器应用于训练集(见表 8.4)。

表 8.3 航班延误数据集中的变量及相关说明

变量	说明
Day of week	星期几，1=星期一、2=星期二、…、7=星期日
Shc.Dep. time	离港时间，可将 6:00 AM~10:00 PM 分解为 18 个时间段
Origin	出发机场的代码：DCA(里根国际机场)、IAD(杜勒斯)、BWI(巴尔的摩-华盛顿国际机场)
Destination	到达机场的代码：JFK(肯尼迪)、LGA(拉瓜迪亚)、EWR(纽瓦克)
Carrier	8 家航空公司的代码：CO(大陆航空)、DH (大西洋海岸)、DL(达美)、MQ(美鹰航空)、OH(Comair)、RU(Continental Express)、UA(美国联合航空公司)和 US(全美航空)

表 8.4 把朴素贝叶斯分类器应用于航班延误数据集的训练集

```
delays_df = pd.read_csv('FlightDelays.csv')

# convert to categorical
delays_df.DAY_WEEK = delays_df.DAY_WEEK.astype('category')
delays_df['Flight Status'] = delays_df['Flight Status'].astype('category')

# create hourly bins departure time
delays_df.CRS_DEP_TIME = [round(t / 100) for t in delays_df.CRS_DEP_TIME]
delays_df.CRS_DEP_TIME = delays_df.CRS_DEP_TIME.astype('category')

predictors = ['DAY_WEEK', 'CRS_DEP_TIME', 'ORIGIN', 'DEST', 'CARRIER']
outcome = 'Flight Status'

X = pd.get_dummies(delays_df[predictors])
y = delays_df['Flight Status'].astype('category')
classes = list(y.cat.categories)

# split into training and validation
```

```
X_train, X_valid, y_train, y_valid = train_test_split(X, y, test_size=0.40,
                                                      random_state=1)


# run naive Bayes
delays_nb = MultinomialNB(alpha=0.01)
delays_nb.fit(X_train, y_train)

# predict probabilities
predProb_train = delays_nb.predict_proba(X_train)
predProb_valid = delays_nb.predict_proba(X_valid)

# predict class membership
y_valid_pred = delays_nb.predict(X_valid)
```

在分析输出结果之前，我们先分析一下算法的求解过程。为了获得条件概率(见表8.5)，算法首先需要生成透视表，从而表示训练集中因变量与 5 个预测变量中每一个变量之间的关系。需要特别指出的是，在这个例子里，预测变量的各个值都出现在了训练集里。

表8.5　根据航班到达的机场得到飞行状态的透视表

```
# split the original data frame into a train and test using the same random_state
train_df, valid_df = train_test_split(delays_df, test_size=0.4, random_state=1)

pd.set_option('precision', 4)
# probability of flight status
print(train_df['Flight Status'].value_counts() / len(train_df))
print()

for predictor in predictors:
    # construct the frequency table
    df = train_df[['Flight Status', predictor]]
    freqTable = df.pivot_table(index='Flight Status', columns=predictor, aggfunc=len)
    # divide each value by the sum of the row to get conditional probabilities
    propTable = freqTable.apply(lambda x: x / sum(x), axis=1)
    print(propTable)
    print()
pd.reset_option('precision')
```
输出结果如下：

```
ontime     0.8023
delayed    0.1977
```

DAY_WEEK	1	2	3	4	5	6	7	
Flight Status								
delayed	0.1916	0.1494	0.1149	0.1264	0.1877	0.069	0.1609	
ontime	0.1246	0.1416	0.1445	0.1794	0.1690	0.136	0.1048	

CRS_DEP_TIME	6	7	8	9	10	11	12	13 \
Flight Status								
delayed	0.0345	0.0536	0.0651	0.0192	0.0307	0.0115	0.0498	0.0460
ontime	0.0623	0.0633	0.0850	0.0567	0.0519	0.0340	0.0661	0.0746

CRS_DEP_TIME	14	15	16	17	18	19	20	21
Flight Status								
delayed	0.0383	0.2031	0.0728	0.1533	0.0192	0.0996	0.0153	0.0881

161

```
ontime         0.0576   0.1171   0.0774   0.1001   0.0349   0.0397   0.0264   0.0529
ORIGIN           BWI      DCA      IAD
Flight Status
delayed        0.0805   0.5211   0.3985
ontime         0.0604   0.6478   0.2918
DEST             EWR      JFK      LGA
Flight Status
delayed        0.3793   0.1992   0.4215
ontime         0.2663   0.1558   0.5779
CARRIER           CO       DH       DL       MQ       OH       RU       UA       US
Flight Status
delayed        0.0575   0.3142   0.0958   0.2222   0.0077   0.2184   0.0153   0.0690
ontime         0.0349   0.2295   0.2040   0.1171   0.0104   0.1690   0.0170   0.2181
```

为了分类新航班，需要计算新航班出现延误的概率和准时的概率。回想一下前面的计算过程，计算这两个概率时使用的是同一个分母，因此只需要比较它们的分子即可。将相关预测变量值的条件概率相乘，再乘以类别在整个数据中所占的比例(在本例中，$\hat{P}$(delayed)=0.2)，即可得到分子。现在用一个具体的例子来说明计算过程：分类 Delta(达美公司)从 DCA 到 LGA 的航班，起飞时间为 10:00 AM ~11:00 AM，日期是星期日。可首先根据透视表里的值计算分子值：

$$\hat{P}(\text{delayed}|\text{Carrier=DL,Day\_Week=7,Dep\_Time=10,Dest=LGA,Origin=DCA})$$
$$\propto (0.0958)(0.1609)(0.0307)(0.4215)(0.5211)(0.2)=0.000021$$

$$\hat{P}(\text{ontime}|\text{Carrier=DL,Day\_Week=7,Dep\_Time=10,Dest=LGA,Origin=DCA})$$
$$\propto (0.2040)(0.1048)(0.0519)(0.579)(0.6478)(0.8)=0.00033$$

符号 $\propto$ 表示"正比于"，并且基于这样的事实：这个计算值只是式(8.3)所示朴素贝叶斯公式的分子部分。比较这两个分子的值，这个航班准时的可能性非常大。需要注意的是，如果在训练集里找不到与预测变量值完全一样的记录，那么应该使用朴素贝叶斯方法而不是精确贝叶斯方法。为了计算实际的概率值，只需把这些分子值除以它们的和即可：

$$\hat{P}(\text{delayed}|\text{Carrier=DL,Day\_Week=7,Dep\_Time=10,Dest=LGA,Origin=DCA})$$
$$=\frac{0.000021}{0.000021+0.00033}=0.058$$

$$\hat{P}(\text{ontime}|\text{Carrier=DL,Day\_Week=7,Dep\_Time=10,Dest=LGA,Origin=DCA})$$
$$=\frac{0.00033}{0.000021+0.00033}=0.942$$

当然，也可以利用计算机程序计算目标记录(在训练集、验证集或新数据上)的概率值。表 8.6 展示了这个新航班的概率计算过程，最终结果与手动计算的结果相同。

表 8.6　示例航班的计算结果(概率和类别)

使用朴素贝叶斯方法分类示例航班

```python
# classify a specific flight by searching in the dataset
# for a flight with the same predictor values
df = pd.concat([pd.DataFrame({'actual': y_valid, 'predicted': y_valid_pred}),
               pd.DataFrame(predProb_valid, index=y_valid.index)], axis=1)
mask = ((X_valid.CARRIER_DL == 1) & (X_valid.DAY_WEEK_7 == 1) &
        (X_valid.CRS_DEP_TIME_10 == 1) & (X_valid.DEST_LGA == 1) &
        (X_valid.ORIGIN_DCA == 1))
df[mask]
```

输出结果如下：

```
        actual  predicted        0        1
1225    ontime    ontime  0.057989  0.942011
```

为了评估朴素贝叶斯分类器的性能，需要使用混淆矩阵、增益图和提升图，以及第 5 章介绍的各种误差指标。在航班延误实例中，训练集和验证集的混淆矩阵如表 8.7 所示。可以看出，不管是训练集还是验证集，整体的准确率都在 80%左右。相比而言，朴素贝叶斯方法虽然能把 880 个航班分类为"准时"航班，但却忽略了 172 个延误航班，因此准确率在 80%左右。单从准确率讲，朴素贝叶斯模型并不优于朴素准则。然而，仔细分析增益图和提升图(见图 8.1)，就可以看出贝叶斯方法的强大之处：当目标是进行排名时，使用贝叶斯方法可以有效识别延误的航班。

表8.7　使用朴素贝叶斯分类器生成航班延误数据集的混淆矩阵

```
# training
classificationSummary(y_train, y_train_pred, class_names=classes)

# validation
classificationSummary(y_valid, y_valid_pred, class_names=classes)
```

输出结果如下：

```
Confusion Matrix (Accuracy 0.7955)
        Prediction
Actual delayed ontime
delayed     52    209
ontime      61    998

Confusion Matrix (Accuracy 0.7821)

        Prediction
Actual delayed ontime
delayed     26    141
ontime      51    663
```

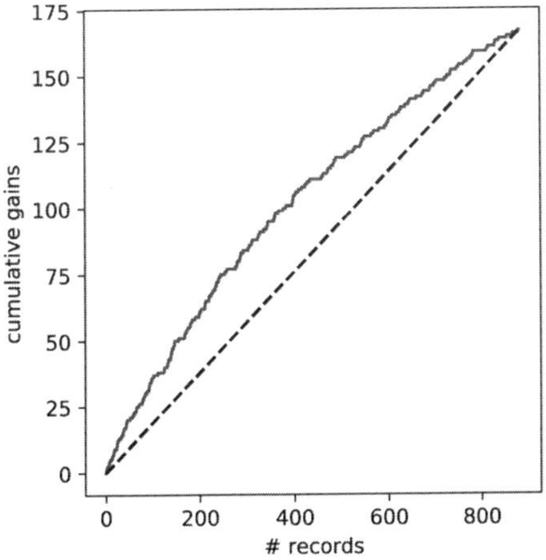

图8.1　把朴素贝叶斯分类器应用于航班延误数据集之后得到的累积增益图

以下代码用于生成图 8.1 所示的图形:

```
df = pd.DataFrame({'actual': 1 - y_valid.cat.codes, 'prob': predProb_valid[:, 0]})
df = df.sort_values(by=['prob'], ascending=False).reset_index(drop=True)

fig, ax = plt.subplots()
fig.set_size_inches(4, 4)
gainsChart(df.actual, ax=ax)
```

8.3 朴素贝叶斯分类器的优缺点

朴素贝叶斯分类器的优点在于简单、计算效率高,此外还具有出色的分类性能,并且能够直接处理分类变量。事实上,即使预测变量是独立的这一基本假设不成立,朴素贝叶斯分类器的性能也仍然优于其他比较复杂的分类器。当预测变量的个数非常大时,这个优点将更为突出。

但是,朴素贝叶斯分类器存在三个主要问题。

第一,为了获得较好的分类结果,朴素贝叶斯分类器需要大量的记录。

第二,当预测变量的某个分类值没有出现在训练集中时,朴素贝叶斯分类器会认为含有这个分类值的记录的概率为 0。如果预测变量的分类值既稀有又非常重要,那么这可能会带来一个严重的问题。这方面的典型示例就是航班延误数据集中的二元预测变量——天气因素(Weather),我们在分析过程中并没有用到这个变量。Weather 变量表示坏天气。如果天气不好,所有的航班都将延误。考虑另一个例子,因变量是购买高额寿险(bought high-value life insurance),预测变量的分类值之一是"拥有游艇"。如果训练集中没有拥有游艇的记录(owns yacht=1),那么对于任何拥有游艇的新记录(owns yacht=1),贝叶斯分类器都会把概率 0 赋给购买高额寿险(bought high-value life insurance)的预测变量。当训练集中没有 owns yacht=1 的记录时,自然也就没有数据挖掘方法能够把这个重要的变量加入分类模型中——这个特征会被忽略掉。但是,如果使用朴素贝叶斯方法,那么缺少这个预测变量只不过会让这个预测变量取其他值的次数增加,而使取这个值的次数变为 0 而已。大型训练集(如有必要,对连续预测变量进行分组)的出现可以有效减轻这个问题带来的影响。针对这个问题的一种常见的解决方案是借助光滑方法用非 0 概率值取代 0 概率值(当调用 MultinomialNB 函数时,把参数 alpha 的值设置为大于 0,即可应用拉普拉斯光滑,默认情况下,scikit-learn 会把这个光滑参数设置为 1)。

第三,当我们的目标是根据记录属于某个类别的概率进行排名或分类时,这种分类器的性能比较好。然而,当目标是估计记录属于某个类别的概率(倾向性)时,那么使用这种分类器得到的结果偏差比较严重。正因为如此,朴素贝叶斯方法很少用在信用评分中(Larsen, 2005)。

垃圾邮件过滤器

垃圾邮件过滤器一直是人们十分熟悉的数据挖掘应用对象。基于自然语言词汇的垃圾邮件过滤器很适合专用于分类变量的朴素贝叶斯分类器。绝大多数垃圾过滤器以朴素贝叶斯方法为基础,具体过程如下:

(1) 人们阅读大量的电子邮件,并把它们分类为 spam(垃圾邮件)和 not spam(非垃圾邮件)。可从这些邮件中选取同等数量(数量很大)的垃圾邮件和非垃圾邮件,生成训练集。

(2) 这些邮件包含数千个单词。计算每个单词出现在垃圾邮件里的频数以及出现在非垃圾邮件里的频数。把这些频数转换为概率(例如,假设在 1000 封垃圾邮件中有 500 封邮件含有 free 单词,而在 1000 封非垃圾邮件里只有 100 封邮件里出现 free 单词,那么垃圾邮件中出现 free 单词的概率为 0.5,非垃圾邮件中出现 free 单词的概率为 0.1)。

(3) 假设需要区分为垃圾邮件和非垃圾邮件的新邮件中只有 free 一词, 可以把这种新邮件分类为垃圾邮件, 因为贝叶斯后验概率是 0.5/(0.5+0.1)=5/6。如果仅考虑 free 单词的出现情况, 我们认为这种新邮件是垃圾邮件。

(4) 当然, 实际上我们需要考虑很多单词。对于每个单词, 都按步骤(2)计算它们的概率, 并把计算结果相乘, 再根据式(8.3)确定新邮件属于每个类别的朴素贝叶斯概率。在这个简单的例子里, 类别成员的属性(垃圾邮件或非垃圾邮件)是由较大的概率决定的。

(5) 我们还可以使用一种更加灵活的解释方法, 将属于垃圾邮件和非垃圾邮件的概率比看成得分, 并由得分定义临界值(可以进行调整), 任何大于临界值的邮件都将被分类为垃圾邮件。

(6) 为用户提供选项, 由他们决定是否把接收到的邮件归类为垃圾邮件或非垃圾邮件, 以及是否将邮件添加到训练数据库中。用户通过这种办法可以建立自己的训练集。某个人的垃圾邮件可以成为另一个人的数据库。

从上面的过程可以清楚地看到, 即使是朴素贝叶斯这么简单的方法, 也需要进行大量的计算。现在, 垃圾邮件过滤器运行在两个层次——运行在服务器上(服务器替用户拦截了垃圾邮件, 因此它们不会被传送到用户的计算机)或运行在个人计算机中(用户可以选择是否进行查看)。现在的垃圾邮件有办法规避基于词汇的贝叶斯方法: 加入一些随机选取的不相关单词。由于这些单词是随机选择的, 因此它们出现在垃圾邮件中的频数不可能比出现在非垃圾邮件中的频率大, 从而"稀释了"Viagra 和 Free 等关键垃圾单词出现的概率。正因为如此, 高级的垃圾邮件过滤器还会根据成分加入基于元素而不是基于词汇的变量。例如, 在邮件中加入链接地址的个数、加入主题行中的词汇、确定 From:中的邮件地址是否为真正的邮件收发者(反欺诈)、使用 HTML 代码和图形, 以及判断最早发出邮件的地址是动态 IP 地址还是静态 IP 地址(后者代价较高, 且不能立刻建立起来)。

8.4　习题

8.1 个人贷款申请接受度。数据文件 UniversityBank.csv 保存了环球银行 5000 个客户的数据。这些数据涵盖了客户的人口统计信息(如年龄、收入等)、客户与银行的关系(抵押、证券账户等)以及客户对上次贷款促销活动的响应(Personal Loan)。在这 5000 个客户中, 只有 480 个客户(9.6%)接受上一次活动中推销的个人贷款业务。在这里, 我们只关注两个预测变量: Online(客户是不是银行在线服务的活跃用户)和信用卡(简写为 CC), 因变量是个人贷款(简写为 Loan)。

首先, 把数据集分割为训练集(60%)和验证集(40%)。

a. 由训练数据创建透视表, 以 Online 为列变量, 以 CC 为第一个行变量, 以 Loan 为第二个行变量。对透视表中的数值进行计数, 可以使用 Pandas 包中的 melt() 和 pivot() 方法。

b. 现在有一项任务: 分类一位新客户, 他拥有环球银行的信用卡, 并且经常使用环球银行的在线服务。分析前面创建的透视表, 这位客户接受贷款服务的概率是多少? (这是接受贷款(Loan=1)的条件概率, 条件是拥有信用卡(CC=1)且为银行在线服务的活跃用户(Online=1), 可表示为 $P(\text{Loan}=1|\text{CC}=1, \text{Online}=1)$。

c. 根据训练数据, 创建两个独立的透视表。其中一个用来表示 Loan(行)与 Online(列)的函数关系, 另一个用来表示 Loan(行)与 CC(列)的函数关系。

d. 计算以下概率值, 其中 $P(A|B)$ 表示给定 B 时 A 的概率。

i. $P(\text{CC}=1|\text{Loan}=1)$(接受贷款的客户中拥有信用卡的比例)

ii. $P(\text{Online}=1|\text{Loan}=1)$

iii. $P(\text{Loan}=1)$ (贷款接受者的比例)

iv. $P(CC=1|Loan=0)$

v. $P(Online=1|Loan=0)$

vi. $P(Loan=0)$

e. 利用刚才的计算结果,计算朴素贝叶斯概率:

$$P(Loan=1|CC=1,Online=1)$$

f. 比较刚才的计算结果与通过透视表获得的结果,哪个估计值更准确?

g. 当计算 $P(Loan=1|CC=1,Online=1)$时,要用到哪些值? 在 Python 中,可在这个数据集上应用贝叶斯方法。分析模型在训练集上的输出结果,找出哪个值对应 $P(Loan=1|CC=1,Online=1)$。对这个值与之前获得的值进行比较。

8.2 交通事故。数据文件 accidentsFull.csv 包含了 2001 年在美国实际发生的 42 183 起真实的交通事故,事故造成的伤害分为三级:无伤害、非致命伤害和致命伤害。对于每一起交通事故,还需要记录其他数据:星期几、天气状况和路面状况。一家公司想建立一种快速分类系统,目的是根据系统中的初始报告和相关数据(其中一些数据依赖于 GPS 辅助报告),对事故进行分类。

这家公司的目标是预测报告的事故是有伤害(MAX_SER_IR=1 或 2)还是无伤害(MAX_SERV_IR=0)。为此,需要创建一个名为 INJURY 的虚拟变量。如果 MAX_SEV_IR 为 1 或 2,那么 INJURY 为 Yes,否则为 No。

a. 利用这个数据集提供的信息,如果刚刚报告一起交通事故,但没有提供更多的信息,那么预测结果是什么(INJURY 为 Yes 还是 No)? 说明理由。

b. 从这个数据集中选择 12 条记录,只考虑响应变量(INJURY)和两个预测变量(WEATHER_R 和 TRAF_CON_R)。

i. 使用这 12 条记录创建透视表,分析 INJURY 与这两个预测变量的函数关系。选择全部三个变量作为透视表的行或列。

ii. 计算 6 种不同组合的伤害事件(INJURY=Yes)的精准贝叶斯条件概率。

iii. 利用刚才计算出的条件概率,把临界值设置为 0.5,分类这 12 起交通事故。

iv. 假设 WEATHER_R=1、TRAF_CON_R=1,手动计算伤害事故的朴素贝叶斯条件概率。

v. 在这 12 条记录上应用 scikit-learn 包提供的朴素贝叶斯分类器。从模型的输出结果中获得条件概率值和分类结果,与精准的贝叶斯分类进行比较。它们的分类结果是否等效? 它们对数据的排名(排序)是否等效?

c. 现在回到整个数据集,把数据分割为训练集(60%)和验证集(40%)。

i. 假设在进行预测时,除了事故发生的位置和天气状况之外,没有与事故有关的其他信息,也没有事故的最初报告,在分析中需要包含哪些预测变量? (请仔细阅读 www.dataminingbook.com 网站上的数据说明)。

ii. 在整个训练集上选择相关的预测变量并应用朴素贝叶斯分类(以 INJURY 为响应变量)。注意,全部预测变量都是分类变量,输出混淆矩阵。

iii. 把这个分类器应用于验证集之后的总体误差是多少?

iv. 相对于朴素基准规则,这种方案在验证集上的误分类率改进了多少? 用百分比表示。

v. 在透视表中分析条件概率。为什么 $P(INJURY=NO|SPD\_LIM=5)$的条件概率为 0?

## 第 9 章

分类树与回归树

本章介绍一种灵活的数据驱动方法，它既可以用于分类任务(分类树)，也可以用于预测任务(回归树)。在所有的数据驱动方法中，树是最容易理解的，也是最容易解释的。可根据预测变量的值把记录分割成若干子集，树就是在此过程中产生的。预测变量的分裂会生成透明的且容易理解的逻辑规则，例如生成 IF Age < 55 AND Education > 12 THEN class = 1 这样的规则。从结果变量看，生成的子集比起原来的数据集，更具齐性(比较均匀或者相同类别比较多)，从而进一步生成有用的预测规则或分类规则。本章讨论两个关键概念：递归分割(用来构建树)和剪枝(用于修剪树)。在介绍树的构建过程时，我们还将介绍几个经常出现在树算法里的用来表示齐性的度量指标，并利用它们确定数据分组后的齐性。限制树的规模是避免过拟合的有力措施，本章将介绍具体实现过程，本章还将介绍避免过拟合的其他措施。与其他数据驱动方法一样，树也需要大量数据。然而，树一旦构建并被部署到大型样本数据上，其计算成本将会非常低。此外，树还具有其他优点，如高度自动化、不容易受奇异值的影响(对奇异值十分稳健)、能够处理缺失值等。除了预测和分类之外，我们还介绍了如何用树实现降维。最后，我们介绍随机森林和提升树，它们能够把多个树组合起来，提高预测能力。

本章使用 Pandas 包处理数据，使用 scikit-learn 包建立模型，使用 matplotlib 和 pydotplus 包生成可视化图形。此外，本章还将用到附录中的 Python 工具函数。

导入本章所需要的功能：

```
import pandas as pd
import numpy as np
from sklearn.tree import DecisionTreeClassifier, DecisionTreeRegressor
from sklearn.ensemble import RandomForestClassifier, GradientBoostingClassifier
from sklearn.model_selection import train_test_split, cross_val_score, GridSearchCV
import matplotlib.pylab as plt
from dmba import plotDecisionTree, classificationSummary, regressionSummary
```

9.1 引言

如果想要选择一种分类方法，它可以适用于很多情形，而且不需要分析师付出太多努力，就很容易被客户理解，那么最有可能被采纳的是 Breiman 等人提出的分类树。下面先讨论分类树，之后再介绍如何把这种方法推广到数值型结果变量的预测。Breiman 等人开发了一个用于实现这种方法的程序CART(Classification And Regression Trees)，另一个相关的程序是 C4.5。

什么是分类树？图 9.1 所示的分类树根据客户的收入、教育水平、信用卡平均消费额等信息，把收到贷款合约的银行客户分成了两类：接受者和非接受者。

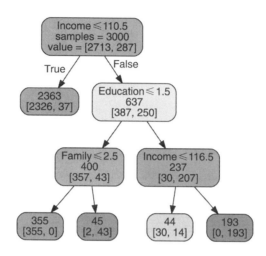

图9.1 分类树实例：把银行客户分为接受者和非接受者(彩图效果参见本书在线资源)

树的结构

树有两类节点：决策节点(或分裂节点)和终端节点。拥有后继节点的节点是决策节点，这是因为，如果我们用分类树分类一条新的记录，那么对于这条记录，我们只知道预测变量的值，将这条记录沿着树的分支向下移动，每遇到一个决策节点，就选择一个合适的分支，继续下向移动，直到遇见没有后继节点的节点为止。没有后继节点的节点属于终端节点(或叶子节点)，这表示数据分裂结束。

这里有必要解释一下使用 Python 的 DecisionTreeClassifier()方法生成的决策树的一个重要性质。这类树又称为二叉树或 CART。它们有这样一个性质：终端节点的个数正好比决策节点的个数多一。

当使用 scikit-learn 包中的 export_graphviz()函数生成决策树时，节点用矩形框表示。可使用附录里的 plotDecisionTre()工具函数绘制本章的图形。通过选择合适的参数，所有终端节点都将显示到达终端节点的记录数、类别分布以及终端节点的多数类别等信息。此外，回归树用颜色表示节点的平均值，分类树用颜色表示节点的纯度。

对于决策节点，用于分裂的变量名和分裂值出现在矩形框的顶部。每个决策节点的下面有两个分支，左分支的矩形框代表满足分裂条件(True)，右分支的矩形框代表不满足分裂条件(False)。

决策规则

树这种结构之所以非常流行，理由之一是它们提供了十分容易理解的规则(至少当决策树的规模不太大时是这样)。分析图9.1 所示的分类树，颜色为橙色或蓝色的终端节点分别对应非接受者(0)类别和接受者(1)类别。每个分裂节点顶部的条件给出了分裂变量和分裂值(如最上方节点里的 income ≤ 110.5)，samples 表示到达这个节点的记录数，values 表示在这个节点里属于这两个类别(0 和 1)的记录数。只有顶部节点有这些文字标签。这个分类树很容易转换为银行客户的分类规则。例如，左下角的 Family 节点的左子树描述了这样的规则：

$$IF(Income > 110.5) \text{ AND } (Education \leqslant 1.5) \text{ AND } (Family \leqslant 2.5)$$
$$THEN \ Class = 0 \ (非接受者)$$

分类新记录

为了分类新记录，需要沿着图 9.1 所示的分类树往下移动。当到达终端节点时，可通过多数选择法(如果结果是数值型，那么使用平均法)确定记录的类别。换言之，对训练集中所有出现在终端节点里的类别进行统计，出现次数最多的类别就是记录的类别。例如，假设一条新记录到达图 9.1 所示分类树的左下角节点，在这个节点里，多数记录属于类别 0，因此这条新记录被归类为"非接受者"。也可把属于类别 0 的记录数转换为比例值(倾向值)，然后与用户设定的临界值进行比较。在二元分类情形下(通常，成功类别比较少但却特别重要)，通过定义较低的临界值，就可以捕获更多的属于成功类别的记录(当然，代价是可能会把一些失败类别归类为成功类别)。当临界值较低时，只有当成功类别的得票数达到终端节点的最低临界值时才可分类为"成功类别"。因此，临界值决定了终端节点类别的"得票"比例。有关临界值在分类中的作用以及某个类别特别重要的情形，可以参考第 5 章的内容。

9.2　分类树

构造分类树的第一个关键步骤是对预测变量构成的空间进行递归分割，第二个关键步骤是避免过拟合。我们首先讨论递归分割过程，然后介绍如何避免过拟合以及如何评估和调整分类树。

递归分割

假设用 Y 表示结果变量，用 $X_1, X_2, \cdots, X_p$ 表示输入变量。在分类方法中，结果变量是分类变量。递归分割过程会把预测变量 X 的 p 维空间分裂成互不重叠的多维矩形。这里的预测变量可以是连续型、二元型或定序型。分裂过程要用递归来实现(对上一次分裂结果再次进行分裂)。假设选择了某个预测变量 X_i，并且选择了某个值 s_i，根据这个值，把 p 维空间分裂为两个空间：一个空间包含所有 $X_i < x_i$ 的点，另一个空间包含所有 $X_i \geqslant s_i$ 的点。然后选择另一个预测变量(可能还是 X_i，也可能是另一个变量)及其分裂值，继续按同样的方式对其中一个空间进行分裂，分裂后生成三个多维的矩形区域。反复进行这个过程，矩形区域越来越小。按这种方式分裂整个 X 空间，最终将得到尽可能齐性的或尽可能"纯"的矩形区域。这里所说的"纯"，是指矩形包含的记录只属于一个类别(当然，情况并非总是如此，也有一些记录属于其他类别，但是对于每个预测变量，值是相同的)。

实例 9.1：驾驶式割草机

我们再次引用第 3 章的驾驶式割草机实例。一家驾驶式割草机制造商想找到一个分类方法，把城市中的家庭分为两类：有可能购买驾驶式割草机的家庭("有割草机家庭"类别)和不大可能购买驾驶式割草机的家庭("无割草机家庭"类别)。前期的抽样数据包含了 12 个有割草家庭和 12 个无割草机家庭。这些数据如表 9.1 所示，绘制出来的散点图参见图 9.2。

表 9.1　24 个家庭的住宅占地面积、收入和割草机拥有情况

家庭编号	收入(单位为千美元)	住宅占地面积(单位为千平方英尺)	割草机拥有情况
1	60.0	18.4	Owner
2	85.5	16.8	Owner
3	64.8	21.6	Owner
4	61.5	20.8	Owner
5	87.0	23.6	Owner
6	110.1	19.2	Owner
7	108.0	17.6	Owner

(续表)

家庭编号	收入(单位为千美元)	住宅占地面积(单位为千平方英尺)	割草机拥有情况
8	82.8	22.4	Owner
9	69.0	20.0	Owner
10	93.0	20.8	Owner
11	51.0	22.0	Owner
12	81.0	20.0	Owner
13	75.0	19.6	Nonowner
14	52.8	20.8	Nonowner
15	64.8	17.2	Nonowner
16	43.2	20.4	Nonowner
17	84.0	17.6	Nonowner
18	49.2	17.6	Nonowner
19	59.4	16.0	Nonowner
20	66.0	18.4	Nonowner
21	47.4	16.4	Nonowner
22	33.0	18.8	Nonowner
23	51.0	14.0	Nonowner
24	63.0	14.8	Nonowner

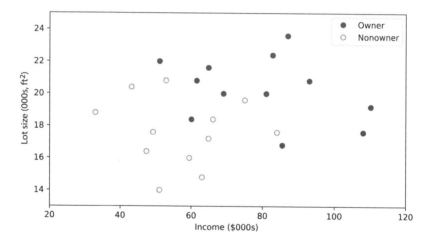

图 9.2　来自割草机数据集的 24 个家庭的住宅占地面积与收入的散点图

　　将分类树的分裂过程应用于这些数据，选择 Income 作为第一个分裂变量，并选择 59.7 作为分裂值，现在 (X_1, X_2) 空间被分裂成两个矩形——一个是 Income≤59.7，另一个是 Income>59.7，如图 9.3 所示。

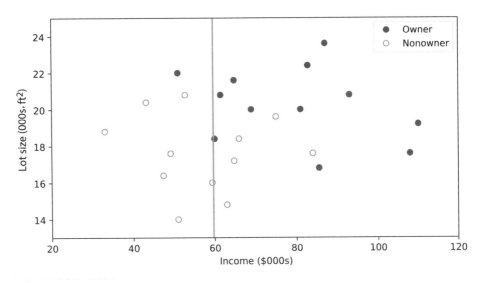

图 9.3　以 Income 为分裂变量，以 59.7 为分裂值的 24 条记录的分裂结果

　　注意分裂过程是如何生成两个矩形的，其中一个矩形比分裂之前的矩形更具齐性。左边矩形包含的数据点大多数是无割草机家庭(7 比 1)。右边矩形包含的数据点大多数是有割草机家庭(11 比 5)。

　　为什么要选择这种分裂方案呢？算法需要考查每个变量(本例中的 Income 和 LotSize)及其各种可能的分裂值，从而找到最佳分裂。一个变量可能有哪些分裂值？它们正是预测变量的两个相邻值的中间值。Income 变量的分裂点可能是{38.1, 45.3, 50.1,…, 109.5}，Lot Size 变量的分裂点可能是{14.4, 15.4, 16.2,…,23}。从这些分裂点中选择哪一个？这要根据分裂后的矩形区域能减少多少不纯度(奇异性)的排名结果来定。纯的矩形表示只有一个类别(比如有割草机家庭)。不纯度的减少值则被定义为在分裂之前的总体不纯度减去分裂后两个矩形的不纯度之和。

　　分类预测变量　前面的递归分割过程使用了数值型预测变量。实际上，递归分割过程也可以使用分类预测变量。为了处理分类预测变量，可以这样选择分类变量的分裂值：把分类值的集合分裂成两个子集。例如，假设一个分类变量有 4 个分类值——{a,b,c,d}，有 7 种方法能将其分裂成两个子集：{a}和{b,c,d}、{b}和{a,c,d}、{c}和{a,b,d}、{d}和{a,b,c}、{a,b}和{c,d}、{a,c}和{b,d}以及{a,d}和{b,c}。当分类值的个数很大时，分裂方法会有很多。与近邻算法一样，当一个预测变量有 $m(m>2)$个分类值时，这个预测变量就需要分解为 m(并非 m-1)个虚拟变量。

　　归一化　不管预测变量是数值型还是分类型，是否经过标准化(归一化)处理对于它们而言没有任何差别。

不纯度的测量

　　测量不纯度有很多种方法。两种最常用的方法分别是计算 Gini 指数和信息熵。下面就介绍这两个度量指标。用 m 表示响应变量的类别个数，$k=1,2,…,m$，矩形 A 的 Gini 不纯度指数可定义为

$$I(A) = 1 - \sum_{k=1}^{m} p_k^2$$

其中，p_k 是矩形 A 中属于类别 k 的记录所占的比例。根据上述公式计算的结果介于 0(表示所有记录属于同一类别)和 $(m-1)/m$ 之间(每个类别都等比例)。图 9.4 展示了两类别的 Gini 指数随 p_k 的变化曲线。可以看出，当 p_k=0.5 时，不纯度达到峰值，这表示矩形里的每个类别各占 50%。

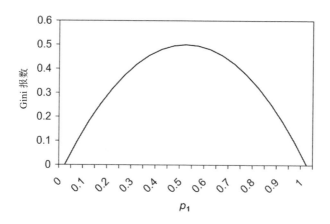

图9.4 在两类别情况下，Gini 指数是类别 1(p_1)中记录所占比例的函数

不纯度的另一个度量指标是信息熵。矩形 A 的信息熵被定义为

$$信息熵(A) = -\sum_{k=1}^{m} p_k \log_2(p_k)$$

在 Python 中，计算 $\log_2(x)$要用到 math.log2(x)函数。这个度量指标的取值范围是 0(最纯，所有类别都属于同一类别)~$\log_2(m)$ (m 个类别等比例)。

现在计算割草机数据集分裂前后的不纯度(以 Income 为分裂变量，分裂值为 59.7)。分裂之前的数据集包含 12 个有割草机家庭和 12 个无割草机家庭。对于这个两类别实例来说，每个类别的记录数相等。因此，不管是 Gini 指数还是信息熵，不纯度是最大值。Gini 指数为 0.5，信息熵为 $\log_2(2)$=1。分裂后，左边的矩形包含 7 个无割草机家庭和 1 个有割草机家庭，因此左边矩形的不纯度为

gini_left=1−(7/8)^2−(1/8)^2=0.219

entropy_left=−(7/8)log$_2$(7/8)−(1/8)log$_2$(1/8)=0.544

右边的矩形包含 11 个有割草机家庭和 5 个无割草机家庭，因此右边矩形的不纯度为

gini_right=1−(11/16)^2−(5/16)^2=0.430

entropy_right=−(11/16)log$_2$(11/16)−(5/16)log$_2$(5/16)=0.896

分裂后，这两个节点的不纯度是它们各自的不纯度的加权和，权重就是记录所占的比例。

gini=(8/24)(0.219)+(16/24)(0.43)=0.359

entropy=(8/24)(0.544)+(16/24)(0.896)=0.779

由此可知，Gini 不纯度指数从分裂前的 0.5 下降到了分裂后的 0.359。同样，信息熵的不纯度从分裂前的 1 下降到了分裂后的 0.779。

对所有预测变量所有可能的分裂值计算不纯度减小值，然后选择进行下一次分裂。如果继续对割草机数据集进行分裂，那么下一次分裂的变量是 Lot Size，分裂值为 21.4。图 9.5 再次说明，可以巧妙地选择一个分裂值，从而使矩形分裂后的纯度增加。左下角矩形表示 Income≤59.7 且 Lot Size≤21.4，其中包含的数据点都是无割草机家庭；而左上角矩形表示 Income≤59.7 且 Lot Size>21.4，其中仅包含 1 个有割草机家庭。换种说法，这两个矩形现在都是"纯的"。

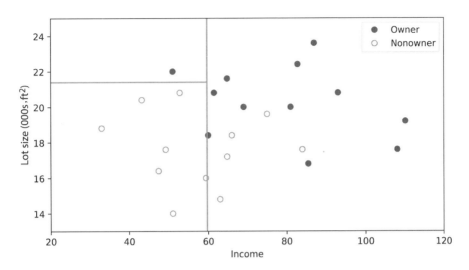

图 9.5　先按 Income 变量的值 59.7 对 24 条记录进行分裂，再按 Lot Size 变量的值 21.4 继续进行分裂

可以看到，递归分割过程将逐步对矩形进行分裂，使得矩形越来越纯。递归分割后得到的结果如图 9.6 所示。

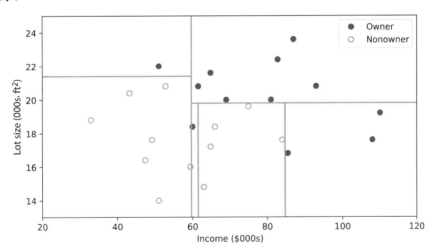

图 9.6　递归分割的最后结果：每个矩形仅包含一个类别的数据点(有割草机家庭或无割草机家庭)

我们发现，现在每个矩形都是纯的：其中包含的数据点仅属于两个类别的其中之一。

之所以称为分类树算法，是因为每一次分裂都可以将一个节点分裂成两个后继节点，如图 9.7 所示。图 9.8 展示了前三次分裂的结果。

以下代码用于生成和绘制分类树：

```
mower_df = pd.read_csv('RidingMowers.csv')
# use max_depth to control tree size (None = full tree)
classTree = DecisionTreeClassifier(random_state=0, max_depth=1)
classTree.fit(mower_df.drop(columns=['Ownership']), mower_df['Ownership'])
```

```
print("Classes: {}".format(', '.join(classTree.classes_)))
plotDecisionTree(classTree, feature_names=mower_df.columns[:2],
                 class_names=classTree.classes_))
```

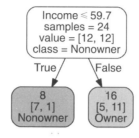

图 9.7　第一次分裂生成的分类树(对应于图 9.3)

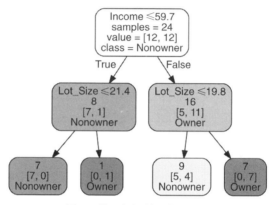

图 9.8　前三次分裂生成的分类树

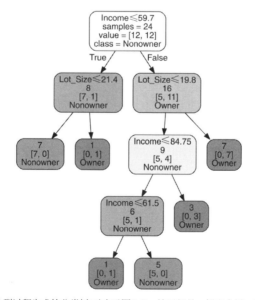

图 9.9　整个分裂过程生成的分类树(对应于图 9.6)：这已经是一棵完全树，不需要再分裂了

9.3　评估分类树的性能

从前面介绍的内容可以看出，建模任务并不仅仅是在训练数据上拟合模型，而且还要使用样本外的数据评估和调整模型。对于分类树和回归树更是如此，原因主要有两个：

- 树状结构非常不稳定，这种结构会因所选样本的不同而发生实质性的变化。
- 完全拟合的树会不可避免地出现过拟合。

为了更好地理解第一个原因，想象以下情景：把数据随机分裂成两个样本集 A 和 B，用它们分别建立一棵分类树。假如这个数据集包含几个预测能力大致相同的预测变量，那么很容易看出，样本集 A 和样本集 B 会在顶层节点选择不同的分裂变量。在顶层节点选择不同的分裂变量后，得到的层级结构也完全不一样，从而得到完全不一样的规则。因此，我们必须谨慎对待一棵分类树的结果。

为了理解第二个原因，我们下面分析另一个实例。

实例 9.2：接受个人贷款

环球银行是一家新成立的银行，但是正在迅速壮大，得到越来越多客户的认同。这些客户中的绝大多数都是承兑客户(存款人)，他们与环球银行存在不同程度的业务联系，资产客户(借款人)的客户群相当小。现在，环球银行想扩大资产客户的客户群，以带动贷款业务。特别是，这家银行想找到一种方法，从而把承兑客户转为贷款客户(但是需要继续作为存款人)。

环球银行去年专门为承兑客户开展了一场贷款促销活动，结果表明成功的转换率超过 9%。这促使环球银行的零售营销部门设计一场更加智能的活动，以便更有针对性地向客户推销业务。目标是通过分析客户的个人综合因素，使得客户更有可能接受贷款并构建模型，从而模拟客户在以前促销活动中的行为，并以此作为这次营销活动的基础。

我们选择分类树作为预测模型，为了评估分类树分类新记录的准确度，我们采用第 5 章介绍的工具和规则——把数据集分裂为训练集和验证集——以及后面将要介绍的交叉验证思想。

环球银行的数据文件保存了 5000 个客户的数据。这些数据包含客户的人口统计信息(如年龄、收入等)、客户对上次贷款促销活动的响应(Personal Loan)以及客户与银行的关系(抵押、证券账户等)。为了说明这个数据集的结构，表 9.2 展示了来自这个数据集的 20 条样本记录。在这 5000 个客户中，只有 480 个客户(占 9.6%)接受上次活动提供的个人贷款业务。

表 9.2　环球银行的数据文件中的 20 条样本记录

ID	Age	Professional experience	Income	Family size	CC avg.	Education	Mortgage	Personal loan	Securities account	CD account	Online banking	Credit card
1	25	1	49	4	1.60	UG	0	No	Yes	No	No	No
2	45	19	34	3	1.50	UG	0	No	Yes	No	No	No
3	39	15	11	1	1.00	UG	0	No	No	No	No	No
4	35	9	100	1	2.70	Grad	0	No	No	No	No	No
5	35	8	45	4	1.00	Grad	0	No	No	No	No	Yes
6	37	13	29	4	0.40	Grad	155	No	No	No	Yes	No
7	53	27	72	2	1.50	Grad	0	No	No	No	No	No
8	50	24	22	1	0.30	Prof	0	No	No	No	No	Yes
9	35	10	81	3	0.60	Grad	104	No	No	No	No	No
10	34	9	180	1	8.90	Prof	0	Yes	No	No	No	No
11	65	39	105	4	2.40	Prof	0	No	No	No	No	No

(续表)

ID	Age	Professional experience	Income	Family size	CC avg.	Education	Mortgage	Personal loan	Securities account	CD account	Online banking	Credit card
12	29	5	45	3	0.10	Grad	0	No	No	No	Yes	No
13	48	23	114	2	3.80	Prof	0	No	Yes	No	No	No
14	59	32	40	4	2.50	Grad	0	No	No	No	Yes	No
15	67	41	112	1	2.00	UG	0	No	Yes	No	No	No
16	60	30	22	1	1.50	Prof	0	No	No	No	Yes	Yes
17	38	14	130	4	4.70	Prof	134	Yes	No	No	No	No
18	42	18	81	4	2.40	UG	0	No	No	No	No	No
19	46	21	193	2	8.10	Prof	0	Yes	No	No	No	No
20	55	28	21	1	0.50	Grad	0	No	Yes	No	No	Yes

下面首先使用随机方法把数据集分裂为训练集(含 3000 条记录)和验证集(含 2000 条记录),然后使用训练数据构建一棵分类树,得到的分类树如图 9.10 所示。这是使用 DecisionTreeClassifier()函数在训练集上得到的默认分类树。虽然不大容易看出详细的分裂过程,但我们注意到顶部决策节点引用了训练集中的全部记录,其中 2713 个客户没有接受贷款合约,287 个客户接受了贷款合约。

默认情况下,分类树的最大深度(或叶子节点数)没有限制,不纯度指标的减小量也没有限制。这些参数用于控制分类树的大小,它们的默认值允许分类树长大成一棵完全树。图 9.10 显示的就是一棵完全树。

可以用验证集评估这棵完全树的性能。将验证集中的每一条记录顺着这棵树向下移动,并根据到达的终端节点将记录归为某个类别。将这些预测得到的类别通过混淆矩阵与实际结果做比较,如果某个特定类别特别有意义,那么可以用提升图评估模型正确分类这些记录的能力。表 9.3 是这棵完全树的混淆矩阵。我们发现,使用训练数据得到的完全分类树的准确度为 1,而使用验证数据得到的完全分类树的准确度稍低一些,只有 0.98。

以下代码用于生成完全分类树:

```
bank_df = pd.read_csv('UniversalBank.csv')
bank_df.drop(columns=['ID', 'ZIP Code'], inplace=True)

X = bank_df.drop(columns=['Personal Loan'])
y = bank_df['Personal Loan']
train_X, valid_X, train_y, valid_y = train_test_split(X, y, test_size=0.4, random_state=1)

fullClassTree = DecisionTreeClassifier(random_state=1)
fullClassTree.fit(train_X, train_y)

plotDecisionTree(fullClassTree, feature_names=train_X.columns
```

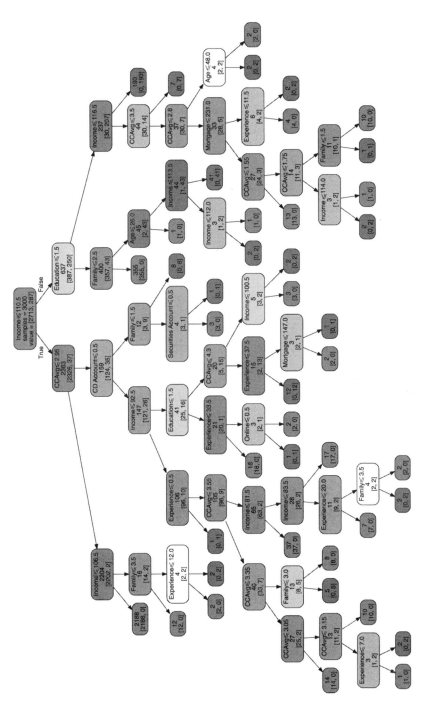

图 9.10　环球银行贷款训练数据的完全分类树 (共 3000 条记录)

表 9.3　默认的完全分类树的混淆矩阵和准确度，分别对应环球银行贷款数据的训练集和验证集

用训练集生成的分类树分类验证集，并计算训练集和验证集的混淆矩阵和准确度。

```
classificationSummary(train_y, fullClassTree.predict(train_X))
classificationSummary(valid_y, fullClassTree.predict(valid_X))
```
输出结果如下：
```
# full tree: training
Confusion Matrix (Accuracy 1.0000)

      Prediction
Actual    0    1
    0  2727    0
    1     0  273


# full tree: validation
Confusion Matrix (Accuracy 0.9790)


      Prediction
Actual    0   1
    0  1790  17
    1    25 168
```

用交叉验证实现灵敏度分析

由于树结构的不稳定性，当使用不同的方式把数据集分割为训练集和验证集时，性能结果可能截然不同。因此，我们必须使用交叉验证法评估数据集的不同分割方法对性能的影响，表 9.4 展示了使用 acros_val_score()方法在完全生长树(默认)上执行 5 折交叉验证的结果。我们发现，验证集的准确度会因折数的不同而发生明显的变化，比如从 0.972 变到 0.992。

表 9.4　计算完全分类树在 5 折交叉验证数据集上的准确度

```
treeClassifier = DecisionTreeClassifier(random_state=1)

scores = cross_val_score(treeClassifier, train_X, train_y, cv=5)
print('Accuracy scores of each fold: ', [f'{acc:.3f}' for acc in scores])
```
输出结果如下：
```
Accuracy scores of each fold: ['0.985', '0.972', '0.992', '0.987', '0.992']
```

9.4　如何避免过拟合

在训练数据上创建的完全分类树存在过拟合的风险。第 5 章曾讨论过，过拟合会使模型在新数据上的性能变差。当分析不同大小的树的总体误差时，我们期望总体误差会随终端节点个数的增大而减小，直到发现某个过拟合为止。当然，训练数据的总体误差也会逐渐下降，当树到达最大深度时，误差会减小到 0。然而对于新数据，总体误差会逐步下降，直到某个点为止，此时分类树将能够完全模拟类别与预测变量的关系。此后，分类树开始模拟训练集中的噪声。可以预料，此后模型在验证集上的总体误差开始增大。图 9.11 描述了误差的变化过程。大型分类树会出现过拟合的直接原因就在于最后的分裂发生在记录非常少的时候。因此，类别间的差异很可能来自噪声而不是预测变量信息。

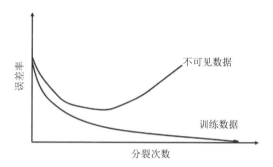

图 9.11 误差率是训练集分裂次数的函数

9.4.1 停止树的生长

我们可能想到的另一准则是在分类树开始出现过拟合时就停止树的生长,示例包括树的深度(即分裂次数)、终端节点的最小记录数以及不纯度的最小减少量。在调用 DecisionTreeClassifier()函数时,可以控制树的深度、分裂节点所需要的最小记录数等。问题是,当使用这些准则时,确定停止点并不是一件简单的事情。

回到环球银行个人贷款实例。我们可以限制树的深度、分裂节点所需要的最小记录数以及不纯度的最小减少量[1]。图 9.12 展示了生成的分类树。最终得到的分类树只有 4 个终端节点,其中两个是纯节点,另外两个不是纯节点。最小的终端节点有 44 条记录。

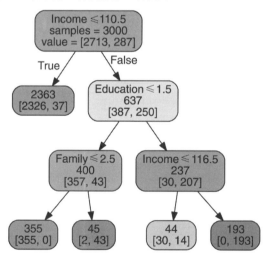

图 9.12 用训练集(含 3000 条记录)生成环球银行个人贷款实例的较小分类树

表 9.5 展示了在将这棵较小的分类树应用于训练集和验证集之后得到的混淆矩阵。与完全树相比,我们发现,完全树在训练集上的准确度较高:分类训练数据的准确度是 100%,这意味着全部终端节点都是纯节点。这棵较小的分类树在验证集上的性能与完全树没有差别。但重要的是,分类树在训练

---

1 这里使用的参数值是 R 语言中 rpart()函数的默认值。

集和验证集上的性能差异很小，而完全树在训练集和验证集上的差别非常大。这正是完全树过拟合训练数据的主要原因(在训练集上太准确了)。

以下代码能够生成较小的分类树:

```
smallClassTree = DecisionTreeClassifier(max_depth=30, min_samples_split=20,
                        min_impurity_decrease=0.01, random_state=1)
smallClassTree.fit(train_X, train_y)
plotDecisionTree(smallClassTree, feature_names=train_X.columns)
```

表9.5　在将图 9.12 所示的较小分类树应用于环球银行个人贷款实例的训练集和验证集之后得到的混淆矩阵

```
classificationSummary(train_y, smallClassTree.predict(train_X))
classificationSummary(valid_y, smallClassTree.predict(valid_X))
```
输出结果如下:

```
# small tree: training
Confusion Matrix (Accuracy 0.9823)

          Prediction
Actual      0    1
     0   2711    2
     1     51  236

# small tree: validation
Confusion Matrix (Accuracy 0.9770)

      Prediction
Actual    0    1
     0  1804    3
     1    43  150
```

9.4.2　调节分类树的参数

前面曾提到，当利用最大深度控制树的生长时，确定停止点并不是一件容易的事情。解决办法之一是利用穷举网格搜索法，对不同参数值的全部组合进行搜索。例如，我们可能要在最大深度之间[5,30]、终端节点的最小记录数之间[20,100]或不纯度的最小减小量之间[0.001,0.01]搜索一棵树。我们可以使用穷举网格搜索法找到一种组合，从而得到一棵误差最小的分类树(准确度最高)。

如果使用训练集从全部树中寻找误差最小的树，并在同一个训练集上测量准确度，那么很可能会过拟合训练数据。如果使用验证集测量准确度，然后尝试很多次网格搜索，那么在验证数据上也会出现过拟合。因此，解决办法就是在训练集上使用交叉验证，在选定最佳分类树后，将其应用到验证集上，评估这棵分类树在新数据上的性能。这可以帮助我们发现和避免过拟合。

在 Python 中，穷举网格搜索法可以用 GridSearchCV()函数来实现。表 9.6 展示了使用这个函数实现 5 折交叉验证的结果。最后得到的参数组合是 max_depth 5、min_impurity_decrease 0.001、min_samples_split 13(最大深度为5，不纯度的最小减少量为0.001，样本的最小分裂次数为13)。模型在训练集和验证集上生成的分类树及性能如图9.13 所示。

穷举网格搜索法很快会变得非常耗时。在这里，第一次网格搜索需要评估 4×5×5=100 个组合，第二次搜索需要评估 14×11×3=462 个组合。如果可调参数更多，那么组合的数量将非常大。在本例中，最好使用 RandomizedSearchCV()函数，这样就可以从全部组合中随机进行选择，并且限制总的测试次数(使用参数 n_iter)。利用 RandomizedSearchCV()函数，可以从参数分布中抽样参数(在 0 和 1 之间抽样任何数)，而不需要逐个进行测试。

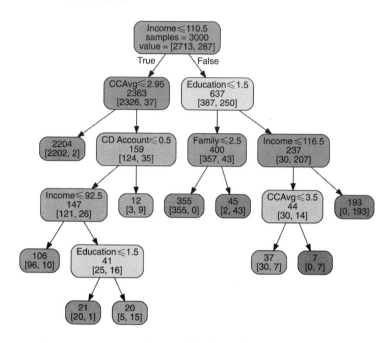

图 9.13 优化后的分类树

表 9.6 使用穷举网格搜索法调节方法的参数

```python
# Start with an initial guess for parameters
param_grid = {
    'max_depth': [10, 20, 30, 40],
    'min_samples_split': [20, 40, 60, 80, 100],
    'min_impurity_decrease': [0, 0.0005, 0.001, 0.005, 0.01],
}
gridSearch = GridSearchCV(DecisionTreeClassifier(random_state=1), param_grid, cv=5,
                          n_jobs=-1) # n_jobs=-1 will utilize all available CPUs
gridSearch.fit(train_X, train_y)
print('Initial score: ', gridSearch.best_score_)
print('Initial parameters: ', gridSearch.best_params_)

# Adapt grid based on result from initial grid search
param_grid = {
    'max_depth': list(range(2, 16)), # 14 values
    'min_samples_split': list(range(10, 22)), # 11 values
    'min_impurity_decrease': [0.0009, 0.001, 0.0011], # 3 values
}
gridSearch = GridSearchCV(DecisionTreeClassifier(random_state=1), param_grid, cv=5,
                          n_jobs=-1)
```

```
gridSearch.fit(train_X, train_y)
print('Improved score: ', gridSearch.best_score_)
print('Improved parameters: ', gridSearch.best_params_)

bestClassTree = gridSearch.best_estimator_
```
输出结果如下：
```
Initial score: 0.988
Initial parameters: {'max_depth': 10, 'min_impurity_decrease': 0.001,
                    'min_samples_split': 20}

Improved score: 0.9883333333333333
Improved parameters: {'max_depth': 5, 'min_impurity_decrease': 0.0011,
                    'min_samples_split': 13}
```

9.4.3 限制分类树规模的其他方法

限制分类树规模的方法还有很多。在编写本书时，这些方法在 Python 中还没有实现，但是为了完整起见，我们下面逐一介绍这些方法。

CHAID CHAID 的中文含义是卡方自动交互检测，作为一种递归分割方法，CHAID 相比分类树和回归树(CART)早出现几年，甚至至今仍然被广泛用在数据库营销应用中。CHAID 使用著名的统计检验(卡方独立性检验)并根据统计显著性评估分裂某个节点是否能改进纯度。特别是，在每个节点上，可选择与因变量关联最强的预测变量进行分裂。关联的强弱则用卡方独立性检验的 p 值表示。对于最佳预测变量，如果检验结果显示并没有显著改进纯度，那么分裂将被取消，同时终止树的构建。人们根据上述思想生成了更为通用的条件推断树(Hothorn et al.，2006)。

剪枝 剪枝的思想来自这样的认识：规模非常大的一棵树很可能会过拟合训练数据，最小的分枝总是最后生长，离主干最远，并最有可能拟合训练数据中的噪声。最终，它们可能会成为拟合新数据的误差，因此这些小枝需要剪掉。对完全树进行修剪是当前流行的 CART 方法的基础(CART 方法最早是由 Quinlan 提出的，并用 IBM SPSS Modeler 等包来实现)。在 C4.5 程序中，训练数据既用于生成分类树，也用于修剪分类树。CART 方法则提出了一种创新方式——用验证数据修剪基于训练数据生长的树。

具体来说，为了选择树的大小，CART 使用成本-复杂度函数来平衡树的规模(复杂度)和分类误差(成本)。一棵树的成本复杂度等于误分类率(基于训练数据)加上一个罚因子。假设一棵树 T 拥有 $L(T)$ 个终端，那么成本复杂度可以表示为

$$CC(T)=\mathrm{err}(T)+\alpha L(T)$$

其中，$\mathrm{err}(T)$ 是被这棵树误分类的记录比例，α 是与树大小有关的罚因子(复杂因子)。当 $\alpha=0$ 时，表示不会因为树有很多节点而使用罚因子，这会得到一棵完全的没有修剪的树。当把 α 增大到一个很大的值时，成本中的罚因子成分淹没了公式中的误分类成分，这会得到一棵终端节点数最小的树——只有一个节点的树。因此，对应于 α 从最小值到最大值的取值范围，存在很多大小不同的树。在这一系列树中，自然可以找到一棵在验证集上分类误差最小的树。也可不依靠单个验证分裂，而是使用 k-折交叉验证法选择 α 值。

9.5　从分类树推断分类规则

9.1 节曾提到，从分类树可以推断出容易理解的分类规则(当然树不是很大)。终端节点相当于分类规则。回到前面的实例，从优化后的分类树(参见图 9.13)的最左侧终端节点可以得到以下规则：

IF (Income $\leq$ 110.5) AND (CCAvg $\leq$ 2.95)

THEN Class = 0

然而在很多情形下，删除冗余规则可以压缩规则的数量。例如，分析图 9.13 中倒数第二层的最左侧终端节点提供的规则：

IF (Income$\leq$110.5) AND (CCAvg > 2.95) AND (CD.Account$\leq$0.5) AND (Income$\leq$92.5)

THEN Class = 0

上述规则可以简化为

IF (Income$\leq$92.5) AND (CCAvg > 2.95) AND (CD.Account$\leq$0.5)

THEN Class = 0

处理过程的透明性和算法的易理解性使得把某条记录分类为某个类别具有明显的优势：最终的分类结果并不是我们唯一感兴趣的东西。与判别函数等其他分类器的输出结果相比，基于树的分类规则对于经理人员和普通员工而言更容易理解。它们的逻辑相比神经网络的权重更加透明。

9.6　多于两个类别的分类树

分类树可用于多于两个类别的因变量。在计算不纯度时，前面介绍的两个指标(Gini 指数和信息熵)需要按 m 个类别来进行计算，因此分类树可用于任何数量类别的因变量。树本身的结构还是一样，只是终端节点使用的标签是 m 个类别中的某个而已。

9.7　回归树

树结构也可以用于数值型因变量。用于预测的回归树与分类树非常相似。只是这里的因变量(Y)是数值型变量，但是原理和过程都一样：预测变量可能需要分裂多次，每次分裂都要计算每个分枝的不纯度，然后选择能使这些指标之和最小的那次分裂。为了解释回归树，下面分析二手丰田卡罗拉汽车价格预测实例(参见第 6 章)。样本数据包含了 1000 辆二手丰田卡罗拉汽车的信息(我们使用了 ToyotoCorolla.csv 数据文件中的前 1000 条记录)。我们的目标是找到一个预测模型以根据 10 个预测变量(包括里程数、马力、车门数等)预测二手丰田卡罗拉汽车的价格。可从包含 600 条记录的训练集中训练得到一个回归树模型，微调后的回归树如图 9.14 所示。训练并评估这个回归树模型的代码及输出结果参见表 9.7。

从图 9.14 可以看出，回归树顶部的三层节点分别与车龄、车重和里路数有关。在回归树的底层，可以看到汽车的更详细特性，如电动天窗等，它们对价格的影响较小。

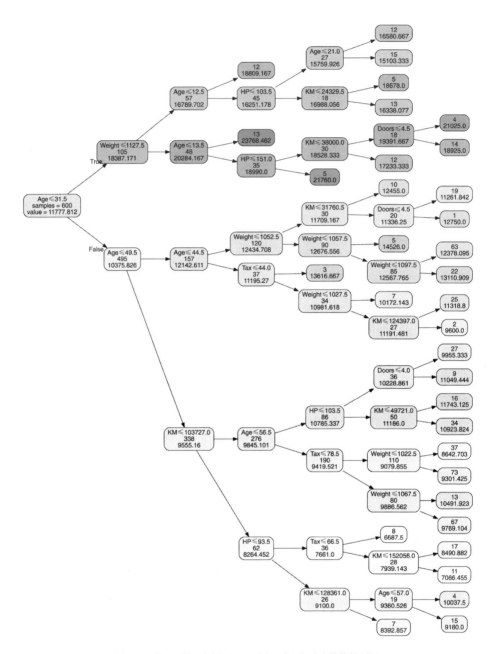

图 9.14　微调后的回归树(用于二手丰田卡罗拉汽车价格的预测)

回归树与分类树的差别表现在三个方面：预测过程、不纯度指标和性能评估。

表9.7　训练、评估和细调回归树

```python
from sklearn.tree import DecisionTreeRegressor
toyotaCorolla_df = pd.read_csv('ToyotaCorolla.csv').iloc[:1000,:]
toyotaCorolla_df = toyotaCorolla_df.rename(columns={'Age_08_04': 'Age',
                                                    'Quarterly_Tax': 'Tax'})

predictors = ['Age', 'KM', 'Fuel_Type', 'HP', 'Met_Color', 'Automatic', 'CC',
              'Doors', 'Tax', 'Weight']
outcome = 'Price'

X = pd.get_dummies(toyotaCorolla_df[predictors], drop_first=True)
y = toyotaCorolla_df[outcome]

train_X, valid_X, train_y, valid_y = train_test_split(X, y, test_size=0.4, random_state=1)

# user grid search to find optimized tree
param_grid = {
    'max_depth': [5, 10, 15, 20, 25],
    'min_impurity_decrease': [0, 0.001, 0.005, 0.01],
    'min_samples_split': [10, 20, 30, 40, 50],
}
gridSearch = GridSearchCV(DecisionTreeRegressor(), param_grid, cv=5, n_jobs=-1)
gridSearch.fit(train_X, train_y)
print('Initial parameters: ', gridSearch.best_params_)

param_grid = {
    'max_depth': [3, 4, 5, 6, 7, 8, 9, 10, 11, 12],
    'min_impurity_decrease': [0, 0.001, 0.002, 0.003, 0.005, 0.006, 0.007, 0.008],
    'min_samples_split': [14, 15, 16, 18, 20, ],
}
gridSearch = GridSearchCV(DecisionTreeRegressor(), param_grid, cv=5, n_jobs=-1)
gridSearch.fit(train_X, train_y)
print('Improved parameters: ', gridSearch.best_params_)

regTree = gridSearch.best_estimator_

regressionSummary(train_y, regTree.predict(train_X))
regressionSummary(valid_y, regTree.predict(valid_X))
```
输出结果如下：
```
Initial parameters: {'max_depth':10,'min_impurity_decrease': 0.001,'min_samples_split': 20}
Improved parameters: {'max_depth': 6,'min_impurity_decrease': 0.01,'min_samples_split': 12}

Regression statistics

                      Mean Error (ME) :   0.0000
         Root Mean Squared Error (RMSE) :   1058.8202
            Mean Absolute Error (MAE) :   767.7203
          Mean Percentage Error (MPE) :   -0.8074
 Mean Absolute Percentage Error (MAPE) :   6.8325

Regression statistics
```

```
                    Mean Error (ME) :    60.5241
      Root Mean Squared Error (RMSE) :  1554.9146
          Mean Absolute Error (MAE) :  1026.3487
         Mean Percentage Error (MPE) :   -1.3082
 Mean Absolute Percentage Error (MAPE) :    9.2311
```

预测过程

使用回归树预测记录的结果值的方法与使用分类树时一样。下面用图 9.14 中的部分树来说明预测过程。根据预测变量的信息,将记录沿着树向下移动,直至到达某个终端节点为止。例如,为了预测以下二手车的价格:Age = 60、Mileage(KM) = 160 000 且 Horse_Power (HP) = 100,可以从根节点开始往下找,找到值为 8392.857\$的节点(最下面那个节点)。这个价格就是根据这棵回归树得到的预测值。在分类树中,终端节点的值(几个分类值之一)是通过对节点里的记录进行"投票"来确定的。在本例中,8392.857\$这个价格是此节点包含的 7 条训练记录的平均值。这些记录都符合如下规则:Age > 49.5、KM > 128 361 且 HP > 93.5。

测量不纯度

在讨论分类树时,我们介绍了两类不纯度指标:Gini 指数和信息熵。在这两个指标中,某个节点的不纯度与这个节点里不同类别的记录数所占的比例有关。在回归树中,典型的不纯度指标是相对均值的差的平方和。这等效于平方误差之和,因为终端节点的平均值正好是预测结果。在上面的例子中,值为 8392.857\$的终端节点的不纯度是通过如下方式得到的:将训练集中 7 辆汽车的价格减去 8392.857,得到 7 个偏差值,然后对这 7 个偏差值求平方,再把它们相加,从而得到这个终端节点的不纯度。不纯度的最小值是 0,这表示节点中的所有值都相等。

性能评估

如前所述,预测结果是通过对终端节点的结果值进行平均得到的。因此,这些预测结果和预测误差可以使用同样的方式来定义。回归树的预测性能的计算方法与其他预测方法(如线性回归)相同,也可以使用 RMSE 等指标。

9.8 改进预测方法:随机森林法和提升树

尽管单棵树具有之前所说的透明性好等优点,但是在单纯的预测应用中,对于在哪里可以看到一组规则并不重要。通过扩展,即可把几棵树的结果组合起来,从而得到更好的预测性能。随机森林法是由 Breiman 和 Cutler 最早提出的[1]。随机森林法是装袋法(bagging)的特例,是一种可以提高预测性能的方法,这种方法能把多个分类器或多个预测算法组合在一起。要想深入了解装袋法,请阅读第 13 章中的内容。

9.8.1 随机森林法

随机森林法的基本思想是:

(1) 按回放法从数据集中随机抽取一些样本(这种采样方法又称为自助采样法)。

---

1 要想深入了解随机森林,可访问 https://www.stat.berkeley.edu/~breiman/RandomForests/cc_home.htm。

(2)　在每个阶段都使用预测变量的一个随机子集，在每个采样集上拟合一棵分类树(或回归树)，从而获得"森林"。

(3)　为了获得更好的预测结果，对单棵树得到的预测/分类结果进行合并。在分类方法中使用选择法，在预测方法中使用平均法。

表 9.8 展示了如何用 Python 程序把随机森林法应用于环球银行个人贷款数据实例。在这个实例中，随机森林法的准确度(0.982)与单棵树的准确度几乎相等，仅仅比单棵树的拟合结果 0.9777 稍微差了一点点(详见表 9.5)。

表 9.8　将随机森林法应用于环球银行个人贷款数据实例

以下代码用于生成随机森林、绘制变量的重要图形并计算准确度。

```
bank_df = pd.read_csv('UniversalBank.csv')
bank_df.drop(columns=['ID', 'ZIP Code'], inplace=True)

X = bank_df.drop(columns=['Personal Loan'])
y = bank_df['Personal Loan']
train_X, valid_X, train_y, valid_y = train_test_split(X, y, test_size=0.4, random_state=1)

rf = RandomForestClassifier(n_estimators=500, random_state=1)
rf.fit(train_X, train_y)

# variable (feature) importance plot
importances = rf.feature_importances_
std = np.std([tree.feature_importances_ for tree in rf.estimators_], axis=0)

df = pd.DataFrame({'feature': train_X.columns, 'importance': importances, 'std': std})
df = df.sort_values('importance')
print(df)

ax = df.plot(kind='barh', xerr='std', x='feature', legend=False)
ax.set_ylabel('')
plt.show()

# confusion matrix for validation set
classificationSummary(valid_y, rf.predict(valid_X))
```

输出结果如下：

	feature	importance	std
7	Securities Account	0.003964	0.004998
9	Online	0.006394	0.005350
10	CreditCard	0.007678	0.007053
6	Mortgage	0.034243	0.023469
1	Experience	0.035539	0.016061
0	Age	0.036258	0.015858
8	CD Account	0.057917	0.043185
3	Family	0.111375	0.053146
4	CCAvg	0.172105	0.103011
5	Education	0.200772	0.101002
2	Income	0.333756	0.129227

```
Confusion Matrix (Accuracy 0.9820)
        Prediction
Actual        0      1
    0      1803      4
    1        32    161
```

不同于单棵树，使用随机森林法生成的结果无法用树状图显示，因此无法像单棵树那样具有可解释性。但是，使用随机森林法可以生成分数来表示变量的重要性，从而表示不同预测变量的相对贡献程度。预测变量的重要性分数可用森林中每棵树上的 Gini 指数的减少量之和来表示。图 9.15 展示了将随机森林法应用于环球银行个人贷款数据实例之后得到的变量重要性分数图。从中可以发现，Income 和 Education 变量的分数很高，CCAvg 变量排第三，其他变量的重要性分数显然要小许多。

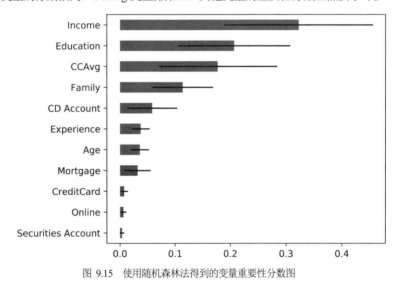

图 9.15　使用随机森林法得到的变量重要性分数图

9.8.2　提升树

提升树需要拟合一系列树，其中的每一棵树针对的都是前一棵树的误分类记录。具体思想如下：

(1) 拟合一棵树。

(2) 抽取样本，给误分类记录较大的选取概率。

(3) 在新样本上拟合一棵树。

(4) 重复步骤(2)和(3)很多次。

(5) 用带权的选举法分类记录，越晚生成的树，权值越大。

表 9.9 展示了把提升树应用于环球银行个人贷款数据实例的结果。从中可以看出，与单棵树的性能相比(参见表 9.5)，提升树在验证集上的性能较好——总体的准确度更高(0.9835)。特别需要指出的是，类别 1 的分类正确率更高——类别 1 是特别重要的少数类别。提升树到底提供了什么特殊功能来找到类别 1 呢？当某个类别是多数类别时(比如在这个数据集中，类别 0 占了 90%)，普通的分类器总是把记录分类为多数类别。在本例中，使用单棵树作为分类器时，类别 1 成为大多数误分类对象。提升树

则把注意力放在了误分类记录上(绝大多数是类别 1),因此自然能够降低类别 1 的误分类率(使单棵树的 43 个误分类下降到提升树的 25 个误分类)。

表 9.9 提升树:计算验证集的混淆矩阵(环球银行个人贷款数据)

```
boost = GradientBoostingClassifier()
boost.fit(train_X, train_y)
classificationSummary(valid_y, boost.predict(valid_X))
Output
Confusion Matrix (Accuracy 0.9835)

         Prediction
Actual   0    1
     0 1799    8
     1   25  168
```

9.9 树的优缺点

树是当前比较流行的分类器和预测器。它们也经常用于变量的选择,通常最重要的预测变量总是出现在树的顶部。在树的创建过程中,很少需要用户进行参与和操作。首先,不需要变换变量(对变量所做的任何单调变换都将生成同一棵树)。其次,变量子集的选取是自动完成的,这是分裂过程的一部分。在环球银行个人贷款实例中,我们发现,小型树会自动从 14 个预测变量中选取 3 个预测变量(Income、Education 和 Family),剪枝树则从 14 个预测变量中选取 5 个变量(Income、Education、Family、CCAvg 和 CD Acount)。

根据树本身的特性,树对于奇异值是稳健的,因为特征分裂值的选择取决于特征值的相对排序,而与它们的绝对大小无关。然而,树对特性值的变化很敏感,特征值的微小变化就会产生不同的分裂。

与假定结果变量与预测变量之间存在某种关系的模型不同(如线性回归和线性判定分析等方法都假定存在线性关系),分类树和回归树都是非线性且非参数的,它们允许预测变量与结果变量之间存在各种关系。 然而这既是优点,也是缺点,因为数据的每次分裂只与某个变量有关,而与预测变量的组合无关,因此树可能会忽略预测变量之间的关系,特别是忽略线性回归模型或 Logistic 模型中存在的那种线性关系。分类树在以下情形中是非常有用的:预测变量空间的水平和垂直分裂正好能够分开分类值。但是考虑以下情形:假设有一个数据集,它有两个预测变量和两个类别,并且只有对角线才能分开这两个类别,如图 9.16 所示。在这种情形下,分类树的性能要比判定分析等方法差很多,改进方法就是从现有的预测变量创建新的预测变量,新变量能够表示预测变量之间的假定关系(类似于回归模型中的交互作用)。在此类情形下,随机森林法也是一种解决方案。

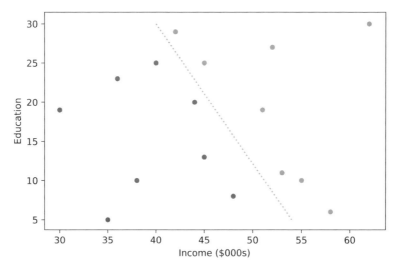

图 9.16　只有对角线才能分开这两个类别

为了创建性能良好的分类器，我们需要一个很大的数据集。从计算角度看，生成树的计算成本比较昂贵，因为每个变量的每一次分裂都需要排序。为了避免过拟合而使用交叉验证，或者用验证集修剪树，都会进一步增加计算成本。

虽然树可以用来选择变量，但问题是，树会"偏爱"那些可能含有很多分裂点的预测变量。这些受到"偏爱"的预测变量既包括有很多分类值的分类变量，也包括有很多不同值的数值型变量。这样的预测变量出现在树中的机会更大。一种简单的解决办法是把多个分类合并成较小的分类集，或者对包含很多值的预测变量进行分组。有些特殊算法为了避免这个问题，使用了一种特殊的分裂规则(例如，R 语言通过 party 包使用了条件推断树和 QUEST 分类树)。

树的优点还体现在缺失值的处理上——不需要插补或删除存在缺失值的记录。最后，树的生成规则非常透明，这一特性在商业应用中非常有价值。

9.10　习题

9.1 eBay 网站竞争性拍卖。数据文件 eBayAuction.csv 包含了 1972 条从 2004 年 5 月至同年 6 月在 eBay 网站上成交的拍卖记录。我们的目的是用这个数据文件构建一个模型，功能是把拍卖分类为竞争性拍卖和非竞争性拍卖。竞争性拍卖是指一件拍卖品至少有两个竞标者。这个数据文件包含了一些拍卖信息，例如与拍卖品有关的变量(如拍卖分类)、委托人(他或她在 eBay 网站上的排名)、委托人规定的拍卖条款(如拍卖持续时间、起拍价格、外汇、收拍日期)，此外还有收拍价格。现在的任务是预测拍卖是不是竞争性拍卖。

数据预处理：把 Duration 变量变换成分类变量，把数据集分割成训练集(60%)和验证集(40%)。

a. 用全部预测变量拟合一棵分类树。为了避免过拟合，每个终端节点的记录数至少为 50，最大深度为 7。写出每个终端节点的规则。(如果由于软件的限制或者为了更好地展示算法，可以稍微减少变量的个数，那么我们应该选择哪些变量？)

b. 这个模型能否用来预测新拍卖品的拍卖结果？

c. 说说这些规则能提供哪些有价值的信息以及哪些无用的信息？

d. 拟合另一棵分类树(要求终端节点的最小记录数为 50，最大深度为 7)。现在只使用有助于预测新拍卖品拍卖结果的预测变量。写出从这棵决策树得到的规则。确保输出分类所需要的最小规则集。

e. 用散点图绘制生成的分类树：用两个轴表示两个最佳预测变量。每个拍卖品为一个数据点，数据点的坐标值对应这两个最佳预测变量的值。用不同颜色或符号表示竞争性拍卖和非竞争性拍卖。在分裂位置绘制直线(可以手动绘制或用 Python 程序绘制)，根据这两个预测变量的意义分析这些分裂位置是否合理？它们是否能够很好地分开这两个类别？

f. 分析这棵树的提升图和混淆矩阵，对这个模型的预测性能发表自己的看法。

g. 根据最后一棵树，能否从这些数据中得出一件拍卖品至少有两个竞标者的概率，这与委托方设置的拍卖条件(持续时间、起拍价格、收拍日期、外汇规定)有何关系？你会给委托方提出什么样的建议，从而使其拍卖最有可能成为竞争性拍卖。

9.2 预测航班延误。数据文件 FlightDelays.csv 包含了所有在 2004 年 1 月从华盛顿特区出发且目的地为纽约的民用航班信息，比如每个航班的出发机场、到达机场、航线距离、航班预定的到达时间和日期，等等。我们想要预测的变量是航班是否会延误。航班延误被定义为到达时间比预定时间至少晚 15 分钟。

数据预处理：把表示星期几的变量(DAY_WEEK)转换为分类变量，把预定出发时间分为 8 组。以这两个变量和其他列作为预测变量(DAY_OF_MONTH 除外)，把数据集分割为训练集(60%)和验证集(40%)。

a. 以航班是否延误为因变量，以所有相关列作为预测变量，拟合一棵分类树。不要在模型中包含 DEP_TIME(航班实际出发时间)，因为它是一个未知量(除非在飞机起飞时就生成预测结果，而这实际上是不可能的)。这里要求树的最大深度为 8，不纯度的最小减少量为 0.001。把生成的分类树表示为一组规则。

b. 假设需要在周一上午 7:00 从 DCA 飞到 EWR。这棵树对你有用吗？你还需要其他信息吗？这些信息在现实中有用吗？哪些信息是冗余的？

c. 拟合一棵相似的树，但是不包括 Weather(天气)这个预测变量。显示最终得到的小型树和完全树。你将会发现，这棵小型树只有一个终端节点。

i. 如何在分类中使用这棵小型树？(分类规则是什么？)

ii. 这条规则与什么等效？

iii. 分析完全树，根据这棵树，说出顶部的三个节点。

iv. 从技术上分析小型树只有一个节点的原因。

v. 与小型树相比，使用完全树的顶层节点有什么缺点？

vi. 将得到的结果与第 10 章得到的结果做比较，分析分类树无法成为优秀的预测模型的可能原因。

9.3 预测二手车的价格(回归树)。数据文件 ToyataCorolla.csv 包含了 2004 年夏季在荷兰销售的二手丰田卡罗拉汽车的相关信息，一共有 1436 条记录和 38 个属性，这些属性涉及二手车的价格、车龄、里程数、马力等。我们的目的是根据这些属性预测二手丰田卡罗拉汽车的价格(9.7 节中的样本数据只是这个数据集的子集)。

数据预处理：把数据集分割为训练集(60%)和验证集(40%)。

a. 以汽车价格为结果变量，以 Age_08_04、KM、Fuel_Type(需要先转换为虚拟变量)、HP、Automatic、Doors、Quarterly_Tax、Mfr_Guarantee、Guarantee_Period、Airco、Automatic_airco、CD_Player、Powered_Windows、Sport_Model 和 Tow_Bar 为预测变量，创建一棵完全回归树(RT)，并把 random_state 设置为 1。

i. 哪些是预测车价的 3 个或 4 个最重要的预测变量？

ii. 通过 RMS 误差和两个箱线图，比较这棵回归树在训练集和验证集上的预测误差。与训练集相比，模型在验证集上的预测性能如何？为什么会出现这种现象？

iii. 我们能否牺牲训练性能以改进模型在验证集上的预测性能？

iv. 使用 GridSearchCV()函数和参数 cv(值为 5)创建一棵剪枝树。与完全树相比，这棵剪枝树在验证集上的预测性能如何？

b. 现在我们看看把 Price 变量转换为分类变量后产生的影响。首先生成一个新的变量，作用是把价格分成 20 组。然后重新分裂数据，但是要用 Binned_Price 取代原来的 Price。重新生成一棵分类树(CT)，输入变量不变，但是以 Binned_price 为结果变量。与生成一棵较浅的回归树一样，可以使用 GridSearchCV()函数和 cv=5 生成一棵小型树，并通过这棵小型树找到一棵剪枝树。

i. 比较用分类树生成的小型树与用回归树生成的小型树，它们是否有差别(分析它们的结构、顶层预测变量和树的规模等)？请说明原因。

ii. 用小型分类树和小型回归树预测一辆二手丰田卡罗拉汽车的价格，具体参数如表 9.10 所示。

iii. 从以下角度比较这两种方法的预测结果：预测变量、预测结果差值的大小以及这两种方法各自的优缺点。

表 9.10 二手丰田卡罗拉汽车的具体参数

参数	值
Age_-08_-04	77
KM	117,000
Fuel_Type	Petrol
HP	110
Automatic	No
Doors	5
Quarterly_Tax	100
Mfg_Guarantee	No
Guarantee_Period	3
Airco	Yes
Automatic_airco	No
CD_Player	No
Powered_Windows	No
Sport_Model	No
Tow_Bar	Yes

Logistic 回归

本章介绍功能强大且深受人们欢迎的分类方法——Logistic 回归。与线性回归一样，Logistic 回归也能通过某个特定模型，在预测变量和结果变量间建立起关联。用户必须确定模型中的预测变量以及它们的形式(此外还包括它们之间的任何交互项)。这意味着即使较小的数据集也可以建立 Logistic 回归分类器，而且一旦模型得到估计后，就可以快速且低成本地分类包含大量新记录的数据集。本章首先介绍 Logistic 回归模型的公式，然后介绍如何从数据中估计模型的系数，接下来介绍 Logistic 模型背景下事件的 logit、几率(odds)和概率(probability)等概念以及它们的关系，最后讨论变量重要性、系数解释、用于降维的变量选择，以及如何把 Logistic 回归推广到多类别分类。

本章使用 Pandas 包处理数据，使用 scikit-learn 和 statsmodel 包建立模型，使用 matplotlib 包生成可视化图形。此外，本章还要用到附录中的 Python 工具函数。

导入本章所需要的功能：

```
import numpy as np
import pandas as pd
from sklearn.linear_model import LogisticRegression, LogisticRegressionCV
from sklearn.model_selection import train_test_split
import statsmodels.api as sm
from mord import LogisticIT
import matplotlib.pylab as plt
import seaborn as sns
from dmba import classificationSummary, gainsChart, liftChart
from dmba.metric import AIC_score
```

10.1 引言

Logistic 回归把线性回归的思想推广到了分类变量。我们认为分类变量的作用就是把记录分类为不同类别。例如，如果用 Y 表示某只股票的三种推荐模式——继续持有、卖出和买入，那么 Y 就是一个拥有三个分类值的分类变量。股票数据集里的每一条记录都属于以下三个类别之一：继续持有、卖出和买入。Logistic 回归用来分类类别未知的新记录，它能根据预测变量的值把新记录分类为以上三个类别之一(这就是分类方法)。Logistic 回归还可以用于预测分析(predictor profile)，也就是在类别已知的数据集中找出影响不同类别股票的主要因素，并分析这些因素与预测变量的关系。Logistic 回归的应用包括：

- 把顾客分类为"回头客"或"非回头客"(分类)。
- 寻找决定男性高管和女性高管差异的主要因素(分析)。

● 根据信用积分等信息预测贷款申请批准与否(分类)。

凡是需要结构化模型解释或预测分类结果(特别是二元结果)的领域，都要用到 Logistic 回归模型，典型代表就是分析经济学领域消费者的选择行为。

本章的重点是介绍 Logistic 回归在分类问题中的应用。10.5 节将介绍如何把 Logistic 回归推广到因变量 Y 多于两个类别的情形。常见的二元因变量示例有成功/失败、是/不是、买/不买、默认行为/非默认行为、生存/死亡等。为了方便起见，我们经常把二元结果变量 Y 的值表示为 0 和 1。

需要指出的是，在某些情形下，为了简单起见，我们可能需要把连续型因变量或拥有多个分类值的因变量转换为二元因变量，这正好反映了以下事实: 决策问题属于二元类别(批准或不批准贷款申请、报价或不报价等)。与多元线性回归一样，预测变量 $X_1, X_2, \cdots, X_k$ 可以是分类变量，也可以是连续变量，还可以是它们两者的混合。多元线性回归的目的是预测新记录的连续因变量 Y 的值; 但 Logistic 回归的目的是预测新记录属于哪个类别，简而言之，就是把新记录分类为某个类别。在股票示例中，我们需要把股票分类为继续持有、卖出或买入。我们还可能需要计算一组新记录属于每个类别的倾向值(概率)，然后根据倾向值将它们从高到低排序，最后选择倾向值最大的记录进行处理[1]。

Logistic 回归涉及两个步骤。第一步是估计记录属于每个类别的倾向值(或概率)。在二元情形下，需要估计 $p=P(Y=1)$ 的值，也就是记录属于类别 1 的概率(这也相当于告诉我们属于类别 0 的概率)。第二步是给这些概率值设置临界值，从而把每一条记录分类为两个类别之一。例如，在二元情形下，我们通常把临界值设置为 0.5，这表示当概率估计值 $P(Y=1)$ 大于或等于 0.5 时，就把记录分类为类别 1; 而当概率估计值 $P(Y=1)$ 小于 0.5 时，就把记录分类为类别 0。临界值并不是非要设置成 0.5 不可。对于概率比较小且值得注意的事件或者我们认为重要的事件(类别 1 代表欺诈事件)，可以使用较低的临界值，这样就可以把更多的记录分类为类别 1。

10.2 Logistic 回归模型

Logistic 回归的思想较容易理解: 不是把 Y 直接作为因变量，而是使用 Y 的一个函数作为因变量，这个函数被称为 logit。我们发现 logit 可以表示为预测变量的线性函数。

为了更好地理解 logit，我们介绍几个中间步骤: 首先分析 $p=P(Y=1)$，这是事件属于类别 1 的概率(相反的类别为类别 0)。普通的二元变量 Y 只有两个值(0 和 1)，但是 p 可以取[0,1]区间内的任意值。如果把 p 直接表示为 q 个预测变量的线性函数[2]:

$$p = \beta_0 + \beta_1 x_1 + \beta_2 x_2 + \cdots + \beta_q x_q \qquad \text{式(10.1)}$$

我们将无法保证右侧表达式的值处于[0,1]区间。解决办法是用非线性函数表示预测变量:

$$p = \frac{1}{1 + \mathrm{e}^{-(\beta_0 + \beta_1 x_1 + \beta_2 x_2 + \cdots + \beta_q x_q)}} \qquad \text{式(10.2)}$$

这就是人们常说的 Logistic 响应函数。预测变量 $x_1, \cdots, x_q$ 可以取任何值，右侧表达式的值总是处于[0,1]区间。

其次，我们可以用另一个度量指标——几率(odds)来表示事件属于某个类别的可能性。属于类别 1 的几率被定义为使用属于类别 1 的概率除以属于类别 0 的概率:

---

1 也可以把线性回归用于分类。首先在 0/1 结果变量上训练模型(也称为线性概率模型)，然后用这个模型得到一个数值型预测值，并根据阈值将其转换为二元分类值。但线性概率模型并不能得到预测的概率值，得到的数值型预测结果可用来与阈值进行比较，反之则没有意义。

2 不同于本书其他地方使用 p 表示预测变量的个数，本章使用 q 表示预测变量的个数，这么做是为了避免与概率 p 发生混淆。

$$\text{几率}(Y=1) = \frac{p}{1-p} \qquad \text{式(10.3)}$$

几率这个指标在赛马、体育、流行病学和其他领域被经常使用。我们常说获胜或患某疾病的几率有多大，而不是说概率多大。它们有何不同？举例来说，如果获胜的概率为 0.5，那么获胜的几率是 0.5/0.5=1。也可以进行反向运算，已知某事件发生的几率，可通过以下公式计算相应的概率：

$$p = \frac{\text{几率}}{1+\text{几率}} \qquad \text{式(10.4)}$$

把式(10.2)代入式(10.4)，便可得到几率与预测变量的关系：

$$\text{几率}(Y=1) = e^{\beta_0+\beta_1 x_1+\beta_2 x_2+\cdots+\beta_q x_q} \qquad \text{式(10.5)}$$

式(10.5)说明了预测变量与几率之间存在倍乘(比例)关系，这种关系可以百分比来解释。例如，预测变量 X_j 每增加一个单位，几率将相应地平均增加 $\beta_j \times 100\%$ (假设其他预测变量保持不变)。

现在，把自然对数[1]应用于式(10.5)的两边，可得到 Logistic 模型的标准公式：

$$\log(\text{几率}) = \beta_0 + \beta_1 x_1 + \beta_2 x_2 + \cdots + \beta_q x_q \qquad \text{式(10.6)}$$

我们称 log(几率)为 logit，取值范围是 $-\infty$(对应非常小的几率)$\sim+\infty$(对应非常大的几率)[2]。Logit 的值为 0，这表示两个类别的机会均等，对应的几率为 1(概率为 0.5)。因此，式(10.6)描述了结果变量与预测变量的关系——将结果变量的 logit 作为因变量，并将其表示为 q 个预测变量的线性函数。

为了更好地理解概率、几率和 logit 三者之间的关系，分析图 10.1，图 10.1(a)说明了几率与概率 p 的关系，图 10.1(b)说明了 logit 与概率 p 的关系。我们发现几率可以取任何非负值，而 logit 可以取任何实数值。

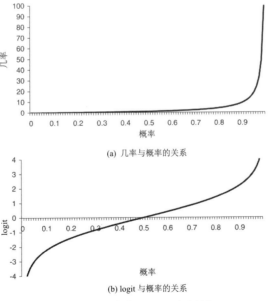

(a) 几率与概率的关系

(b) logit 与概率的关系

图 10.1　几率、概率和 logit 三者之间的

---

1 自然对数函数通常用 ln()或 log()表示，本书使用 log()。

2 可以互换使用 odds 和 odds(Y=1)。

10.3 实例：接受个人贷款申请

回忆一下第 9 章中的环球银行个人贷款实例。银行的数据文件包含了 5000 个客户的数据，这些数据包含客户对上次贷款促销活动的响应(Personal Loan)、客户的人口统计信息(如年龄、收入等)以及客户与银行的关系(抵押、证券账户等)，详见表 10.1。在这 5000 个客户中，只有 480 个客户(占 9.6%)接受上次活动提供的个人贷款业务。现在的目标是建立一个模型，以识别哪些客户最有可能接受未来邮件推销活动中提供的个人贷款业务。

表 10.1 个人贷款数据文件中的变量及相关说明

Age	客户的年龄
Experience	工作年限
Income	客户的年收入(单位为千美元)
Family Size	客户的家庭人口
CCAvg	每个月的平均信用卡消费(单位为千美元)
Education	教育程度(1 表示本科，2 表示硕士研究生，3 表示博士研究生)
Mortgage	房屋抵押值(单位为千美元)
Securities Account	如果客户有证券账户，编码为 1
CD Account	如果客户有存款账户，编码为 1
Online Banking	如果客户使用了银行的在线服务，编码为 1
Credit Card	如果客户使用了银行的信用卡，编码为 1

10.3.1 只有单个预测变量的模型

首先考虑一个简单的 Logistic 回归模型，它只有一个预测变量。从理论上讲，它类似于简单的线性回归模型——表示因变量 Y 与单个预测变量 X 之间线性关系的模型。

现在建立一个简单的 Logistic 回归模型，以根据单个预测变量(Income)分类客户。描述结果变量与预测变量之间关系的概率方程如下：

$$P(\text{Personal Loan} = \text{Yes} \mid \text{Income} = x) = \frac{1}{1 + e^{-(\beta_0 + \beta_1 x)}}$$

上述方程也可等效地表示为几率形式：

$$\text{几率}(\text{Personal Loan} = \text{Yes} \mid \text{Income} = x) = e^{\beta_0 + \beta_1 x} \qquad 式(10.7)$$

假设模型的估计系数 $\hat{\beta}_0 = -6.04892$、$\hat{\beta}_1 = 0.036$，那么拟合模型可以表示为

$$P(\text{Personal Loan} = \text{Yes} \mid \text{Income} = x) = \frac{1}{1 + e^{6.04892 - 0.036x}} \qquad 式(10.8)$$

Logistic 回归虽然可以用于预测分类结果变量的概率，但是它更常用于分类。为了帮助你理解以上两者的区别，我们分析以下两种情形：一是预测客户接受贷款合约的概率；二是把客户分类为贷款接受者/贷款非接受者。从图 10.2 可以看出，由 Logistic 回归模型得到的接受贷款的概率值在 0 与 1 之间。为了把客户分类为类别 1 或类别 0(接受贷款和不接受贷款)，需要使用阈值或临界值。这同样适用于含有多个预测变量的情形。

在环球银行个人贷款实例中，为了把新客户分类为贷款接受者和贷款非接受者，可以将客户的收入信息代入式(10.8)所示的拟合方程，得到接受贷款的概率估计。如果得到的概率值大于临界值，就把客户分类为贷款接受者[1]。

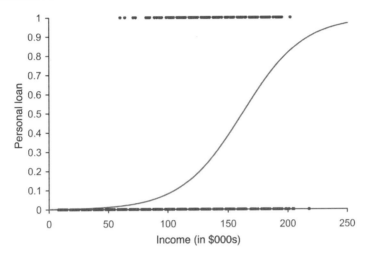

图 10.2　散点图(接受个人贷款的概率是收入的函数)和 Logistic 拟合曲线

10.3.2　根据数据估计 Logistic 模型：计算参数估计值

在 Logistic 回归模型中，因变量 Y 与参数 β 之间是非线性关系。正因为如此，不能用最小平方差法(多元线性回归使用的方法)估计参数 β，而应使用另一种方法：最大似然法。简单来说，这种方法的思想就是找到能使数据获取机会最大化的估计，这需要使用计算机程序进行迭代计算[2]。

计算 Logistic 模型系数估计值的算法不如线性回归稳健。通常，得到的估计值依赖于"行为良好"的数据集——结果变量值为 1 和 0 的记录数都必须足够大，它们的比例不要太接近 0 或 1，并且 Logistic 回归的系数个数与样本中的记录数相比很小(例如，比例小于 10%)。与线性回归一样，共线性(预测变量之间存在强相关性)可能会导致计算后无法得到结果。为了克服这些困难，人们最近提出了一些计算密集型算法，有关 Logistic 回归最大似然估计的具体细节，可以参考 Hosmer 和 Lemeshow 发表的文章。

为了说明上述过程典型的输出结果，我们在环球银行的内含 3000 个客户的数据集上拟合一个 Logistic 模型。结果变量是 Personal Loan (个人贷款)，Yes 代表成功(这等效于把结果变量设置为 1 和 0，分别对应接受贷款和不接受贷款)。

数据预处理　我们需要把 Education 这个预测变量转换为一组虚拟变量。在原来的数据集中，Education 是一个整值型变量，可以取值为 1、2、3 等。为了将其转换为一组虚拟变量，可首先使用 Pandas 中的 astype('category')函数和 rename_categorie 参数将其转换为一个分类变量。然后将函数

1　这里对概率值与临界值 c 进行比较。如果喜欢使用几率而非概率，那么可以使用与式(10.7)所示方程等效的其他方法，并对得到的几率与 $c/(1-c)$ 进行比较。如果几率大于后面这个值，就把客户分类为贷款接受者，否则分类为贷款非接受者。

2　最大似然法保证估计值的计算过程具有很好的渐进性(大样本)。在非常普通的条件下，最大似然估计器必须做到以下三点：一是一致性，当样本里的记录数逐渐增大时，估计值与真实值的差值逼近于 0；二是渐进有效，以差分方式获取所有估计器的最小值；三是渐进正态分布，这将允许我们使用与多变量线性回归模型相同的分析方法来计算置信区间和执行统计检验，前提是样本规模必须很大。

pd.get_dummies()应用于数据框架，从三个分类值中生成两个虚拟变量。Logistic 回归只用到三个分类值中的两个虚拟变量，因为如果使用全部三个虚拟变量的话，将会产生多重共线性问题(参见第 6 章)。这个 Logistic 模型共有 6 个(2+1+1+1+1)虚拟变量，它们对应表 10.1 中的 5 个分类预测变量。加上原来的 6 个数值型变量，一共有 12 个预测变量。

接下来，把原来的数据集随机地分割为训练集(60%)和验证集(40%)。用训练集拟合 Logistic 回归模型，用验证集评估模型的性能。

估计模型　表 10.2 展示了把 Logistic 回归模型应用于训练集的 12 个预测变量的结果。建立在全部 12 个预测变量之上的模型支持如下 Logistic 方程:

logit(Personal Loan = Yes)= −12.619 − 0.0325 Age + 0.0342 Experience

+0.0588 Income + 0.6141 Family + 0.2405 CCAvg

+0.0010 Mortgage − 1.0262 Securities_Account + 3.6479 CD_Account

−0.6779 Online −0.9560 Credit Card

+4.1922 Education_Graduate + 4.3417 Education_Advanced/Professional　　　　式(10.9)

在回归方程中，Education_Graduate、Education_Advanced/Professional 和 CD_Account 这三个虚拟变量的系数是正值，这表示拥有 CD 账户(CD_Account)且教育程度为硕士或博士研究生(这些虚拟变量都编码为 1)的客户接受贷款的概率较大。相反，拥有证券账户、使用环球银行在线服务以及拥有环球银行信用卡的客户，接受贷款的概率较低。对于连续变量，正系数的值越大，接受个人贷款的概率越大(例如，对于 Income 变量，收入越高，越容易接受贷款)。同理，负系数的值越大，接受贷款的概率越低(例如，对于 Age 变量，年纪大的客户不大可能接受个人贷款)。

表 10.2　生成将要应用于个人贷款数据(训练集)的 Logistic 回归模型

```
bank_df = pd.read_csv('UniversalBank.csv')
bank_df.drop(columns=['ID', 'ZIP Code'], inplace=True)
bank_df.columns = [c.replace(' ', '_') for c in bank_df.columns]

# Treat education as categorical, convert to dummy variables
bank_df['Education'] = bank_df['Education'].astype('category')
new_categories = {1: 'Undergrad', 2: 'Graduate', 3: 'Advanced/Professional'}
bank_df.Education.cat.rename_categories(new_categories, inplace=True)
bank_df = pd.get_dummies(bank_df, prefix_sep='_', drop_first=True)

y = bank_df['Personal_Loan']
X = bank_df.drop(columns=['Personal_Loan'])

# partition data
train_X, valid_X, train_y, valid_y = train_test_split(X, y, test_size=0.4, random_state=1)

# fit a logistic regression (set penalty=l2 and C=1e42 to avoid regularization)
logit_reg = LogisticRegression(penalty="l2", C=1e42, solver='liblinear')
logit_reg.fit(train_X, train_y)

print('intercept ', logit_reg.intercept_[0])
print(pd.DataFrame({'coeff': logit_reg.coef_[0]}, index=X.columns).transpose())

print('AIC', AIC_score(valid_y, logit_reg.predict(valid_X), df = len(train_X.columns) + 1))
```

输出结果如下：

```
intercept -12.61895521314035
               Age  Experience    Income      Family     CCAvg Mortgage
coeff   -0.032549     0.03416  0.058824    0.614095  0.240534 0.001012


        Securities_Account  CD_Account     Online CreditCard
coeff            -1.026191    3.647933  -0.677862  -0.95598


        Education_Graduate  Education_Advanced/Professional
coeff             4.192204                         4.341697


AIC -709.1524769205962
```

10.3.3　用几率解释结果(用于分析目的)

当数据合适时，Logistic 模型可以向我们提供有用的信息，如不同预测变量的作用。例如，假设我们想知道家庭收入增加一个单位对个人接受贷款的概率有多大影响，那么使用几率而不是概率很容易就能解释清楚。

回想一下几率公式：

$$几率 = e^{\beta_0 + \beta_1 x_1 + \beta_2 x_2 + \cdots + \beta_q x_q}$$

回到仅包含单个预测变量的那个例子，客户是否接受个人贷款与客户收入间存在如下函数关系：

$$几率 (\text{Personal Loan} = \text{Yes} \mid \text{Income}) = e^{\beta_0 + \beta_1 \text{Income}}$$

以上公式可以看成几率的倍乘模型。零收入客户接受贷款的几率可以由 $e^{-6.04892+(0.036)(0)}=0.00236$ 得到。这是基准几率。在这个例子里，讨论零收入在经济上显然没有意义，但是这里的零收入和相应的基准几率对于其他预测变量是有意义的。有 10 万美元收入的客户接受贷款的几率将在基准几率的基础上增大倍乘因子 $e^{(0.036)(100)}=36.6$，因此这类客户接受贷款的几率是 $e^{-6.04892+(0.036)(100)}=0.086$。

假设 Income 或 X_1 的值增大一个单位，比如从 x_1 增大到 x_1+1，而其他预测变量保持不变$(x_2, \cdots, x_{12})$，我们得到的几率比是

$$\frac{几率 (x_1+1, x_2, \cdots, x_{12})}{几率 (x_1, \cdots, x_{12})} = \frac{e^{\beta_0 + \beta_1(x_1+1) + \beta_2 x_2 + \cdots + \beta_{12} x_{12}}}{e^{\beta_0 + \beta_1 x_1 + \beta_2 x_2 + \cdots + \beta_{12} x_{12}}} = e^{\beta_1}$$

这告诉我们，假如其他预测变量 $X_2, \cdots, X_{12}$ 保持不变，只有 X_1 增加一个单位的话，客户接受个人贷款的几率将增大因子 e^{β_1}。换言之，e^{β_1} 是倍乘因子，表示当 X_1 的值增大一个单位时，属于类别 1 的几率的增大倍数。当 $\beta_1 < 0$ 时，属于类别 1 的几率将会减小；而当 $\beta_1 > 0$ 时，属于类别 1 的几率将会增大。

当预测变量是虚拟变量时，从技术上讲，我们可以用同样的方法来解释它们，但是它们的实际意义却不同。例如，对于 CD_Account 变量，在包含 12 个预测变量的模型中，这个变量的系数值是 3.647933。这个虚拟变量的参考组是没有 CD 账户的客户。我们可以这样解释 CD_Account 变量的系数：$e^{3.647933}=38.4$，这表示有 CD 账户的客户接受个人贷款的几率，是没有 CD 账户的客户接受个人贷款的几率的 38.4 倍(假设其他变量都不变)，这进一步表示在环球银行拥有 CD 账户的客户比起没有 CD 账户的客户更有可能接受个人贷款(假设其他变量都不变)。

用几率而非概率表示结果的好处是，上述结论对于 X_1 的任何值都成立。不能说"X_1 每增加一个单位对概率的影响"，除非 X_1 是虚拟变量。这是因为运算结果与 X_1 的实际值有关。因此，X_1 从 3 增加到 4 对事件属于类别 1 的概率的影响不同于 X_1 从 30 增加到 31 产生的影响。换言之，当其他预测变量都不变时，某个预测变量增加一个单位引起的概率的变化不是常量——而是与这个预测变量的具体值有关。

10.4 评估分类性能

第 5 章介绍的通用性能指标也可以用来评估分类模型的性能。回忆一下前面提到的几个性能指标，其中最常用的是根据混淆矩阵(准确度或准确度与成本的组合)以及增益图和提升图得到的性能指标。与其他分类方法一样，进行 Logistic 分类的目标也是找到一个仅根据预测变量信息就能准确分类记录的模型。这个目标的另一种形式是排名，或者说我们想要找到这样一个模型：对于一组新记录，它能很好地识别属于某个特定(或重要)类别的成员(当然，这可能要牺牲总体准确度)。训练集用来选择模型，因此可以预料到模型在训练集上的性能肯定相当好，我们更应测试模型在验证集上的性能。回忆一下，前面曾说过，模型在构建过程中并没有用到验证集里的数据，因此可以用验证集测试模型的性能，看看模型对以前未曾见过的数据的分类能力如何。

为了从 Logistic 回归分析中获得混淆矩阵，我们需要使用估计的模型方程预测验证集里每一条记录属于每个类别的概率(倾向值)，并用临界值确定这些记录所属的类别。然后将分类结果与记录的实际类别做比较。在环球银行个人贷款实例中，可利用式(10.9)中的模型公式和公式 $p=e^{logit}/(1+e^{logit})$ 预测验证集(其中包含 2000 个客户)里每个客户接受个人贷款的概率。然后把这些概率值与临界值做比较，并根据比较结果将验证集中的每条记录(客户)分类为贷款接受者或贷款非接受者。

表 10.3 展示了从验证集里选取的 4 条记录的倾向值。假设临界值为 0.5，我们发现第一个客户接受个人贷款的概率小于临界值 0.5，因此把第 1 个客户分类为贷款非接受者(类别 0)，实际情况也确实如此。根据模型，第 2 个和第 3 个客户接受个人贷款的概率超过 0.5，因此他们被分类为贷款接受者(类别 1)。虽然第 3 个客户确实是贷款接受者，但是模型却把第 2 个客户误分类为贷款接受者。另外，第 4 个客户也被模型误分类为贷款接受者。

表 10.3 从验证集中选取的 4 条记录的倾向值

```
logit_reg_pred = logit_reg.predict(valid_X)
logit_reg_proba = logit_reg.predict_proba(valid_X)
logit_result = pd.DataFrame({'actual': valid_y,
                             'p(0)': [p[0] for p in logit_reg_proba],
                             'p(1)': [p[1] for p in logit_reg_proba],
                             'predicted': logit_reg_pred })

# display four different cases
interestingCases = [2764, 932, 2721, 702]
print(logit_result.loc[interestingCases])
```
输出结果如下：

```
      actual   p(0)   p(1)   predicted
2764     0    0.976  0.024      0
932      0    0.335  0.665      1
2721     1    0.032  0.968      1
702      1    0.986  0.014      0
```

表 10.4 展示了使用临界值 0.5 得到的训练集和验证集的混淆矩阵。我们发现，在这两个数据集中，大多数贷款非接受者得到了正确分类，另有三分之一的贷款接受者被误分类了。

评估分类模型性能的其他工具还有累积增益图和十分位提升图(详见第 5 章)。图 10.3 展示了环球银行个人贷款模型在验证集上的累积增益图和提升图。在累积增益图里，相对于基准曲线的提升量表示的是对于给定的记录数(从 x 轴可以读出)，使用模型得到的结果相对于基准曲线的增加量。我们从十分位提升图中也可以得到同样的信息：根据模型对最有可能属于类别 1 的记录排名结果，选择其中 10%的记录，正确分类率将提升到随机选择 10%记录时的 7.8 倍。

表 10.4　使用临界值 0.5 得到的训练集和验证集的混淆矩阵

```
# training confusion matrix
classificationSummary(train_y, logit_reg.predict(train_X))

# validation confusion matrix
classificationSummary(valid_y, logit_reg.predict(valid_X))
```
输出结果如下：
```
Confusion Matrix (Accuracy 0.9603)
       Prediction
Actual    0   1
   0  2684   29
   1    90  197
Confusion Matrix (Accuracy 0.9595)

      Prediction
Actual   0   1
   0  1791  16
   1    65 128
```

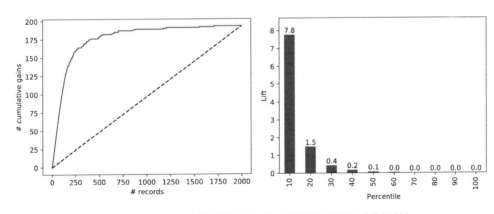

图 10.3　环球银行个人贷款模型在验证集上的累积增益图和十分位提升图

以下代码用于生成累积增益图和十分位提升图:

```
df = logit_result.sort_values(by=['p(1)'], ascending=False)
fig, axes = plt.subplots(nrows=1, ncols=2, figsize=(10, 4))

gainsChart(df.actual, ax=axes[0])
liftChart(df['p(1)'], title=False, ax=axes[1])

plt.show()
```

变量的选择

接下来寻找其他可替代的模型。我们既可以创建一个比较简单的模型,并减少所需要的预测变量的个数;也可以创建一个更加复杂的模型,并在模型中增加一些能够反映预测变量之间交互效应的新变量。例如,假设家庭收入与家庭人口数量之间存在交互效应,我们可以在模型中增加交互项 Income×Family。如何从众多候选模型中选择最佳模型?主要依据就是模型在验证集上的性能。如果模型的性能大致差不多,那么相对于复杂模型,人们总是更偏爱简单模型。需要指出的是,模型可能在验证集上的性能过于乐观,因此当把模型应用于以前从没有遇到过的数据时,性能可能要打折扣。这是因为验证集是用来从一组模型中选择最佳模型的,我们需要根据模型在验证集上的性能来选择模型,我们选取的最佳模型可能已经包含验证集中的一些随机成分。选定的模型对于验证集来说最佳,但是对于未知数据可能并不一定最佳。因此,我们需要评估选定的模型在一组新数据上的性能。此外,在选择模型时还要考虑一些实际问题,如收集变量信息的成本、错误的可能性(error-proneness)和模型的复杂度。

与线性回归一样,在 Logistic 回归模型中也可以实现变量的自动选择,比如利用前面介绍的逐步回归算法、前向选择算法和后向剔除算法。这些算法要么能使 AIC 最小化,要么使用了与训练集中变量个数有关的罚因子。我们也可以使用 L1 或 L2 罚因子对数据进行归一化处理。在 Python 中,罚因子可以通过参数 penalty(可设置为 l1 或 l2)来设置,罚参数 C 的默认值为 1。通过把 penaly 参数设置为 l2 并把罚参数 C 设置为一个非常大的值(如 LogisticRegression(penalty="l2", C=1e42)),就可以创建普通的 Logistic 回归。

10.5 用于多类别分类的 Logistic 回归

适用于二元因变量的 Logistic 回归可以推广到多类别因变量。假设因变量有 m 个类别。应用 Logistic 回归模型,每条记录有 m 个概率值,分别表示记录属于其中某个类别的概率。既然 m 个概率值之和为 1,因此我们实际上只需要 $m-1$ 个概率值。

10.5.1 定序类别

定序类别是指可以按意义排序的类别。例如,在股票推荐实例中有三个类别——买入、继续持有和卖出,它们就可以看成有序类别。有一条非常简单的规律可供参考:凡是可以按数字有意义地进行编号的类别,就可以认为是定序类别。当类别的个数 m 很大时(通常超过 5 个),可以把结果变量当作连续变量，并且使用线性回归模型。当 $m=2$ 时，我们使用前面刚讨论过的 Logistic 回归。因此，可以把 Logistic 回归推广到定序类别数较小($3 \leqslant m \leqslant 5$)的情形。有好几种方法可以用来推广二元 Logistic 回归。下面介绍比例几率方法(proportional odds)或累积 logit 方法(cumulative logit)。如果想了解其他方法，请参考 Hosmer 和 Lemeshow 发表的文章。

为了便于解释和计算，我们讨论类别成员的累积概率。例如，股票推荐实例中有 3 个类别($m=3$)，我们用 1 表示买入，用 2 表示继续持有，用 3 表示卖出。根据模型得到的概率估计值是 $P(Y \leqslant 1)$(买入的推荐概率)和 $P(Y \leqslant 2)$(买入或继续持有的推荐概率)，从这两个累积概率很容易得到三个类别成员的非累积概率。

$$P(Y=1) = P(Y \leqslant 1)$$
$$P(Y=2) = P(Y \leqslant 2) - P(Y \leqslant 1)$$
$$P(Y=3) = 1 - P(Y \leqslant 2)$$

下一步是把每个类别的 logit 表示为预测变量的函数。与每一个累积概率(一共有 $m-1$ 个)对应的是一个 logit 值。在本例中，存在以下公式：

$$\text{logit(买入)} = \log \frac{P(Y \leqslant 1)}{1 - P(Y \leqslant 1)}$$

$$\text{logit(买入或继续持有)} = \log \frac{P(Y \leqslant 2)}{1 - P(Y \leqslant 2)}$$

最后，把每个 logit 值表示为预测变量的一个线性函数(与两类别情形相似)。例如，在股票推荐实例中只有一个预测变量，并且它的值为 x，可使用如下公式计算两个 logit 值：

$$\text{logit(买入)} = \alpha_0 + \beta_1 x$$

$$\text{logit(买入或继续持有)} = \beta_0 + \beta_1 x$$

从上述公式可以看出，它们有相同的斜率(β_1)，但是截距不同。当 α_0、β_0、β_1 三个系数值已经被估计出来时，就可以把上面的 logit 公式改写为概率公式，从而计算事件属于某个类别的概率。对于三类别情形，概率计算公式如下：

$$P(Y=1) = P(Y \leqslant 1) = \frac{1}{1 + e^{-(\alpha_0 + \beta_1 x)}}$$

$$P(Y=2) = P(Y \leqslant 2) - P(Y \leqslant 1) = \frac{1}{1 + e^{-(\beta_0 + \beta_1 x)}} - \frac{1}{1 + e^{-(\alpha_0 + \beta_1 x)}}$$

$$P(Y=3) = 1 - P(Y \leqslant 2) = 1 - \frac{1}{1 + e^{-(\beta_0 + \beta_1 x)}}$$

以上公式中的 α_0、β_0 和 β_1 是从训练集得到的估计值。

10.5.2　定类类别

当类别仅仅在数值上不同而没有排序意义时，它们就是定类类别。定类类别的典型代表是从一些谷类食物品牌中选择其中之一。定类类别的一种简单判定办法是看看用 A、B、C、…表示它们是否讲得通，或者看看用字母表示它们会不会带来任何问题。为简单起见，假设消费者可以选择的谷类食物有三个品牌($m=3$)，并假设每个消费都要选择其中一个品牌。然后，估计这三个类别的概率 $P(Y=A)$、

$P(Y=B)$和 $P(Y=C)$。与前面一样，如果已知其中两个概率，那么可以确定第三个概率。因此，我们可以选择其中一个类别作为参考类别，这里选择 C 作为参考类别。

我们的目标仍然是用模型表示类别成员与预测变量的函数关系。因此，在谷类食物实例中，我们希望预测当谷物价格已知时顾客会选择哪种谷类食物。

接下来构建 $m-1$ 个伪 logit 方程，它们与预测变量的关系是线性关系。在本例中，可构建如下方程：

$$
\begin{aligned}
\text{logit}(A) &= \log \frac{P(Y=A)}{P(Y=C)} = \alpha_0 + \alpha_1 x \\
\text{logit}(B) &= \log \frac{P(Y=B)}{P(Y=C)} = \beta_0 + \beta_1 x
\end{aligned}
$$

当上述方程中的 4 个参数都由训练集得到估计时，就可以估计类别成员的概率：

$$
\begin{aligned}
P(Y=A) &= \frac{e^{\alpha_0 + \alpha_1 x}}{1 + e^{\alpha_0 + \alpha_1 x} + e^{\beta_0 + \beta_1 x}} \\
P(Y=B) &= \frac{e^{\beta_0 + \beta_1 x}}{1 + e^{\alpha_0 + \alpha_1 x} + e^{\beta_0 + \beta_1 x}} \\
P(Y=C) &= 1 - P(Y=A) - P(Y=B)
\end{aligned}
$$

10.5.3 比较定序类别模型和定类类别模型

根据因变量表示为定序类别还是定类类别，可生成不同的 Logistic 模型。以美国交通统计局收集的交通事故数据为例，用这些数据可以预测某个事故是否会造成伤亡，预测时需要用到以下信息：酒精含量、事故发生的时间、路况等。事故的严重程度分三个级别：0=无伤害，1=非致命伤害，2=致命伤害。

事故的严重程度可看成定序变量，用两个定序预测变量(酒精含量和天气)拟合一个简单的模型，这两个定序预测变量都可表示为 No(事件与它们无关)或 Yes(事故与它们有关)。接下来，我们把事故的严重程度改为定类类别，用同样的预测变量拟合另一个模型。这两个模型的参考组都是 severity=2(严重程度=2)。

表 10.5 展示了如何将定序多元回归和定类多元回归应用于事故数据，并输出最终得到的模型以及几条样本记录的预测概率。

定序 Logistic 模型有 4 个估计值，其中两个可作为截距(第一个是 severity=0 的截距，第二个是 severity=1 的截距)，每个预测变量都有一个系数。定类 Logistic 模型有 9 个估计值，其中 3 个是截距的估计值，其余 6 个对应结果变量的 3 个类别。结果变量的每个类别都有两个估计值，分别对应两个预测变量的系数。

最后，这两个模型得到的预测概率值也不相同。因此，我们需要确定哪个模型更适合当前的因变量，并且需要评估它们在验证集上的性能。

表 10.5　用 Python 程序实现定类回归和定序回归(多类别)

```
data = pd.read_csv('accidentsFull.csv')
outcome = 'MAX_SEV_IR'
predictors = ['ALCHL_I', 'WEATHER_R']

y = data[outcome]
X = data[predictors]
train_X, train_y = X, y

print('Nominal logistic regression')
logit = LogisticRegression(penalty="l2", solver='lbfgs', C=1e24, multi_class='multinomial')
logit.fit(X, y)
print(' intercept', logit.intercept_)
print(' coefficients', logit.coef_)
print()
probs = logit.predict_proba(X)
results = pd.DataFrame({
    'actual': y, 'predicted': logit.predict(X),
    'P(0)': [p[0] for p in probs],
    'P(1)': [p[1] for p in probs],
    'P(2)': [p[2] for p in probs],
})
print(results.head())
print()

print('Ordinal logistic regression')
logit = LogisticIT(alpha=0)
logit.fit(X, y)
print(' theta', logit.theta_)
print(' coefficients', logit.coef_)
print()
probs = logit.predict_proba(X)
results = pd.DataFrame({
    'actual': y, 'predicted': logit.predict(X),
    'P(0)': [p[0] for p in probs],
    'P(1)': [p[1] for p in probs],
    'P(2)': [p[2] for p in probs],
})
print(results.head())
Output
Nominal logistic regression
   intercept
    [-0.09100315 0.9036454 -0.81264225]
  coefficients [[ 0.51606685 0.3391015 ]
 [ 0.14900396 0.09543369]
 [-0.66507082 -0.43453518]]
```

```
     actual    predicted    P(0)    P(1)    P(2)
0       1           1       0.491   0.499   0.010
1       0           0       0.553   0.441   0.005
2       0           0       0.553   0.441   0.005
3       0           1       0.491   0.499   0.010
4       0           1       0.394   0.579   0.027


Ordinal logistic regression
  theta
   [-1.06916285 2.77444326]
  coefficients
  [-0.40112008 -0.25174207]
     actual    predicted    P(0)    P(1)    P(2)
0       1           1       0.496   0.483   0.021
1       0           0       0.559   0.425   0.017
2       0           0       0.559   0.425   0.017
3       0           1       0.496   0.483   0.021
4       0           1       0.397   0.571   0.031
```

10.6 分析实例：预测航班是否延误

预测航班是否延误对很多机构都很有用，比如机场管理当局、航空公司、民航当局。政府有时还需要成立联合任务小组来处理航班延误问题。假设这类机构的目的是为航班延误提供持续的实时服务，那么如果能够预先知道有可能延误的航班，将对此类机构大有裨益。

在这个简单的演示实例中，我们只分析 6 个预测变量(见表 10.6)。结果变量是航班是否延误(这里的延误是指比预定时间至少晚 15 分钟)。数据文件 FlightDelay.csv 包含了所有在 2004 年 1 月从华盛顿特区到纽约市的航班信息。在这 2201 个航班中，有 19.5%的航班出现了延误。这些数据来自美国运输统计局的网站(www.transtats.gov)。

表 10.6　航班延误数据集中的变量及相关说明

变量	说明
Day of week	星期几，1=星期一、2=星期二、…、7=星期日
Departure time	离港时间，可将 6:00 AM~10:00 PM 分解为 18 个时间段
Origin	出发机场的代码：DCA、IAD、BWI
Destination	到达机场的代码：JFK、LGA、EWR
Carrier	8 家航空公司的代码：CO、DH、DL、MQ、OH、RU、UA 和 US
Weather	天气代码：1 表示因天气原因造成的延误

我们的目标是精确预测没有出现在航班延误数据集中的新航班是否会发生延误。结果变量是飞行状态(Flight Status)：延误(Delayed)或准时(Ontime)。

　　美国运输统计局的网站上还有其他信息(如飞行距离、到达时间)，由于我们分析的是某个特定航线(数据集中所有航班的飞行距离、飞行时间几乎相等)，因此这些信息无关紧要。表 10.7 收集了 20 个航班的样本数据。图 10.4 和图 10.5 分别用图形显示了航班延误与不同的预测变量或预测变量组合的关系。从图 10.4 可以看出，星期日和星期一的航班延误率最高。此外，我们还发现延误率与航空公司、一天内的某个时间以及出发机场和到达机场有关。至于天气因素，我们发现对于 Weather=1(在这种情况下，几乎总是有延误)和 Weather=0 两种不同情形，延误表现出明显的差别。图 10.5 所示的热力图揭示了出现高延误率的一些组合因素，如星期日从 BWI 机场出发的 RU 航空公司的航班、星期日从 DCA 机场出发的 MQ 航空公司的航班等，我们还发现有些组合的延误率非常低。

表 10.7　20 个航班的样本数据

飞行状态	航空公司	星期几	出发时间	目的地	出发机场	天气情况
Ontime	DL	2	728	LGA	DCA	0
Delayed	US	3	1600	LGA	DCA	0
Ontime	DH	5	1242	EWR	IAD	0
Ontime	US	2	2057	LGA	DCA	0
Ontime	DH	3	1603	JFK	IAD	0
Ontime	CO	6	1252	EWR	DCA	0
Ontime	RU	6	1728	EWR	DCA	0
Ontime	DL	5	1031	LGA	DCA	0
Ontime	RU	6	1722	EWR	IAD	0
Delayed	US	1	627	LGA	DCA	0
Delayed	DH	2	1756	JFK	IAD	0
Ontime	MQ	6	1529	JFK	DCA	0
Ontime	US	6	1259	LGA	DCA	0
Ontime	DL	2	1329	LGA	DCA	0
Ontime	RU	2	1453	EWR	BWI	0
Ontime	RU	5	1356	EWR	DCA	0
Delayed	DH	7	2244	LGA	IAD	0
Ontime	US	7	1053	LGA	DCA	0
Ontime	US	2	1057	LGA	DCA	0
Ontime	US	4	632	LGA	DCA	0

　　我们的目的有三个。第一个目的是希望找到这样一个模型：它能够根据预测变量的信息准确分类新的航班。第二个目的是确定最有可能发生延误(或最不可能发生延误)的航班的概率(排名)。第三个目的则不同于前两个目的——分析航班，确定哪些因素与延误有关(不再局限于样本数据里的航班，而是考虑整个航线上的全部航班)，并量化这些因素对航班的影响。Logistic 回归模型可以实现所有这些目的，但是要用不同的方法。

数据预处理

首先定义一个名为 isDelay 的二元因变量，如果飞行状态(Flight Status)是延误，那么 isDelay 的值为 1，否则为 0。把星期几(Day of week)这个变量转换为分类变量；再对出发时间进行分组，可将 6:00 AM~10:00 PM 按整点时间分为 18 个时间段，然后转换为分类变量。按以下方式为分类变量设置参考组：将 IAD 作为出发机场(Original)的参考组，将 LGA 作为到达机场(Destination)的参考组，将 USAirways 作为航空公司(Carrier)的参考组，将星期三作为星期几的参考组。预测变量有些多，我们首先使用全部预测变量分析模型的性能，然后探索降维方法。最后，把数据集分割为训练集(60%)和验证集(40%)，用训练集拟合模型，用验证集评估模型的性能。

以下代码生成的直方图(参见图 10.4)用于表示平均延误时间与预测变量的关系：

```python
delays_df = pd.read_csv('FlightDelays.csv')
# Create an indicator variable
delays_df['isDelayed'] = [1 if status == 'delayed' else 0
                          for status in delays_df['Flight Status']]

def createGraph(group, xlabel, axis):
    groupAverage = delays_df.groupby([group])['isDelayed'].mean()
    if group == 'DAY_WEEK': # rotate so that display starts on Sunday
    groupAverage = groupAverage.reindex(index=np.roll(groupAverage.index,1))
    groupAverage.index = ['Sun', 'Mon', 'Tue', 'Wed', 'Thu', 'Fri', 'Sat']
    ax = groupAverage.plot.bar(color='C0', ax=axis)
    ax.set_ylabel('Average Delay')
    ax.set_xlabel(xlabel)
    return ax

def graphDepartureTime(xlabel, axis):
    temp_df = pd.DataFrame({'CRS_DEP_TIME': delays_df['CRS_DEP_TIME'] // 100,
                            'isDelayed': delays_df['isDelayed']})
    groupAverage = temp_df.groupby(['CRS_DEP_TIME'])['isDelayed'].mean()
    ax = groupAverage.plot.bar(color='C0', ax=axis)
    ax.set_xlabel(xlabel); ax.set_ylabel('Average Delay')

fig, axes = plt.subplots(nrows=3, ncols=2, figsize=(10, 10))

createGraph('DAY_WEEK', 'Day of week', axis=axes[0][0])
createGraph('DEST', 'Destination', axis=axes[0][1])
graphDepartureTime('Departure time', axis=axes[1][0])
createGraph('CARRIER', 'Carrier', axis=axes[1][1])
createGraph('ORIGIN', 'Origin', axis=axes[2][0])
createGraph('Weather', 'Weather', axis=axes[2][1])
plt.tight_layout()
```

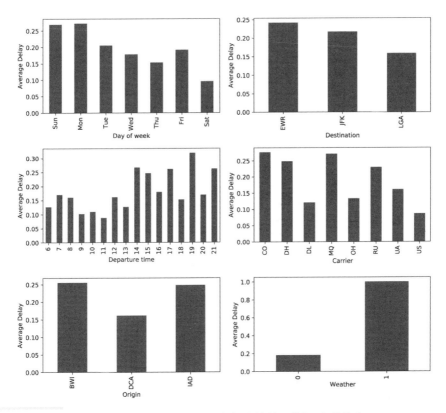

图 10.4 延误航班所占的比例与每个预测变量(一共有 6 个)的关系

以下代码生成的热力图(参见图 10.5)可用于分析航班延误与预测变量的关系:

```
agg = delays_df.groupby(['ORIGIN', 'DAY_WEEK', 'CARRIER']).isDelayed.mean()
agg = agg.reset_index()

# Define the layout of the graph
height_ratios = []
for i, origin in enumerate(sorted(delays_df.ORIGIN.unique())):
    height_ratios.append(len(agg[agg.ORIGIN == origin].CARRIER.unique()))
gridspec_kw = {'height_ratios': height_ratios, 'width_ratios': [15, 1]}
fig, axes = plt.subplots(nrows=3, ncols=2, figsize=(10, 6),
                         gridspec_kw = gridspec_kw)
axes[0, 1].axis('off')
axes[2, 1].axis('off')

maxIsDelay = agg.isDelayed.max()
for i, origin in enumerate(sorted(delays_df.ORIGIN.unique())):
    data = pd.pivot_table(agg[agg.ORIGIN == origin], values='isDelayed', aggfunc=np.sum,
                          index=['CARRIER'], columns=['DAY_WEEK'])
    data = data[[7, 1, 2, 3, 4, 5, 6]] # Shift last columns to first
    ax = sns.heatmap(data, ax=axes[i][0], vmin=0, vmax=maxIsDelay,
                     cbar_ax=axes[1][1], cmap=sns.light_palette("navy"))
```

```
        ax.set_xticklabels(['Sun', 'Mon', 'Tue', 'Wed', 'Thu', 'Fri', 'Sat'])
        if i != 2:
            ax.get_xaxis().set_visible(False)
        ax.set_ylabel('Airport ' + origin)
    plt.show()
```

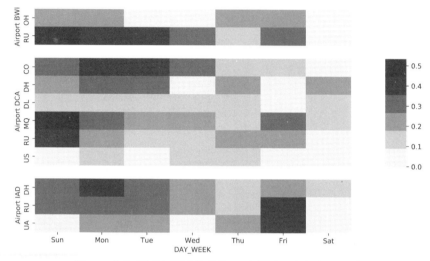

图 10.5　航班延误所占的比例与星期几、出发机场和航空公司的关系

10.6.1　训练模型

用 34 个预测变量估计得到的模型如表 10.8 所示。需要注意的是，logit 模型中小于 0 的系数经变换($e^{\hat{\beta}}$)后成了小于 1 的几率系数，而大于 0 的系数经变换后成了大于 1 的几率系数。

表 10.8　延误航班的 Logistic 回归模型(基于训练集)

```
delays_df = pd.read_csv('FlightDelays.csv')
# Create an indicator variable
delays_df['isDelayed'] = [1 if status == 'delayed' else 0 for status in delays_df['Flight
        Status']]

# convert to categorical
delays_df.DAY_WEEK = delays_df.DAY_WEEK.astype('category')

# create hourly bins departure time
delays_df.CRS_DEP_TIME = [round(t / 100) for t in delays_df.CRS_DEP_TIME]
delays_df.CRS_DEP_TIME = delays_df.CRS_DEP_TIME.astype('category')

predictors = ['DAY_WEEK', 'CRS_DEP_TIME', 'ORIGIN', 'DEST', 'CARRIER', 'Weather']
outcome = 'isDelayed'

X = pd.get_dummies(delays_df[predictors], drop_first=True)
```

```
y = delays_df[outcome]
classes = ['ontime', 'delayed']

# split into training and validation
train_X, valid_X, train_y, valid_y = train_test_split(X, y, test_size=0.4, random_state=1)

logit_full = LogisticRegression(penalty="l2", C=1e42, solver='liblinear')
logit_full.fit(train_X, train_y)

print('intercept ', logit_full.intercept_[0])
print(pd.DataFrame({'coeff': logit_full.coef_[0]}, index=X.columns).transpose())

print('AIC', AIC_score(valid_y, logit_full.predict(valid_X), df = len(train_X.columns) + 1))
```

输出部分结果如下：

```
intercept -1.2190975950944987
        Weather  DAY_WEEK_2  DAY_WEEK_3    DAY_WEEK_4   DAY_WEEK_5   DAY_WEEK_6   DAY_WEEK_7
coeff    9.325      -0.598      -0.705        -0.799       -0.296       -1.129       -0.135
        CRS_DEP_TIME_7  CRS_DEP_TIME_8   CRS_DEP_TIME_9   CRS_DEP_TIME_10   CRS_DEP_TIME_11
coeff           0.631           0.382           -0.365             0.337             0.078
        CRS_DEP_TIME_12  CRS_DEP_TIME_13  CRS_DEP_TIME_14   CRS_DEP_TIME_15   CRS_DEP_TIME_16
coeff            0.399           0.175            0.202             1.265             0.628
        CRS_DEP_TIME_17  CRS_DEP_TIME_18  CRS_DEP_TIME_19   CRS_DEP_TIME_20   CRS_DEP_TIME_21
coeff            1.093           0.285            1.655             1.023             1.077
        ORIGIN_DCA  ORIGIN_IAD  DEST_JFK    DEST_LGA   CARRIER_DH   CARRIER_DL   CARRIER_MQ
coeff       -0.01      -0.134    -0.524      -0.546        0.352       -0.685        0.743
        CARRIER_OH  CARRIER_RU  CARRIER_UA  CARRIER_US
coeff      -0.711      -0.194       0.315      -0.971
    AIC 1004.5346225948085
```

10.6.2　模型的解释

到达机场为 JFK(DEST_JFK)的系数估计值为-0.524。回忆一下，参考组是 EWR 机场。这个系数值可以这样解释：$e^{-0.524}$=0.59，这表示的是在其他变量都不变的情况下，目的机场为 JFK 的航班延误可能性相对于目的机场为 EWR 的航班延误可能性的几率，结果表明到达 EWR 的航班比起飞往 JFK 的航班发生延误的可能性更大(其他条件都不变)。对于 Carriers 变量(航空公司变量，CO 是参考组)，US 的系数为最大的负值，这表示 US 航空公司航班延误的几率最小；而 MQ 的系数为最大的正值，因此 MQ 航空公司航班延误的几率最大(假设其他条件不变)。现在分析星期几预测变量的影响，全部系数都是负值，这表示星期一延误的几率最大；而星期六有最大的负系数，因此这一天延误的几率最小(其他条件不变)。此外，航班延误的几率还会随一天内的各个时段发生变化。与参考类别(6-7 AM)相差最大的是 7-8 AM。最后，Weather(天气)的系数最大，这说明 Weather=0 和 Weather=1 对航班有很大的影响。注意，上面只考虑了系数的大小，而没有考虑统计显著性。由于目的是进行预测，因此我们需要依靠模型的预测性能。

10.6.3　模型的性能

用什么指标表示模型的性能呢? 一个可用的指标是航班被正确分类的比例。准确的分类结果可以从验证数据的混淆矩阵中获得。混淆矩阵会告诉我们分类准确率以及哪种误分类可能会频繁出现。从图 10.6 所示的混淆矩阵和错误率可以看出, 模型能够比较准确地分类准时航班, 但对延误航班的分类就不那么准确了(这说明同样的模式也出现在训练数据的混淆矩阵中, 因此, 如果在新数据上也出现这种模式, 你不必觉得奇怪)。假设误分类的代价是非对称的——某个类别的误分类比另一类别的误分类代价更大, 那么此时就需要选择合适的临界值, 从而使总代价最小。当然, 这种调整应该作用于训练数据集。

我们很容易想到这样的情景: 模型的目的是识别一组航班中最有可能出现延误的航班, 以便安排资源, 减小延误时间或减轻延误造成的影响。航空调度部门可能需要开辟新的航线或者给某个地区暂时分配更多的航空管制员。航空公司可能需要安排人员改签机票或者启动备用航班。旅馆可能需要为滞留的旅客提供住宿。对于所有这些情况, 可用的资源都是有限的, 而且这些资源在一天内的不同时间段会因不同机构而异。

在这种情形下, 最有用的模型会根据延误的概率提供航班的排序列表, 供用户按顺序进行选择。因此, 模型的提升图是一个很有用的性能指标——由于是按照延误的概率排序的, 因此用户可以按照提升图提供的航班顺序选择航班。这个模型在预测航班延误方面比起朴素模型(只是简单地计算全部航班的平均延误时间)好多少? 从图 10.6 可以看出, 这个模型比起基线模型(简单地随机选择航班)要优越许多。

以下代码用于评估全预测变量模型在验证数据上的性能:

```python
logit_reg_pred = logit_full.predict_proba(valid_X)
full_result = pd.DataFrame({'actual': valid_y,
                            'p(0)': [p[0] for p in logit_reg_pred],
                            'p(1)': [p[1] for p in logit_reg_pred],
                            'predicted': logit_full.predict(valid_X)})
full_result = full_result.sort_values(by=['p(1)'], ascending=False)

# confusion matrix
classificationSummary(full_result.actual, full_result.predicted, class_names=classes)

gainsChart(full_result.actual, figsize=[5, 5])
plt.show()
```

输出结果如下:

```
Confusion Matrix (Accuracy 0.8309)
        Prediction
Actual  ontime  delayed
ontime    705        9
delayed   140       27
```

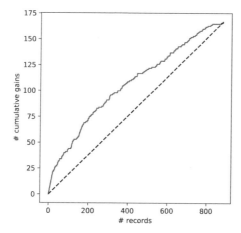

图 10.6　航班延误模型在验证数据上的混淆矩阵和累积增益曲线(使用全部预测变量)

10.6.4　变量选择

根据数据探索图(参见图 10.4 和图 10.5)和航班延误模型的系数表(参见表 10.8),我们可以删除几个预测变量或者使用不同的编码方案。此外,通过分析不同类别的航班数量,我们发现有些类别的航班非常少,甚至没有航班——这些类别需要删除或合并(参见表 10.9)

表 10.9　按航空公司和出发机场统计的航班数

	BWI	DCA	IAD	合计
CO		94		94
DH		27	524	551
DL		388		388
MQ		295		295
OH	30			30
RU	115	162	131	408
UA			31	31
US		404		404
合计	145	1370	686	2201

首先,我们发现大多数航空公司都是从单个机场出发(DCA):有些航空公司在每个机场都有出发航班,但这些航空公司的航班延误率都相同(尽管机场都不同)。因此,我们不需要区分出发机场。可以删除 Origin 虚拟变量,我们发现在经过这样处理后,模型的性能和拟合并没有受影响。此外,由于实际原因,我们可以删除目的机场这个变量:并非所有航空公司都有航班到达全部目的地机场,如果航空公司和目的机场的组合不存在,模型的预测结果将无效。另外,我们还可以想办法压缩航空公司、星期几、时段这些变量的类别,使它们更容易区分延误航班。例如,星期日和星期一的航班延误率看起来非常相似,它们的高延误率不同于星期二至星期六的低延误率。因此,我们把一周的七天分成两组,一组是星期日+星期一,其余 5 天为另一组,这样一个虚拟变量就够了。

最后,我们可以尝试变量的自动选择方法,使用带 L1 罚因子的归一化方法。经过归一化之后,模型只有 7 个预测变量，好处是更加节省资源了。

表 10.10 展示了这个简化模型的估计结果以及应用于验证数据的混淆矩阵和 AIC。图 10.7 展示了模型在验证集上的累积增益图。可以看出，简化后的模型与未简化模型在分类准确率、提升效果方面几乎可以媲美，并且需要的数据更少。

因此我们得出如下结论：这个包含 7 个预测变量的模型实际上只需要航空公司、星期几、时段和天气(航班延误是否因天气因素引起)这几个预测变量。但是，天气变量是指飞行时的实际天气状况，不是预测量，事先无法知道。如果我们的目的是事先预测某个航班是否延误，那么模型不能包含 Weather 这个变量；相反，如果我们的目的是分析延误航班与准时航班的关系，那就需要保留 Weather 这个变量，这样可以评估当天气变量保持不变时其他因素对航班的影响(近似比较因天气延误的日子与没有因天气延误的日子)。

最后，我们得出以下结论：基于 2004 年 1 月航班数据建立的模型，从华盛顿特区到纽约能够准时到达的最大可能航班是星期二到星期六早上的 Delta、Comair、United 和 USAirways 航空公司的航班。当然，良好的天气也是有利因素。

表 10.10 简化后的 Logistic 回归模型

```python
delays_df = pd.read_csv('FlightDelays.csv')
delays_df['isDelayed'] = [1 if status == 'delayed' else 0
                          for status in delays_df['Flight Status']]
delays_df['CRS_DEP_TIME'] = [round(t / 100) for t in delays_df['CRS_DEP_TIME']]
delays_red_df = pd.DataFrame({
    'Sun_Mon' : [1 if d in (1, 7) else 0 for d in delays_df.DAY_WEEK],
    'Weather' : delays_df.Weather,
    'CARRIER_CO_MQ_DH_RU' : [1 if d in ("CO", "MQ", "DH", "RU") else 0
                             for d in delays_df.CARRIER],
    'MORNING' : [1 if d in (6, 7, 8, 9) else 0 for d in delays_df.CRS_DEP_TIME],
    'NOON' : [1 if d in (10, 11, 12, 13) else 0 for d in delays_df.CRS_DEP_TIME],
    'AFTER2P' : [1 if d in (14, 15, 16, 17, 18) else 0 for d in delays_df.CRS_DEP_TIME],
    'EVENING' : [1 if d in (19, 20) else 0 for d in delays_df.CRS_DEP_TIME],
    'isDelayed' : [1 if status == 'delayed' else 0 for status in delays_df['Flight Status']],
})

X = delays_red_df.drop(columns=['isDelayed'])
y = delays_red_df['isDelayed']
classes = ['ontime', 'delayed']

# split into training and validation
train_X, valid_X, train_y, valid_y = train_test_split(X, y, test_size=0.4,
                                                      random_state=1)

logit_red = LogisticRegressionCV(penalty="l1", solver='liblinear', cv=5)
logit_red.fit(train_X, train_y)

print('intercept ', logit_red.intercept_[0])
print(pd.DataFrame({'coeff': logit_red.coef_[0]}, index=X.columns).transpose())

print('AIC', AIC_score(valid_y, logit_red.predict(valid_X), df=len(train_X.columns) + 1))
```

```
# confusion matrix
classificationSummary(valid_y, logit_red.predict(valid_X), class_names=classes)
```

输出结果如下：

```
intercept -2.2872748179110203
          Sun_Mon   Weather  CARRIER_CO_MQ_DH_RU   MORNING      NOON    AFTER2P   EVENING
coeff      0.578     4.978                 1.299    -0.583    -0.666     -0.055     0.561

AIC 934.6153607819033

Confusion Matrix (Accuracy 0.8343)

        Prediction
Actual       ontime     delayed
ontime          711           3
delayed         143          24
```

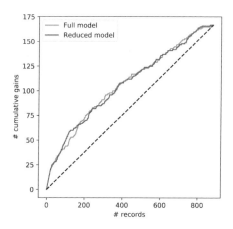

图 10.7　简化后的 Logistic 回归模型在验证集上的累积增益图，为了便于比较，这里还绘制了完全模型的累积增益图

以下代码用于生成完全模型的累积增益图：

```
logit_reg_proba = logit_red.predict_proba(valid_X)
red_result = pd.DataFrame({'actual': valid_y,
                           'p(0)': [p[0] for p in logit_reg_proba],
                           'p(1)': [p[1] for p in logit_reg_proba],
                           'predicted': logit_red.predict(valid_X),
})
red_result = red_result.sort_values(by=['p(1)'], ascending=False)

ax = gainsChart(full_result.actual, color='C1', figsize=[5, 5])
gainsChart(red_result.actual, color='C0', ax=ax)
```

10.7　statmodels 包的使用

statmodels 包的 sm.glm 方法可以取代 scikit-learn 包的 LogisticRegression 方法，前者能够比较全面地输出模型的统计特性，适合于统计推断等非预测任务。表 10.11 使用 sm.glm 方法生成了环球银行个人贷款数据的 Logistic 模型，这个模型与表 10.2 生成的模型相同。可使用 statmodels 包的 logit.fit_regularize 方法实现归一化处理，罚因子的计算公式是 $\sum_{j=1}^{p} |\beta_j|$(L1 罚因子)。

表 10.11　使用 statmodels 包生成环球银行个人贷款数据的 Logistic 回归模型

```
code for fitting a logistic regression model using Statmodels

# same initial preprocessing and creating dummies

# add constant column
bank_df = sm.add_constant(bank_df, prepend=True)

y = bank_df['Personal_Loan']
X = bank_df.drop(columns=['Personal_Loan'])

# partition data
train_X, valid_X, train_y, valid_y = train_test_split(X, y, test_size=0.4, random_state=1)

# use GLM (general linear model) with the binomial family to fit a logistic regression
logit_reg = sm.GLM(train_y, train_X, family=sm.families.Binomial())
logit_result = logit_reg.fit()
logit_result.summary()
```

输出结果如下：

```
                  Generalized Linear Model Regression Results
==============================================================================
Dep. Variable:      Personal_Loan    No. Observations:               3000
Model:                        GLM    Df Residuals:                   2987
Model Family:            Binomial    Df Model:                         12
Link Function:              logit    Scale:                        1.0000
Method:                      IRLS    Log-Likelihood:              -340.15
Date:                Tue, 19        Feb 2019 Deviance:              680.30
Time:                    18:00:41    Pearson chi2:               8.10e+03
No. Iterations:                 8    Covariance Type:           nonrobust
==============================================================================
                        coef    std err          z      P>|z|      [0.025      0.975]
------------------------------------------------------------------------------
const                -12.5634      2.336     -5.377      0.000     -17.143      -7.984
Age                   -0.0354      0.086     -0.412      0.680      -0.204       0.133
Experience             0.0369      0.086      0.431      0.666      -0.131       0.205
Income                 0.0589      0.004     15.044      0.000       0.051       0.067
Family                 0.6128      0.103      5.931      0.000       0.410       0.815
CCAvg                  0.2408      0.060      4.032      0.000       0.124       0.358
Mortgage               0.0010      0.001      1.301      0.193      -0.001       0.003
Securities_Account    -1.0305      0.422     -2.443      0.015      -1.857      -0.204
CD_Account             3.6628      0.460      7.961      0.000       2.761       4.565
Online                -0.6794      0.216     -3.140      0.002      -1.103      -0.255
```

CreditCard	-0.9609	0.274	-3.507	0.000	-1.498	-0.424
Education_Graduate	4.2075	0.364	11.573	0.000	3.495	4.920
Education_Advanced/Professional	4.3580	0.365	11.937	0.000	3.642	5.074

10.8　习题

10.1　银行财务状况分析。数据文件 Banks.csv 包含 20 家银行的样本数据。"财务状况"这一列是专家对每家银行的财务状况所做的判断。这个因变量有两个值——强或弱，用于表示每家银行的财务状况。预测变量是银行财务分析中常用的两个比例值：TotLns&Lses/Assets 和 TotExp/Assets。前者是贷款和租赁总额相对于总资产的比例，后者是总费用相对于总资产的比例。我们的目标是用这两个比例值对一家新银行的财务状况进行分类。

建立一个 Logistic 回归模型(在整个数据集上)，用于描述银行的财务状况与上述两个财务指标的关系。把成功类别定义为 weak(这相当于创建一个虚拟变量，1 表示银行的财务状况弱，0 表示银行的财务状况强)，使用默认的临界值 0.5。

a. 用三种不同形式表示银行的财务状况与这两个预测变量之间关系的回归方程：

i. 以 logit 作为预测变量的函数。

ii. 以几率作为预测变量的函数。

iii. 以概率作为预测变量的函数。

b. 考虑一家新银行，贷款和租赁相对于总资产的比例是 0.6，总费用相对于总资产的比例是 0.11。根据前面创建的 Logistic 回归模型，估计这家新银行的以下预测量：这家银行属于弱类别的 logit 值、几率、概率以及银行分类结果(使用临界值 0.5)。

c. 在计算银行属于弱类别的概率时使用默认临界值 0.5，假设要根据财务状况弱的几率对银行进行分类，应使用多大的阈值？相应的 logit 阈值为多少？

d. 用财务状况弱的几率解释 TotLns&Lses/Assets 预测变量(贷款和租赁总额相对于总资产的比例)的系数。

e. 如果一家财务状况弱的银行被误分类为财务状况强，那么这样的误分类代价远大于把一家财务状况强的银行误分类为财务状况弱。为了最小化误分类的期望成本，应该增大还是减小临界值(当前的临界值为 0.5)？

10.2　识别优秀的系统管理员。一位管理顾问正在研究经验和培训与系统管理员能力的关系。系统管理员的能力是指其在指定的时间里完成一组指定任务的程度。这位管理顾问感兴趣的是区分以下两类管理员：能或不能在指定的时间内完成指定的任务。这位管理顾问的数据来自随机选取的 75 位系统管理员的表现情况。这些数据保存在 SystemAdministrators.csv 文件中。

Experience 变量用月数表示系统管理员的经验，Training 变量表示相关训练的分数。结果变量 Completed 的值是 Yes 或 No——取决于系统管理员能否完成全部指定的任务。

a. 用散点图表示 Experience 与 Training 的关系，并用不同的颜色或符号区分在指定的时间内能完成和不能完成全部任务的系统管理员。指出哪个预测变量可能对于区分系统管理员的能力有作用。

b. 把整个数据集作为训练集，生成一个 Logistic 回归模型，已知的两个预测变量都包含在这个模型中。对于能够完成任务的系统管理员来说，被误分类为不能完成任务的系统管理员的比例是多少？

c. 如果需要增大刚才计算出来的比例，应增大还是减小临界值？

d. 对于一位已经有 4 年训练经历的系统管理员，如果想要使其完成全部任务的概率大于 0.5，那么其还需要训练多长时间(单位是月)？

10.3 驾驶式割草机市场营销活动。一家制造驾驶式割草机的公司希望识别强化的促销活动能否带来最佳销售前景。特别是，该制造商想找到一种分类方法，以根据家庭收入(Income)和住宅占地面积(LotSize)，把城市中的家庭分为两类：有割草机家庭和无割草机家庭。市场营销专家分析了来自 RidingMower.csv 文件的 24 个家庭的样本数据，并用全部数据拟合了一个 Logistic 回归模型，以表示有割草机家庭(Onwer)与这两个预测变量(Income 和 LotSize)的关系。

a. 在样本数据中，有割草机家庭的比例是多少？

b. 创建散点图，分别以 Income 和 LotSize 为坐标轴，并用不同颜色或符号区分有割草机家庭和无割草机家庭。根据散点图，指出哪类家庭的平均收入较高，是有割草机家庭还是无割草机家庭？

c. 对于无割草机家庭，被正确分类的比例是多少？

d. 为了增大无割草机家庭被正确分类的比例，临界值需要增大还是减小？

e. 对于年收入为 6 万美元且住宅占地面积为 2 万平方英尺的家庭，有割草机家庭的几率是多少？

f. 年收入为 6 万美元且住宅面积为 2 万平方的家庭的分类结果如果？临界值取 0.5。

g. 如果把住宅占地面积为 16 000 平方英尺的家庭分类为有割草机家庭,那么此类家庭的最少年收入应该是多少？

10.4 eBay 网站竞争性拍卖。数据文件 eBayAuction.csv 包含了从 2004 年 5 月至同年 6 月在 eBay 网站上成交的 1972 条拍卖记录。我们的目的是用这个数据文件构建一个模型,这个模型可以区分竞争性拍卖和非竞争性拍卖。竞争性拍卖是指一件拍卖品至少有两个竞标者。这个数据文件包含了一些拍卖信息，例如与拍卖品有关的变量(如拍卖分类)、委托人(他或她在 eBay 网站上的排名)、委托人规定的拍卖条款(如拍卖持续时间、起拍价格、外汇、收拍日期)，此外还有收拍价格。现在的任务是预测拍卖是不是竞争性拍卖。

数据预处理：把分类变量转换为虚拟变量，这些分类变量包括 Category(表示类别，有 18 个分类值)、Currency(表示外汇，如 USD、GBP 或 Euro)、EndDay(收拍日期，可以是星期一至星期日)、持续时间。

a. 建立透视表，以表示二元结果变量的均值与全部分类变量的关系(用原始变量，不要用虚拟变量)。利用透视表中的信息，减少模型中需要的虚拟变量的个数。例如，合并在竞争性拍卖分布方面表现非常相似的分类变量。

b. 把数据集分割成训练集(60%)和验证集(40%)，建立一个 Logistic 模型，其中包含全部预测变量且临界值为 0.5。

c. 假设要在拍卖开始时预测拍卖是否是竞争性拍卖，但不能使用收拍价格等信息。建立一个 Logistic 模型，其中包括上述全部预测变量，但是不包括收拍价格。在预测准确性方面，这个模型与包括全部预测变量的模型有什么不同？

d. 解释收拍价格系数的意义。收拍价格有实际意义吗？它能用于预测竞争性拍卖的统计显著性吗(以 10%的显著性为准)？

e. 利用逐步回归算法找到一个能够最佳拟合到训练数据的模型(最高准确度)，此时要用到哪些预测变量？

f. 利用逐步回归算法找到一个能够最佳拟合到验证数据的模型，此时要用到哪些预测变量？

g. 在使用前面创建的最佳预测模型时，需要注意哪些风险？

h. 解释最佳拟合模型与最佳预测模型的相同之处和不同之处，并说明原因。

i. 在训练数据上应用正则化的 Logistic 回归，并且使用 L1 罚因子。比较最佳拟合模型和最佳预测模型使用的预测变量以及它们的分类性能。

j. 如果我们的主要目标是提高分类的准确度，那么如何选取临界值？

k. 根据这些数据，请向拍卖的委托方提供建议，从而使其拍卖成为竞争性拍卖。

## 第11章

神 经 网 络

本章介绍神经网络，这是一种灵活的数据驱动方法，可用于分类、预测和特征提取。神经网络还是深度学习的基础，深度学习是一项强大的技术，支持图像识别和语音识别等人工智能应用。本章首先介绍"节点"和"层"(如输入层、输出层、隐藏层)的概念以及它们如何构成网络结构，然后用一个数值型实例说明了如何在数据上拟合神经网络。由于过拟合是神经网络存在的主要风险，因此本章还提出了一种避免过拟合的方法。我们将介绍这种方法的每个参数的设置以及它们带来的影响。最后，本章从关于基本神经网络的详细介绍转到更一般性的讨论，比如讨论更加复杂的神经网络。

本章使用 Pandas 包处理数据，使用 scikit-learn 包建立模型。此外，本章还要用到附录中的 Python
工具函数。

导入本章所需要的功能：

```
import pandas as pd
from sklearn.model_selection import train_test_split
from sklearn.neural_network import MLPClassifier
from dmba import classificationSummary
```

11.1 引言

神经网络又称人工神经网络，是一类专门用于预测和分类的模型。复杂的深度神经网络(深度学习)可用于特征提取等无监督学习。神经网络是模仿人类大脑生物活动的模型。在人类大脑中，神经元是相互连接的，并且可以从经验中进行学习。神经网络能模仿人类专家的学习模式。神经网络的学习模式和记忆模式与人类的学习模式和记忆模式十分相似，它们都具有从实践中进行概括和总结的能力。

金融领域已有许多成功应用神经网络的例子(Trippi and Turban，1996)，如破产预测、货币市场交易、股票选择和商品交易、信用卡欺诈行为检测以及客户关系管理(Customer Relationship Management，CRM)。神经网络在工程领域也有很多成功应用的例子，其中最知名的是 ALVINN 项目，ALVINN 是一辆应用了自动驾驶技术的智能小车，能够以正常速度在高速公路上行驶。ALVINN 安装了一个 32×32 阵列像素的摄像头作为输入设备，分类器提供了方向控制功能。因变量是一个分类变量，提供了30 个类别，如急左转、向前、向右转，等等。

神经网络的强大之处在于其预测性能很好。神经网络可以表示预测变量与因变量之间非常复杂的关系，这对其他预测模型来说则不大可能实现。

11.2　神经网络的概念和结构

神经网络的基本思想是用一种非常灵活的方式把预测变量的信息组合起来，从而表示预测变量之间以及预测变量与因变量之间的复杂关系。例如，回忆一下，在线性回归模型里，表示因变量与预测变量之间关系的函数形式可以由用户直接定义(详见第 6 章)。但是在很多情形下，这种函数形式是非常复杂的，并且通常是未知的。在线性回归模型里，我们可能会尝试变量的各种变换，并尝试变量间的各种交互效应，但即便如此，它们的函数形式也仍然是线性的。相比而言，在神经网络中，用户不需要定义正确的函数形式，实际上，神经网络能够从数据中学习到这种关系。线性回归和 Logistic 回归可以看成非常简单的神经网络特例，它们只有输入层和输出层，没有隐藏层。

虽然研究人员已经研究了无数不同结构的神经网络，但是神经网络在数据挖掘领域的最成功应用还是多层前馈神经网络。这种神经网络的输入层由许多只接收预测变量值的节点(有时也称为神经元)组成，后继层中节点的输入来自前一层节点的输出。每一层中节点的输出是下层节点的输入。最后一层称为输出层，介于输入层和输出层之间的层称为隐藏层。前馈网络是完全单向连接的网络，没有环。图 11.1 所示的前馈神经网络有两个隐藏层，输出层只有一个节点，表示的是需要预测的结果变量。对于有 m 个分类值的分类问题来说，输出层有 m 个输出节点(或有 $m-1$ 个输出节点，取决于具体的软件)。

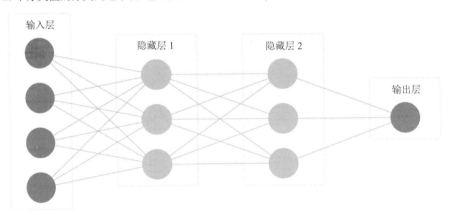

图 11.1　多层前馈神经网络

11.3　在数据上拟合神经网络

为了说明将神经网络拟合到数据的过程，我们从一个非常简单的例子开始。虽然这个例子不具有可操作性，但仍可以用来解释构建神经网络的主要步骤和操作，并且可以用来演示计算过程，以及演示如何整合拟合过程中的各个不同组件。之后，我们将介绍一个比较真实的例子。

考虑一个非常小的数据集。表 11.1 中是一些经过加工处理后的奶酪的口感得分数据。其中两个预测变量分别是脂肪和盐分的得分，它们表示特定奶酪样本中的脂肪和盐分的相对含量(0 表示制造过程中可能出现的最小含量，1 表示最大含量)。结果变量是消费者对样本奶酪的口味偏好，like 或 dislike分别表示顾客喜欢或不喜欢这款奶酪。

表 11.1 奶酪口感得分的小型样本，只包含 6 个客户和两个预测变量

编号	脂肪得分	盐分得分	是否受欢迎
1	0.2	0.9	like
2	0.1	0.1	dislike
3	0.2	0.4	dislike
4	0.2	0.5	dislike
5	0.4	0.5	like
6	0.3	0.8	like

图 11.2 展示了一个小型的神经网络。根据上述数据，这个神经网络可以预测新客户对奶酪的偏好情况。我们把本例中的全部节点用编号 N1~N6 表示。节点 N1 和 N2 属于输入层，节点 N3~N5 属于隐藏层，节点 N6 属于输出层。带箭头的连线上的值称为权重，从节点 i 到节点 j 的连线上的权重用 $w_{i,j}$ 表示。此外，每个节点内的偏移参数用 θ_j 表示，作为节点 j 输出的截距。我们稍后将进一步解释这些符号和参数的意义。

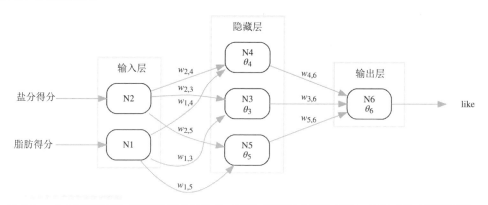

图 11.2　一个小型神经网络，矩形代表节点(神经元)，带箭头的连线上的值表示权重，节点内部的 θ_j 表示偏置值

11.3.1　计算节点的输出结果

我们根据层的类型(输入层、输出层和隐藏层)分别讨论了每一层节点的输入输出。它们的主要差别在于把节点从输入映射到输出的函数不同。

输入节点接收预测变量的输入值。它们的输出等同于输入。如果有 p 个预测变量，那么输入层需要 p 个节点。在这个例子里，只有两个预测变量，因此输入层只有两个节点(如图 11.2 所示)，每个节点都要连接到隐藏层。考虑第一条记录，提供给输入层的值是 Fat=0.2、Salt=0.9，这一层的输出是 x_1=0.2、x_2=0.9。

隐藏层的输入来自输入层的输出。本例中的隐藏层有三个节点，每个节点都全部接收输入层节点的输出。为了计算隐藏层节点的输出，需要对它们的输入进行加权求和，并对结果应用某个函数。采用比较正式的表示方法，就是对于一组输入值 x_1、x_2、$\cdots$、x_p，节点 j 的输出是它们的加权和，也就是 $\theta_j + \sum_{i=1}^{p} w_{i,j} x_i$，其中的 θ_j 以及 $w_{1,j}$、$\cdots$、$w_{p,j}$ 是权重，它们的初始值可以随机设置，然后随着神经网络的学习过程而进行调整。注意，θ_j 也可以称为节点的偏置值，用于控制节点 j 的贡献程度。

接下来，定义将要应用于加权和的函数 g。函数 g 也称为转移函数或激活函数，它是一个单调函数。可作为 g 函数的有线性函数[g(s)=bs]、指数函数[g(s)=exp(bs)]、Logistic 函数或 sigmoidal 函数[g(s) = 1/(1+e^{-s})]，g 函数是到目前为止神经网络最常用的函数。g 函数的实用价值源自以下事实：当自变量的值非常大或非常小时，会产生挤压效应，在 0.1 至 0.9 区间内，g 函数几乎是线性关系。深度学习最常用的函数是 ReLU(Rectified Linear Unit)激活函数或其变异形式。ReLU 函数等同于线性函数，只是当 s<0 时，值需要设置为 0。

如果使用 Logistic 激活函数，那么可以把隐藏层节点 j 的输出表示为

$$\text{Output}_j = g\left(\theta_j + \sum_{i=1}^{p} w_{i,j} x_i\right) = \frac{1}{1 + e^{-(\theta_j + \sum_{i=1}^{p} w_{i,j} x_i)}} \qquad \text{式(11.1)}$$

权重和偏置值的初始化　θ_j 和 $w_{i,j}$ 的初始值可以随机设置为零附近的很小值，它们代表神经网络的无知识状态，类似于没有预测变量的模型。在第一轮训练中，我们需要使用这些初始权重。

回到前面的例子，假设 N3 节点的初始偏置值和权重分别为 θ_3=-0.3、$w_{1,3}$=0.05、$w_{2,3}$=0.01，如图 11.3 所示；那么利用 11.1 节的 Logistic 函数，可以计算得到隐藏层节点 N3 的输出：

$$\text{Output}_{N3} = \frac{1}{1 + e^{-[-0.3+(0.05)(0.2)+(0.01)(0.9)]}} = 0.43$$

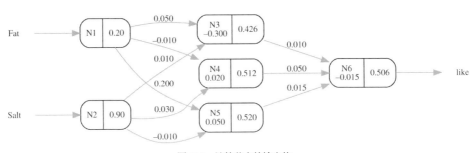

图 11.3　计算节点的输出值

图 11.3 显示了这个小的样本数据集里第一条记录的初始权重、偏置值、输入值和输出值。如果隐藏层不止一个，可将同样的计算过程应用于每一层的每个节点，只是第二层、第三层及后继层的输入来自前面隐藏层的输出。这意味着某个节点的输入值个数等于前一层的节点个数(如果还有其他隐藏层，那么每一层节点的输入来自前一层三个节点的输出)。

最后，输出层的输入值来自最后隐藏层的输出，可使用与前面相同的函数生成输出结果。换言之，接收输入值的带权之和，并应用函数 g。在本例中，输出层的 N6 节点将接收隐藏层三个节点的输出，并按以下公式计算这个节点的输出值：

$$\text{Output}_{N6} = \frac{1}{1 + e^{-[-0.015 + (0.01)(0.43) + (0.05)(0.51) + (0.015)(0.52)]}} = 0.506$$

以上就是这条记录的倾向值 P(Y=like)。对于分类任务，可以把临界值应用于倾向值(对于二元结果变量)。如果临界值为 0.5，就将这条记录分类为 like(喜欢)。如果因变量多于两个类别，就选用倾向值最大的输出节点。

神经网络与线性回归和 Logistic 回归的关系　考虑一个没有隐藏层而只有单个输出节点的神经网络。对于仅包含 p 个预测变量的数据集，这个输出节点将接收 x_1、x_2、…、x_p 的输入值和它们的加权和，再把函数 g 应用于求得的结果。因此，这个神经网络的输出结果是 $g\left(\theta + \sum_{i=1}^{p} w_i x_i\right)$。

下面分析 Y 是数值型因变量的情形。假设函数 g 是恒等函数，比如 g(s)=s，那么输出结果可以简单表示为

$$\hat{Y} = \theta + \sum_{i=1}^{p} w_i x_i$$

这与多元线性回归方程完全相同。这说明，如果神经网络没有隐藏层且只有一个输出节点，并且如果激活函数 g 是恒等函数的话，那么神经网络仅用于寻找因变量与预测变量之间的线性关系。

现在分析二元因变量情形。如果激活函数 g 是 Logistic 函数，那么输出可以表示为

$$\hat{P}(Y = 1) = \frac{1}{1 + e^{-\left(\theta + \sum_{i=1}^{p} w_i x_i\right)}}$$

上式等价于 Logistic 回归公式。

对于上述两种情形，虽然神经网络的公式与线性回归和 Logistic 回归公式等价，但是偏置值和权重的最终估计值(线性回归和 Logistic 回归方程中的系数)可以不同，因为估计方法不同。神经网络的估计方法既不同于最小二乘法，后者用来计算线性回归方程中的系数，也不同于 Logistic 回归使用的方法。下面介绍神经网络的学习过程。

数据预处理

假设神经网络使用 Logistic 激活函数(在 scikit-learn 包中，参数 activation='logistic')，当预测变量和因变量的区间都是[0,1]时，神经网络性能最佳。基于这个原因，所有变量在进入网络之前都要经过归一化处理，从而使取值范围变为[0,1]区间。对于数值型变量 X，假设区间是[a,b]且 a<b，X 的归一化过程如下：先减去 a，再除以 b-a。归一化公式如下：

$$X_{\text{norm}} = \frac{X - a}{b - a}$$

注意，如果[a,b]区间小于[0,1]区间，那么原来的区间会被放大。

如果 a 和 b 未知，可将 X 变量在数据集里的最大值和最小值作为它们的估计值。即使数据超出这个区间一点点，使得归一化处理后的值稍微小于 0 或大于 1，也不会对结果产生很大的影响。

对于二元变量，除了需要创建虚拟变量之外，不需要做任何其他变换。对于有 m 个分类值的分类变量，如果含有定序性质，可把区间[0,1]均分为 m 个区间，这样可以反映它们的定序性质。例如，某个定序变量有 4 个分类值，我们可以把它们映射到[0,0.25,0.5,1]。如果分类变量是定类数据，那么更好的办法是把它们转换为 m-1 个虚拟变量。

另一种提高神经网络性能的方法是对极端偏态的预测变量进行变换。在商用领域，总是存在很多右偏态变量(如收入)，通过把对数变换应用于这些右偏态变量(在变换到[0,1]区间之前)，可使数据分布更加对称。

另一个常用的 sigmoidal 函数是双曲正切函数(对应 scikit-learn 包里的 activation='tanh'选项)。当使用这个函数时，最好先把预测变量变换到[-1,1]区间。

11.3.2 训练模型

训练模型就是估计系数 θ_j 和 $w_{i,j}$(偏置值和权重)，使得预测性能最佳。估计过程已在前面介绍过，对于训练集里的每一条记录，需要计算它们在神经网络里的输出结果。对于每一条记录，模型都会产生预测结果，请与实际值进行比较。它们之间的差异就是输出节点的误差。然而，不同于最小二乘法

或最大似然法，这些方法利用误差的全局函数(误差平方和)来估计系数，神经网络则利用迭代法并使用误差更新估计参数(偏置值和权重)。

特别需要指出的是，输出节点的误差与所有到达输出节点的隐藏层节点有关。因此，每个节点都对上述误差有影响。可利用与节点有关的误差来修改节点的权重和偏置值。

误差的反向传播

用模型的输出误差修正权重(这就是所谓的"学习"过程)的最常用方法是反向传播。顾名思义，就是把最后一层(输出层)得到的误差反馈到隐藏层。

我们用 $\hat{y}_k$ 表示输出层节点 k 的输出结果，$\hat{y}_k$ 的值是 1 或 0，具体取决于预测结果的实际值是否与节点 k 的标签相符。输出节点 k 的误差计算公式如下：

$$\mathrm{err}_k = \hat{y}_k(1 - \hat{y}_k)(y_k - \hat{y}_k)$$

注意，这个误差相当于将普通误差乘以一个校正因子，然后根据下面的公式更新偏置值和权重：

$$\theta_j^{\mathrm{new}} = \theta_j^{\mathrm{old}} + l \times \mathrm{err}_j$$

$$w_{i,j}^{\mathrm{new}} = w_{i,j}^{\mathrm{old}} + l \times \mathrm{err}_j$$

式(11.2)

式(11.2)中的 l 是学习率或权重衰减参数，可设置为[0,1]区间内的某个值，用于控制权重从当前迭代到下次迭代时的变化。

在本例中，第一条记录在输出节点 N6 上产生的误差是(0.506)(1-0.506)(1-0.506)=0.123。然后根据这个误差值，计算隐藏层节点的误差，并利用类似于式(11.2)的公式更新偏置值和权重。

有两种方法可用来更新偏置值和权重，它们分别是个案更新法和批量更新法。使用个案更新法时，每一条记录的参数值在经过神经网络后就会得到更新(这称为一次尝试)。例如，如果在这个实例中使用个案更新法，那么在第一条记录经过处理后，首先更新偏置值和权重。在下面的式子中，学习率取 0.5。

$$\theta_6 = -0.015 + (0.5)(0.123) = 0.047$$
$$w_{3,6} = 0.01 + (0.5)(0.123) = 0.072$$
$$w_{4,6} = 0.05 + (0.5)(0.123) = 0.112$$
$$w_{5,6} = 0.015 + (0.5)(0.123) = 0.077$$

这些值在第二条记录经过处理时会得到更新，然后是第三条记录，直到所有记录都经过神经网络为止。这个过程称为数据经过一个纪元(epoch)、一次扫描(sweep)或一次迭代。数据通常要经过多次迭代。

如果使用批量更新法，那么在对偏置值和权重进行更新之前，需要让数据经过整个神经网络。在这种情形下，误差更新方程中的 err_k 是所有记录的误差和。实际上，个案更新法相比批量更新法能够得到更加准确的结果，但是需要更长的计算时间。这是一个不得不考虑的因素，因为即使使用批量更新法，训练集也要经过几百次甚至几千次扫描。

那么什么时候终止更新？最常用的更新终止条件如下：

- 当偏置值和权重与上次迭代的偏置值和权重仅有增量上的差异时。
- 当误分类率达到事先设置的阈值时。
- 当运行次数已达到极限时。

Python 语言提供了几个神经网络包。在实现基本的神经网络时，最常用的包是 scikit-learn。为了建立深度学习应用，可以使用 keras、pytorch 或 tensorflow 包。

现在分析神经网络在微型数据上的应用结果。按照图 11.2 和图 11.3，使用只有三个节点的单个隐藏层。这里需要使用 scikit-learn 包中的 MLPClassifier 分类器[1]。得到的偏置值、权重和预测结果如表 11.2 所示。图 11.4 使用与前面类似的格式输出了最终的偏置值和权重。

表 11.2　只有一个隐藏层的小型神经网络

```
example_df = pd.read_csv('TinyData.csv')

predictors = ['Fat', 'Salt']
outcome = 'Acceptance'

X = example_df[predictors]
y = example_df[outcome]
classes = sorted(y.unique())

clf = MLPClassifier(hidden_layer_sizes=(3), activation='logistic', solver='lbfgs',
                    random_state=1)
clf.fit(X, y)
clf.predict(X)

# Network structure
print('Intercepts')
print(clf.intercepts_)

print('Weights')
print(clf.coefs_)

# Prediction
print(pd.concat([
    example_df,
    pd.DataFrame(clf.predict_proba(X), columns=classes)
], axis=1))
```

输出结果如下：
```
Intercepts
[array([0.13368045, 4.07247552, 7.00768104]),
array([14.30748676])]
Weights
[array([
    [ -1.30656481, -4.20427792, -13.29587332],
    [ -0.04399727, -4.91606924,  -6.03356987]
]),
array([
    [ -0.27348313],
    [ -9.01211573],
    [-17.63504694]
])]
        Fat   Salt   Acceptance    dislike       like
```

---

1 MLPClassifier 分类器可以使用其他的优化函数。虽然这已超出本章的讨论范围，但这里还是说明一下。不管是从训练时间还是从验证性能角度，默认的求解器(solver="adam")适用于相对较大的数据集(至少要有 1000 条训练记录)。对于小型数据集，将求解器设置为"lbfgs"(solver="lbfgs")不仅可以实现快速收敛，而且性能更好。

227

0	0.2	0.9	like	0.000490	0.999510
1	0.1	0.1	dislike	0.999994	0.000006
2	0.2	0.4	dislike	0.999741	0.000259
3	0.2	0.5	dislike	0.997368	0.002632
4	0.4	0.5	like	0.002133	0.997867
5	0.3	0.8	like	0.000075	0.999925

输出结果的第一部分显示了连接输入层到隐藏层以及连接隐藏层到输出层的参数估计。其中，Intercepts(截距)代表节点的偏置值，它们分别代表 θ_3、θ_4、θ_5 和 θ_6 的值。Intercepts 和 Weights(权重)用来计算隐藏层节点的输出。可以先将它们随机设置为一组初始值(比如图 11.3 中的那组随机值)，再对它们进行多次迭代计算。利用这些偏置值和权重，按前面介绍的方法计算隐藏层的输出。例如，对于第一条记录，可按以下式子计算 N3 节点的输出:

$$\text{Output}_{N3} = \frac{1}{1 + e^{-[0.134 + (-1.307)(0.2) + (-0.044)(0.9)]}} = 0.458$$

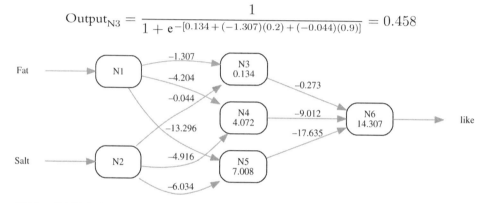

图 11.4　最终的偏置值和权重

使用同样的方法计算第一条记录经过隐藏层其他两个节点后的输出，结果为 $\text{Output}_{N4}=0.233$、$\text{Output}_{N5}=0.253$。第二组截距和权重用来连接隐藏层和输出层的节点。为了计算第一条记录经过 N6 节点后归为 like 类别的概率，需要用到隐藏层 N3 节点的输出(前面已计算得到)，因此

$$\text{Output}_{N6} = \frac{1}{1 + e^{-[14.307 + (-0.273)(0.458) + (-9.012)(0.233) + (-17.635)(0.253)]}}$$
$$\approx 1.00\,(实际得到的结果应为 0.9995)$$

其他 5 条记录的概率可按同样的方法来计算，只是在计算隐藏层的输出时还要修改输入值，然后把隐藏层的输出结果代入输出层的计算公式即可。表 11.2 的底部展示了计算得到的概率值和临界值为 0.5 的分类结果。根据这些分类结果得到的混淆矩阵如表 11.3 所示。我们发现，这个神经网络能够正确分类全部的 6 条记录。

表 11.3　小样本数据的混淆矩阵

```
classificationSummary(y, clf.predict(X), class_names=classes)
```

输出结果如下:

```
Confusion Matrix (Accuracy 1.0000)
        Prediction
```

```
Actual     dislike    like
dislike        3        0
   like        0        3
```

11.3.3 对事故的严重程度进行分类

现在我们把神经网络的训练过程应用于真实数据：美国交通事故数据集。在这个数据集中，事故的严重程度分为三类：无伤害、非致命伤害和致命伤害。一家公司想开发一个系统，该系统能够根据事故的最初报告和系统中的相关数据(其中一些数据与 GPS 信息有关)快速分类事故的等级。这样的系统可以用来分配应急响应小组。表 11.4 是从美国交通事故数据集中抽取的一些样本数据(只有 10 条记录和 4 个预测变量)。

表 11.4 从美国交通事故数据集中抽取的样本数据

Obs	ALCHL_I	PROFIL_I_R	SUR_COND	VEH_INVL	MAX_SEV_IR
1	1	1	1	1	1
2	2	1	1	1	0
3	2	1	1	1	1
4	1	1	1	1	0
5	2	1	1	1	2
6	2	0	1	1	1
7	2	0	1	3	1
8	2	0	1	4	1
9	2	0	1	2	0
10	2	0	1	2	0

表 11.5 对样本数据中的 4 个预测变量和因变量做了描述。为了便于分析，把 ALCHL_1 转换为取值为 0 或 1 的虚拟变量(1 表示与酒精有关)，并用 4 个虚拟变量表示 SUR_COND 变量，这样总共就有了 7 个预测变量。

表 11.5 样本数据中的变量及相关说明

变量	说明
ALCHL_I	是否与酒精有关：有关(1)，无关(2)
PROFIL_I_R	道路状况：平坦(1)，其他(0)
SUR_COND	路面状况：干燥(1)，有雨(2)，雪/融雪(3)，结冰(4)，未知(9)
VEH_INVL	事故牵涉的车辆数量
MAX_SEV_IR	受伤/死亡情况：无伤害(0)，非致命伤害(1)，致命伤害(2)

除了"是否与酒精有关"和更大数据库中的其他几个变量之外，大多数预测变量的信息都可以从事故的最初报告中获得——在事故的详细报告出来之前和最早的应急响应单位还没有对严重程度做出评估之前获得。利用这些初始数据建立的数据挖掘模型可以预测事故的严重程度，这对早期急救资源的分配很有价值。

为了用神经网络解决这个分类问题，需要在输入层使用 7 个节点，每个节点对应一个预测变量。

在输出层建立三个神经元(每个类别对应一个神经元)。选择单个隐藏层,并在隐藏层尝试不同的节点个数。当从 1 个节点增加到 5 节点,并且分析最终得到的混淆矩阵时,我们发现,当隐藏层有两个节点时,可以达到最佳平衡点,从而既改善模型在训练集上的性能,但又不会影响模型在验证集上的性能。(如果隐藏层的节点多于两个,那么性能虽然与只有两个节点的神经网络一样好,却会增加无必要的复杂度)。表 11.6 展示了隐藏层只有两个节点的神经网络。从中可以看出,不管是训练集还是验证集,类别 0 和类别 1 都能得到准确分类,但是类别 2 的误分类率比较高。

计算结果与参数的设置有关,并且要注意避开几个陷阱。

表 11.6　隐藏层只有两个节点的神经网络(美国交通事故数据集)

```
accidents_df = pd.read_csv('accidentsnn.csv')
input_vars = ['ALCHL_I', 'PROFIL_I_R', 'VEH_INVL']

accidents_df.SUR_COND = accidents_df.SUR_COND.astype('category')
accidents_df.MAX_SEV_IR = accidents_df.MAX_SEV_IR.astype('category')

# convert the categorical data into dummy variables
# exclude the column for SUR_COND 9 = unknown
processed = pd.get_dummies(accidents_df, columns=['SUR_COND'])
processed = processed.drop(columns=['SUR_COND_9'])

outcome = 'MAX_SEV_IR'
predictors = [c for c in processed.columns if c != outcome]

# partition data
X = processed[predictors]
y = processed[outcome]
train_X, valid_X, train_y, valid_y = train_test_split(X, y, test_size=0.4,
                                                      random_state=1)

# train neural network with 2 hidden nodes
clf = MLPClassifier(hidden_layer_sizes=(2), activation='logistic', solver='lbfgs',
                    random_state=1)
clf.fit(train_X, train_y.values)

# training performance (use idxmax to revert the one-hot-encoding)
classificationSummary(train_y, clf.predict(train_X))

# validation performance
classificationSummary(valid_y, clf.predict(valid_X))
```
输出结果如下:
```
Training set
Confusion Matrix (Accuracy 0.8664)
     Prediction
 Actual     0     1     2
     0    331     0     1
     1      0   180     0
     2     30    49     8

Validation set
Confusion Matrix (Accuracy 0.8550)
```

```
Prediction
Actual      0      1      2
     0    218      0      1
     1      0    119      0
     2     24     33      5
```

11.3.4 避免过拟合

神经网络的弱点之一就是容易出现过拟合，这会导致模型在验证数据上的误差过大。因此，必须限制训练过程中的迭代次数，迭代次数过多会造成训练数据过度训练(例如，Python 中的 MLPClassifier分类器利用参数 max_iter 来控制迭代次数)。在分类树与回归树中，通过分析模型在验证集上的性能可以检测是否出现过拟合，此外还有一种更好的方法——在交叉数据集上观察什么时候性能开始恶化，而在训练集上性能继续得到改进。有些算法采用这种方法来限制训练过程中的迭代次数。在训练开始时，验证误差随迭代次数的增加而减少，但是一段时间后，验证误差开始增大。验证误差最小时的位置正好是训练迭代的最佳次数，这时候的权重能提供模型在新数据上的最佳误差率。

11.3.5 把神经网络的输出结果用于预测和分类

当神经网络用来预测数值型因变量时，MLPRegressor 将使用恒等激活函数。预测变量和因变量的值都需要在训练网络之前变换到[0,1]区间。因此，输出结果也在[0,1]区间内。为了把预测结果变换回原来的 y 单位，也就是变换回[a,b]区间，需要将结果乘以 $b-a$，之后再加上 a。

在二元变量情形下($m=2$)，我们发现 MLPClassifier 分类器使用单个输出节点计算 $P(Y=1)$的值。predict_proba()方法会返回两个类别的概率。虽然在其他分类器里，我们经常使用临界值 0.5，但是在神经网络中，我们总是在 0.5 附近进行聚类划分(大于 0.5 或小于 0.5)。另一种方法是用验证集确定临界值，从而使模型具有比较理想的预测性能。

当把 MLPClassifier 分类器用于分类且类别数大于2($m>2$)时，我们通常使用包含 m 个输出节点(每个节点对应一个类别)的神经网络。如何把这些结果解释为分类规则呢？通常最大值的输出节点(概率最大)决定了网络的分类结果。

scikit-learn 包中的 MLPClassifier 分类器也可用来分类多类别但不互斥的因变量。这意味着每一条记录可能属于不止一个类别。在这种情形下，MLPClassifier 分类器得到的概率值之和可能不为 1。

11.4   要求用户输入

当使用反向传播方法训练模型时，有一个步骤比较复杂且非常耗时——确定网络的结构。确定网络的结构意味着需要确定隐藏层的数量和每个隐藏层的节点数。在这个过程中，我们需要利用过去的经验做出智能猜测，并且还要对不同的结构进行反复试验。在训练过程中，可以有选择性地增大节点数，并且需要像分类树和回归树那样进行修剪(详见第 9 章)。针对这些方法的研究还在继续，但是到目前为止，还没有发现哪一种自动方法明显优于试错法。在确定网络的结构时，请遵从以下原则。

隐藏层的数量：对于隐藏层的数量，最常见的选择是一个隐藏层。单个隐藏层足以表示预测变量之间的复杂关系。

隐藏层的大小：隐藏层的节点数量决定了网络能够表示的预测变量关系的复杂度，注意兼顾过拟合和欠拟合。一方面，使用过少的节点可能不足以表示复杂的关系(回忆一下，线性回归和 Logistic 回归的线性关系，在这些极端情形下，没有节点或隐藏层)。另一方面，太多的节点可能导致过拟合。凭经验，可以从 p 个节点(p 表示预测变量的个数)开始进行测试，然后逐渐增加或逐渐减少，即可防止出现过拟合。隐藏层的数量和每个隐藏层的节点数可以通过 MLPClassifier 和 MLPRegressor 分类器中的参数 hidden_layer_sizes 来设置。

输出节点的个数： 对于包含 m 个类别的分类因变量，输出节点的个数要等于 m 或 $m-1$。对于数值型因变量，通常单个输出节点就够了，除非要预测多个函数。

除了要考虑如何选择网络的结构之外，我们还要考虑预测变量的选择。由于神经网络高度依赖于输入的质量，且预测变量的选择必须十分谨慎，因此在使用神经网络之前，需要掌握领域知识、变量选择法和降维技术等。

用户可以控制的一个关键参数是学习率 l(也称为权重衰减率)。可通过降低新记录的权重来避免过拟合的出现。学习率可以减轻奇异值对权重的影响，并且可以避免陷入局部最优化，这个参数通常取 [0,1] 区间内的某个值。Berry 和 Linoff(2000)建议先取较大值(远离随机初始权重，因此可以快速从数据中学到规律)，之后随着迭代的进行和权重越来越可靠，再慢慢减小这个值。Han 和 Kamber(2001)提出了更具体的规则——把 l 设置为 1/(当前迭代次数之和)。这意味着刚开始选代时 $l=1$，第二次迭代时 $l=0.5$，然后逐渐下降，l 趋向于 0。在 scikit-learn 包中，可通过参数 learning_rate 设置 MLPClassifier 和 MLPCRegressor 的学习率。

11.5　探索预测变量与因变量的关系

神经网络被称为"黑盒子"，这指的是神经网络的输出结果无法告诉我们数据中存在的模式。事实上，这正是神经网络备受批评的原因之一。然而，在某些情形下，通过对验证集的敏感度进行分析，我们还是可以得到神经网络所要表达的关系。为实现上述目的，我们需要把全部预测变量设置为它们的均值，并获取神经网络的预测结果。之后，重复执行以下操作：按顺序给每个预测变量设置值，先设置为最小值，再设置为最大值。通过比较不同级别预测变量得到的预测结果，得知哪个预测变量对预测结果的影响最大，以及这个预测变量是以什么样的方式影响预测结果的。

11.6　深度学习

神经网络自 2006 年开始就已表现出巨大影响力。那一年，AI 研究者 Geoffry Hinton 发表了一篇文章，这篇文章迅速引起人们的关注，并成为今天所说的深度学习。深度学习涉及非常复杂的多层网络，并且结合了降维技术和特征发现。

到目前为止，本书使用的数据都是结构化数据，它们基本上都来自结构化数据库。预测变量以及我们认为对预测结果有意义的特征量已经存在于数据中。例如，在预测银行破产可能性的实例中，我们认为某些财务指标(如资产收益率、权益收益率)等具有预测价值。在预测保险理赔欺诈实例中，我们认为保险年龄(policy age)具有预测价值。当然，我们并没有局限于已知的预测变量，有时某个有用的预测变量可能会以出乎我们意料的方式出现。

在语音和图像识别等领域，像这种结构化的"高端"(high-level)信息是不存在的，我们只有独立的低端信息(low-level)，如声音的频率和振幅，以及表示颜色强度和色彩的像素值。我们只希望向计算机发出这样的命令——"查找两只眼睛"，然后继续提供更具体的信息，如眼睛的形状——小小的实心圆(瞳孔)周围有一个环(虹膜)，最外层是一片白色区域。但是，计算机拥有的全部数据是成列的像素值

(低端信息)。我们需要额外做大量的工作，以定义与眼睛对应的各种像素模式(高端信息)。此时就要用到深度学习，深度学习本身就可以"学习"如何识别这些高端特征。

深度学习正在快速发展，它在许多方面有别于简单的预测模型。深入讨论深度学习已超出本书的讲解范围，但是我们只讨论算法设计领域的一种与深度学习有关的重要创新方法——卷积，这种方法扩展了简单神经网络的能力，可以实现我们一直讨论的监督学习和无监督学习任务。卷积神经网络已被应用于许多软件和领域，人们在语音识别以及从自然语言中提取文本意义等方面有了很大的进步。

11.6.1　卷积神经网络

在标准的神经网络里，每个预测变量在网络的每一层都有自己的权重。与此相反，卷积神经网络只选取预测变量(像素)的一个子集，并把同一操作应用到整个子集上。正是这种分组操作使得特征自动发现成为可能。回想一下，图像识别问题中的数据往往包含大量的像素值，这些像素值表示黑白图像，取值范围为0(黑)~255(白)。由于我们只想检查黑色线条或黑色填充区域，因此可以把黑白值颠倒过来，用255代表黑，用0代表白。

观察图11.5所示的线条画，计算机在开始识别眼睛、耳朵、鼻子、头等复杂特征之前，需要识别线条、边界等简单的特征。仔细观察图11.6中这位男士的下巴(见图11.6)。在典型的卷积神经网络里，算法每次只考虑一块非常小的区域，如3×3像素大小的区域，如图11.7所示。下巴线条可能看起来像图11.7(a)，图11.7(b)中的矩阵表示像素值。在进行第一次卷积运算时，神经网络将应用过滤操作——为像素值乘上一个3×3的矩阵，这个矩阵正好可以识别竖直的线段，如图11.7(c)所示。把每个像素单元的乘积相加，得到[0+0+0+200+225+225+0+0+0]=650。相对于过滤矩阵的其他排列，这是一个相对比较大的值，因为图像区域和过滤阵在中心列的值比较大，而在其他位置比较小(在这个只有3个1和6个0的3×3矩阵里，可尝试其他各种不同排列，这样你就会明白这种特殊排列方式可以很好识别竖直线段的原因)。对于这种初始过滤运算，我们可以得出如下结论：这种过滤操作可以检测到竖直线条，因此可以把图像在这个区域里的9个初始值合并为1个值(合并为0或1，以表示是否出现竖直线条)。

图11.5　线条画

图 11.6　只关注图 11.5 中男士的下巴线条

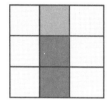
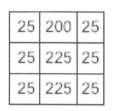
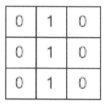

(a) 用阴影表示　　　　　　(b) 用数值表示　　　　　　(c) 合并为 0 或 1

图 11.7　用一块 3×3 像素大小的区域表示下巴线条

11.6.2　局部特征图

前面的"竖直线段检测"过滤器能在整个原始图像矩阵里移动，每次移动都将重新计算并产生输出结果。我们最后得到一个较小的矩阵，这个矩阵比原来的矩阵小多少取决于每次移动多少像素。虽然原始图像值是由各个像素值组成的，但是这个新的较小矩阵是特征的映射，它正好回答了这样一个问题：在这块区域里存在一条竖直线段吗？

这里使用的卷积窗口相对较小，这正好说明了整个操作可以识别局部特征。想象一下，使用其他局部过滤器可以识别水平线段、对角线段等，以这些局部特征为输入，便可继续构建高级特征(如角、矩形、圆等)。

11.6.3　层次特征

前面介绍的第一幅特征图是一些竖直线段，重复上述过程，便可识别水平线段和对角线段。我们也可以用其他过滤器识别浅色区与深色区的边界，然后以这些初始的低端特征图为基础，重复以上过程，只不过现在的计算对象是这些特征图而非原始的像素值。继续这个迭代过程，构建多维矩阵图或张量，它们可以表示越来越高级的特征。随着迭代过程的不断继续，表示更高层次特征的矩阵越来越抽象，因此没有必要"窥探"网络内部的最底层以识别某个具体的对象(如眼睛)。

在这个过程中，随着更高层次的特征被不断合并，信息逐步得到压缩(简化)，如图 11.8 所示。

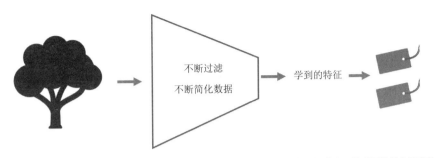

图 11.8 将卷积神经网络应用于监督学习的过程：在神经网络的卷积过程中，通过不断过滤，得到层次越来越高的特征，从而方便应用程序使用分类标签，可通过比较这些标签与实际标签来训练网络

11.6.4 学习过程

神经网络如何知道要执行哪个卷积操作？简言之，神经网络保留了达到成功分类的操作。在最基本的神经网络里，每个权值都要在每一次的迭代学习过程中不断得到调整。在卷积网络里，网络也要学习选择执行哪个卷积操作。

对于监督学习，在神经网络的构建过程中，特征的层次越来越高，最终达到最高层次，这可能就是学习的目标。假设我们现在的目标是判断图像中是否有一张人脸。现有的训练集是一些带标签的图像，其中一些图像有人脸，有些图像没有人脸。训练过程中生成的卷积网络可以识别层次特征(如线段>圆形>眼睛)，从而最终分类成功。卷积网络也可能遇到其他层次特征(如线段>矩形>房子)，但是这些特征可能会被忽略掉，因为它们无法成功分类人脸。有时可能会出现这样一种情形：网络中单个神经元的输出是一个有效的分类器，这说明这个神经元可以自动编码我们关注的特征。

11.6.5 无监督学习

深度学习最令人称奇的地方就是其在无监督学习情形下识别特征(识别对象)的能力。最著名的例子是识别图像中的人脸、狗和猫。这是如何做到的呢？

可以使用所谓的自编码器(autoencoder)网络，如图 11.9 所示。这种网络在经过训练后，可以重新生成发送给它们的输入数据，之后再把这些输入数据反馈到网络。具体过程是：首先生成数据的低维表示，然后用它们重新生成原始数据。网络经过训练后，将保留那些能够准确重新生成输入的特征。

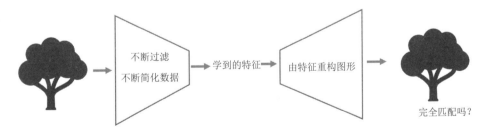

图 11.9 自编码器网络：在卷积网络中反复使用过滤器，生成高级特征，然后利用这些特征重构图像。对重构的图像与原始图像进行比较，将重构的图像与原始图像最接近的网络保存为"已训练"，网络在训练过程中并没有用到标签数据

在到达"学到的特征"这一步之前，自编码器网络与监督学习网络非常相似。但是，当自编码器网络学习完特征之后(这些特征属于数据的低维表示)，便可根据这些特征以相反的过程重构图像。对

重构的图像与输入图像进行比较,如果它们不相似,那么继续上述过程(使用前面介绍的反向传播法)。当神经网络生成的图像与输入图像相似时,结束上述过程。

神经网络中的瓶颈与内部特征的表示有关。现在,这些瓶颈拥有与通用领域相关的有用信息(这里的通用领域与图像有关),可以用这些信息训练网络。我们发现,在这个过程中学到的特征(处在瓶颈位置的神经元的输出)是十分有用的。由于这些特征被认为是原始数据的低维表示(在本质上,相当于 PCA 中的主成分,参见第 4 章),它们可以用来构建有监督的预测模型或无监督的聚类模型。

11.6.6　结论

卷积网络成功的关键因素在于其具有以下能力:通过迭代过程,构建非常复杂的多维特征图(需要大量的计算和存储空间),再从特征图中学习特征,这些特征构成了数据的低维表示。我们发现,不同类型的卷积结构(即不同类型的过滤操作)适用于不同的任务。AI 社区有很多事先训练好的神经网络与大家分享,因此分析师不必进行长时间的复杂训练过程。AI 社区还分享了很多数据集,这些数据集可用来训练某个特定任务或作为基准数据(例如,这些数据集包含各种不同类别的原始图像——专用的人脸图像、卫星图像、文本数据和语音数据等)。

最后,也许读者还听说过其他类型的深度学习。在编写本书的时候,循环神经网络(Recurrent Neural Networks,RNN)非常流行,它们通常与长短记忆网络(Long Short-Term Memory,LSTM)或门控循环单元(Gated Recurrent Units,GRU)等基本模块一起使用。这些网络专用于序列性质或时序性质的数据,如时间序列、音乐、文本、演讲(单词在语句中的顺序很关键)以及用户行为或机器人行为(点击流数据,用户的点击顺序十分重要)。这些网络的记忆能力能够帮助它们表示这些序列。至于商业分析应用中是否需要使用这些方法,关键因素之一是它们相对于其他方法的性能以及它们对资源的要求(如数据量和计算时间)。

软件库　随着深度学习的出现,神经网络在很大程度上实现了人工智能的原定目标,并且正在取得长足进步。同时,神经网络的结构十分复杂,而且在不同的领域中各不相同。因此,TensorFlow、Keras、PyTorch 等软件十分受欢迎,因为在这些软件里,可以选择不同的结构,还可生成合适的 Python 代码。TensorFlow 在 https://playground.tensorflow 网站上提供了视频和演示程序,向大家介绍了一个简单的神经网络。

11.7　神经网络的优缺点

神经网络最突出的优点在于它们十分出色的预测性能。它们对噪声数据有很高的容忍度,并且能够表示预测变量与结果变量之间非常复杂的关系。神经网络的主要弱点在于无法深入了解这种关系的结构,这正是神经网络被称为"黑盒子"的原因。

在使用神经网络时,需要考虑几个因素和风险。

第一,虽然神经网络具有从一组样本数据中归纳特征的能力,但外推仍然是一种非常危险的操作。假如神经网络只看某个区间里的记录,请不要对这个区间外的记录进行预测,因为这是完全无效的。

第二,神经网络没有内置的变量选择机制,这意味着需要精心选择预测变量。我们经常需要综合利用第 9 章介绍的分类树和回归树以及第 4 章介绍的其他降维技术(如主成分分析)来识别关键的预测变量。

第三,神经网络的灵活性依赖于足够多的训练数据。与分类任务有关的一个问题是,神经网络需要足够多的少类别记录才能学习少数记录的类别,这可以通过第 2 章介绍的过采样方法来实现。

第四,我们还需要考虑一个现实问题,决定神经网络是否有用的关键在于计算时间。通常神经网络的计算量都非常大,因而比起其他分类器需要更长的计算时间。当预测变量的个数增加时(因而需要计算的权重个数也会增加),运行时间会急剧增加。对于要求实时预测或接近实时预测的应用,需要测试运行时间,以确保不会给决策带来无法忍受的延迟。

11.8 习题

11.1 信用卡的使用。一家虚拟银行的数据如表 11.7 所示,它们是关于客户使用信用卡服务的记录。用 Excel 或 Python 程序建立一个工作表,演示这些数据经历简单神经网络的过程(随机生成权重的初始值)。

表 11.7 信用卡实例数据

Years	Salary	Used Credit
4	43	0
18	65	1
1	53	0
3	95	0
15	88	1
6	112	1

Years(年数):客户使用信用卡的年数。

Salary(工资):客户的工资(单位是千美元)。

Used Credit(是否按时还款):Used Credit 为 1,表示客户在一年里至少有一个月的信用卡账单未偿还;Used Credit 为 0,表示在过去一年里,每个月的信用卡账单都还清了。

11.2 神经网络的演化。神经网络通常从随机的偏移量和权重开始。因此,第一次迭代结果实际上是随机预测结果,但最终得到的预测结果比较精确,在从随机结果演变到精确结果的过程中,关键因素是什么?

11.3 汽车销售。分析二手车销售数据(ToyotaCorolla.csv),其中包含 1436 条记录和 38 个属性。这些属性涉及汽车的价格、车龄、KM、HP 等信息。我们的目标是根据这些信息预测二手丰田卡罗拉汽车的价格。

a. 基于这些数据拟合神经网络,其中只有一个隐藏层,这个隐藏层只有两个节点。

b. 以 Age_08_04、KM、Fuel_Type、HP、Automatic、Doors、Quarterly_Tax、Mfr_Guarantee、Guarantee_Period、Airco、Automatic_airco、CD_Player、Powered_Windows、Sport_Model 和 Tow_Bar 作为预测变量。

c. 使用 scikit-learn 包中的变换函数 MinMaxScaler()将数据变换到[0,1]区间。对于输入输出数据,分别使用不同的变换器。为了建立虚拟变量,可使用 Pandas 包中的函数 pd.get_dummies()。

d. 记录模型在训练集和验证集上的 RMS 误差。重复此过程,改变隐藏层的数量和节点数,考虑以下情形:{单层 5 个节点}、{两层,每层 5 个节点}。

i. 当层数和节点数增加时,模型在训练集上的 RMS 误差会有什么变化?

ii. 验证数据上的 RMS 误差有什么变化?

iii. 写出最适合此模型的层数和节点数。

14. 航空公司向客户进行直邮推销。East-West 航空公司与一家无线电话服务公司 Telcon 达成合作伙伴关系。East-West 航空公司利用后者的服务向客户发送直邮推销广告。数据文件 EastWestAirliners.csv

包含了收到测试邮件的客户的一组样本数据，有 13%的客户参与了活动。

要求建立这样一个模型，它能够把 East-West 航空公司的客户按照是否愿意购买无线电话公司 Telcon 的服务进行分类(输出变量为 Phone_Sale)。这个模型还可以分类新增客户。

a. 基于这些数据创建一个神经网络模型，其中只有一个隐藏层，这个隐藏层只有 5 个节点。不要忘了把分类变量转换为虚拟变量，并且还要把数值型预测变量变换到[0, 1]区间(使用 scikit-learn 包中的 MinMaxScaler()函数)。分别为训练集和验证集建立十分位提升图。用商业术语解释验证集上的十分位提升图中最左侧矩形框的意义。

b. 对训练集和验证集上的十分位提升图的差别发表评论。

c. 创建另一个神经网络模型。这一次把隐藏层的节点数设置为 1。对这个模型与第一个模型的差别发表评论。过拟合对结果有什么影响?

d. 你能提供哪些相关信息来说明各个变量对模型预测结果的影响?

## 第12章

判 别 分 析

本章介绍判别分析，这是一种基于模型的分类方法。我们将介绍判别分析的主要思想，这种方法在对记录进行分类时主要基于记录相对于每个类别均值的距离。我们还将讨论"统计距离"的基本度量方法，这个指标考查的是预测变量之间的相关性。从判别分析的执行结果中可以得到分类函数，后者用来生成分类分数，分类分数又可以转换为分类结果或倾向值(类别成员的概率)。也可以直接把误分类成本结合到判别分析的参数里，并介绍这个过程是如何实现的。最后，我们将讨论模型的基本假设，并分析当某些假设得不到满足时判别分析分类方法的稳健表现，以及当假设得到满足时这种分类方法的优缺点。

本章使用 Pandas 包处理数据，使用 scikit-learn 包建立模型。此外，本章还要用到附录中的 Python 工具函数。

导入本章所需要的功能：

```
import numpy as np
import pandas as pd
from sklearn.discriminant_analysis import LinearDiscriminantAnalysis
import matplotlib.pylab as plt
from dmba import classificationSummary
```

12.1 引言

判别分析属于分类方法。与 Logistic 回归一样，判别分析也是经典的统计方法，用于分类和分析。这种分类方法首先从一组不同类别的记录中得到一组指标，然后利用这组指标分类新记录(分类任务)。判别分析经常用来把微生物分类为种和亚种，把贷款、信用卡和保险单分类为低风险类别和高风险类别，把新产品的客户分类为早期使用者、早期多数者、晚期多数者和落后者，对债券按债券等级进行分类，分类人类头骨化石等。另外，判别分析也常用于版权纠纷、大学录取决策，以及针对酗酒和非酗酒的医学研究、人类指纹的识别等。判别分析可以突出用来区分类别的重要特征(分析任务)。

回到之前介绍过的两个实例：驾驶式割草机和接受银行个人贷款请求。在这两个实例中，因变量都只有两个分类值。本章最后将介绍因变量多于两个类别的情形。

驾驶式割草机实例

回到第 7 章介绍的驾驶式割草机实例。驾驶式割草机制造商想找到一种方法来把城市里的家庭分为两类:一类是有可能购买驾驶式割草机的家庭("有割草机家庭");另一类是不大可能购买驾驶式割草机的家庭("无割草机家庭")。初始的随机样本中只包含 12 个有割草机家庭和 12 个无割草机家庭,其中的数据如表 7.1 所示,散点图如图 12.1 所示。线性的分类规则可看成一条直线,这条直线把二维空间分成了两个区域:其中一个区域里的绝大部分家庭是有割草机家庭;另一个区域里的绝大部分家庭是无割草机家庭。好的分类器能把这些数据点分开,而且误分类的可能性很小。

图 12.1 中的直线似乎就是我们要找的直线,24 个数据点中只有 4 个数据点被误分类。但是,我们不禁要问,还有没有更好的分类器?

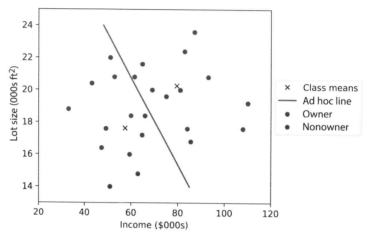

图 12.1 x 轴表示年收入,y 轴表示住宅占地面积,图中的直线把有割草机家庭与无割草机家庭
分隔开来(彩图效果参见本书在线资源)

接受银行个人贷款申请实例

利用驾驶式割草机实例可以很好地说明判别分析的基本概念和目标。然而,在今天的商业应用中,实际记录数要比这个例子大许多,而且能把这些不同类别分开的界线并不十分清晰。为了说明这个问题,回到之前的环球银行个人贷款实例。环球银行的目标是寻找最有可能接受贷款的客户。为简单起见,我们只考虑两个预测变量:客户的年收入(Income,单位是千美元)和信用卡平均月消费额(CCAvg,单位是千美元)。在图 12.2 中,第一张图说明了在包含 200 个客户的样本集里,贷款接受程度是 CCAvg 与 Income 的函数。为了增强可视效果,两个坐标都使用了 log 刻度,这是因为很多数据点都集中在低 Income 和低 CCAvg 区域。即使这样一个小型的样本子集,分隔线也并不十分清楚。图 12.2 中的第二张图展示了全部 5000 个客户的信息,这说明处理大量记录可能会带来额外的复杂性。

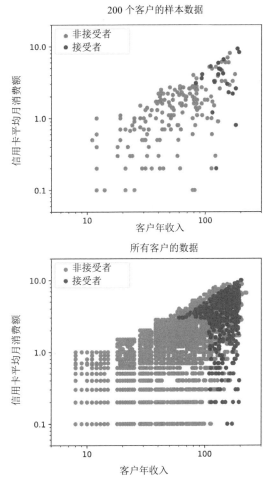

图12.2 个人贷款接受程度是客户年收入和信用卡平均月消费额的函数

12.2 记录与类别的距离

为了找到效果最好的分隔线，需要计算它们与每个类别的距离。判别分析的基本思想就是把一条记录分类为离它最近的类别。假设需要根据客户的年收入(x)把环球银行的一位新客户分类为贷款接受者和贷款非接受者。查看银行数据库，我们发现，贷款接受者的年收入均值是\$144.75K，贷款非接受者的年收入均值是\$66.24K。以 Income 作为贷款接受者的预测变量，依照欧几里得距离，如果 x 离贷款接受者的年收入均值的距离小于离贷款非接受者年收入均值的距离，就把 x 分类为贷款接受者，否则分类为贷款非接受者。换言之，当$|x{-}144.75|{<}|x{-}66.24|$时，新记录的分类结果是贷款接受者，否则是贷款非接受者。现在从单个预测变量推广到两个或两个以上预测变量。类别的均值等效于类别的质心。

如果用向量表示均值(质心)$\bar{x} = [\bar{x}_1, \cdots, \bar{x}_p]$，特征向量为$x{=}[x_1,\cdots,x_p]$的记录与质心 $\bar{x}$ 之间的欧几里得距离可定义为新记录的特征值与特征量的均值之差的平方和再开根号：

$$D_{\text{Euclidean}}(\boldsymbol{x}, \overline{\boldsymbol{x}}) = \sqrt{(x_1 - \overline{x}_1)^2 + \cdots + (x_p - \overline{x}_p)^2} \qquad \text{式}(12.1)$$

使用欧几里得距离有三个缺点。

第一，距离与预测变量的度量单位有关。假如客户年收入的单位是美元而不是千美元，得到的结果就会不同。

第二，欧几里得距离并没有考虑变量的变异性(variability)。例如，当比较贷款接受者和贷款非接受者两个类别的客户年收入的变异性时，就会发现，对于贷款接受者，他们的收入标准差低于贷款非接受者收入的标准差($31.6K 对比$40.6K)。因此，新客户的年收入可能接近贷款接受者的平均值(单位为美元)。但是，由于贷款非接受者的收入存在很大的变异性，因此新客户也有可能属于贷款非接受者。我们希望在计算距离度量值时考虑变量的变异性，用标准差而不是原始单位表示距离。这等效于计算 z-分数。

第三，欧几里得距离没有考虑变量之间的相关性。这是一个很重要的因素，特别是当我们使用预测变量分离类别时。在这种情形下，一些变量本身是区分类别的重要指标，但是当它们与其他预测变量一起使用时，它们实际上是多余的，因为它们与其他变量表示同样的效果。

解决上述问题的一种方法是使用名为统计距离的度量指标(又称为马哈拉诺比斯距离，简称马氏距离)。假设 S 表示 p 个变量之间的协方差，统计距离(马氏距离)可定义为

$$\begin{aligned} D_{\text{Statistical}}(\boldsymbol{x}, \overline{\boldsymbol{x}}) &= \left[\boldsymbol{x} - \overline{\boldsymbol{x}}\right]' S^{-1} \left[\boldsymbol{x} - \overline{\boldsymbol{x}}\right] \\ &= \left[(x_1 - \overline{x}_1), (x_2 - \overline{x}_2), \cdots, (x_p - \overline{x}_p)\right] \boldsymbol{S}^{-1} \begin{bmatrix} x_1 - \overline{x}_1 \\ x_2 - \overline{x}_2 \\ \vdots \\ x_p - \overline{x}_p \end{bmatrix} \end{aligned} \qquad \text{式}(12.2)$$

式(12.2)中的符号'表示矩阵的转置运算——把列向量转换为行向量。$\boldsymbol{S}^{-1}$ 表示 $\boldsymbol{S}$ 的逆矩阵，相当于把除运算推广到 p 维空间。当只有一个预测变量时($p=1$)，式(12.2)可简化为计算 z-分数，效果相当于用预测变量的值减去均值，再除以标准差。统计距离不仅考虑了预测变量的均值，也考虑了预测变量的值的扩散度(spread)。为了计算记录与类别的统计距离，必须计算预测变量的均值(质心)和预测变量之间的协方差，再由它们计算统计距离。判别分析的目的就是根据统计距离找到分隔线(如果预测变量多于两个，就分隔超平面)，分隔线离不同类别的均值的距离都相等。对于一条新记录，可计算它与每个类别的统计距离，再根据统计距离，把它分类为离它最近的类别，这需要通过分类函数来实现。

12.3 Fisher 线性分类函数

线性分类函数最早是由著名的统计学家 R. A. Fisher 于 1936 年提出的，作为分类记录的改进方法，背后的思想就是找到线性度量函数，使得类别间的变异性与类别内的变异性之比最大化。换言之，我们得到的类别是非常齐性的，相互之间相差很大。对于记录，这些函数用来计算记录的 z-分数(又称分类分数)，表示的是记录与每个类别的接近程度。如果一条记录离某个类别的分类分数(z-分数)最大(等效于最小统计距离)，就把这条记录分类为这个类别。

> **使用分类函数的分数分类记录**
>
> 对于每一条记录，我们都要计算相应的分类函数值。哪个类别的分类函数值最大，记录就属于哪个类别。在 scikit-learn 包中，适用于两类别问题的 LinearDiscriminantAnalysis()方法利用决策函数的符号来确定预测的类别：若符号为正，就分类为 1，否则分类为 0。在多类别问题中，记录则被归类为分类分数最高的类别。

分类函数可用程序估计得到。对于两类别因变量，scikit-learn 包中的 LinearDiscriminantAnalysis() 方法并没有详细说明如何生成面向类别的线性分类函数，但是会返回两个单独的分类函数的差值作为决策函数。例如，表 12.1 展示了如何把判别分析应用于通过驾驶式割草机数据(使用了两个预测变量)获得的决策函数。决策分数为负值，表示分类结果为 0；决策分数为正值，表示分类结果为 1。对于多类别因变量，则返回多个决策函数(详见 12.7 节)。

表 12.1　应用于驾驶式割草机数据的判断分析，输出估计的分类函数

```
mower_df = pd.read_csv('RidingMowers.csv')

da_reg = LinearDiscriminantAnalysis()
da_reg.fit(mower_df.drop(columns=['Ownership']), mower_df['Ownership'])

print('Coefficients', da_reg.coef_)
print('Intercept', da_reg.intercept_)
```
输出结果如下：
```
Coefficients [[0.1002303   0.78518471]]
Intercept [-21.73876167 ]
```

为了把一个家庭分类为有割草机家庭或无割草机家庭，需要用分类函数计算这个家庭的分类分数：如果有割草机家庭的分类分数高于无割草机家庭的，就把这个家庭分类为"有割草机家庭"，反之分类为"无割草机家庭"。与多变量线性回归一样，分配给这些函数的值就是线性函数中每个变量对应的权重。例如，样本数据中第一个家庭的年收入为$60K，住宅占地面积为 $18.4\,\mathrm{kft}^2$。决策分数是 $(0.1)(60)+(0.79)(18.4)-21.74=-1.28$。由于结果小于 0，因此这个家庭被误分类为"非割草机家庭"。这些计算实际上可由程序自动完成，不需要手动计算。例如，scikit-learn 包中的 LinearDiscriminantAnalysis()方法能够计算全部 24 个家庭的分类结果和分类分数，结果如表 12.2 所示。

表 12.2　计算驾驶式割草机数据集中每一条记录的分类分数、预测结果和概率

```
da_reg = LinearDiscriminantAnalysis()
da_reg.fit(mower_df.drop(columns=['Ownership']), mower_df['Ownership'])

result_df = mower_df.copy()
result_df['Dec. Function'] = da_reg.decision_function
        (mower_df.drop(columns=['Ownership']))
result_df['Prediction'] = da_reg.predict(mower_df.drop(columns=['Ownership']))
result_df['p(Owner)'] = da_reg.predict_proba(mower_df.drop(columns=['Ownership']))[:, 1]
result_df
```
输出结果如下：

	Income	Lot_Size	Ownership	Dec. Function	Prediction	p(Owner)
1	60.0	18.4	Owner	-1.277545	Nonowner	0.217968
2	85.5	16.8	Owner	0.022032	Owner	0.505508
3	64.8	21.6	Owner	1.716152	Owner	0.847632
4	61.5	20.8	Owner	0.757244	Owner	0.680755
5	87.0	23.6	Owner	5.511634	Owner	0.995977
6	110.1	19.2	Owner	4.372141	Owner	0.987533
7	108.0	17.6	Owner	2.905362	Owner	0.948111
8	82.8	22.4	Owner	4.148445	Owner	0.984456
9	69.0	20.0	Owner	0.880823	Owner	0.706993
10	93.0	20.8	Owner	3.914499	Owner	0.980440

11	51.0	22.0	Owner	0.647047	Owner	0.656345
12	81.0	20.0	Owner	2.083587	Owner	0.889298
13	75.0	19.6	Nonowner	1.168131	Owner	0.762807
14	52.8	20.8	Nonowner	-0.114760	Nonowner	0.471342
15	64.8	17.2	Nonowner	-1.738661	Nonowner	0.149483
16	43.2	20.4	Nonowner	-1.391044	Nonowner	0.199241
17	84.0	17.6	Nonowner	0.499835	Owner	0.622420
18	49.2	17.6	Nonowner	-2.988180	Nonowner	0.047963
19	59.4	16.0	Nonowner	-3.222126	Nonowner	0.038342
20	66.0	18.4	Nonowner	-0.676163	Nonowner	0.337118
21	47.4	16.4	Nonowner	-4.110816	Nonowner	0.016130
22	33.0	18.8	Nonowner	-3.669689	Nonowner	0.024851
23	51.0	14.0	Nonowner	-5.634430	Nonowner	0.003560
24	63.0	14.8	Nonowner	-3.803519	Nonowner	0.021806

把记录分类为其中一个类别的另一种方法是计算记录属于每个类别的概率，并将其归类为最大可能类别。如果因变量只有两个类别，那么每一条记录只需要计算一个概率(例如，只需要知道属于有割草机家庭的概率)。把临界值设置为 0.5 相当于把记录归类为分类分数最高的类别。这种方法的优点是能够得到记录的倾向值，这些倾向值可以用来排名：按概率降序排列记录，并生成提升曲线。

假设有 m 个类别。为了计算记录 i 属于某个类别(k)的概率，需要计算全部的类别分数——$c_1(i)$, $c_2(i)$, $\cdots$, $c_m(i)$。把它们代入以下公式，计算记录 i 属于类别 k 的概率：

$$P[\text{记录属于类别 } k] = \frac{e^{c_k(i)}}{e^{c_1(i)} + e^{c_2(i)} + \cdots + e^{c_m(i)}}$$

对于驾驶式割草机数据集，概率的计算过程和计算结果如表 12.2 所示。LinearDiscriminantAnalysis()方法会输出分类分数(decision_funtion)、分类结果(predict)和倾向值(predict_proba)。

现在的分类结果中出现三个误分类，原来的分类结果中有四个误分类。这从图 12.3(彩图效果参见本书在线资源)可以看出，图 12.3 中还显示了判别模型生成的直线。

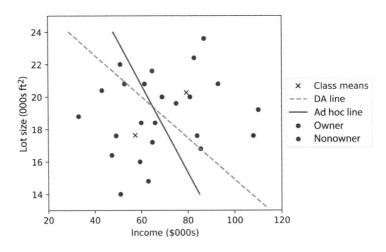

图 12.3　由判别模型得到的类别分隔线(可与图 12.1 进行对比)

12.4　判别分析的分类性能

　　判别分析需要靠两个假设才能得到分类分数。第一个假设是全部类别里预测变量的观测值都来自多元正态分布。只有这个假设得到满足，判别分析才会比其他分类方法(如 Logistic 回归)更强大。事实上，Efron(1975 年)已经证明，当数据遵从多元正态分布时，判别分析的效率比 Logistic 回归高 30%，这指的是判断分析只需要 70% 的记录就可以得到同样的结果。实际上，人们已经证明，判别分析对非正态分布的预测变量的响应是很稳健的，这说明当使用这种分类方法时，预测变量可以是非正态分布的，甚至可以是虚拟变量。但是，这个假设只有当最少类别的记录也足够多(大概多于 20 条)时才成立。人们还发现，判别分析对奇异值比较敏感，而不管是单变量空间还是多变量空间。因此，我们需要利用探索性分析来确定极端值，并决定它们是否可以删除。

　　判别分析的第二个假设是，某个类别内部的不同预测变量之间的相关性结构在不同类别之间是相同的。这个假设大致可以这样来检验：计算每个类别的相关性矩阵，并对每个类别的相关性矩阵进行比较。如果不同类别的相关性矩阵相差很大，分类器将总是把记录分类为变异性最大的类别。当相关性结构相差很大且数据集非常大时，可以使用另一种方法：二次判别分析。

　　尽管这些统计假设存在一些约束条件，但是我们知道，在预测环境中，最终需要测试模型能否有效运行。一种合理的解决办法是，首先利用探索性分析对正态性和相关性进行分析，然后训练和评估模型，之后根据分类的准确度以及从最初的探索性分析中学到的东西，回到起点，进一步探索数据，看看是否存在异常值以及是否需要重新选择预测变量。

　　至于分类准确度的评估，可再次利用第 5 章介绍的通用性能评估指标(判断分类器性能的那些指标)，但基本原则是：在分类中使用混淆矩阵，在排名时使用提升图。例如，在驾驶式割草机实例中，1 号、13 号和 17 号家庭被误分类了。这说明模型分类这些数据的误分类率是 12.5%。但是，这个误分类率是有偏估计——明显过于乐观，因为我们使用了同一组数据来拟合模型和估计误分类率。因此，对于其他模型，可使用验证集评估模型的性能，这些验证数据并没有用来评估分类函数。

　　为了从判别分析中获得混淆矩阵，可直接使用分类分数，也可使用由分类分数计算得到的倾向值(类别成员概率)。然后对分类结果与这些记录的实际类别成员进行比较，从而得到混淆矩阵。

12.5　先验概率

　　到目前为止，我们的目标一直都是最小化分类误差。本章前面介绍的方法假设记录来自任何一个类别的机会都是均等的。未来，如果需要分类的记录属于不同类别的概率不相等，就应该修改分类函数以减小期望误差率(长期平均误差)。修改过程如下：用 P_j 表示属于类别 j 的先验概率或未来概率(对于两类别情形，存在 p_1 和 $p_2=1-p_1$ 的关系)，每个类别的分类函数在原来的基础上加上 $\log(p_j)$。为了展示上述修改，我们假设在总人口中，有割草机家庭的比例是 15%，而不是样本数据中的 50%。这意味着模型需要把较少的家庭分类为有割草机家庭。为了弥补失真，调整表 12.1 中决策函数的系数，调整后的常量项是 $-21.74+\log(0.15)-\log(0.85)=-23.47$。为了演示上述调整对分类的影响，考虑 13 号和 17 号家庭，当假设类别成员的概率均等时，这两个家庭被误分类为有割草机家庭。当考虑到总人口中拥有割草机的家庭比例相对较低这个因素后，这两个家庭都将被正确分类为"无割草机家庭"。

除调整截距外，scikit-learn 包在对协方差矩阵求平均时也会使用先验概率。

12.6　误分类成本不均等

实际上，当误分类成本不均等时，需要再次修改分类函数。如果类别 1 记录的误分类成本与类别 2 记录的误分类成本相差很大，那么我们可能希望最小化误分类的期望成本而非简单的误差率(后者没有考虑到误分类成本不均等这种情形)。在两类别情形下，很容易修改分类函数以加入误分类成本不均等这个因素。假设使用 q_1 表示误分类类别 1(误分类为类别 2)的成本，使用 q_2 表示误分类类别 2(误分类为类别 1)的成本，把这些成本加到分类函数的常数项中，也就是把 $\log(q_1)$ 加到类别 1 的常数项中，把 $\log(q_2)$ 加到类别 2 的常数项中。同时为了考虑先验概率和误分类成本，在类别 1 的常数项中加入 $\log(p_1q_1)$，在类别 2 的常数项中加入 $\log(p_2q_2)$。

在实践中，想要获得每个类别的误分类成本 q_1 和 q_2 并不容易，但是通常获得误分类成本之比 q_2/q_1 相对容易(例如，信用卡违约的误分类成本是信用卡不违约的误分类成本的 10 倍。幸运的是，分类函数之间的关系正好只与这个比例有关。因此，可以把 q_1 设置为 1(q_1=1)，而把 q_2 设置为比例值，这样只需要在类别 2 的常数项中加入 $\log(q_2/q_1)$ 即可。

12.7　多类别情形下的分类

理想情形下，只要有人在交通事故发生时拨打了急救电话 911，就要派遣救护车到事故现场。然而，在某些情形下，救护车到达现场的时间可能被延误(例如，事故发生于交通拥堵时段)。在这些情形下，911 救护车派遣机构可能需要根据事故报告的初步信息决定派遣什么样的急救小组到现场。如果能在事故首次呼救时提供的有限信息的基础上额外增加一些消息来帮助急救机构正确分类事故的性质(轻微损伤、严重损伤或死亡)，将是一件非常有意义的事情。为此，我们利用收集的 2001 年美国交通事故数据集，这些交通事故都涉及某种程度的伤亡。另外，对于每起事故，其中都记录了事故发生在一周的哪一天、天气状况、道路等级等信息。表 12.3 显示了来自这个数据集的 20 条记录和 11 个属性。

表 12.3 来自 2001 年美国交通事故数据集的 20 起交通事故的样本数据

Accident #	RushHour	WRK_ZONE	WKDY	INT_HWY	LGTCON	LEVEL	SPD_LIM	SUR_COND	TRAF_WAY	WEATHER	MAX_SEV
1	1	0	1	1	dark_light	1	70	ice	one_way	adverse	no-injury
2	1	0	1	0	dark_light	0	70	ice	divided	adverse	no-injury
3	1	0	1	0	dark_light	0	65	ice	divided	adverse	non-fatal
4	1	0	1	0	dark_light	0	55	ice	two_way	not_adverse	non-fatal
5	1	0	0	0	dark_light	0	35	snow	one_way	adverse	no-injury
6	1	0	1	0	dark_light	1	35	wet	divided	adverse	no-injury
7	0	0	1	1	dark_light	1	70	wet	divided	adverse	non-fatal
8	0	0	1	0	dark_light	1	35	wet	two_way	adverse	no-injury
9	1	0	1	0	dark_light	0	25	wet	one_way	adverse	non-fatal
10	1	0	1	0	dark_light	0	35	wet	divided	adverse	non-fatal
11	1	0	1	0	dark_light	0	30	wet	divided	adverse	non-fatal
12	1	0	1	0	dark_light	0	60	wet	divided	not_adverse	no-injury
13	1	0	1	0	dark_light	0	40	wet	two_way	not_adverse	no-injury
14	0	0	1	0	day	1	65	dry	two_way	not_adverse	fatal
15	1	0	0	0	day	0	55	dry	two_way	not_adverse	fatal
16	1	0	1	0	day	0	55	dry	two_way	not_adverse	non-fatal
17	1	0	0	0	day	0	55	dry	two_way	not_adverse	non-fatal
18	0	0	1	0	dark	0	55	ice	two_way	not_adverse	no-injury
19	0	0	0	0	dark	1	50	ice	two_way	adverse	no-injury
20	0	0	0	0	dark	1	55	snow	divided	adverse	no-injury

我们的目的是想要看看能否用这些预测变量正确分类事故的伤亡类别。为此，可使用一个压缩的事故数据集，其中包含了从原数据库中抽取的 600 条记录(对某些分类值进行了合并，因此大多数预测变量都是二元的)，然后将这个样本数据集分割为训练集和验证集，在训练集上应用判别分析，输出结果与两类别情形下的输出结果非常相似，只是现在每一条记录都有三个分类函数(每个伤亡类别对应一个分类函数)，得到的 3×3 混淆矩阵和误差矩阵展示了正确分类和误分类的全部组合(详见表 12.4)。分类准则仍然是把记录分类为分类分数最高的类别。与前面一样，这里分类分数的计算也使用了分类函数的系数，这一点从表 12.5 可以看出。例如，第 1 起事故属于"无伤害"类别，分类分数是-0.89+(0.03)×(1)+(0.03)×(0)+…+(0.08)×(1)=-0.46。同样，"非致命伤害"类别的分类分数的计算结果是-0.96，"致命伤害"类别的分类分数为-5.94。由于"无伤害"类别的分类分数最高，因此这起事故被分类为无伤亡(与实际结果一致)。

表 12.4 使用判别分析预测交通事故的伤亡类别(从训练集得到的分类函数和混淆矩阵)

```
accidents_df = pd.read_csv('accidents.csv')
lda_reg = LinearDiscriminantAnalysis()
lda_reg.fit(accidents_df.drop(columns=['MAX_SEV']), accidents_df['MAX_SEV'])

print('Coefficients and intercept')
fct = pd.DataFrame([lda_reg.intercept_], columns=lda_reg.classes_, index=['constant'])
fct = fct.append(pd.DataFrame(lda_reg.coef_.transpose(), columns=lda_reg.classes_,
                        index=list(accidents_df.columns)[:-1]))

print(fct)
print()
classificationSummary(accidents_df['MAX_SEV'],
                    lda_reg.predict(accidents_df.drop(columns=['MAX_SEV'])),
                    class_names=lda_reg.classes_)
```

输出结果如下：

```
Coefficients and intercept
                    fatal     no-injury    non-fatal
constant          -1.972659   -0.891172    -0.610471
RushHour          -0.996411    0.033430    -0.015774
WRK_ZONE          -0.457188    0.220012    -0.204480
WKDY              -1.471777    0.165707    -0.135404
INT_HWY            0.755344   -0.075816     0.060599
LGTCON_day         0.009515   -0.031421     0.030124
LEVEL              0.976626   -0.082717     0.063598
SPD_LIM            0.048033    0.004381    -0.005014
SUR_COND_dry      -5.999809   -0.164874     0.257895
TRAF_two_way       0.752985   -0.012844    -0.000048
WEATHER_adverse   -6.596690    0.079166     0.032564


Confusion Matrix (Accuracy 0.5283)
           Prediction
  Actual   fatal   no-injury   non-fatal
   fatal     1         1           3
no-injury    6       114         172
non-fatal    6        95         202
```

表 12.5 从训练集得到的三类事故的分类分数、类别成员概率和分类结果

```
result = pd.concat([
  pd.DataFrame({'Classification':
                 lda_reg.predict(accidents_df.drop(columns=['MAX_SEV'])),
              'Actual': accidents_df['MAX_SEV']}),
  pd.DataFrame(lda_reg.decision_function(accidents_df.drop(columns=['MAX_SEV'])),
             columns=['Score {}'.format(cls) for cls in lda_reg.classes_]),
  pd.DataFrame(lda_reg.predict_proba(accidents_df.drop(columns=['MAX_SEV'])),
             columns=['Propensity {}'.format(cls) for cls in lda_reg.classes_])
], axis=1)

pd.set_option('precision',2)
pd.set_option('chop_threshold', .01)
print(result.head())
```
输出结果如下:

	Classification	Actual	Score fatal	Score no-injury	Score non-fatal	\
0	no-injury	no-injury	-5.94	-0.46	-0.96	
1	no-injury	non-fatal	-1.05	-0.46	-1.04	
2	no-injury	no-injury	-7.88	-0.63	-0.77	
3	no-injury	no-injury	-8.38	-0.54	-0.84	
4	no-injury	non-fatal	-9.84	-0.50	-0.85	

	Propensity fatal	Propensity no-injury	Propensity non-fatal
0	0.00e+00	0.58	0.42
1	2.86e-01	0.43	0.29
2	0.00e+00	0.52	0.48
3	0.00e+00	0.55	0.45
4	0.00e+00	0.56	0.44

利用分类分数与概率的关系,我们还可以计算每起事故属于某个伤亡类别的倾向值(概率估计值),计算方法与两类别情形相同。例如,对于前面提到的第 1 起事故,"非致命伤害"类别的概率可由以下式子计算得到:
$$\frac{e^{-0.96}}{e^{-5.94} + e^{-0.46} + e^{-0.96}} = 0.42$$

使用同样的方法计算每起事故的"无伤害"类别或"致命伤害"类别的概率。对于第一起事故,"无伤害"类别的概率最大,因此这起事故可归类为无伤亡事故。

12.8 判别分析的优缺点

人们通常把判别分析当作统计分类方法而不是数据挖掘方法,这是因为判别分析很少出现在数据挖掘文献中。然而,判别分析在社会科学领域非常流行,并且性能相当好。判别分析在社会科学领域的应用和性能相当于多元线性回归。

与线性回归一样,判别分析也是寻找预测变量的最优权重。在线性回归方法中,权重表示预测变量与数值型因变量的关系;而在判别分析方法中,权重与类别分隔有关。这两种方法都用最小二乘法估计系数,得到的估计都能达到局部最优。

这两种方法的最基本假设是正态性。在判别分析方法中,我们假设预测变量接近于多元正态分布。虽然在实践中这个假设经常得不到满足(如经常使用的二元预测变量),但是判别分析却非常稳健,根

据 Hastie 等人发表的文章，原因可能是数据通常只支持简单的分离边界，如线性边界。然而，对于连续型变量，如果它们的分布非常偏斜(这可以从直方图看出)，那么使用对数变换可以改善性能。此外，由于对奇异值十分敏感，因此在应用判断分析之前要求对数据进行探索性分析，找出极端值并删除相应的记录。

作为分类器(就像 Logistic 回归一样)，判别分析的另一个优点在于可以估计单个预测变量的贡献，这经常用于预测变量的重要性排名和变量的选择。

最后，判别分析计算简单，特别适用于小型数据集。利用参数形式，判别分析可以从数据中获取尽可能多的信息。

12.9 习题

12.1 接受个人贷款请求。环球银行是一家新成立的银行，正在迅速壮大，得到越来越多客户的认同。这些客户中的绝大多数都是承兑客户(存款人)，他们与银行存在不同程度的业务联系，资产客户(借款人)的客户群相对规模较小。现在，环球银行想扩大资产客户群以带动贷款业务。特别是，这家银行想找到一种能够将承兑客户转换为个人贷款客户(但需要继续作为银行的存款人)的方法。

环球银行去年曾为此专门为承兑客户开展了一场贷款促销活动，活动结果表明成功的转换率超过9%。这促使环球银行的零售营销部门设计一场更加智能的、更有针对性的营销活动。目标是通过分析客户接受个人贷款服务的综合因素构建一个模型，模拟客户在以前促销活动中的行为，并以此作为这次营销活动的基础。

环球银行的数据文件包含了 5000 个客户的数据。这些数据包含客户的人口统计信息(如年龄、收入等)、客户对上次贷款促销活动的反映(Personal Loan)以及客户与银行的关系(抵押、证券账户等)。在这 5000 个客户中，只有 480 个客户(占 9.6%)接受银行向他们提供的个人贷款业务。

首先使用随机方法把数据集分割为训练集(含 3000 条记录)和验证集(含 2000 条记录)，然后应用判别分析，构建一个用于表示个人贷款接受程度与其他预测变量(邮编除外)关系的模型。记住：需要事先把多于两个分类值的分类预测变量转换为虚拟变量，可以把成功类别定义为类别 1(这里的成功表示客户接受个人贷款业务)。临界值默认为 0.5。

a. 针对贷款接受者和贷款非接受者两种情况，计算预测变量的统计摘要信息。对于连续预测变量，需要计算它们的均值、标准差；对于分类预测变量，需要计算它们的百分比。对于这两个类别，这些变量的统计汇总量有没有显著差别？

b. 分析模型在验证集上的性能。

i. 准确率是多少？

ii. 哪个类别的误分类可能性更大？

iii. 选择三条被误分类为"贷款接受者"的记录和另外三条被误分类为"贷款非接受者"的记录，目标是分析它们被误分类的原因。可首先分析它们被分类为贷款接受者的概率，这个概率是否接近阈值 0.5？如果答案是否定的，就比较它们的预测值与这两个类别的汇总统计结果，并说明它们被误分类的原因。

c. 在许多市场营销活动中，识别接受推销业务的客户比起识别不接受推销业务的客户更重要。因此，好的模型需要能够准确地检测到推销业务的接受者。分析验证数据的提升图和十分位提升图，从排名角度解释它们。

d. 对判别分析的结果与 Logistic 回归的结果进行比较(临界值都取 0.5，预测变量相同)。分析它们的混淆矩阵、提升图和十分位提升图。其中的哪一种分类方法能更好地识别验证集中的贷款接受者。

　　e. 环球银行打算将这场营销活动继续下去，并且准备向 1000 位其他客户推销个人贷款业务。假设向每个客户发送推销信息的费用是 1 美元, 获得的利润是 50 美元, 那么营销活动的期望利润是多少?

　　f. 把贷款接受者误分类为贷款非接受者的成本比把贷款非接受者误分类为贷款接受者的成本大很多。为了使误分类的期望成本最小化, 分类的临界值取多少比较合适(当前是 0.5)? 临界值应该增大还是减小?

　　12.2　识别优秀的系统管理员。一位管理顾问正在研究经验和培训与系统管理员能力的关系。系统管理员的能力是指其在指定的时间里完成一组指定任务的程度。这位管理顾问感兴趣的是区分以下两类管理员：能或不能在指定的时间内完成指定的任务。这位管理顾问的数据来自随机选取的 75 位系统管理员的表现情况。这些数据保存在 SystemAdministrators.csv 文件中。

　　Experience 变量用月数表示系统管理员的经验, Training 变量表示相关培训的学分数。结果变量 Completed 的值是 Yes 或 No——取决于系统管理员能否完成全部指定的任务。

　　a. 用散点图表示 Experience 与 Training 的关系, 并用不同的颜色或符号区分在指定的时间内能完成和不能完成全部任务的系统管理员。你能否在绘制的散点图中画出一条直线, 以最小的误分类率把这两个类别分隔开来。

　　b. 把整个数据集当作训练集并应用判别分析, 已知的两个预测变量都包含在这个模型中。对于能够胜任的系统管理员来说, 被误分类为不能胜任的系统管理员的比例是多少?

　　c. 计算以下系统管理员的分类分数：拥有 4 个月的管理经验和 6 个培训学分。根据这些数据, 这名系统管理员应归为哪一类?

　　d. 一位系统管理员已有 4 个培训学分, 他还需要多少经验才能使自己成为胜任管理员类别的估计概率大于 0.5。

　　e. 比较这个模型的分类准确度和 Logistic 回归的结果(临界值也是 0.5)。

　　12.3　检测垃圾邮件(来自 UCI 机器学习库)。惠普公司的一支团队在自己公司的邮件服务器上收集了大量的电子邮件和个人邮件, 目的是想要设计一个分类器, 用于区分垃圾邮件和非垃圾邮件。垃圾邮件这个概念非常广泛, 包括产品或网站广告、“快速赚钱” 计划、连锁信件等。这里对垃圾邮件的定义是：任何不请自来的商业电子邮件。数据文件 Spambase.csv 中包含了 4601 封电子邮件, 其中 1813 封电子邮件被标注为垃圾邮件。预测变量有 57 个属性, 其中的大多数属性是某些单词(如 mail、George)或符号(如#、!)在邮件中出现的平均次数, 还有几个预测变量与大写单词的个数和长度有关。

　　a. 适当压缩预测变量的个数, 根据预测变量的值在垃圾邮件和非垃圾邮件中出现的平均次数, 分析它们在垃圾邮件和非垃圾邮件中的差别。似乎有 11 个预测变量在垃圾邮件和非垃圾邮件之间差别最大, 请说出这 11 个预测变量。在这 11 个预测变量中, 哪些单词或符号最常出现在垃圾邮件中。

　　b. 把数据集分割为训练集和验证集, 然后对训练集应用判别分析, 并且只使用上述 11 个预测变量。

　　c. 如果我们只对识别垃圾邮件感兴趣, 这个模型有用吗? 利用验证集的混淆矩阵、提升图和十分位提升图评估这个模型。

　　d. 在样本数据中, 几乎 40%的邮件被标注为垃圾邮件, 假设实际上垃圾邮件的比例只有 10%, 计算分类函数的截距并解释原因。

　　e. 根据这个模型设计一个垃圾邮件过滤器, 它仅向邮件用户转发被分类为非垃圾邮件的邮件。在这种情形下, 把非垃圾邮件误分类为垃圾邮件会带来比较严重的后果。假设分类一封非垃圾邮件的成本是没有检测到一封垃圾邮件的成本的 20 倍, 计算分类函数的截距并解释这些成本(假设垃圾邮件的比例直接由样本的比例确定)。

## 第 13 章

组合方法：集成学习和增益模型

本章介绍两种十分有用的提高预测性能的组合方法：集成学习和增益模型。集成学习能把多个监督模型组合成"超级模型"。本书的第Ⅳ部分已经介绍了几种用于预测和分类的监督学习方法。另外，第 5 章介绍了预测性能的评估方法，可用来比较模型并从中选择最佳模型。集成学习建立在组合模型的强大思想之上。我们不是选择单个预测模型，而是把多个模型组合到一起，旨在提高预测准确度。本章首先讨论集成学习能够提高预测准确度的理论基础，然后介绍生成组合模型的几种常用方法，最后介绍简单的平均法、装袋法(bagging)和提升法(boosting)。

在增益模型中，可将监督学习方法与 A-B 试验结合起来，后者只是一种简单的随机试验。我们将介绍 A-B 试验的基本内容，还将探讨在劝说服务中如何与预测模型一起预测谁应该收到劝说信息或得到处理。

本章使用 Pandas 包处理数据，使用 scikit-learn 和 statsmodel 包建立模型，使用 matplotlib 包生成可视化图形。此外，本章还要用到附录中的 Python 工具函数。

导入本章所需要的功能：

```
import pandas as pd
from sklearn.model_selection import train_test_split
from sklearn.tree import DecisionTreeClassifier
from sklearn.ensemble import AdaBoostClassifier
from sklearn.ensemble import BaggingClassifier
from sklearn.ensemble import RandomForestClassifier
from dmba import classificationSummary
```

13.1　集成学习

集成学习在 2006 年的 Netflix 百万美元大奖赛中扮演了重要的角色。当时，美国最大的 DVD 租赁服务公司 Netflix 希望改进自己的电影推荐系统(www.netflixprize.com)。

Netflix 公司正全力以赴地把客户吸引到他们所喜欢的电影上。为了帮助客户找到他们所喜欢的电影，Netflix 公司推出了世界级的电影推荐系统 Cinematch。Cinematch 系统虽然已经做得相当不错，但人们总是期望它做得更好。

Netflix 公司采取了一次大胆的行动，决定与用户共享海量的电影分级数据。为了改进公司的电影推荐系统，Netflix 公司举办了一场面向公众的竞赛。

我们向公众提供大量的匿名分级数据，希望在同一个训练集上，预测准确度能在 Cinematch 系统原有的基础上提高 10%。

比赛期间，选手积分榜动态地显示了各支参赛队伍的比赛结果。但随之出现一种有趣的现象：不同队伍联合起来创建了组合或集成预测方法，并且证明了相比单独的预测方法更加准确。获胜团队是 BellKor's Pragmatic Chaos，这支团队是由 BellKor 团队、Big Chaos 团队和其他成员组合成立的。Netflix 百万美元大奖赛的获胜团队在 2010 年的 *Chance* 杂志上发表了一篇文章，其中详细介绍了集成学习的优势。

比赛初期的教训是：组合来自多个模型的预测方法或算法可以带来一定的好处。如果两组预测方法有差不多的 RMSE 值，那么对这两组预测方法进行简单的平均处理比起试图重新建立能结合这两组预测方法优点的模型更快且更有效。即使其中一组预测方法的 RMSE 值比另一组预测方法的要差许多，也几乎可以肯定的是：借助简单的线性组合可以获得更好的结果。

13.1.1　为什么集成学习可以改进预测能力

组合方法的主要思想是降低风险。例如，在金融领域，建立各种投资组合可以降低投资风险。通常组合投资带来的回报是低风险，因为组合投资总收益的波动小于组合中单个投资项目收益的波动。

在预测模型中，"风险"是指预测误差的变化。预测误差变化越大，预测模型越不稳定。考虑两个不同的预测模型对 n 条记录的预测结果。假设 $e_{1,i}$ 是第一个模型对记录 i 的预测误差，而 $e_{2,i}$ 是第二个模型对记录 i 的预测误差。

每个模型的预测误差平均来说是 0(对于某些记录，模型的预测可能十分准确；而对于另外一些记录，模型的预测可能欠准确；但平均结果是 0)：

$$E(e_{1,i})=E(e_{2,i})=0$$

如果每条记录的预测结果为上述两个预测结果的平均值，换言之，$\overline{y}_i = \dfrac{\hat{y}_{1,i}+\hat{y}_{2,i}}{2}$，那么平均误差的期望值也是 0，换言之

$$
\begin{aligned}
E\left(y_i - \overline{y_i}\right) &= E\left(y_i - \frac{\hat{y}_{1,i} + \hat{y}_{2,i}}{2}\right) \\
&= E\left(\frac{y_i - \hat{y}_{1,i}}{2} + \frac{y_i - \hat{y}_{2,i}}{2}\right) = E\left(\frac{e_{1,i} + e_{2,i}}{2}\right) = 0
\end{aligned}
\qquad \text{式(13.1)}
$$

这意味着组合模型的平均误差与单个模型的平均误差相同。现在我们来分析组合模型的预测结果的方差：

$$\mathrm{Var}\left(\frac{e_{1,i} + e_{2,i}}{2}\right) = \frac{1}{4}\left(\mathrm{Var}(e_{1,i}) + \mathrm{Var}(e_{2,i})\right) + \frac{1}{4}\times 2\mathrm{Cov}\left(e_{1,i}, e_{2,i}\right) \qquad \text{式(13.2)}$$

在某些条件下，这个方差会小于单个模型的方差 $\mathrm{Var}(e_{1,i})$ 或 $\mathrm{Var}(e_{2,i})$。关键因素在于这两个预测误差的协方差(或相关性)。如果它们不存在相关性，那么组合模型的方差小于单个模型的方差。当这两个预测误差存在负相关性时，组合模型的预测误差的方差甚至更小。

总之，利用这两个预测误差的平均值可能会得到更小的误差方差，从而得到一个更好的预测模型。这些结论可以推广到两个以上方法的组合，我们可以对多个预测方法或分类器的结果进行组合。

> **群体的智慧**
>
> 在 *The Wisdom of Crowds* 一书中，James Surowiecki 讲述了 19 世纪著名统计学家 Francis Galton 与英格兰某乡村集市进行比赛的故事。比赛的目标是猜测一头公牛的重量。不同参赛选手的猜测结果差异很大，但是他们估计的平均值却惊人准确——误差不超过公牛真实重量的 1%。总的来说，多个估计的误差会相互抵消。我们可以把预测模型的输出结果看成这些猜测的另一个版本，前者需要对数据有深入的了解，后者只是简单的猜测而已。对多个猜测结果求平均会得到相对比较准确的结果，这比单个猜测的结果要准确许多。注意，在这个故事里，也有少数几位幸运儿，他们的猜测结果好于平均值。集成学习的结果并不总是比单个猜测的结果好，但在大多数时候，集成学习的结果肯定比单个猜测的结果更加准确。

1. 简单平均法

最简单的集成学习方法是把多个模型的预测结果、分类结果或倾向值组合在一起。例如，假设现有一个线性回归模型、一个回归树模型和一个 kNN 模型。使用这三个模型对测试集进行测试，然后把它们的测试结果组合起来。

即使使用相同的算法，这三个模型也存在差异。例如，这三个模型都属于线性回归模型，但是其中的每个模型都使用一组不同的预测变量。

预测方法的组合：在因变量属于数值型的预测方法中，可以对不同预测方法的预测结果进行简单的平均化处理。在上面的例子里，测试集里的每条记录都有三个预测结果(分别对应三个模型)。集成预测的结果就是它们的平均值。

除了简单平均法之外，另一种方法是中位数预测。这种方法可以减少极端的预测变量值对预测结果的影响。此外，我们还可以通过加权平均，使权重与重要程度(或关注程度)成比例。例如，使权重与模型的准确度成比例。如果使用了不同的数据源，就使权重与数据的质量成比例。

组合预测既可用于横断面预测(横向预测)，也可用于时间序列预测(详见第 16~18 章)。在预测应用中，同样可以对使用多种方法得到的预测结果进行组合，从而得到更加准确的预测。例如天气预测应用(www.forecast.io)，可以这样描述预测算法：

天气预报需要各种数据源的支持，这些数据经过统计汇总后，可以为某个特定位置提供最准确的预测。

分类方法的组合：在分类情形下，可以利用"投票法"对来自多个分类器的分类结果进行组合——每一条记录都有多个分类值。一条简单的规则是从分类结果中选择出现次数最多的类别。例如，可使用分类树、朴素贝叶斯分类器和判别分析法分类二元因变量。对于每一条记录，我们都有三个预测结果。可使用"投票法"从这三个类别中选择出现次数最多的类别。

与组合预测一样，也可以结合模型准确度或数据质量等因素，为某些模型分配较大的权重。这可以由"多数决定规则"来实现，通常建议设置不同于 50%的权重。

倾向值的组合：类似于预测，倾向值也可以使用简单平均法(或带权重)进行组合。回忆一下前面介绍的一些方法，如朴素贝叶斯分类器(详见第 8 章)，它们会得到有偏的倾向值，因此对于这些倾向值，不能使用简单平均法。

2. 装袋法

另一种集成学习方法是装袋法——对多个随机数据样本进行平均处理。主要步骤如下：

(1) 生成多个随机样本(可通过对原始数据执行带放回采样来实现)——这一步称为自举采样(bootstrap sampling，简称自采样)。

(2) 在每个样本上执行一种算法，得到许多分数。

装袋法会为不同的数据样本建立单独的模型，然后对模型的结果进行组合，因而可以改进模型性能的稳定性并且可以避免过拟合的出现。装袋法在神经网络中特别有用。

3. 提升法

提升法使用一种稍微不同的组合方法，目标是直接改进容易引起模型出错的数据记录，强制模型更多地关注这些错误记录。主要步骤如下：

(1) 在数据上拟合模型。

(2) 从数据中取出一个样本，要求被误分类的记录(或预测误差很大的记录)被选中的概率较大。

(3) 在新的样本集上拟合模型。

(4) 重复步骤(2)和(3)多次。

4. Python 中的装袋法和提升法

虽然装袋法和提升法都可以用于任何数据挖掘方法，但在大多数情形下，它们主要用于树状结构。现已证明，它们在树状结构中十分有效。第 9 章介绍了随机森林法，这是一种基于装袋法的集成学习方法。我们曾用个人贷款实例演示了随机森林法的实现过程。scikit-learn 包中有很多函数，可以使用装袋法或提升法把分类器(分类结果变量的预测模型)和回归器(数值型结果变量的预测模型)组合起来。我们这里利用它们来实现决策树分类器。表 13.1 演示了如何用 Python 程序生成个人贷款数据的装袋树、提升树和输出结果，还演示了如何把这些树用于验证集并生成验证集的分类结果。在这个例子里，我们发现，装袋法和提升法比起单棵树能够得到更好的验证准确度。

表 13.1   用装袋法和提升法处理分类树(个人贷款数据)

```
bank_df = pd.read_csv('UniversalBank.csv')
bank_df.drop(columns=['ID', 'ZIP Code'], inplace=True)

# split into training and validation
X = bank_df.drop(columns=['Personal Loan'])
y = bank_df['Personal Loan']
X_train, X_valid, y_train, y_valid = train_test_split(X, y, test_size=0.40,
                                                      random_state=3)

# single tree
defaultTree = DecisionTreeClassifier(random_state=1)
defaultTree.fit(X_train, y_train)

classes = defaultTree.classes_
classificationSummary(y_valid, defaultTree.predict(X_valid), class_names=classes)

# bagging
bagging = BaggingClassifier(DecisionTreeClassifier(random_state=1),
                            n_estimators=100, random_state=1)
bagging.fit(X_train, y_train)

classificationSummary(y_valid, bagging.predict(X_valid), class_names=classes)

# boosting
boost = AdaBoostClassifier(DecisionTreeClassifier(random_state=1),
```

```
                          n_estimators=100, random_state=1)
boost.fit(X_train, y_train)

classificationSummary(y_valid, boost.predict(X_valid), class_names=classes)
```

输出结果如下：

```
> # single tree
Confusion Matrix (Accuracy 0.9825)


      Prediction
Actual        0      1
     0     1778     15
     1       20    187


> # bagging
Confusion Matrix (Accuracy 0.9855)
Prediction
Actual        0      1
     0     1781     12
     1       17    190


> # boosting
Confusion Matrix (Accuracy 0.9840)
      Prediction
Actual        0      1
     0     1779     14
     1       18    189
```

13.1.2　集成学习的优缺点

　　把多个模型的结果组合起来的目的是得到更加准确的预测(降低预测误差的方差)。当各个模型产生的预测误差负相关时，集成学习最有用。另外，当各个模型产生的预测误差的相关性很低时，集成学习也比较有用。集成学习可以使用简单平均法、加权平均法、选举法或中位数法等方法。被集成的模型可以基于同一算法，也可以基于不同的算法；可以使用同一样本数据，也可以使用不同的样本数据。集成学习已经成为以最优化预测指标为目标的数据挖掘比赛参与者最常使用的方法。从这个意义上讲，集成学习提供了一种可操作方法，使用这种方法可以把多支数据处理团队组合起来，让他们协同工作，最后把结果组合起来，从而实现高预测性能的解决方案。

　　集成学习通过使用不同的样本数据来避免过拟合的出现。然而，如果任意进行调整(比如在进行加权平均时，选择所谓的"最佳"权重)，集成学习将有可能出现过拟合。

　　集成学习的主要缺点在于对资源的要求很高。把不同算法的结果组合起来的集成学习需要计算和评估每个模型。提升类型的集成学习和装袋类型的集成学习则不需要这样做，但是它们的计算成本也很高(尽管提升型集成学习很容易实现平行计算)。基于多个数据源的集成学习需要收集和管理多个数据源。最后，集成学习属于"黑盒"方法，这是因为预测变量与因变量的关系对用户来说是不透明的。

13.2　增益(说服)模型

　　早在 Internet 出现之前，直接向个人发送邮件广告(直邮广告)在广告领域占有很大的市场份额。直接营销使得营销人员既可以邀请客户，也可以直接监测客户的响应。这反过来又让营销人员知道了哪些消息会有回报。首先对小部分客户进行测试——把产品的广告消息发送给小部分客户，看看他们的响应，从而知道广告是否有价值，然后决定是否把广告消息发送给全部客户。在介绍预测模型时，我们已经知道，应尽量把广告发送给全部客户中最有可能会对广告做出响应或以某种形式做出响应的客户。传统的媒介广告(电视、广播、报纸和杂志)是无法做到这些的。

通过直接响应，我们可以比较两种不同的广告消息，从而知道其中哪一种广告消息更有效。

A-B 试验

A-B 试验是市场营销中用来描述标准科学实验的一个术语，是指实验结果可以通过个体进行追踪。A-B 试验的思想是测试并对比一个处理方案和另一个处理方案。这里的处理是指我们需要测试的干预措施：在治疗测试中，通常是药物、设备或其他治疗措施；在市场营销中，通常是指向客户发送的服务或广告，例如发送给客户的电子邮件、网页等。普通杂志上的平面广告称不上 A-B 测试，除非有具体的行动方案，以允许营销人员跟踪用户对某个特定广告做出的响应，而且还要能够随机控制杂志的发行，以及能够向每个小组发送不同的广告消息。

A-B 试验的关键因素是随机分配———把处理方案随机地分配给个体。这样，处理方案 A 和处理方案 B 的差异便可归因于处理方法(除非是由偶然因素引起的)。

增益

A-B 试验会告诉我们平均而言哪个处理方案比较好，但这不适用于个体。考虑以下场景：史密斯是民主党国会议员候选人，他的竞选负责人想知道应该访问哪些选民，以获得他们对史密斯的支持。假设有选民一直以来支持民主党但并不是积极分子，则这种访问反而有可能使他们不愿意投史密斯的票。民主党的积极分子则可能会投史密斯的票，因此访问这些人简直就是在浪费时间。访问共和党人不仅浪费时间，而且可能带来不利。

现在的竞选活动拥有大量与选民有关的数据，利用这些数据可以帮助竞选团队做出如何与选民接触的正确决策。在 2008 年奥巴马竞选美国总统之前，传统的做法是根据专家的政治判断做出基于规则的决策。自 2008 年以后，人们越来越意识到，与其依赖专家的判断或推测来决定是否应该访问个别选民，还不如利用数据开发模型，以预测选民是否会对竞选团队的友好姿态做出积极响应。

收集数据

美国各州都提供了对公众开放的选民档案数据，作为整个选举过程中透明监督措施的一部分。选民文件包含姓名、地址和出生日期等数据。各政党在投票现场派驻"投票观察员"，记录都有哪些选民来投票。此外，根据选民的地址信息，在调查数据中还可以增加选民的小区信息。最后，可以购买商业性质的人口统计数据。表 13.2 是从美国特拉华州选民数据文件中抽取的一小部分数据。真实的数据文件是 VoterPersuasion.csv，其中包含 10 000 条记录，涉及的变量当然也不止表 13.2 中的这些。

表 13.2 选民数据(只含部分变量和记录)

Voter	Age	NH_White	Comm_PT	H_F1	Reg_Days	PR_Pelig	E_Elig	Political_C
1	28	70	0	0	3997	0	20	1
2	23	67	3	0	300	0	0	1
3	57	64	4	0	2967	0	0	0
4	70	53	2	1	16 620	100	90	1
5	37	76	2	0	3786	0	20	0

下面对部分变量进行解释。

- Age：选民年龄。
- NH_White：小区中非西班牙裔白人平均所占的比例(按家庭)。
- Comm_PT：小区里使用公共交通工具的人员比例。
- H_F1：是否为单身女性家庭(1 表示是)。
- Reg_Days：选民在当前登记地址居住的时间(单位为天)。
- PR_Pelig：非总统初选的投票比例。
- E_Pelig：总统初选的投票比例。
- Political_C：家里是否有政治捐献者(1 表示是)。

第一步，竞选团队负责人要对 10 000 位选民进行分析，以确定他们给民主党候选人投票的意愿。然后进行一次试验，随机地将这 10 000 位选民样本分为两组，给其中一组选民发送宣传史密斯的邮件(处理方案 A)，对另一组选民什么都不做(处理方案 B)。确保控制组(没有收到宣传邮件的那组选民)没有得到任何竞选信息，这很重要，因为有关竞选的新闻或事件都有可能改变他们的观点。这项试验的目标是测试发送宣传邮件后选民意愿的变化。

下一步，在选民收到宣传邮件后，对同一组样本中的选民(原来的 10 000 位选民)进行民意调查，以确定选民对候选人史密斯的意见是否朝积极方面转换。为上面的数据添加二元变量 Moved_AD，以表示选民的意见是否朝有利于民主党候选人方向转换(1 表示是，0 表示不是)。

表 13.3 比较了两个处理方案引起的民意变化。从总体上看，发送宣传邮件是适度有效的。

表 13.3   向选民发送支持民主党的宣传邮件的结果

	选民数量	转投民主党的人数	转投率
收到宣传邮件(Message=1)	5000	2012	40.20%
没有收到宣传邮件(Message=0)	5000	1722	34.40%

在转投民主党的选民中，包括了没有收到宣传邮件的选民，比例为 34.4%。这可能反映了随着选举临近，各候选人都加强了竞选活动，降低了"不理会选举"选民的人数。这也说明了控制组的必要性。在收到宣传邮件的选民中，有 40.2%选民转投民主党。因此，通过邮件宣传，可以提高 5.8%的支持率。

下面为表 13.2 中的选民数据增加两个变量：Message 和 Moved_AD。前者表示是否收到宣传邮件，1 表示收到，0 表示没有收到。后者表示选民是否转投民主党，1 表示是，0 表示不是。增加了这两个变量后的选民数据如表 13.4 所示。

表 13.4   增加了因变量(MOVED_AD)与处理变量(MESSAGE)后的选民数据

Voter	Age	NH_White	Comm_PT	H_F1	Reg_Days	PR_Pelig	E_Elig	Political_C	Message	Moved_AD
1	28	70	0	0	3997	0	20	1	0	1
2	23	67	3	0	300	0	0	1	1	1
3	57	64	4	0	2967	0	0	0	0	0
4	70	53	2	1	16 620	100	90	1	0	0
5	37	76	2	0	3786	0	20	0	1	0

13.2.1　建立一个简单的预测模型

下面建立一个简单的预测模型，以 Moved_AD 为因变量，其中涵盖了包括新增变量 Message 在内的全部预测变量。可以使用任何分类方法。表 13.5 显示了预测模型对因变量 Moved_AD 的预测结果。

表 13.5　根据预测模型得到的分类和预测结果(仅输出部分结果)

选票编号	是否发送宣传邮件	Moved_AD 的实际值	Moved_AD 的预测值	预测概率
1	0	1	1	0.5975
2	1	1	1	0.5005
3	0	0	0	0.2235
4	0	0	0	0.3052
5	1	0	0	0.4140

然而，我们并不关心宣传邮件的整体效果，另外对预测模型能否预测选民转投某个候选人的概率也不感兴趣。我们的目标是预测宣传邮件对某些特定选民有多大影响，这样就可以把有限的资源用于最容易被劝说的选民——给这些选民发送宣传邮件会得到最大的积极效果。

13.2.2　建立增益模型

为了回答宣传邮件对选民有多大影响的问题，下面建立增益模型来表示宣传邮件对个体选民的影响。对于每个选民，增益的定义为：

增益=在收到宣传邮件后正面意见的倾向值的增加量

为了建立增益模型，我们需要按下面的步骤估计成功概率(倾向值)的变化，也就是选民在收到宣传邮件后倾向值(处理方案，也就是 Message 变量)的变化。

(1) 把样本数据随机地分割为处理组和控制组，进行 A-B 试验，记录试验结果(在本例中，也就是 Moved_AD 的值)。

(2) 重新组合数据，将数据再次分割为训练集和验证集。建立以 Moved_AD 为因变量的预测模型，在其中加入一个表示处理状态的预测变量(在本例中是 Message 变量)。如果使用 Logistic 回归，那么需要把处理状态与其他预测变量之间的交互效应作为预测变量添加到模型中。这样，处理效果将随记录的不同而发生变化(在树和 kNN 等数据驱动方法中，这是自动发生的)。

(3) 计算预测模型在一部分数据(如验证集)上的分数，得到验证集中每一条记录转向成功的倾向值。

(4) 对处理变量 Message 求反(使 1 变 0，使 0 变为 1)，在同一数据集上重新计算模型的分数，得到验证集中每一条记录的倾向值。

(5) 估计每个个体的增益：$P(\text{Success}|\text{Treatmen}=1)-P(\text{Success}|\text{Treatment}=0)$。

(6) 对于没有经过试验的新数据，还需要增加一个预测变量来表示处理结果。可以为其赋初值 1 并计算模型的分数；然后设置为 0，再次计算模型的分数；最后使用刚才介绍的方法估计新记录的增益。

继续分析这个小型的选民样本数据集，步骤(3)的执行结果如表 13.5 所示，最右侧一列是由模型计算得到的倾向值。接下来，对 Massage 的值进行求反，重新训练模型。表 13.6 显示了在对 Message 变量求反后模型的计算结果。最后，在步骤(5)中计算每个选民的增益。

表 13.6　对 Message 变量求反后预测模型的分类结果和倾向值(小样本数据)

选民编号	是否收到邮件(Message)	Moved_AD 的实际值	Moved_AD 的预测值	预测概率
1	1	1	1	0.6908
2	0	1	1	0.3996
3	1	0	0	0.3022
4	1	0	0	0.3980
5	0	0	0	0.3194

表 13.7 显示了每个选民的增益，计算方法是：使用 Message=1 时成功的倾向值减去 Message=0 时成功的倾向值。

表 13.7　增益：发送宣传邮件和不发送宣传邮件对倾向值的影响

选民编号	Message=1 的概率	Message=0 的概率	增益
1	0.6908	0.5975	0.0933
2	0.5005	0.3996	0.1009
3	0.3022	0.2235	0.0787
4	0.3980	0.3052	0.0928
5	0.4140	0.3194	0.0946

13.2.3　使用 Python 程序计算增益

前面手动完成的全部计算实际上都可以使用 scikit-learn 包来完成。与手动计算相比，主要差别在于，手动计算时使用的是 Logistic 回归，而这里使用的是随机森林分类器。表 13.8 显示了在 scikit-learn 包中使用随机森林实现增量分析的结果。输出结果显示了每条记录的两个条件概率估计值：$P(\text{Success}|\text{Treatment}=1)$ 和 $P(\text{Success}|\text{Treatment}=0)$。表 13.7 和表 13.8 中的结果存在一定的差异，这是因为它们使用的是两种不同的预测算法(Logistic 回归和随机森林)。

表 13.8　使用 Python 程序计算增益

```
voter_df = pd.read_csv('Voter-Persuasion.csv')

# Preprocess data frame
predictors = ['AGE', 'NH_WHITE', 'COMM_PT', 'H_F1', 'REG_DAYS',
              'PR_PELIG', 'E_PELIG', 'POLITICALC', 'MESSAGE_A']
outcome = 'MOVED_AD'

classes = list(voter_df.MOVED_AD.unique())

# Partition the data
X = voter_df[predictors]
y = voter_df[outcome]
X_train, X_valid, y_train, y_valid = train_test_split(X, y, test_size=0.40,
random_state=1)

# Train a random forest classifier using the training set
```

```
rfModel = RandomForestClassifier(n_estimators=100, random_state=1)
rfModel.fit(X_train, y_train)

# Calculating the uplift
uplift_df = X_valid.copy() # Need to create a copy to allow modifying data

uplift_df.MESSAGE_A = 1
predTreatment = rfModel.predict_proba(uplift_df)
uplift_df.MESSAGE_A = 0
predControl = rfModel.predict_proba(uplift_df)

upliftResult_df = pd.DataFrame({
    'probMessage': predTreatment[:,1],
    'probNoMessage': predControl[:,1],
    'uplift': predTreatment[:,1] - predControl[:,1],
    }, index=uplift_df.index)
upliftResult_df.head()
```

输出结果如下：

	probMessage	probNoMessage	uplift
9953	0.77	0.62	0.15
3850	0.39	0.39	0.00
4962	0.20	0.14	0.06
3886	0.86	0.62	0.24
5437	0.10	0.28	-0.18

13.2.4　应用增益模型的结果

在估计出每个个体的增益之后，就可以对结果按增益进行排序。把宣传邮件发送到所有正增益的选民，如果资源有限的话，可以只发送给部分选民——正增益排在前面的那些选民。

增益模型主要用在营销方面，最近也用在政治竞选活动中。目的主要有两个：

- 决定该向哪些选民发送劝说信息，或者不对他们做任何宣传。
- 当决定发送宣传邮件时，确定发送什么样的宣传信息。

从技术上讲，这等同于同一件事情——"不发送宣传邮件"只是另一种处理方案。也可以构建包含多种处理方案的试验，例如不发送邮件、发送邮件 A 或发送邮件 B。然而，从业者总是关注第一个目的。市场营销人员希望避免把折扣信息发送给无论如何都会购物的客户或者无论如何都会订阅邮件的客户。基于同样的道理，政治竞选活动也希望避免访问那些无论如何都会给他们的候选人投票的选民。此外，竞选双方都要避免给选民发送适得其反的邮件——避免增益为负。

13.3　小结

在本章，我们讨论了多个模型的两种部署方式。在集成学习里，多个模型可通过加权组合实现更好的预测；在增益模型里，通过把 A-B 试验的结果作为预测模型的预测变量，不仅可以帮助我们做出是否应该发送推销广告或说服信息的判断，而且能够帮助我们决定应该向哪些人发送这些消息。

13.4　习题

13.1　接受个人贷款请求。环球银行是一家新成立的银行，正在迅速壮大，得到越来越多客户的认同。这些客户中的绝大多数都是承兑客户(存款人)，他们与环球银行存在不同程度的业务联系，资产客户(借款人)的客户群相对规模较小。环球银行现在想扩大资产客户群以带动贷款业务。特别是，环球银行想找到一种方法来把承兑客户转换为个人贷款客户(但需要继续作为银行的存款人)。

我们将构建几个模型，然后用集成学习把它们组合起来。我们可以使用的模型如下：Logistic 回归模型、k=3 的 kNN 模型以及分类树模型。

数据预处理：

- 对以下变量的值进行分组处理，这样它们才可以应用朴素贝叶斯方法：年龄(5 组，Age)、专业经历(10 组，Experience)、收入(5 组，Income)、信用卡平均消费额(CCAvg，6 组)和抵押(Mortgage，10 组)。
- 教育程度和家庭人口不需要分组。
- 邮编可以忽略。
- 使用独热编码把分类数据转换为指示变量。
- 把数据分割为训练集(60%)和验证集(40%)。

a. 在训练数据上拟合以下模型：Logistic 回归模型、k=3 的 kNN 模型、分类树模型和朴素贝叶斯模型。以 Personal Loan(个人贷款)为因变量，输出每个模型在验证集上的混淆矩阵。

b. 生成一个数据框架，分别以因变量的实际值、预测结果和各个模型为列，输出这个数据框架的前 10 行内容。

c. 给刚才的数据框架增加两列：票数和预测概率的平均值。使用这两种方法生成的分类结果导出它们的混淆矩阵并输出。

d. 比较以上几种方法的误差和集成学习的误差率。

13.2　eBay 网站上的竞争性拍卖——提升法和装袋法。利用 eBay 网站上的拍卖数据(数据文件为 eBayAuction.csv)，以 Competitive 为因变量，把数据分割为训练集(60%)和验证集(40%)。

a. 使用 DecisionTreeClassifier 建立分类树模型，使用默认参数。将模型应用于验证集，总体准确度是多少？第一个十分位点的提升量是多少？

b. 基于同样的预测变量，生成提升树模型(这一次使用 AdaBoostClassifier，并且以 DecisionTreeClassifier 为基准估计器)。将模型应用于验证集，总体准确度是多少？第一个十分位点的提升量是多少？

c. 基于同样的预测变量，使用 BaggingClassifier 生成装袋树模型。将模型应用于验证集，总体准确度是多少？第一个十分位点的提升量是多少？

d. 使用 RandomForestClassifier 生成随机森林。从验证集的准确度和第一个十分位点的提升量角度比较装袋树和随机森林。解释这两种方法在理论上有什么差别？

13.3　预测航班是否延误(提升法)。数据文件 FlightDelays.csv 包含了所有在 2004 年 1 月从华盛顿特区飞往纽约的民用航班信息。每个航班包含出发机场、到达机场、航线距离、航班预定的到达时间和日期等信息。现在想要预测的变量是航班是否延误。航班延误被定义为到达时间比预定时间晚 15 分钟以上。

数据预处理：把表示星期几的变量(DAY_WEEK)转换为分类变量，把预定出发时间分为 8 组。以这两个变量和其他列作为预测变量(DAY_OF_MONTH 除外)，把数据分割为训练集(60%)和验证集(40%)。

a. 与单棵树相比，提升树有什么不同？请从总体准确度的角度进行讨论。

b. 在航班是否延误的预测准确度方面，提升树与单棵树有什么不同？

c. 解释为什么这个模型比起我们之前拟合过的模型性能更佳？

13.4 护发产品——增益模型。这里使用的数据文件是 HairCare-Product.csv。假设我们想要把护发产品的推销广告发送给消费者俱乐部里的某些成员。销售记录数据保存了收到销售广告和没有收到销售广告的产品销售情况。

a. 计算购买倾向值。

i. 计算收到销售广告的消费者俱乐部成员的购买倾向值。

ii. 计算没有收到销售广告的消费者俱乐部成员的购买倾向值。

b. 把数据分割为训练集(60%)和验证集(40%)，并建立拟合模型。

i. 用随机森林建立一个增益模型。

ii. 用 kNN 建立另一个增益模型。

c. 输出这两个模型对前三个成员的推荐结果。

第 V 部分

挖掘记录之间的关系

第 14 章

关联规则和协同过滤

本章讨论适用于关联规则(也称为亲和度分析或购物篮分析)的无监督学习方法和协同过滤方法。这两种方法在营销领域已有十分广泛的应用,它们用来向消费者提供商品的交叉销售信息。

关联规则的目的是在交易类数据库中识别商品的簇。关联规则在营销领域发现了"购物篮分析",目的是发现哪些商品消费者会一起购买,这样商家便可以将这些商品放置在一起,或使它们出现在交易后的优惠商品推荐中。我们分两步讨论关联分析:规则生成和规则强度评价。本章首先讨论当前流行的规则生成算法(关联规则算法、Apriori 算法),然后介绍用来判断规则强度的准则。

协同过滤的目标是利用用户信息,向他们推荐个性化的商品或服务。基于用户的协同过滤方法始于用户,然后找到曾经购买过相似商品或使用类似模式对商品进行排名的用户群,最后把相似用户购买过或喜欢的商品推荐给初始用户。基于项的协同过滤始于曾被消费者购买过的商品,然后找到与这些商品一起购买过的其他商品。本章最后将介绍把这两种协同过滤方法应用于实际问题时所需要的技术和相关要求。

本章使用 Pandas 包处理数据,使用 mlxtend 包分析关联规则,使用 surprise 包实现协同过滤。

导入本章所需要的功能:

```
import heapq
from collections import defaultdict

import pandas as pd
import matplotlib.pylab as plt
from mlxtend.frequent_patterns import apriori
from mlxtend.frequent_patterns import association_rules

from surprise import Dataset, Reader, KNNBasic
from surprise.model_selection import train_test_split
```

14.1 关联规则

简言之,关联规则或亲和度分析研究的是"什么东西与什么东西可能一起购买"。关联规则又称为购物篮分析,因为这种方法源自对客户交易数据库的研究,开展此项研究的目的是确定不同商品的选购是否存在关联。关联规则已被大量应用于零售业,以获取哪些商品会被一起购买等信息。关联规则也可应用于其他领域,例如,医学研究人员可能想知道哪些疾病会一起出现。

14.1.1 从交易数据库中发现关联规则

因为存在详细的客户交易数据可用，所以我们可以开发出能自动在交易数据库中找出商品之间关系的关联规则。客户交易数据的典型示例就是超市经营者使用条形码扫描器收集起来的数据。这样的购物篮数据库包含大量的交易记录。经营者很想知道某些商品是否经常一起被选购。他们将利用这些关联信息安排商场布局和商品放置、实现交叉销售、进行产品促销或目录设计，甚至根据购买模式对客户进行细分。关联规则以 if-then 形式提供这类信息。这些关联规则可从数据库中推导出来，但它们不同于逻辑中的 if-then 规则，这里的关联规则在本质上与概率有关。

关联规则经常被用在网上的推荐系统中，在这种情形下，面对正在挑选商品或可能要下单的顾客，可引导他们到经常与第一个选定商品一起购买的其他商品。亚马逊网上购物系统的商品阵列模式正好说明了这一点。如图 14.1 所示，一名用户正在浏览三星 Galaxy S5 手机，与这款手机一同展示的还有手机保护壳和屏幕保护膜。

图 14.1 亚马逊网上购物系统利用关联规则向用户推荐商品

我们将使用一个简单的贯穿于本章的虚拟示例来说明关联规则的概念、计算方法和计算步骤。本章最后将把关联规则应用于一个比较真实的例子：图书选购。

人工合成数据：选购手机保护膜

一家专售手机附件的商店推出了手机保护壳促销活动，一共有 6 种不同颜色的手机保护壳供客户选购，购买多个手机保护壳的客户还有折扣优惠。这家商店的经营者想知道顾客会选择哪些颜色的手机保护壳一起购买，收集到的交易数据如表 14.1 所示。

表 14.1　不同颜色的手机保护壳的销售数据

交易编号	选购的手机保护壳的颜色			
1	red	white	green	
2	white	orange		
3	white	blue		
4	red	white	orange	
5	red	blue		
6	white	blue		
7	red	blue		
8	red	white	blue	green
9	red	white	blue	
10	yellow			

14.1.2　生成候选规则

关联规则的基本思想是使用 if-then 模式分析项之间的所有规则，从中选择最有可能表达真正依赖关系的规则。我们用前提(antecedent)表示 if 部分，用结论(consequent)表示 then 部分。在关联分析中，前提和结论是两组分离的项集(项集中没有相同的项)。注意，项集不是客户的购买记录，它们只是项的各种简单组合，包括各个单独项。

回到选购手机保护壳这个例子，其中一条可能的规则是"if red, then white"，这表示如果购买了红色的手机保护壳，那么也会购买白色的。在这里，红色是前提，白色是结论，前提和结论都只是单个项。另一条可能的规则是"if red and white, then green"。此时，前提是由两个项组成的集合{red,white}，而结论是{green}。

使用关联规则的第一步是生成表示项之间关联的所有候选规则。理想情形下，我们可能想要分析 p 个不同项的所有可能组合(在本例中，p=6)。这意味着需要在交易数据库中找到所有单个项、所有两个项的组合、所有三个项的组合，等等。然而，生成项的所有这些组合需要很长的计算时间，而且计算时间是以 p 为指数增长的。一种实用的解决方案是只考虑数据库中高频出现的组合，它们被称为高频项集。

决定哪些项成为高频项与支持度有关。规则的支持度是指交易中同时包含前提和结论的记录数。之所以叫支持度，是因为这个术语能表示数据"支持"规则有效性的程度。支持度有时表示为占数据库中全部记录的百分比。例如，在选购手机保护壳这个例子中，项集{red,white}的支持度是 4(或 $100 \times \frac{4}{10} = 40\%$)。

因此，高频项集是支持度超过用户设置的最小支持度的那些项集。

14.1.3　Apriori 算法

人们已提出多种算法来生成高频项集，但其中最经典的算法是 Agrawal 等人提出的 Apriori 算法。这种算法的关键思想是：首先构造一个只含一个项的高频项集(1-itemset，1 项高频集)，然后递归地生成包含两个项的高频项集(2-itemset，2 项高频集)、包含三个项的高频项集(3-itemset，3 项高频集)，等等，直到生成所有组合的高频项集。

生成 1 项高频集非常容易，我们需要做的就是计数——对于每一项，确定数据库中有多少笔交易包含这一项。这些交易的计数值就是 1 项高频集的支持度，去掉支持度小于最小期望值的项集，便可得到 1 项高频集。

为了生成 2 项高频集，我们需要用到 1 项高频集。原因是，如果某个 1 项高频集没有超过最小支持度，那么包含它的较大项集肯定也不会超过最小支持度。通常，生成 k 项高频集需要用到前一步已经生成的 $k{-}1$ 项高频集。每一步只需要访问整个数据库一次，因此即使数据库包含大量的不重复的项，Apriori 算法的速度也非常快。

14.1.4　选择强规则

我们的目标是从大量已生成的规则中，找出一条规则来表示前提项集与结论项集之间的强依赖关系。为了表示规则隐含的关联强度，我们可以使用置信度、提升比等度量指标。

支持度和置信度

除了前面提到的支持度之外，还有另一个度量指标可用来表示 if-then 规则的不确定性，它就是规则的置信度[1]。这个指标用于比较前提和结论的共发性。置信度被定义为包含所有前提项集和结论项集的交易记录数与包括所有前提项集的记录数之比。

例如，假设某一超市数据库有 10 万条销售点交易记录。其中有 2000 条记录包含橙汁和流感药(柜台交易)，并且在这 2000 条记录中，有 800 条记录包含汤药。关联规则"如果买了橙汁和流感药，那么也会同时购买汤药"的支持度为 800 条交易记录(也可换种说法，支持度为 800/100000=0.8%)，置信度为 40%(=800/2000)。

为了理解支持度与置信度的关系，下面分析这两个指标的测量方法(估计方法)。从另一个角度看，支持度是一种概率，代表的是随机地从数据库中选取一条同时包含前提项集中和结论项集中全部项的记录的概率：

$$支持度= \hat{P}(前提 \ AND \ 结论)$$

与支持度相对应，置信度则是条件概率，代表的是：假设交易中包含前提项集中的全部项，那么随机地选取一条记录后，其中包含结论项集中全部项的概率：

$$置信度 = \frac{\hat{P}(前提 AND 结论)}{\hat{P}(前提)} = \hat{P}(结论 \,|\, 前提)$$

置信度如果很大，则表示存在强关联规则(我们对这条规则非常有信心)。然而，这个结论可能有一定的欺骗性，因为如果前提或(并且)结论的支持度很大，那么即使前提与结论无关，置信度也仍然很大。例如，假设几乎所有的顾客都买香蕉，另外几乎所有的顾客也都买了冰淇淋，规则"如果买了香蕉，那么也会买冰淇淋"的置信度就会很大，而不管它们之间是否存在关联。

---

1 在这里，置信度的概念不同于统计推断中使用的置信区间和置信等级。

提升比

确定关联规则强度的另一种更好的方法是对规则的置信度与基准置信度进行比较。在这种情形下，可以假设对于每一条规则，一条交易记录中出现结论项集与是否出现前提项集是无关的。如果前提项集与结论项集相互独立，那么置信度将会怎样？当两者相互独立时，支持度可以表示为

$$P(前提\ AND\ 结论)=P(前提) \times P(结论)$$

基准置信度可定义为

$$\frac{P(前提) \times P(结论)}{P(前提)} = P(结论)$$

可按照以下公式，根据数据估计基准置信度：

$$基准置信度 = \frac{结论项集中的交易记录数}{数据库中的交易记录数}$$

可以用它们的比例值来表示规则的置信度与基准置信度的关系。这个比例又称为规则的提升比，这里假设结论独立于前提：

$$提升度 = \frac{置信度}{基准置信度}$$

如果提升比大于 1.0，那么表示对于这条规则有点用处。换言之，前提与结论之间的关联程度大于假设前提和结论相互独立时的关联程度。提升比越大，关联强度也越大。

为了说明手机保护壳选购实例中支持度、置信度和提升比的计算过程，我们选择使用另一种数据表示法。

其他度量指标

规则还有其他度量指标。除了上述这些指标之外，mlxtend 包还增加了杠杆率和确信度两个指标。

$$杠杆率 = P(前提\ AND\ 结论) - P(前提) \times P(结论)$$

$$确信度 = \frac{P(前提) \times P(非结论)}{P(前提AND非结论)}$$

杠杆率表示相对于相关性的偏移量，取值范围为-1~1。如果前提和结论无关，那么杠杆率为 0。在销售情形下，杠杆率能告诉我们，相对于单独购买，一起购买商品的频率有多高。确信度类似于置信度，取值范围为 0~∞。如果前提和结论不存在相关性，那么确信度等于 1。如果一条规则总是成立(比如某两项总是一起出现)，那么确信度为无限大。

14.1.5　数据格式

交易数据通常使用以下两种格式中的一种：交易数据库(每行代表一次交易中的商品列表)或二元关联矩阵(其中的列代表商品，行代表交易，每个单元为 1 或 0，表示某件商品是否出现在这笔交易中)。例如，表 14.1 展示了手机保护壳交易数据库中的部分交易数据，将它们转换为二元关联矩阵，效果如表 14.2 所示。

表 14.2 使用二元关联矩阵表示手机保护壳交易数据库中的部分交易数据

交易编号	Red	White	Blue	Orange	Green	Yellow
1	1	1	0	0	1	0
2	0	1	0	1	0	0
3	0	1	1	0	0	0
4	1	1	0	1	0	0
5	1	0	1	0	0	0
6	0	1	1	0	0	0
7	1	0	1	0	0	0
8	1	1	1	0	1	0
9	1	1	1	0	0	0
10	0	0	0	0	0	1

现在,假设我们想从这个数据库中找到所有支持度(次数)至少为 2(等效于 2/10=20%的支持度)的关联规则。换言之,这条规则表示,在至少 20%的交易记录里有两件商品被一起购买。表 14.3 列出了支持度至少为 2 的所有项集。

表 14.3 支持度大于或等于 2 的所有项集

项集	支持度(次数)
{red}	6
{white}	7
{blue}	6
{orange}	2
{green}	2
{red, white}	4
{red, blue}	4
{red, green}	2
{white, blue}	4
{white, orange}	2
{white, green}	2
{red, white, blue}	2
{red, white, green}	2

第一个项集的支持度为 6,这表示有 6 条交易记录中涉及红色的手机保护壳。基于相同的道理,最后一个项集是{red,white,green},它的支持度为 2,因为只有两条交易记录中同时涉及红色、白色和绿色的手机保护壳。

在 Python 中,可使用 mlxtend 包中的 apriori()函数来实现关联分析。apriori()函数的输入参数是使用 Pandas 中的数据框架(DataFrame)或稀疏数据框架(SparseDataFrame)表示的交易数据。当项数非常大时,后者更有效。

14.1.6　规则的选择过程

要选择强规则，必须先生成满足事先规定好的支持度和置信度要求的所有关联规则。因此，选择强规则的过程分两个阶段。第一阶段前面已经描述过，为了找到所有的"高频"项集，要求这些项集都必须满足最小支持度的要求。在第二阶段，我们从"高频"项集中生成满足置信度要求的关联规则。第一阶段删除数据库中不经常出现的项的组合；第二阶段则对剩下的规则进行过滤，只选择置信度高的规则。对于大多数关联分析数据来说，第一阶段的计算量非常大，这一点在介绍 Apriori 算法时曾提到过。

在第二阶段，置信度的计算比较简单。由于任何子集(例如，在手机保护壳实例中，{red})出现的频次至少等于其所属项集的频次(如{red,white})，因此每个子集也肯定出现在列表中。我们很容易计算出置信度，它等于项集的支持度与其每个子集的支持度之比。只有当置信度大于期望的置信度临界值时，我们才保留关联规则。例如，在手机保护壳实例中，对于项集{red,white,green}，我们得到表 14.4 所示单个结论的关联规则、置信度和提升量。

表 14.4　单个结论的关联规则、置信度和提升量

规则	置信度	提升量
{red,white}=>{green}	$\dfrac{\{red,white,green\}\text{的支持度}}{\{red,white\}\text{的支持度}} = \dfrac{2}{4} = 50\%$	$\dfrac{\text{规则的置信度}}{\text{基准置信度}} = \dfrac{50\%}{20\%} = 2.5$
{green}=>{red}	$\dfrac{\{green,red\}\text{的支持度}}{\{green\}\text{的支持度}} = \dfrac{2}{2} = 100\%$	$\dfrac{\text{规则的置信度}}{\text{基准置信度}} = \dfrac{100\%}{60\%} = 1.67$
{white,green}=>{red}	$\dfrac{\{white,green,red\}\text{的支持度}}{\{white,green\}\text{的支持度}} = \dfrac{2}{2} = 100\%$	$\dfrac{\text{规则的置信度}}{\text{基准置信度}} = \dfrac{100\%}{60\%} = 1.67$

如果期望的最小置信度被设置 70%，那么我们只能得到表 14.4 中的后两条规则。

在 Python 中，可首先把 Pandas 数据框架转换为表 14.2 所示的二元关联矩阵或类似于表 14.1 所示的稀疏数据框架格式，然后由关联矩阵生成关联规则。

表 14.5 展示了 Apriori 算法的运行结果。输出结果中包含每条规则的相关信息，比如支持度、置信度、提升量、杠杆率和确信度(注意，这里已经考虑了所有可能的项集，而非仅限于{red,white,green})。

表 14.5　手机保护壳实例的二元关联矩阵、交易数据库和规则

```
# Load and preprocess data set
fp_df = pd.read_csv('Faceplate.csv')
fp_df.set_index('Transaction', inplace=True)
print(fp_df)

# create frequent itemsets
itemsets = apriori(fp_df, min_support=0.2, use_colnames=True)

# convert into rules
rules = association_rules(itemsets, metric='confidence', min_threshold=0.5)
rules.sort_values(by=['lift'], ascending=False).head(6)
```

```
print(rules.sort_values(by=['lift'], ascending=False)
    .drop(columns=['antecedent support', 'consequent support', 'conviction'])
    .head(6))
```

部分输出结果如下：

Transaction	Red	White	Blue	Orange	Green	Yellow
1	1	1	0	0	1	0
2	0	1	0	1	0	0
3	0	1	1	0	0	0
4	1	1	0	1	0	0
5	1	0	1	0	0	0
6	0	1	1	0	0	0
7	1	0	1	0	0	0
8	1	1	1	0	1	0
9	1	1	1	0	0	0
10	0	0	0	0	0	1

	antecedents	consequents	support	confidence	lift	leverage
14	(White,Red)	(Green)	0.2	0.5	2.500000	0.12
15	(Green)	(White,Red)	0.2	1.0	2.500000	0.12
4	(Green)	(Red)	0.2	1.0	1.666667	0.08
12	(Green,White)	(Red)	0.2	1.0	1.666667	0.08
7	(Orange)	(White)	0.2	1.0	1.428571	0.06
8	(Green)	(White)	0.2	1.0	1.428571	0.06

14.1.7 解释结果

我们可以把表 14.5 中的每条规则解释成容易理解的语句，这些语句提供了性能信息。例如，可以把规则{orange}=>{white}解释为

如果购买了橙色的手机保护壳，那么也会购买白色的且置信度为 100%

这条规则的提升比是 1.43。

在解释结果时，有必要分析各个度量指标。规则的支持度说明了规则对各个大小的项集的影响：有多少交易受到影响。如果只有很少的交易受影响，那么规则用处不大(除非结论非常有价值或者规则有助于十分有效地找到结论)。

提升比表示由规则找到结论的效率，这是一个随机选择的度量指标。一条非常有效的规则肯定比一条无效的规则更受大家欢迎，但是我们还要考虑支持度：非常有效但支持度非常低的规则还不如效率低些但支持度很高的规则。

置信度能够告诉我们发现结论的速度以及如何确定一条规则的商业用途或可操作性：如果规则的置信度太低，那么在全部的交易记录中发现结论的速度可能太慢，以致得不偿失。

规则和机会

如何从非技术角度解释置信度？如何确保得到的规则有意义？从统计角度看，得到的关联是否只是偶然事件？

为此，我们把算法应用于一个只有 50 条交易记录的小型数据库，并分析结果。这个数据库中共有 9 项，每一项都被随机分配给每条交易记录。交易数据如表 14.6 所示，生成的关联规则如表 14.7 所示。

表 14.6　随机生成的 50 条交易记录

记录编号	项	记录编号	项	记录编号	项
1	8	18	8	35	3　4　6　8
2	3　4　8	19		36	1　4　8
3	8	20	9	37	4　7　8
4	3　9	21	2　5　6　8	38	8　9
5	9	22	4　6　9	39	4　5　7　9
6	1　8	23	4　9	40	2　8　9
7	6　9	24	8　9	41	2　5　9
8	3　5　7　9	25	6　8	42	1　2　7　9
9	8	26	1　6　8	43	5　8
10		27	5　8	44	1　7　8
11	1　7　9	28	4　8　9	45	8
12	1　4　5　8　9	29	9	46	2　7　9
13	5　7　9	30	8	47	4　6　9
14	6　7　8	31	1　5　8	48	9
15	3　7　9	32	3　6　9	49	9
16	1　4　9	33	7　9	50	6　7　8
17	6　7　8	34	7　8　9		

表 14.7　随机数据的关联规则和输出结果

```
# create frequent itemsets
itemsets = apriori(randomData, min_support=2/len(randomData), use_colnames=True)
# and convert into rules
rules = association_rules(itemsets, metric='confidence', min_threshold=0.7)
print(rules.sort_values(by=['lift'], ascending=False)
      .drop(columns=['antecedent support', 'consequent support', 'conviction'])
      .head(6))
    antecedents  consequents  support  confidence      lift  leverage
3        (8, 3)          (4)     0.04         1.0  4.545455    0.0312
1        (1, 5)          (8)     0.04         1.0  1.851852    0.0184
2        (2, 7)          (9)     0.04         1.0  1.851852    0.0184
4        (3, 4)          (8)     0.04         1.0  1.851852    0.0184
5        (3, 7)          (9)     0.04         1.0  1.851852    0.0184
6        (4, 5)          (9)     0.04         1.0  1.851852    0.0184
```

在评估由偶然因素引起的假关联规则时，需要明白如下基本原则：
- 建立规则所需的记录越多，结论越可靠。
- 考虑的规则界限越明显(可能需要合并包含相同项的多条规则)，就越有可能至少某些规则建立在随机采样的结果之上。例如，某人投掷硬币 10 次，10 次正面朝上，这确实令人惊奇。但是，如果有 1000 人，每人投掷 10 次，某人 10 次都是正面朝上，那就一点也不奇怪。根据多个比较结果对统计显著性进行调整本身就是一个十分复杂的问题，已超出本书的讨论范围。一种合理的解决办法是：首先按商用性或可操作性对规则进行排名，然后按顺序考虑排在前面的规则,并且考虑的范围不要超出人工决策过程中所要考虑的内容。这相当于增加了一个约束条件,以防止不必要地在成千上万的规则中自动查寻某重要规则。

下面分析一个比较真实的例子,这个例子使用一个比较大的数据库和真实的交易数据。

购买相似图书的规则

下面这个例子(来自查尔斯图书俱乐部案例,详见第 21 章)分析了客户购买的各种类型图书之间存在的关联关系。图书交易数据库中包含 2000 条交易记录,共 11 类图书。这些数据使用了二元关联矩阵格式,如表 14.8 所示。

表 14.8　图书购买交易数据,以二元关联矩阵表示

ChildBks	YouthBks	CookBks	DoItYBks	cefBks	ArtBks	GeogBks	ItalCook	ItalAtlas	ItalArt	Florence
0	1	0	1	0	0	1	0	0	0	0
1	0	0	0	0	0	0	0	0	0	0
0	0	0	0	0	0	0	0	0	0	0
1	1	1	0	1	0	1	0	0	0	0
0	0	1	0	0	0	1	0	0	0	0
1	0	0	0	0	1	0	0	0	0	1
0	1	0	0	0	0	0	0	0	0	0
0	1	0	0	1	0	0	0	0	0	0
1	0	0	1	0	0	0	0	0	0	0
1	1	1	0	0	0	1	0	0	0	0
0	0	0	0	0	0	0	0	0	0	0

例如,第一条交易记录包含 YouthBks(青年类图书)、DoItYBks(动手类图书)和 GeogBks(地理类图书)。表 14.9 列出了从这些数据中得到的规则,假设最小支持度为 5%(4000 条交易记录中有 200 条交易记录满足要求),最低置信度为 50%。

表 14.9　从图书交易数据中获得的规则

```
# load dataset
all_books_df = pd.read_csv('CharlesBookClub.csv')

# create the binary incidence matrix
ignore = ['Seq#', 'ID#', 'Gender', 'M', 'R', 'F', 'FirstPurch', 'Related Purchase',
          'Mcode', 'Rcode', 'Fcode', 'Yes_Florence', 'No_Florence']
count_books = all_books_df.drop(columns=ignore)
count_books[count_books > 0] = 1

# create frequent itemsets and rules
itemsets = apriori(count_books, min_support=200/4000, use_colnames=True)
rules = association_rules(itemsets, metric='confidence', min_threshold=0.5)

# Display 25 rules with highest lift
rules.sort_values(by=['lift'], ascending=False).head(25)
```

部分输出结果如下(提升量最大的前 **25** 条规则):

	antecedents	consequents	support	confidence	lift	leverage
64	(RefBks, YouthBks)	(ChildBks, CookBks)	0.05525	0.68000	2.80992	0.03559
73	(RefBks, DoItYBks)	(ChildBks, CookBks)	0.06125	0.66216	2.73621	0.03886
60	(YouthBks, DoItYBks)	(ChildBks, CookBks)	0.06700	0.64891	2.68145	0.04201
80	(RefBks, GeogBks)	(ChildBks, CookBks)	0.05025	0.61468	2.54000	0.03047
69	(YouthBks, GeogBks)	(ChildBks, CookBks)	0.06325	0.60526	2.50109	0.03796
77	(GeogBks, DoItYBks)	(ChildBks, CookBks)	0.06050	0.59901	2.47525	0.03606
67	(ChildBks, GeogBks, CookBks)	(YouthBks)	0.06325	0.57763	2.42445	0.03716
70	(ChildBks, RefBks, CookBks)	(DoItYBks)	0.06125	0.59179	2.32301	0.03488
49	(GeogBks, DoItYBks)	(YouthBks)	0.05450	0.53960	2.26486	0.03044
62	(ChildBks, RefBks, CookBks)	(YouthBks)	0.05525	0.53382	2.24057	0.03059
58	(ChildBks, CookBks, DoItYBks)	(YouthBks)	0.06700	0.52446	2.20131	0.03656
56	(ChildBks, YouthBks, CookBks)	(DoItYBks)	0.06700	0.55833	2.19169	0.03643
33	(ChildBks, RefBks)	(DoItYBks)	0.07100	0.55361	2.17314	0.03833
74	(ChildBks, GeogBks, CookBks)	(DoItYBks)	0.06050	0.55251	2.16884	0.03260
20	(ChildBks, GeogBks)	(YouthBks)	0.07550	0.51624	2.16680	0.04066
46	(GeogBks, CookBks)	(YouthBks)	0.08025	0.51360	2.15572	0.04302
61	(ChildBks, RefBks, YouthBks)	(CookBks)	0.05525	0.89113	2.14471	0.02949
16	(ChildBks, YouthBks)	(DoItYBks)	0.08025	0.54407	2.13569	0.04267
50	(RefBks, CookBks)	(DoItYBks)	0.07450	0.53309	2.09262	0.03890
28	(RefBks)	(ChildBks, CookBks)	0.10350	0.50549	2.08882	0.05395
72	(RefBks, CookBks, DoItYBks)	(ChildBks)	0.06125	0.82215	2.08667	0.03190
15	(YouthBks)	(ChildBks, CookBks)	0.12000	0.50367	2.08129	0.06234
71	(ChildBks, RefBks, DoItYBks)	(CookBks)	0.06125	0.86268	2.07624	0.03175
22	(ChildBks, CookBks)	(DoItYBks)	0.12775	0.52789	2.07220	0.06610
25	(DoItYBks)	(ChildBks, CookBks)	0.12775	0.50147	2.07220	0.06610

在分析这些规则时，我们发现有些规则可以合并。例如，规则 70、71、72、73 都与四类图书有关，只是前提和结论不同。同样，规则 56、58、60 以及规则 22 和 25 也存在类似的情况。像这样的项集很容易发现，只需要查看具有相同支持度的行即可。但这并不是说这些规则没有用处，相反，它们可以减少在采取商业行动时需要考虑的项集数量。

14.2　协同过滤

推荐系统是提供大量产品或服务的网站的非常关键的组成部分，其中最典型的例子是亚马逊网站(Amazon.com)，上面提供了几百万种商品；此外还有 Netflix 网站，上面提供了几千部电影用于出租。另外，谷歌在海量网页中搜索关键词，Spotify 和 Pandora 等网络电台提供了不同风格音乐家的音乐专辑，旅行网站提供了许多旅游目的地和旅馆，社交网站则有很多群组。推荐引擎能够根据用户的信息(如购买、评级、单击等行为偏好)向用户提供个性化的推荐服务。

面向用户的推荐系统的价值在于能够帮助在线公司把浏览者转变成买家、增加交叉销售并构建忠诚度。

协同过滤是一种经常被用在推荐系统中的技术。协同过滤来源于这样的概念：根据许多用户(协同)的偏好，从大量的条目中识别与某个特定用户有关的条目(过滤)。

Fortune.com 网站上的文章"亚马逊推荐系统的秘密"(2012 年 6 月 30 日)详细描述了亚马逊公司通过利用协同过滤技术，不仅能够提供个性化的商品推荐服务，而且可以为每个用户提供个性化的网站接口：

从根本上讲，零售巨头亚马逊的推荐系统基于很多简单的因素：顾客在过去购买了什么东西，顾客在虚拟的购物车里放了哪些商品，他们愿意评级的商品和喜欢的商品，其他顾客浏览的商品和购买过的商品。亚马逊将协同过滤技术应用到了自己的推荐系统中，从而为顾客提供更好的个性化商品浏览体验。

14.2.1　数据类型与数据格式

协同过滤要求"项-用户"的全部信息具有可用性。具体来说，对于"项-用户"的每一种组合，都要有测量指标，以表示用户对这一项的偏好。偏好可以用评级表示，也可以用二元值表示，如"喜欢"或"不喜欢"、"购买"或"不购买"、"点击"或"未点击"。

假设有 n 个用户($u_1, u_2, \cdots u_n$)和 p 个项($i_1, i_2, \cdots, i_p$)，它们可以看成 n 行(用户)p 列(项)的 $n \times p$ 矩阵。矩阵中的每个元素是评级或二元值，表示的是某个用户对某一项的偏好(参见表 14.10)。通常情况下，并非每个用户都会购买或评级每一项。因此，这个矩阵中包含很多零元素(这是一个稀疏矩阵)。评级矩阵会有很多缺失值，这些缺失值有时传达了"不感兴趣"的信息(与之对应，无缺失值则传达了"感兴趣"的信息)。

表 14.10　评级数据的矩阵表示

用户 ID	项 ID			
	i_1	i_2	⋯	i_p
U_1	$r_{1,1}$	$r_{1,2}$	⋯	$r_{1,p}$
U_2	$r_{2,1}$	$r_{2,2}$	⋯	$r_{2,p}$
⋯	⋯	⋯	⋯	⋯
U_n	$r_{n,1}$	$r_{n,2}$	⋯	$r_{n,p}$

当 n 和 p 都非常大时，用 $n \times p$ 的矩阵保存这些偏好数据是不切实际的。实际上，可使用三元组(U_u, I_i, $R_{u,i}$)保存这些数据。

Netflix 百万美元大奖赛

我们一直把关联规则和协同过滤当作无监督学习方法，但是当我们把它们应用于保留数据以分析顾客购买了什么以及顾客对商品做出的评价时，就明白它们的作用了。第 13 章提到的 Netflix 百万美元大奖赛是说明协同过滤的一个很好的例子。

2006 年，北美最大的在线电影出租服务公司 Netflix 宣布进行一场百万美元大奖赛 (www.netflixprize.com)，目的是改进自己的 Cinematch 推荐系统。参赛者可以访问许多数据集，每个数据集对应一部电影。每个数据集包含了所有客户对一部电影所做的评级(和时间戳)。对所有的数据集进行合并，得到一个更大的数据集，其中包含每个客户在某个日期对某一电影做出的评价，每行都包含[客户 ID、电影 ID、评分、日期]。评级采用的是 5 分制。要求参赛者设计推荐算法，以改进 Netflix 公司现有的推荐系统。表 14.11 是以矩阵格式表示的比赛用的样本数据。每一行表示不同的客户，每一列表示不同的电影。

表 14.11　Netflix 百万美元大奖赛的电影评分样本数据，其中包括 10 个用户和 9 部电影

客户 ID	电影 ID								
	1	5	8	17	18	28	30	44	48
30878	4	1			3	3	4	5	
124105	4								
822109	5								
823519	3		1			4	5		
885013	4	5							
893988	3						4	4	
1248029	3					2	4		3
1503895	4								
1842128	4						3		
2238063	3								

比赛结果很有意思，获胜者获胜的原因在于不仅考虑了电影的评分，而且考虑了电影的评分是否由某个特定客户给出。换言之，比赛最终证明，客户决定给哪部电影评分比起客户简单地对电影进行评分能更好地反映客户的偏好。

协同过滤需要解决评分数据的稀疏性。考虑到数据的其他特性，我们可以得到更精确的结果。客户选择哪一部电影进行评分要比评分本身更重要。这反映了如下事实：用户选择进行评分的电影都是经过深思熟虑的，而非随意选择。

这个例子说明了把评分信息转换为二元矩阵(评级/没有评级)是非常有价值的。

14.2.2　基于用户的协同过滤

使用协同过滤向用户发送个性化推荐的一种方法是找到具有类似偏好的客户，并向他们推荐有可能喜欢但还没有购买过的商品。步骤如下：

(1) 找出所有与某特定客户最为相似的客户(称为邻居)。为此，需要对这个客户的偏好与其他客户的偏好进行比较。

(2) 只考虑客户还没有购买过的商品，向他们推荐其邻居喜欢的商品。

上面的步骤(1)需要选择距离(相似度)指标来表示用户与其他用户的距离。距离计算好之后，就可以利用距离阈值或邻居数阈值确定步骤(2)需要的最近邻居(后面简称近邻)，这被称为基于用户的前-N 推荐法。

近邻法需要计算目标用户与数据库中其他用户的距离，这类似于 kNN 算法(详见第 7 章)。第 7 章介绍的欧几里得距离在协同过滤中并不像其他距离度量指标那么好，表示两个用户相似度指标的一种常用方法是计算评分的皮尔逊(Pearson)相关系数。用 $r_{1,1}, r_{1,2}, \cdots, r_{1,p}$ 表示客户 U_1 为商品 $I_1, \cdots, I_p$ 做出的评分，它们的平均分为 $\bar{r}_1$；同样，用 $r_{2,1}, r_{2,2}, \cdots, r_{2,p}$ 表示用户 U_2 做出的评分，平均分为 $\bar{r}_2$；这两个用户的相关系数可定义为

$$\text{Corr}(U_1, U_2) = \frac{\sum (r_{1,i} - \bar{r}_1)(r_{2,i} - \bar{r}_2)}{\sqrt{\sum (r_{1,i} - \bar{r}_1)^2} \sqrt{\sum (r_{2,i} - \bar{r}_2)^2}} \qquad 式(14.1)$$

为了演示计算过程，下面计算表 14.11 所示 Netflix 小型样本数据中 30 878 号客户与 823 519 号客户的相关系数。假设表 14.11 提供了全部信息。首先，计算每个用户的平均分：

$$\overline{r}_{30878} = (4+1+3+3+4+5)/6 = 3.333$$

$$\overline{r}_{823519} = (3+1+4+4+5)/5 = 3.3$$

注意，每个客户评价的电影不同，数量也不同，有多有少，因此需要对每个客户评价的全部电影求平均分。相关系数的计算需要用到每个电影评分相对平均分的偏差，但是只针对被两个客户同时评分的电影。在这个例子中，同时得到两个用户评分的电影 ID 是 1、28 和 30，因此相关系数为

$$\mathrm{Corr}(U_{30878}, U_{823519})$$

$$= \frac{(4-3.333)(3-3.4) + (3-3.333)(4-3.4) + (4-3.333)(5-3.4)}{\sqrt{(4-3.333)^2 + (3-3.333)^2 + (4-3.333)^2}\sqrt{(3-3.4)^2 + (4-3.4)^2 + (5-3.4)^2}}$$

$$= 0.6/1.75 = 0.34$$

当数据的格式是二元矩阵(购买或未购买)时，相关系数的计算方法相同。

另一个常用的度量指标是余弦相似度，它是皮尔逊相关系数的变异形式。它的计算公式不同于相关系数，前者不需要减去平均值。在相关系数的计算公式中减去平均值意味着均衡每个用户的评分差异——某个客户总是给出很高的评分，而另一个客户总是给出很低的评分[1]。

两个 Netflix 客户的余弦相似度是

$$\mathrm{Cos\ Sim}(U_{30878}, U_{823519}) = \frac{4 \times 3 + 3 \times 4 + 4 \times 5}{\sqrt{4^2 + 3^2 + 4^2}\sqrt{3^2 + 4^2 + 5^2}}$$

$$= 44/45.277 = 0.972$$

需要指出的是，当数据表示为二元矩阵格式时，余弦相似度要求对所有项进行计算——不管是已购买的商品还是未购买的商品，而非仅限于同时得到两个客户评价的商品。

协同过滤存在称为"冷启动"的问题：不能用来为新用户或新项目建立推荐系统。如果一个用户只对一件商品进行评分，那么在计算这个用户与其他用户的相关系数时，分母可能是零，不管评分如何，余弦相似度总是为 1。

对于需要特别关注的用户，可以使用相关系数、余弦相似度和其他指标计算其与数据库中其他每个用户的相似度。然后分析用户的 k 个最近邻用户，并从他们所评级或购买的商品中，选择最佳商品推荐给这个用户。什么是最佳商品呢？对于购买数据，就是购买人数最多的商品；对于评级数据，就是评分最高的商品。

当数据库很大时，最近邻算法的计算成本非常高。解决方案是使用聚类方法(详见第 15 章)，根据用户的偏好把用户归到不同的聚类，然后计算用户与每个聚类的距离。这种方法把计算负担转移到了聚类划分上，由于计算可以早一点离线完成，因此能够快速、实时地对目标用户与每个聚类进行比较。使用聚类方法的代价是推荐的准确度欠佳，因为最近聚类中的成员并非都与目标用户最为相似。

---

1 在协同过滤中，我们经常使用相关系数和余弦相似度，因为对于高维空间中的数据，它们的计算速度快，而且它们可以用来解释评分值和被评分项的数量。

14.2.3　基于项的协同过滤

当用户的数量远大于项的数量时，从计算成本上讲，获得相似项比获得相似用户更合算(计算速度更快)。具体来说，当用户对某一项感兴趣时，基于项的协同过滤的执行步骤如下：

(1) 找到曾与目标商品一起被评级过或购买过的商品。

(2) 从相似商品中找到最流行或最相关的商品。

现在需要计算项之间而非用户之间的相似度。例如，在这个小型的 Netflix 实例中，电影1(平均评分 $\overline{r}_1$=3.7)与电影5(平均评分 $\overline{r}_5$=3)的相关系数为：

$$\text{Corr}(I_1, I_5) = \frac{(4 - 3.7)(1 - 3) + (4 - 3.7)(5 - 3)}{\sqrt{(4 - 3.7)^2 + (4 - 3.7)^2}\sqrt{(1 - 3)^2 + (5 - 3)^2}} = 0$$

使用同样的方法，我们可以计算所有电影的相似度，这可以离线进行。

根据研究人员发表的行业报告：

- 基于项的推荐算法可以得到实时推荐系统，能够适应海量数据集，并且可以生成高质量的推荐内容。
- 基于项的推荐算法的缺点是，项之间的多样性较差(相对于用户的风格)，因此推荐的内容往往没有创意。
- 表 14.12 和表 14.13 展示了在 Python 程序中如何使用 Surprise 包在虚拟的 Netflix 数据上实现协同过滤。

表 14.12　使用 Python 实现协同过滤(一)

```python
import random

random.seed(0)
nratings = 5000
randomData = pd.DataFrame({
    'itemID': [random.randint(0,99) for _ in range(nratings)],
    'userID': [random.randint(0,999) for _ in range(nratings)],
    'rating': [random.randint(1,5) for _ in range(nratings)],
})

def get_top_n(predictions, n=10):
    # First map the predictions to each user.
    byUser = defaultdict(list)
    for p in predictions:
        byUser[p.uid].append(p)

    # For each user, reduce predictions to top-n
    for uid, userPredictions in byUser.items():
        byUser[uid] = heapq.nlargest(n, userPredictions, key=lambda p: p.est)
    return byUser
```

表 14.13　使用 Python 实现协同过滤(二)

```python
# Convert the data set into the format required by the surprise package
# The columns must correspond to user id, item id, and ratings (in that order)
reader = Reader(rating_scale=(1, 5))
```

```
data = Dataset.load_from_df(randomData[['userID', 'itemID', 'rating']], reader)

# Split into training and test set
trainset, testset = train_test_split(data, test_size=.25, random_state=1)

## User-based filtering
# compute cosine similarity between users
sim_options = {'name': 'cosine', 'user_based': True}
algo = KNNBasic(sim_options=sim_options)
algo.fit(trainset)

# predict ratings for all pairs (u, i) that are NOT in the training set.
predictions = algo.test(testset)

# Print the recommended items for each user
top_n = get_top_n(predictions, n=4)
print('Top-4 recommended items for each user')
for uid, user_ratings in list(top_n.items())[:5]:
    print('User {}'.format(uid))
    for prediction in user_ratings:
        print(' Item {0.iid} ({0.est:.2f})'.format(prediction), end='')
    print()
```

部分输出结果如下：

```
Top-4 recommended items for each user
User 6
  Item 6 (5.00) Item 77 (2.50) Item 60 (1.00)
User 222
  Item 77 (3.50) Item 75 (2.78)
User 424
  Item 14 (3.50) Item 45 (3.10) Item 54 (2.34)
User 87
  Item 27 (3.00) Item 54 (3.00) Item 82 (3.00) Item 32 (1.00)
User 121
  Item 98 (3.48) Item 32 (2.83)
```

使用整个数据集重构模型：

```
trainset = data.build_full_trainset()
sim_options = {'name': 'cosine', 'user_based': False}
algo = KNNBasic(sim_options=sim_options)
algo.fit(trainset)

# Predict rating for user 383 and item 7
algo.predict(383, 7)
```

部分输出结果如下：

```
Prediction(uid=383, iid=7, r_ui=None, est=2.3661840936304324, ...)
```

14.2.4　协同过滤的优缺点

协同过滤的实现取决于用户偏好等客观信息的获得。协同过滤既能向用户，也能为 long tail 项提供有用的推荐信息。如果数据库中包含足够多的相似用户(不需要太多，但每个用户至少要有几个相似用户),这样每个用户就可以找到与其有相似偏好的其他用户。基于同样的道理,数据库中的每一项也都必须有足够的评分或购买记录。因此,协同过滤的不足之处就在于无法为新用户或新项生成推荐信息。但是,解决这个问题的方法有好几种。

基于用户的协同过滤虽然能够找出高评分项或用户十分喜欢的项的相似度,但由于对低评分项或不受欢迎的项不透明,因此我们并不想使用这种方法来检测没有人喜欢的项。

另外,基于用户的协同过滤虽然能够利用用户偏好的相似性提供个性化的推荐信息,但是,当用户的数量非常大时,协同过滤的计算过程非常慢。为此,可以使用基于项的推荐算法、用户聚类和降维技术等。在这种情形下,最常用的降维方法是奇异值分析(SVD)和计算性能更优越的主成分分析(详见第 4 章)。

虽然"预测结果"这个术语经常用来描述协同过滤的输出结果,但是这种方法在本质上属于无监督学习。我们虽然可以预测用户的评分或购买情况,但是通常实际上并没有真正的输出结果。改进由协同过滤生成的推荐信息的一种方法是获取用户的反馈信息。在推荐信息生成后,可根据用户的反馈判断推荐的信息是否合理。正因为如此,许多推荐系统总是引导用户提供推荐结果的反馈信息。

14.2.5　协同过滤与关联规则

虽然协同过滤和关联规则都属于无监督学习方法,并且都可以用于推荐系统,但是它们两者存在以下差别。

高频项集与个性化推荐:关联规则寻找高频项的组合,只把高频项作为推荐对象;相反,协同过滤为每一项提供个性化推荐,因此更迎合有特殊偏好的用户。从这个意义上讲,协同过滤可以抓住用户偏好的"尾部",而关联规则适合寻找用户偏好的"头部"。以上差别也暗示了数据上的差异:为了找到包含足够多的某种组合的购物篮,关联规则需要大量的交易;相反,协同过滤虽然不需要很多购物篮,但却需要很多用户数据和同样多的项数据。此外,关联规则运行在购物篮级别(在关联规则的数据库中,每个用户都有多笔交易),协同过滤运行在用户级别。

关联规则由于能够生成通用的非个性化的规则(包括使用基于关联规则的推荐系统向寻找某特定商品的所有用户发送同样的推荐内容),因此更适用于商店里商品的放置和医院里诊断检验的顺序安排等情形。相反,协同过滤能够生成面向用户的推荐,因此更适合作为个性化设计工具。

交易数据与用户数据:关联规则根据交易/购物篮里哪些商品会被一同购买的信息向顾客推荐商品;相反,协同过滤根据与少数其他用户一起购买的商品或者他们会一起给哪些商品评分来生成推荐信息。当某件商品总是被顾客购买或总是被顾客评分时,通过分析这些不同客户有可能得到一些很有用的信息(例如购买的图书、音乐专辑或观看的电影都有哪些特点)。

二元数据与评分数据:关联规则把项当作二元数据(1 表示购买,0 表示未购买);而协同过滤既可以使用二元数据,也可以使用数值型评分。

两项或更多项:在关联规则里,前提与结论可以包含一项或多项。因此,推荐信息可能包含多个重要的项(例如,如果同时购买牛奶、曲奇和玉米片,将有 10%的优惠)。相反,协同过滤需要计算几组项或几组用户的相似度,因此推荐往往仅针对单个项,当针对多个项时,这些项之间并不存在某种关系。

以上区别对于冷门商品的购买和推荐非常明显,特别是当我们对关联规则与基于用户的协同过滤进行比较时,以上区别尤为明显。当考虑给一位已经购买了畅销商品的用户推荐什么样的商品时,使用关联规则和基于项的协同过滤可能会得到相同的结果。但是,使用基于用户的推荐则会得到不同的结果。假设有位顾客每周都购买牛奶,同时也会购买无麸质产品(其他顾客很少买这件商品),根据从交易数据库中导出的关联规则,我们可能得出这样的判断:if 牛奶 then 曲奇。下次当有顾客购买牛奶时，我们就可能推荐该顾客购买曲奇，而不管其是否购买过曲奇，或者是否购买过无麸质产品。在基于项的协同过滤中，我们将在所有商品中寻找所有曾经与牛奶一起购买的商品，然后把其中最受欢迎的商品推荐给顾客(假设我们的目标客户还没有购买这些商品)。因此，最终结果是向目标客户推荐曲奇，因为目标客户还没有购买这件商品。现在考虑基于项的协同过滤：寻找相似顾客——购买过同样商品的顾客——然后把这些邻居最经常购买的商品推荐给还没有购买的目标客户。因此，基于用户的推荐系统不大可能推荐曲奇，而有可能推荐顾客未曾购买的无麸质产品。

14.3 小结

关联规则(又称购物篮分析)和协同过滤都属于无监督学习方法，它们的目的是从交易数据库中推导出所购买商品之间的关联关系。关联规则寻找的是商品会被一起购买的通用规则，主要优点是能够生成简单明了的规则，比如：如果购买了 X，则很可能会购买 Y。关联规则非常透明且容易理解。

关联规则的建立分两个阶段。在第一阶段，从高频项集中选择候选规则(Apriori 算法是最常用的规则生成算法)。在第二阶段，从这些候选规则中选出关联最强的规则。可以使用支持度和置信度来评价规则的不确定性，在生成和选择规则的过程中，用户也可以设置最小支持度和最小置信度。另一个度量指标是提升量，表示的是相对于随机组合，利用规则找到真实关联的效率。

关联规则的主要不足在于会生成大量的规则，因此需要用一种方法将这些规则压缩为一小组有用的强规则。一种重要但非自动的压缩方法是寻找不重要或信息不足的规则以及拥有相同支持度的规则。另外，人们总是忽略稀有组合，因为这些组合并不满足最小支持度要求。正因为如此，最好确保数据库中各个项的出现频次大致相等。为此，我们需要使用更高级的层次作为项。例如，可根据图书的类别而非书名从图书交易数据库中推导出关联规则。

协同过滤是在线推荐系统常用的技术，这种技术基于用户在购买商品过程中形成的与商品的关联，一些用户对某件商品会有相似的行为，比如给出的评分都很高。基于用户的协同过滤根据"用户-项"的组合，计算用户之间的相似性，从而向用户推荐个性化的商品。协同过滤成功的关键因素是用户需要提供推荐的反馈信息，每件商品都必须有足够多的反馈信息。协同过滤的主要不足在于无法向新用户或新项提供推荐。此外，由于需要大量的用户，因此基于用户的协同过滤可能会遭遇计算瓶颈。

14.4 习题

14.1 **卫星电台客户**。基于订阅的卫星电台公司的一位数据分析师，面对来自客户数据库的样本数据，需要找出客户相互关联在一起的组。样本数据中已包含公司数据和订阅者的人口统计数据(它们已映射到公司数据)，如表 14.14 所示。这位数据分析师决定用关联规则找出客户之间的关联关系。

表 14.14 来自卫星电台公司的样本数据

客户 ID	邮编转换_2	邮编转换_3	邮编转换_4	邮编转换_5	是否拥有房产	子女数	收入	性别	财富
17	0	1	0	0	1	1	5	1	9
25	1	0	0	0	1	1	1	0	7
29	0	0	0	1	0	2	5	1	8
38	0	0	0	1	1	1	3	0	4

(续表)

客户 ID	邮编转换_2	邮编转换_3	邮编转换_4	邮编转换_5	是否拥有房产	子女数	收入	性别	财富
40	0	1	0	0	1	1	4	0	8
53	0	1	0	0	1	1	4	1	8
58	0	0	0	1	1	1	4	1	8
61	1	0	0	0	1	1	1	0	7
71	0	0	1	0	1	1	4	0	5
87	1	0	0	0	1	1	4	1	8
100	0	0	0	1	1	1	4	1	8
104	1	0	0	0	1	1	1	1	5
121	0	0	1	0	1	1	4	1	5
142	1	0	0	0	0	1	5	0	8

　　14.2　识别课程组合。statistics.com 网站的统计教育学院提供了在线统计课程和商业分析课程，并且仍在收集信息，目的是生成组合课程和系列课程。考虑 CourseTopics.csv 数据文件，表 14.15 显示了这个数据文件的前几行内容。这些数据显示了 statistics.com 网站上的在线统计课程的销售信息。每一行代表一位客户选修的在线课程。请根据这些数据评论系列课程和组合课程，用关联规则分析这些数据，并解释最终得到的规则。

表 14.15　在线统计课程的销售数据

Intro	DataMining	Survey	CatData	Regression	Forecast	DOE	SW
1	1	0	0	0	0	0	0
0	0	1	0	0	0	0	0
0	1	0	1	1	0	0	1
1	0	0	0	0	0	0	0
1	1	0	0	0	0	0	0
0	1	0	0	0	0	0	0
1	0	0	0	0	0	0	0
0	0	0	1	0	1	1	1
1	0	0	0	0	0	0	0
0	0	0	1	0	0	0	0
1	0	0	0	0	0	0	0

　　14.3　推荐课程。再次考虑 CourseTopics.csv，这个数据文件描述了 statistics.com 网站上的在线统计课程的销售情况。有一位学生购买了 Regression 和 Forecast 课程，请向他推荐其他课程。在样本数据上应用基于用户的协同过滤技术之后，可能会得到一个零矩阵，请解释出现零矩阵的原因。

　　14.4　购买化妆品。表 14.16 和表 14.17 中的数据来自某大型连锁药店的化妆品销售数据文件 (Cosmetics.csv)。这家药店想从销售数据中找出关联，用于店面展示，从而帮助店面销售人员和电子推荐系统推荐交叉商品。考虑表 14.16 中的数据，这些数据是以二元矩阵形式显示的。

　　a. 从矩阵中选择几个数值，解释它们的含义。

　　b. 对表 14.17 中展示的关联规则分析结果进行讨论。

i. 解释第一行的"置信度"输出值，这个值是如何得到的？

ii. 解释第一行的"支持度"输出值，这个值是如何得到的？

iii. 解释第一行的"提升量"输出值，这个值是如何得到的？

iv. 用文字解释第一行中的规则。

c. 现在使用整个数据文件(Cosmetics.csv)，通过 Python，把关联规则应用于这些数据(使用 Apriori 算法，将参数设置为 min_support=0.1、use_colnames=True。对于关联规则，使用默认参数)。

i. 用文字解释前 3 条规则。

ii. 检查前 10 条规则，评论它们的冗余性和作用。

表 14.16　化妆品销售数据(使用二元矩阵形式)

Trans.	Bag	Blush	Nail. polish	Brushes	Concealer	Eyebrow. pencils	Bronzer
1	0	1	1	1	1	0	1
2	0	0	1	0	1	0	1
3	0	1	0	0	1	1	1
4	0	0	1	1	1	0	1
5	0	1	0	0	1	0	1
6	0	0	0	0	1	0	0
7	0	1	1	1	1	0	1
8	0	0	1	1	0	0	1
9	0	0	0	0	1	0	0
10	1	1	1	1	0	0	0
11	0	0	1	0	0	0	1
12	0	0	1	1	1	0	1

表 14.17　化妆品销售数据中存在的关联规则

```
     lhs          rhs              support    confidence      lift
1 {Blush,
  Concealer,
  Mascara,
  Eye.shadow,
  Lipstick}  =>{Eyebrow.Pencils}   0.013    0.3023255814    7.198228128
2 {Trans.,
  Blush,
  Concealer,
  Mascara,
  Eye.shadow,
  Lipstick}   => {Eyebrow.Pencils}  0.013   0.3023255814    7.198228128
3 {Blush,
  Concealer,
  Mascara,
  Lipstick}   => {Eyebrow.Pencils}  0.013   0.2888888889    6.878306878
4 {Trans.,
  Blush,
```

```
         Concealer,
         Mascara,
         Lipstick}    => {Eyebrow.Pencils}  0.013   0.2888888889   6.878306878
       5 {Blush,
         Concealer,
         Eye.shadow,
         Lipstick}    => {Eyebrow.Pencils}  0.013   0.2826086957   6.728778468
       6 {Trans.,
         Blush,
         Concealer,
         Eye.shadow,
         Lipstick}    => {Eyebrow.Pencils}  0.013   0.2826086957   6.728778468
```

14.5 课程评分。statistics.com 网站上的统计教育学院要求学生完成课程后马上对课程的各个方面进行评分。该统计教育学院正在计划设计推荐系统，目的是向刚学完一门课程并且提交了评分的学生推荐其他课程。表 14.18 展示了在线统计课程全部评分的一部分，现在的问题是：该向学生 E.N.推荐哪门课程呢？

a. 先考虑基于用户的协同过滤，这需要计算所有学生之间的相关系数。需要计算哪些学生与 E.N 的相关系数呢？请计算这些相关系数。

b. 根据与 E.N 最近邻的一位学生，应把哪门课程推荐给 E.N.?请说明理由。

c. 使用 scikit-learn 包中的 sklearn.metrics.pairwise.cosine_similarity()函数计算用户之间的余弦相似度。

d. 根据与 E.N.最近邻学生的相似度，应把哪门课程推荐给 E.N.?

e. 使用相关系数和使用余弦相似度在概念上有什么差别？(提示：它们针对缺失值的处理方法不同)

f. 对于大型数据集，实时计算基于用户的推荐结果时，计算成本非常高，因此我们经常选用基于项的方法。回到评分数据(非二元矩阵)，现在就使用这种方法。

i. 如果目标是为 E.N.推荐课程，那么哪两门课程对于计算相关系数最有用？

ii. 如果只是分析数据，那么不需要计算课程的相关系数。根据基于项的协同过滤，应把哪门课程推荐给 E.N.？计算两门课程的相关系数并输出结果。

g. 把基于项的协同过滤应用于整个数据集(使用 Python 函数)，根据计算结果向 E.N.推荐一门课程。

表 14.18　在线统计课程评分表：4 表示最好，1 表示最差，空白表示没有评分

	SQL	Spatial	PA 1	DM in R	Python	Forecast	R Prog	Hadoop	Regression
L N	4				3	2	4		2
M H	3	4			4				
J H	2	2							
E N	4			4			4		3
D U	4	4							
F L		4							
G L		4							
A H		3							
S A			4						
R W			2					4	

(续表)

	SQL	Spatial	PA 1	DM in R	Python	Forecast	R Prog	Hadoop	Regression
B A			4						
M G			4			4			
A F			4						
K G			3						
D S	4			2			4		

聚 类 分 析

本章讨论常用的无监督学习方法——聚类分析，聚类分析的目标是把数据划分为一组同质的簇，以便对数据能有更深入的理解。把数据划分成若干同质记录的簇也经常用来改进监督学习方法的性能，因为只需要对每个簇建模而无须对整个混乱的数据集进行建模。从个性化市场营销到行业分析，聚类在商业上有很多应用。本章介绍两种常用的聚类方法：层次聚类和k-均值聚类。在层次聚类里，可根据记录之间的距离以及簇之间的距离，将记录按顺序划分成若干簇。我们将介绍聚类算法的实现过程，还将介绍几个常用的距离度量指标。可使用树状图表示聚类划分过程和聚类划分结果。我们将展示几张树状图，并说明它们的用处。k-均值聚类则被广泛应用于大型数据集，在应用 k-均值聚类时，需要预定义一组簇，然后根据每条记录与它们的距离，将记录归类为某个簇。本章将介绍 k-均值聚类及其在计算方面的优点。本章最后则介绍一些有助于我们更好地理解聚类结果的技巧。

本章使用 Pandas 包处理数据，使用 scikit-learn 和 SciPy 包实现聚类分析，使用 matplotlib 包实现可视化。

导入本章所需要的功能：

```
import pandas as pd
from sklearn import preprocessing
from sklearn.metrics import pairwise
from scipy.cluster.hierarchy import dendrogram, linkage, fcluster
from sklearn.cluster import KMeans
import matplotlib.pylab as plt
import seaborn as sns
from pandas.plotting import parallel_coordinates
```

15.1 引言

聚类分析能根据记录的某些度量指标把它们划分为几个相似的组或簇，核心思想就是以某种有利于分析目标的方式描述簇，这种思想已被应用到许多领域，包括天文学、考古学、医药、化学、教育、心理学、语言学和社会学。例如，生物学家已经在广泛使用类和亚类来组织物种。聚类思想在化学中令人称奇的典型应用是门捷列夫元素周期表。

聚类分析在市场营销领域的最重要应用是市场细分(market segmentation)：根据客户的人口统计信息和历史交易数据把他们划分为不同的组，对于每一组采用不同的营销策略。在印度等国家，顾客的多样性基本上是位置敏感型的(location-sensitive)，因此连锁店经常在商店级进行市场细分，而不是在整个连锁店系统内进行细分(这种细分也称为微观细分)。聚类分析的另一应用是市场结构分析：根据相似性指标，识别相似的产品群。在市场营销和政治预测方面，研究者利用美国的邮政编码信息并根据人们的生活方式成功对居住小区进行了分组。Claritas 公司是这一领域的开拓者，这家公司根据消费者的各种消费指数和人口统计信息把居住小区划分为 40 个簇。通过对这些簇进行分析，Clartas 公司提出了一些容易记忆的名称，如波希米亚区、皮草和旅行区、高收入和高智商区，这些名称都很恰当地描述了相应小区的主要生活方式。可根据生活方式估计小区居民对产品(如跑车)和服务(如旅行)的潜在需求。销售机构也可以使用同样的方法对客户进行细分，并有针对性地开展营销活动。

在金融领域，人们利用聚类分析建立投资组合：在众多的投资机会(如股票)中，根据投资回报(日回报、周回报和月回报)、不稳定性、β 值和其他参数(如行业的资本化程度和总市值)，对各种投资进行聚类划分。为不同的投资类别选择不同的投资项目可以帮助我们建立稳健的资产组合。聚类分析在金融领域的另一应用是行业分析。对于某个特定行业，可根据增长率、盈利率、市场规模、产品覆盖范围、国际化程度等指标把相似的公司划分为几个不同的组。对这些组进行分析，从而更好地理解产业结构，并找出哪些公司是自己公司的竞争对手。

聚类分析还被应用于海量数据。例如，互联网上的搜索引擎利用聚类分析把用户提交的各种搜索请求分为不同的簇，然后利用这些簇改进搜索性能。本章的目的是介绍聚类的基本思想和聚类分析最常用的方法，并指出聚类方法的优缺点。

通常，能够生成聚类的基本数据是包括许多变量值的数据表。这种数据表中的列代表变量值，行代表记录。我们的目标是把这些记录划分为几个组，并将相似记录归类到同一组中，组的个数可以事先确定，也可以根据数据来确定。

表 15.1 给出了美国 22 家公共事业机构的运营数据，我们想把它们划分为若干相似组。需要划分的记录代表了这些公共事业机构，共有 8 个指标，可根据这些指标对这些公共事业机构进行划分。在这里，进行聚类划分的价值在于，可以预测解除管制(比如允许私人进入)后带来的成本影响。为了进行必要的分析，经济学家需要为各公共事业机构建立成本模型。如果用簇表示同类机构，那么只需要为每个簇中某个典型的公共事业机构建立详细的模型即可，然后把这些模型扩展到全部机构，并估计产生的成本影响。

为简单起见，我们只考虑两个指标：销量和燃料成本。图 15.1 展示了这两个指标的散点图。初看起来似乎应该有两个或三个簇。第一个簇的燃料成本很高，第二个簇的燃料成本和销量相对较低，第三个簇的燃料成本较低但销量较高。

表 15.1　美国 22 家公共事业机构的运营数据

Company	Fixed	RoR	Cost	Load	Demand	Sales	Nuclear	Fuel Cost
Arizona Public Service	1.06	9.2	151	54.4	1.6	9077	0.0	0.628
Boston Edison Co.	0.89	10.3	202	57.9	2.2	5088	25.3	1.555
Central Louisiana Co.	1.43	15.4	113	53.0	3.4	9212	0.0	1.058
Commonwealth Edison Co.	1.02	11.2	168	56.0	0.3	6423	34.3	0.700
Consolidated Edison Co. (NY)	1.49	8.8	192	51.2	1.0	3300	15.6	2.044
Florida Power & Light Co.	1.32	13.5	111	60.0	−2.2	11127	22.5	1.241
Hawaiian Electric Co.	1.22	12.2	175	67.6	2.2	7642	0.0	1.652
daho Power Co.	1.10	9.2	245	57.0	3.3	13082	0.0	0.309
Kentucky Utilities Co.	1.34	13.0	168	60.4	7.2	8406	0.0	0.862
Madison Gas & Electric Co.	1.12	12.4	197	53.0	2.7	6455	39.2	0.623
Nevada Power Co.	0.75	7.5	173	51.5	6.5	17441	0.0	0.768

(续表)

Company	Fixed	RoR	Cost	Load	Demand	Sales	Nuclear	Fuel Cost
New England Electric Co.	1.13	10.9	178	62.0	3.7	6154	0.0	1.897
Northern States Power Co.	1.15	12.7	199	53.7	6.4	7179	50.2	0.527
Oklahoma Gas & Electric Co.	1.09	12.	0 96	49.8	1.4	9673	0.0	0.588
Pacific Gas & Electric Co.	0.96	7.6	164	62.2	−0.1	6468	0.9	1.400
Puget Sound Power & Light Co.	1.16	9.9	252	56.0	9.2	15991	0.0	0.620
San Diego Gas & Electric Co.	0.76	6.4	136	61.9	9.0	5714	8.3	1.920
The Southern Co.	1.05	12.6	150	56.7	2.7	10140	0.0	1.108
Texas Utilities Co.	1.16	11.7	104	54.0	−2.1	13507	0.0	0.636
Wisconsin Electric Power Co.	1.20	11.8	148	59.9	3.5	7287	41.1	.702
United Illuminating Co.	1.04	8.6	204	61.	0 3.5	6650	0.0	2.116
Virginia Electric & Power Co.	1.07	9.3	174	54.3	5.9	10093	26.6	1.306

下面对表 15.1 中的各列进行说明。

- Fixed：固定费用偿付比率。
- RoR：资本收益率。
- Cost：每千瓦容量成本。
- Load：年负荷系数。
- Demand：从 1974 年到 1975 年，高峰千瓦时需求增长率。
- Sales：销量。
- Nuclear：核能占比。
- Fuel Cost：总燃料成本。

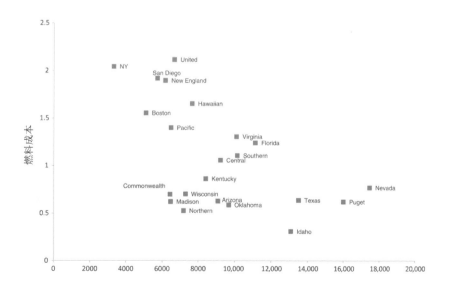

图 15.1　美国 22 家公共事业机构的运营数据的散点图(燃料成本和销量)

聚类分析可看成一种比较正式的算法：计算记录之间的距离，然后根据这些距离(这里是二维空间距离)确定簇。

对于包含 n 条记录的数据集，常用的聚类方法有两种：层次聚类和非层次聚类。

层次聚类：层次聚类可以是凝聚层次聚类和分裂层次聚类。凝聚层次聚类从 n 个簇开始，依次把相似的簇合并，直到单个簇为止。分裂层次聚类正好相反——从包含全部记录的单个簇开始进行分裂。当研究的目标是把簇组织成自然层次结构时，层次聚类特别有用。

非层次聚类：首先定义簇的个数，然后为每个簇分配记录。通常，非层次聚类的计算强度比其他聚类方法低，因此当数据集很大时，人们总是选择这种聚类方法。

本章重点介绍凝聚层次聚类和 k-均值聚类(非层次聚类方法中的一种)。在讨论这两种聚类方法时，我们需要定义两条记录之间或两个簇之间的距离。

15.2　计算两条记录之间的距离

假设用 d_{ij} 表示记录 i 和记录 j 之间的距离或相异性，用向量$(x_{i1}, x_{i2}, \cdots, x_{ip})$表示记录 i，用向量$(x_{j1}, x_{j2}, \cdots, x_{jp})$表示记录 j。此时，公共事业机构 Arizona Publc Service 可以表示为向量[1.06,9.2,151,54.4, 1.6,9077,0.628]。

两条记录之间距离的定义方法有很多，但是通常必须满足以下性质。

非负性：$d_{ij} \geqslant 0$

自接近性(self-proximity)：$d_{ii}=0$(记录到自身的距离为零)

对称性：$d_{ij}=d_{ji}$

三角不等性：$d_{ij} \leqslant d_{ik} + d_{kj}$ (任何两条记录之间的距离不会超过它们到其他记录的距离之和)

15.2.1　欧几里得距离

最常用的距离度量指标是欧几里得距离(简称欧氏距离)，记录 i 与记录 j 之间的欧几里得距离 d_{ij} 被定义为

$$d_{ij} = \sqrt{(x_{i1} - x_{j1})^2 + (x_{i2} - x_{j2})^2 + \cdots + (x_{ip} - x_{jp})^2}$$

例如，公共事业机构 Arizona Public Service 与 Boston Edison Co.之间的欧氏距离可以由它们的原始数据得到：

$$\begin{aligned} d_{12} &= \sqrt{(1.06 - 0.89)^2 + (9.2 - 10.3)^2 + (151 - 202)^2 + \cdots + (0.628 - 1.555)^2} \\ &= 3989.408 \end{aligned}$$

表 15.2 展示了如何使用 Python 计算欧几里得距离。

表 15.2　使用矩阵表示公共事业机构之间的欧几里得距离(只列出了前 5 个公共事业机构之间的欧氏距离)

```
utilities_df = pd.read_csv('Utilities.csv')
# set row names to the utilities column
utilities_df.set_index('Company', inplace=True)
# while not required, the conversion of integer data to float
# will avoid a warning when applying the scale function
utilities_df = utilities_df.apply(lambda x: x.astype('float64'))
# compute Euclidean distance
d = pairwise.pairwise_distances(utilities_df, metric='euclidean')
pd.DataFrame(d, columns=utilities_df.index, index=utilities_df.index)
```

部分输出结果如下：

```
Company          Arizona       Boston        Central   Commonwealth          NY
Company
Arizona         0.000000  3989.408076    140.402855   2654.277632  5777.167672
Boston       3989.408076     0.000000   4125.044132   1335.466502  1788.068027
Central       140.402855  4125.044132     0.000000   2789.759674  5912.552908
Commonwealth 2654.277632  1335.466502   2789.759674      0.000000  3123.153215
NY           5777.167672  1788.068027   5912.552908   3123.153215     0.000000
```

15.2.2 数值型观测值的归一化处理

上面定义的欧几里得距离计算公式直接与每个变量的取值范围有关。因此，取值范围较大的变量(如销量)对距离的影响比较大。因此习惯上，在计算距离之前，往往事先对连续型观测值进行归一化处理，从而将全部测量值转换到相同的区间。归一化处理是指用某个测量值减去平均值，然后除以标准差(经归一化处理后的值称为 z-分数)。例如，美国 22 家公共事业机构的平均销量为 8914.045，标准差为 3549.984。经归一化处理后，Arizona Public Service 的销量变为(9077-8911.045)/3549.984=0.046。

回到之前那个只有两个指标(销量和燃料成本)的例子。下面首先对测量值进行归一化处理(见表 15.3)，然后计算每两条记录之间的欧几里得距离。表 15.4 给出了前 5 个公共事业机构之间的记录距离。针对全部的 22 家公共事业机构，可得到类似的结果。

表 15.3　销量和燃料成本的原始测量值和归一化结果

Company	Sales	Fuel Cost	NormSales	NormFuel
Arizona Public Service	9077	0.628	0.0459	0.8537
Boston Edison Co.	5088	1.555	1.0778	0.8133
Central Louisiana Co.	9212	1.058	0.0839	0.0804
Commonwealth Edison Co.	6423	0.7	0.7017	0.7242
Consolidated Edison Co. (NY)	3300	2.044	1.5814	1.6926
Florida Power & Light Co.	11,127	1.241	0.6234	0.2486
Hawaiian Electric Co.	7642	1.652	0.3583	0.9877
Idaho Power Co.	13,082	0.309	1.1741	1.4273
Kentucky Utilities Co.	8406	0.862	0.1431	0.4329
Madison Gas & Electric Co.	6455	0.623	0.6927	0.8627
Nevada Power Co.	17,441	0.768	2.4020	0.6019
New England Electric Co.	6154	1.897	0.7775	1.4283
Northern States Power Co.	7179	0.527	0.4887	1.0353
Oklahoma Gas & Electric Co.	9673	0.588	0.2138	0.9256
Pacific Gas & Electric Co.	6468	1.4	0.6890	0.5346
Puget Sound Power & Light Co.	15,991	0.62	1.9935	0.8681
San Diego Gas & Electric Co.	5714	1.92	0.9014	1.4697
The Southern Co.	10,140	1.108	0.3453	0.0095
Texas Utilities Co.	13,507	0.636	1.2938	0.8393
Wisconsin Electric Power Co.	7287	0.702	0.4583	0.7206

(续表)

Company	Sales	Fuel Cost	NormSales	NormFuel
United Illuminating Co.	6650	2.116	0.6378	1.8221
Virginia Electric & Power Co.	10,093	1.306	0.3321	0.3655
Mean	8914.05	1.10	0.00	0.00
Standard deviation	3549.98	0.56	1.00	1.00

表 15.4 使用矩阵表示公共事业机构之间的欧氏距离，测量值已经过归一化处理

(只列出了前 5 个公共事业机构之间的欧氏距离)

```
# scikit-learn uses population standard deviation
utilities_df_norm = utilities_df.apply(preprocessing.scale, axis=0)

# pandas uses sample standard deviation
utilities_df_norm = (utilities_df - utilities_df.mean())/utilities_df.std()

# compute normalized distance based on Sales and Fuel Cost
utilities_df_norm[['Sales', 'Fuel_Cost']]
d_norm = pairwise.pairwise_distances(utilities_df_norm[['Sales', 'Fuel_Cost']],
metric='euclidean')

pd.DataFrame(d_norm, columns=utilities_df.index, index=utilities_df.index)
```
部分输出结果如下:
```
Company       Arizona    Boston    Central   Commonwealth      NY
Company
Arizona      0.000000  2.010329  0.774179    0.758738  3.021907
Boston       2.010329  0.000000  1.465703    1.582821  1.013370
Central      0.774179  1.465703  0.000000    1.015710  2.432528
Commonwealth 0.758738  1.582821  1.015710    0.000000  2.571969
NY           3.021907  1.013370  2.432528    2.571969  0.000000
```

15.2.3 数值型数据的其他距离度量方法

有必要指出，选择什么样的距离计算方法是开展聚类分析的一个关键因素。距离计算公式的选择需要专业知识的引导，并且需要回答以下问题: 采用哪种测量方法? 不同的测量方法之间有什么关系? 不同类型(数值类型、定序类型、定类类型)的测量值如何处理? 是否存在奇异值? 另外，是否根据分析目标，用最少的一组测量值或经适当加权后的多个测量值把数据分类为几个簇?

虽然欧几里得距离是最常用的距离，但是必须记住三个要点。第一，前面曾提到，欧氏距离与测量刻度高度相关。改变某个变量的单位(比如从分变为元)，可能会对结果产生巨大的影响。因此，归一化处理是常用的解决办法。但是，我们希望不同变量对聚类划分有不同的影响，并且希望某些变量起的作用大，而另一些变量起的作用小，为此，可考虑给它们分配不同的权重。第二，欧氏距离完全没有考虑变量之间的相关性。因此，如果变量之间事实上存在强相关，那么使用另一种距离度量方法(如统计距离)可能会有更好的结果。第三，欧几里得距离对奇异值非常敏感。如果数据中包含奇异值，那么删除奇异值不是最佳解决办法，建议使用更加健壮的距离计算办法(如曼哈顿距离)。

以下列出了其他一些常用的距离度量方法(理由与前面一样)。

基于相关性的相似度：有时使用相似度而非距离表示记录之间的相似性反而显得更加自然，也更加方便。常用的相似度计算方法是计算皮尔逊相关系数的平方 r_{ij}^2。

其中，相关系数的定义如下：

$$r_{ij} = \frac{\sum_{m=1}^{p}(x_{im} - \overline{x}_m)(x_{jm} - \overline{x}_m)}{\sqrt{\sum_{m=1}^{p}(x_{im} - \overline{x}_m)^2 \sum_{m=1}^{p}(x_{jm} - \overline{x}_m)^2}} \qquad \text{式(15.1)}$$

这个度量指标很容易转换为距离指标。在上面的例子中，可由相似度得到距离指标：$d_{ij} = 1 - r_{ij}^2$。

统计距离(又称马哈拉诺比斯距离，简称马氏距离)：与前面提到的其他距离度量指标相比，统计距离的优点在于考虑到了测量值之间的相关性。根据统计距离的计算方法，两个高度相关的变量对距离的贡献不如没有相关性或相关性不强的两个变量。记录 i 与记录 j 之间的统计距离被定义为

$$d_{i,j} = \sqrt{(\boldsymbol{x}_i - \boldsymbol{x}_j)' \boldsymbol{S}^{-1}(\boldsymbol{x}_i - \boldsymbol{x}_j)}$$

其中，$\boldsymbol{x}_i$ 和 $\boldsymbol{x}_j$ 分别是记录 i 和记录 j 的 p 个测量值向量。$\boldsymbol{S}$ 是这两个向量的相关矩阵(′表示矩阵的转置运算)。$\boldsymbol{S}^1$ 表示 $\boldsymbol{S}$ 的逆矩阵，相当于 p 维矩阵的除法运算。关于统计距离的更多内容，请阅读第 12 章。

曼哈顿距离(又称城市街区距离)：计算两个分量的绝对差而不是差值的平方。计算公式如下：

$$d_{ij} = \sum_{m=1}^{p} | x_{im} - x_{jm} |$$

最大坐标距离：只考虑记录 i 和记录 j 中绝对差值最大的分量。计算公式如下：

$$d_{ij} = \max_{m=1,2,\cdots,p} | x_{im} - x_{jm} |$$

15.2.4 分类数据的距离度量

当测量值是二元类型时，比起距离度量，使用相似度度量更加直观。假设 p 个变量的测量值都是二元类型，对于记录 i 和记录 j，存在以下 2×2 表格：

		记录 j		
		0	1	
记录 i	0	a	b	$a+b$
	1	c	d	$c+d$
		$a+c$	$b+d$	p

其中，a 表示记录 i 和记录 j 里都没有某个属性(属性值为 0)的变量的个数，d 表示记录 i 和记录 j 中都有某个属性(属性值为 1)的变量的个数，依此类推。在这种情形下，最有用的两个相似度指标如下。

匹配系数：$(a+d)/p$。

Jaquard 系数：$d/(b+c+d)$。Jaquard 系数没有把零匹配考虑在内。根据前面的匹配系数的定义，当两条记录中的许多特征量都没有出现时，它们就会被认为相互匹配。这种简单的匹配方法其实不是我们想要的。因此，人们提出了 Jaquard 系数。例如，假设其中一个变量为是否拥有雪佛兰跑车，那么两个人都拥有这款跑车确实表示他们存在相似性；但是，如果两个人都没有这款跑车，则无法判断他们是否存在相似性。

15.2.5　混合数据的距离度量

当各种不同类型的数据混合在一起时，Gower 提出的相似度计算公式非常有用。Gower 提出的相似度是每个变量的相似度的加权平均，当然，每个变量需要事先归一化到[0,1]区间。计算公式如下：

$$s_{ij} = \frac{\sum_{m=1}^{p} w_{ijm} s_{ijm}}{\sum_{m=1}^{p} w_{ijm}}$$

其中，s_{ijm} 是记录 i 和记录 j 在第 m 个变量上的相似度，w_{ijm} 是相应距离的二元权重。相似度 s_{ijm} 和权重 w_{ijm} 的计算公式如下：

- 对于连续型观测量，$s_{ijm} = 1 - \frac{|x_{im} - x_{jm}|}{\max(x_m) - \min(x_m)}$ 且 w_{ijm}=1。如果两条记录中的一条记录抑或两条记录的 m 测量值都未知，那么 w_{ijm}=0。
- 对于二元变量，当 $x_{im} = x_{jm}$=1 时，s_{ijm}=1；但在其他情况下，s_{ijm}=0。此外，w_{ijm}=1，除非 $x_{im} = x_{jm}$=0。
- 对于非二元分类变量，如果两条记录都属于同一类型，那么 s_{ijm}=1，否则 s_{ijm}=0。与连续型观测量一样，w_{ijm}=1。如果两条记录中的一条记录抑或两条记录的 m 测量值都未知，那么 w_{ijm}=0。

15.3　计算两个簇之间的距离

簇是记录的集合。如何计算两个簇之间的距离？基本思想是把记录之间的距离推广到簇之间的距离。考虑簇 A，其中包含 m 条记录，分别为 $A_1, A_2, \cdots, A_m$；另一个簇 B 包含 n 条记录，分别为 $B_1, B_2, \cdots, B_n$。这两个簇之间的距离度量指标如下。

最小距离： 簇间距离被定义为记录 A_i 与 B_j 之间的最小距离。

min(distance(A_i, B_j))　　i=1,2,3,$\cdots$,m; j=1,2,$\cdots$,n

最大距离： 簇间距离被定义为记录 A_i 与 B_j 之间的最大距离。

max(distance(A_i, B_j))　　i=1,2,3,$\cdots$,m; j=1,2,$\cdots$,n

平均距离： 从一个簇中的任意记录到另一个簇中的任意记录之间所有距离的平均值。

average(distance(A_i, B_j))　　i=1,2,3,$\cdots$,m; j=1,2,$\cdots$,n

质心距离： 两个簇的质心之间的距离。簇的质心等于簇中全部记录的平均值，是一个向量。对于簇 A，质心向量 $\bar{x}_A = [(1/m \sum_{i=1}^{m} x_{1i}, \cdots, 1/m \sum_{i=1}^{m} x_{pi})]$。$A$、$B$ 两个簇的质心距离被定义为：

$$\text{distance}(\bar{x}_A, \bar{x}_B)$$

下面用地图上的葡萄牙和法国之间的距离来说明最小距离、最大距离和质心距离的概念，如图 15.2 所示。

图 15.2　葡萄牙与法国之间二维距离的不同度量表示

考虑表 15.3 中的前 5 个公共事业机构，以前两个公共事业机构组成簇 A，以后三个公共事业机构组成簇 B。利用表 15.3 中的归一化数据和表 15.4 中的距离矩阵，计算前面介绍的 4 种距离。每种距离的计算都使用欧几里得距离。我们得到以下结果：

- 最近的两条记录是 Arizona Public Service 和 Commonwealth Edison Co.，因此簇 A 和簇 B 的最小距离为 0.76。
- 最远的两条记录是 Arizona Public Service 和 Consolidated Edison Co.，因此簇 A 和簇 B 的最大距离为 3.02。
- 这两个簇的平均距离为 (0.77+0.76+3.02+1.47+1.58+1.01)/6 =1.44。
- 簇 A 的质心是

$$\left[\frac{0.0459-1.0778}{2}, \frac{-0.8537+0.8133}{2}\right]=[-0.516, -0.020]$$

簇 B 的质心是

$$\left[\frac{0.0839-0.7017-1.5814}{3}, \frac{-0.0804-0.7242+1.6926}{3}\right]=[-0.733, 0.296]$$

这两个质心之间的距离是

$$\sqrt{(-0.516+0.733)^2+(-0.020-0.296)^2}=0.38$$

在选择聚类方法时，领域知识十分关键。我们有足够的理由认为，这些簇可能存在链式结构或香肠型结构，因此最好选择最小距离。因为这种距离并不要求簇里的成员必须相互靠得很近，只要新加入的成员与簇中的某个成员靠得很近就行。应用最小距离的情形有研究按长方形种植的农作物的特性，以及研究病症是否会沿着通航水道爆发。最小距离不容易受距离微小偏差的影响。然而，添加新数据或删除数据会对最小距离有很大的影响。

如果知道簇的分布是球形(如客户围绕某个数值型属性),那么最大距离和平均距离是很好的选择。如果不知道簇的分布特性,那么最大距离和平均距离是默认选择,因为在大多数情况下,簇按球形分布。

15.4 (凝聚)层次聚类

(凝聚)层次聚类的基本思想是,刚开始时每个簇只有一条记录,然后逐步把两个最近的簇合并为一个簇,直到最终得到一个包含全部记录的簇为止。

回到前面那个只有 5 个公共事业机构和两个指标(销售量和燃料成本)的例子。现在应用表 15.4 中的距离矩阵。层次聚类的第一步是把两条最接近的记录合并成一个簇(使用归一化数据和欧几里得距离)。接着重新进行计算,得到一个 4×4 的距离矩阵,用于代表以下 4 个簇之间的距离:{Arizona,Commlonwealth}、{Boston}、{Central}和{Consolidated}。在这一步,可以利用 15.3 节介绍的簇间距离度量方法,最小距离、最大距离、平均距离等距离度量方法都可以用在层次聚类方法中。

(凝聚)层次聚类算法:

(1) 从 n 个簇开始(每个簇只有一条记录)。

(2) 把两条最接近的记录合并成一个簇。

(3) 继续将距离最小的簇合并成一个簇。这意味着要么把单条记录合并到现有的簇中,要么把两个现有的簇合并为一个簇。

单链接聚类法

单链接聚类法使用最小距离度量方法(两个簇之间的距离等于两条最接近记录之间的距离,这两条记录分别来自两个不同的簇)。基于如下 4 个簇之间的距离:{Boston}、{Central}、{Consolidated}和{Arizona, Commonwealth},可得到表 15.5 所示的距离矩阵。

接下来,把簇{Central}与簇{Arizona, Commonwealth}合并,因为这两个簇靠得太近。合并后,重新计算,得到一个 3×3 的距离矩阵,依此类推。

单链接聚类法往往在早期会把两条相距较远的记录合并成一个簇,因为在同一个簇里可能存在中间记录链。从空间角度看,这会得到细长的香肠型聚类。

表 15.5　使用单链接聚类法得到的 Arizona-Commonwealth 簇与其他簇的距离矩阵

	Arizona-Commonwealth	Boston	Central	Consolidated
Arizona-Commonwealth	0			
Boston	min(2.01,1.58)	0		
Central	min(0.77,1.02)	1.47	0	
Consolidated	min(3.02,2.57)	1.01	2.43	0

全链接聚类法

全链接聚类法使用两个簇之间的最大距离(两个簇中两条最远记录之间的距离)。如果使用全链接聚类法,那么重新计算后得到的距离矩阵与表 15.5 相似,只需要把其中的 min 改为 max 即可。

全链接聚类法往往会在早期把相互之间距离较小的记录合并为一个簇。如果从空间角度看这些对象,那么每个簇里的记录大致呈球形结构。

平均链接聚类法

平均链接聚类法使用两个簇之间的平均距离(两个簇中所有记录对的平均距离)。如果使用平均链接聚类法,那么计算得到的距离矩阵与表 15.4 也相似,只需要把其中的 min 改为 average 即可。平均链接聚类法又称为非加权配对平均法。

注意,不同于平均链接聚类法,单链接和全链接聚类法的结果与记录之间距离的排序有关。距离的线性变换(和其他不会改变排序位置的变换)不会影响最终结果。

质心链接聚类法

质心链接聚类法根据质心距离划分簇,簇的质心则用每个变量的均值来表示,从而组成一个均值向量。两个簇之间的距离就是这两个向量之间的距离。平均链接聚类法需要计算每对记录之间的距离,然后对它们求平均;而质心链接聚类法只需要计算一个距离——两组均值向量之间的距离。质心链接聚类法又称为非加权配对质心法。

Ward 聚类法

Ward 聚类法能够渐进地对记录和簇进行合并,得到越来越大的簇,但是过程稍微不同于前面介绍的聚类法。Ward 聚类法需要考虑在簇的合并过程中产生的信息损失量。当每个簇只有一条记录时,信息没有损失,而且每条记录的每个量都可以使用。当把记录合并为簇并用簇代表记录时,单条记录的信息将被所属簇的信息取代。为了计算信息损失量,Ward 聚类法使用"误差平方和"度量指标来表示单条记录与簇均值的误差。

对于单变量数据,Ward 聚类法很容易理解。例如,考虑一组数据(2, 6, 5, 6, 2, 2, 2, 2, 0, 0, 0),它们的均值为 2.5,它们的 ESS 为

$$(2-2.5)^2 + (6-2.5)^2 + (5-2.5)^2 + \cdots + (0-2.5)^2 = 50.5$$

因此,把它们合并成一组带来的信息损失量是 50.5。现在把它们合并成 4 组: (0, 0, 0)、(2, 2, 2, 2)、(5)和(6, 6),信息损失量是每一组的 ESS 之和,每一组的 ESS 为 0(每一组中的每条记录都等于均值,因此每一组的 ESS 都等于 0)。把这 10 条记录分为 4 组不会产生信息损失,这是应用 Ward 聚类法的第一步。在把记录划分为更少的簇之前,需要选择哪种划分法能使信息损失量最小。

Ward 聚类法生成的结果往往是凸形簇,它们的大小基本上差不多,这一特性在某些应用中是一个十分重要的因素(例如,创建有意义的客户细分组)。

15.4.1 树状图: 显示聚类过程和结果

树状图是一种描述聚类过程和结果的图形工具,树状图中的 x 轴表示记录。相似的记录用直线相连,直线的长度表示两条记录之间的距离。图 15.3 展示了 22 个公共事业机构经过聚类处理后的结果,图中使用了归一化的欧几里得距离。

通过在 y 轴上设置距离阈值,可以创建一组簇。这在树状图中表示为一条水平线。水平线下相互连接起来的记录(它们之间的距离小于距离阈值)属于同一个簇。例如,在图 15.3(a)中,假设把距离阈值设置为 2.7,可得到 6 个簇。这 6 个簇在树状图中从左到右依次如下:

{NY}、{Nevada}、{San Diego}、{Idaho, Puget}、{Central}、{Others}

如果想使用平均链接法得到这 6 个簇,那么需要把距离值设置为 3.5,最后得到的簇稍微不同于前面的结果。

这 6 个簇也可以使用 SciPy 中的 fcluster()函数计算得到。表 15.6 显示了使用单链接和平均链接聚类法得到的 6 个簇。每一条记录都被分配了一个簇号。有些记录得到的簇号相同，而另一些记录得到的簇号不同。

表 15.6　通过"切割"树状图确定簇中的成员

单链接聚类法(输出结果已做简化处理)：

```
> memb = fcluster(linkage(utilities_df_norm, method='single'), 6, criterion='maxclust')
> memb = pd.Series(memb, index=utilities_df_norm.index)
> for key, item in memb.groupby(memb):
> print(key, ': ', ', '.join(item.index))
1 : Idaho, Puget
2 : Arizona, Boston, Commonwealth, Florida, Hawaiian, Kentucky, Madison, New England,
Northern, Oklahoma, Pacific, Southern, Texas, Wisconsin, United, Virginia
3 : Central
4 : San Diego
5 : Nevada
6 : NY
```

平均链接聚类法(输出结果已做简化处理)：

```
> memb = fcluster(linkage(utilities_df_norm, method='average'), 6, criterion='maxclust')
> memb = pd.Series(memb, index=utilities_df_norm.index)
> for key, item in memb.groupby(memb):
> print(key, ': ', ', '.join(item.index))
1 : Idaho, Nevada, Puget
2 : Hawaiian, New England, Pacific, United
3 : San Diego
4 : Boston, Commonwealth, Madison, Northern, Wisconsin, Virginia
5 : Arizona, Central, Florida, Kentucky, Oklahoma, Southern, Texas
6 : NY
```

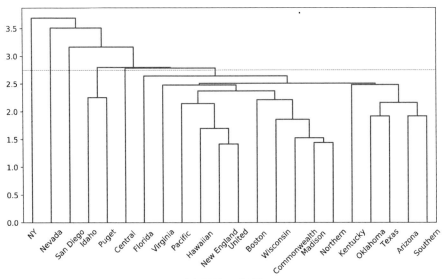

(a) 层次聚类树状图(单链接)

图 15.3　22 个公共事业机构经过聚类处理后的结果(彩图效果参见本书在线资源)

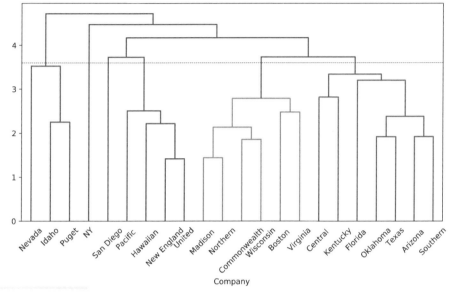

Company

(b) 层次聚类树状图(平均链接)

图 15.3 （续）

如果想得到 5 个簇，过程与前面相同，只是其中有两个簇需要合并为一个簇。例如，在单链接情形下，树状图中最右侧的两个簇需要合并为一个簇。通常，当减少簇的个数时，所有层次聚类方法得到的往往是嵌套的簇。这一特性在解释簇时非常有用，如生命体中的变种分类系统。

```
code for running hierarchical clustering and generating a dendrogram

# in linkage() set argument method =
# 'single', 'complete', 'average', 'weighted', centroid', 'median', 'ward'
Z = linkage(utilities_df_norm, method='single')
dendrogram(Z, labels=utilities_df_norm.index, color_threshold=2.75)

Z = linkage(utilities_df_norm, method='average')
dendrogram(Z, labels=utilities_df_norm.index, color_threshold=3.6)
```

15.4.2 验证簇

聚类分析的最重要目的是生成有意义的簇。由于现在有许多不同的聚类方法，因此必须确保最终得到的簇是有效的，这里的有效是指它们能帮助我们更好地领悟簇的含义。为了判断聚类分析是否有用，我们需要考虑以下几个方面。

1) 簇的可解释性：对最终得到的簇的解释是否合理？为了解释簇，需要深入探索每个簇的特性。
- 获取每个簇在每个属性上的统计信息(如平均值、最大值和最小值)。

- 尝试根据聚类分析中未曾使用的某些共同特性(变量)生成簇。
- 为簇分配标签：根据簇的解释结果，为每个簇分配有意义的名称或标签。

2) 簇的稳定性：当输入稍微改变时，簇的内容会不会发生很大变化？检查簇的稳定性的另一种方法是把数据分割为两组，看看根据一组数据得到的簇是否可以应用于另一组数据。为此，需要执行以下操作。

- 对 A 组数据进行聚类划分。
- 利用 A 组数据得到的簇的质心，划分 B 组数据中的每一条记录(将每一条记录划分到质心离它最近的簇)。
- 判断根据单组数据得到的划分与根据全部数据得到的划分是否一致。

3) 簇的分离：根据簇间变异性与簇内变异性的比值，确定分离是否有必要。可以使用统计检验，但是对于它们是否真正有用，目前还存在争议。

4) 簇的个数：聚类分析得到的簇的个数是否对目标有用？例如，假设聚类分析的目标是识别客户的类别并且给每类客户加上合适的标签，作为市场细分之用。如果营销部门只需要三类客户，那么把客户划分为三个以上的簇是没有道理的。

回到之前的例子。我们发现单链接和平均链接聚类法都把{NY}和{San Diego}划分为单个簇。这两种方法生成的树状图都表示在这个数据集中，簇的合理个数应该是 4。通过分析平均链接聚类法，我们发现，簇往往按地理位置划分，包含多条记录的 4 个簇分别对应 4 个不同的地理区域：南方组、北方组、东西部沿海组和西部组。

通过查看特征量的统计汇总信息，或者通过观察单个特征量的热力图，可以分析每个簇的特性。图 15.4 用 8 个观测量说明了每个簇的特性。例如，我们发现 4 号簇里的公共事业机构，核电的比例比较高；5 号簇里的公共事业机构，固定费用偿付比率较高，而且资本收益率也较高；2 号簇里的公共事业机构，燃料成本都很高。

以下代码用于生成图 15.4 所示的热力图。

```
# set labels as cluster membership and utility name
utilities_df_norm.index = ['{}: {}'.format(cluster, state)
                           for cluster, state in zip(memb, utilities_df_norm.index)]

# plot heatmap
# the '_r' suffix reverses the color mapping to large = dark
sns.clustermap(utilities_df_norm, method='average', col_cluster=False, cmap='mako_r')
```

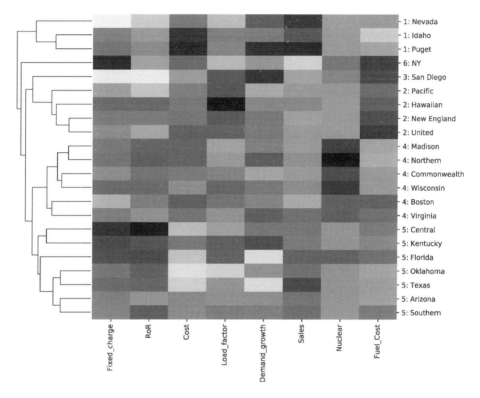

图 15.4　22 家公共事业机构的热力图(按行排列)。在同一列中，颜色越深，值越大

15.4.3　层次聚类的局限性

层次聚类非常有吸引力，因为不需要规定簇的个数，而且是纯数据驱动的。层次聚类的另一大优点是可以用树状图表示聚类过程和结果，因此更容易理解和解释。然而层次聚类也有局限性，例如：

1) 层次聚类需要计算和存储 $n×n$ 的距离矩阵。对于非常大的数据集，存储和计算成本都非常大，而且速度很慢。

2) 层次聚类只对数据访问一趟。这意味着如果在处理的初期没有为记录正确分配存储空间的话，后面将很难重新为它们分配空间。

3) 层次聚类的稳定性不是很高。对数据重新排序或丢弃某些数据会得到完全不同的结果。

4) 至于两个簇之间距离度量方法的选择，单链接聚类法和完全链接聚类法对距离度量方法的改变(如欧氏距离、统计距离)很稳健，前提是数据的相对顺序保持不变。相反，平均链接聚类法更容易受距离度量方法的影响，当距离的度量方法改变时，可能会得到完全不同的簇。

5) 层次聚类对奇异值敏感。

15.5 非层次聚类: *k*-均值聚类

为了使用非层次聚类得到较好的簇,必须首先定义簇的个数 *k*,然后把每一条记录归类到其中的一个簇,使簇内记录的离散度最小。换言之,目标是把样本数据划分为 *k*(*k* 已事先定义)个互不重叠的簇,并且确保每个簇内记录的特征量尽可能相似。

表示簇内离散性的常用指标是每条记录离它们所属簇的质心的距离之和(或欧几里得距离的平方之和)。这可以转换为整数规划的优化问题。但是,求解变量数非常多的整数规划问题十分耗时,因此我们经常使用一种快速的启发式方法,以得到较好的结果(但不是最优结果)。*k*-均值聚类算法就是其中一种。

---

k-均值聚类算法

(1) 定义 *k* 个初始簇(由用户选择 *k* 值)。

(2) 把每一条记录重新归类到质心离它最近的簇。

(3) 由于某些簇获得新记录,而某些簇失去一些记录,因此需要重新计算簇的质心,重复步骤(2)。

(4) 当移动簇之间的记录只会增加离散度时,停止计算。

---

k-均值聚类在开始时会把数据集分割为 *k* 个初始簇。后续需要调整簇的划分,以保证每一条记录离簇的质心的距离之和得到进一步减小。这个调整过程需要把每一条记录重新划分到离它最近的簇,并且新划分的距离和要比前一次划分的距离和小。重新计算新簇的均值。反复执行上述改进操作,直到改进程度非常小为止。

回到前面的例子,假设 *k*=2 且初始簇是 A = {Arizona, Boston} 和 B={Central, Commonwealth, Consolidated},这两个簇的质心的计算结果如下:

$$\overline{x}_A = [-0.516, -0.020], \quad \overline{x}_B = [-0.733, 0.296]$$

每一条记录分别离这两个质心的距离如表15.7所示。

表 15.7　每一条记录分别离质心 A 和 B 的距离

记录	离质心 A 的距离	离质心 B 的距离
Arizona	1.0052	1.3887
Boston	1.0052	0.6216
Central	0.6029	0.8995
Commonwealth	0.7281	1.0207
Consolidated	2.0172	1.6341

我们发现记录 Boston 离质心 B 更近,记录 Central 和 Commonwealth 离质心 A 更近。因此,我们把这些记录移到离它们最近的簇里,得到的新簇为 A = {Arizona, Central, Commonwealth} 和 B={Consolidated, Boston}。重新计算质心,结果如下:

$$\overline{x}_A = [-0.191, -0.553], \quad \overline{x}_B = [-1.33, 1.253]$$

重新计算每一条记录离新质心的距离,结果如表 15.8 所示。可以停止计算了,因为每一条记录都已被分配到离自己最近的簇里。

表 15.8　每一条记录离每个新质心的距离

记录	离质心 A 的距离	离质心 B 的距离
Arizona	0.3827	2.5159
Boston	1.6289	0.5067
Central	0.5463	1.9432
Commonwealth	0.5391	2.0745
Consolidated	2.6412	0.5067

选择簇的个数

在选择簇的个数时，可以参考外部因素(如以前的知识、实际受到的约束等)，也可以尝试不同个数的簇并进行比较。在选定 k 值后，即可把记录划分到初始的 k 个簇里。如果有外部因素表明某种划分较为合适，那就应当考虑这些外部因素。另一种情形是，如果有外部信息提供了 k 个簇的质心位置，那就应该利用这些信息给这些簇分配初始记录。

在很多情形下，我们并没有关于初始簇如何划分的任何外部信息。此时，可以用随机方法生成初始簇，这样可以减小用启发方法生成不好的簇划分的可能性。通常数据中簇的个数是未知的，最好用接近目标的其他 k 值运行 k-均值聚类算法，看看能否通过增大 k 值减小距离之和。注意，用不同 k 值获得的簇不存在嵌套关系(不同于用层次方法获得的簇)。

将 KMeans()函数应用于前面的例子，并把 k 的初始值设置为 6(k=6)，使用 k-均值聚类算法得到的结果如表 15.9 所示。与前面用层次聚类得到的结果相比，我们发现，{NY}成了单独的簇，另有两个簇包含比较多的记录，它们分别为 3 号簇{Arizona, Florida, Central, Kentucky, Oklahoma, Texas}和 4 号簇{Virginia, Northern, Commonwealth, Madison, Wisconsin}，这些结果几乎与层次聚类得到的结果相同。

表 15.9　应用 k-均值聚类算法(k=6)

```
# Load and preprocess data
utilities_df = pd.read_csv('Utilities.csv')
utilities_df.set_index('Company', inplace=True)
utilities_df = utilities_df.apply(lambda x: x.astype('float64'))

# Normalize distances
utilities_df_norm = utilities_df.apply(preprocessing.scale, axis=0)

kmeans = KMeans(n_clusters=6, random_state=0).fit(utilities_df_norm)

# Cluster membership
memb = pd.Series(kmeans.labels_, index=utilities_df_norm.index)
for key, item in memb.groupby(memb):
    print(key, ': ', ', '.join(item.index))
```
输出结果如下：
```
0 : Commonwealth, Madison , Northern, Wisconsin, Virginia
1 : Boston , Hawaiian , New England, Pacific , San Diego, United
2 : Arizona , Central , Florida , Kentucky, Oklahoma, Southern, Texas
3 : NY
4 : Nevada
5 : Idaho, Puget
```

为了描述最终得到的簇的特性，下面分析每个簇的质心(对应表 15.10 中的数值和图 15.5 中的折线图)。例如，我们发现，4 号簇的特性是：固定费用偿付比率(Fixed Charge)和资本回报率(RoR)都较低，而需求增长率和销量都很大。此外，我们还可以看出哪些变量在聚类划分中起关键作用。例如，销量和固定费用偿付比率在各个簇里的分散程度都比较大，而其他变量的分散程度就没有那么大。

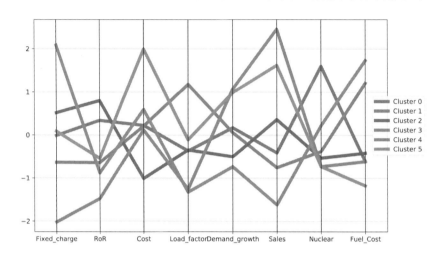

图 15.5　可视化每个簇的质心(彩图效果参见本书在线资源)

表 15.10　*k*-均值聚类算法在 *k*=6 时得到的簇的质心和距离平方值

质心:
```
> centroids = pd.DataFrame(kmeans.cluster_centers_, columns=utilities_df_norm.columns)
> pd.set_option('precision', 3)
> centroids
```

	Fixed_charge	RoR	Cost	Load_factor	Demand_growth	Sales	Nuclear	Fuel_Cost
0	-0.012	0.339	0.224	-0.366	0.170	-0.411	1.602	-0.609
1	-0.633	-0.640	0.207	1.175	0.058	-0.758	-0.381	1.204
2	0.516	0.798	-1.009	-0.345	-0.501	0.360	-0.536	-0.420
3	2.085	-0.883	0.592	-1.325	-0.736	-1.619	0.219	1.732
4	-2.020	-1.476	0.120	-1.257	1.070	2.458	-0.731	-0.616
5	0.088	-0.541	1.996	-0.110	0.988	1.621	-0.731	-1.175

距离平方值:

```
# calculate the distances of each data point to the cluster centers
distances = kmeans.transform(utilities_df_norm)

# find closest cluster for each data point
minSquaredDistances = distances.min(axis=1) ** 2

# combine with cluster labels into a data frame
df = pd.DataFrame({'squaredDistance': minSquaredDistances, 'cluster': kmeans.labels_},
index=utilities_df_norm.index)

# group by cluster and print information
for cluster, data in df.groupby('cluster'):
```

```
count = len(data)
withinClustSS = data.squaredDistance.sum()
print(f'Cluster {cluster} ({count} members): {withinClustSS:.2f} within cluster ')
```

输出结果如下:

```
Cluster 0 (5 members): 10.66 within cluster
Cluster 1 (6 members): 22.20 within cluster
Cluster 2 (7 members): 27.77 within cluster
Cluster 3 (1 members): 0.00 within cluster
Cluster 4 (1 members): 0.00 within cluster
Cluster 5 (2 members): 2.54 within cluster
```

我们还可以根据已有的信息分析簇内分散性。从表 15.10 可以看出,对于 1 号簇和 2 号簇(分别有 6 条和 7 条记录),簇内的距离平方和最大,因此这两个簇的相异性最强。相反,5 号簇只有两条记录,簇内的距离平方和比较小(但是簇内包含的记录较少)。3 号簇和 4 号簇都只有一条记录,因此讨论簇内分散性没有意义。

当簇的个数事先无法根据领域知识确定时,可以用图形法评估簇的个数。图 15.6 显示了在不同 k 值下,簇内距离(归一化距离)的均值随 k 值的变化曲线。把 k 从 1 变到 2,会使簇变得十分紧凑(这可以从簇内的距离平方和有了下降看出);当把 k 从 2 增大到 3 甚至 4 时,结果类似。当簇的个数多于 4 时,增大 k 值对簇内同质性的改善效果不大。

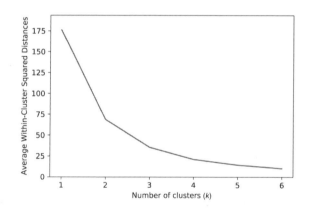

图 15.6　簇内距离的均值随 k 值的变化曲线

根据两个簇的质心之间的欧几里得距离(参见表 15.11),可以看出不同簇的分离程度。例如,我们发现,2 号簇与 4 号簇相互靠得比较近,而 1 号簇和 5 号簇相隔比较远。5 号簇虽然远离其他簇,但是没有一个簇表现出明显的奇异性。

表 15.11　簇的质心之间的欧几里得距离

```
> pd.DataFrame(pairwise.pairwise_distances(kmeans.cluster_centers_, metric='euclidean'))
```

	0	1	2	3	4	5
0	0.000000	3.807340	3.147856	2.929927	3.545044	3.951375
1	3.807340	0.000000	4.200253	3.987317	4.225221	5.687267
2	3.147856	4.200253	0.000000	3.029233	2.805594	4.104891

3	2.929927	3.987317	3.029233	0.000000	4.085736	4.325838
4	3.545044	4.225221	2.805594	4.085736	0.000000	4.364794
5	3.951375	5.687267	4.104891	4.325838	4.364794	0.000000

最后，可根据两个簇之间的距离评估簇的有效性。对于给定的 k 值，簇内相对于簇均值的距离平方和与簇内相对于全部记录均值的距离平方和的比例是十分有用的聚类划分指标。如果这个比值为 1.0，则表示聚类划分不是十分有效；如果这个比值比较小，则说明聚类划分能得到分离程度比较好的簇。

15.6 习题

15.1 大学排名。美国大学排名数据集(可从 www.dataminingbook.com 网站下载)包含了美国 1302 所提供本科教育的大学。每所大学都有 17 个排名指标，其中一些是连续型指标(如学费和毕业率)，而另一些是分类指标(如位于哪个州、私立还是公立)。

注意，由于许多记录缺失某些指标，因此我们的第一项任务是根据相似记录估计这些缺失值。为此，对所有记录进行聚类划分，找出距离含有缺失值的记录最近的簇，利用这个簇里的数据插补缺失值。

a. 从数据集中删除全部包含缺失值的记录。

b. 对于所有连续型指标，为了使用层次聚类、全链接和欧几里得距离，必须先进行归一化处理。根据树状图，把这些数据划分成多少个簇比较合理？

c. 比较每个簇的统计摘要信息，并使用文本描述每个簇(例如，这类大学学费高、录取率低，等等)。(提示：为了获取层次聚类的统计摘要信息，需要使用 Pandas 中的 groupby(cluserlabel)以及 mean()和 median()等方法)

d. 用前面分析中没有用过的分类指标(如位于哪个州、私立还是公立)描述不同簇的特征。簇与这些分类信息是否存在某种关系？

e. 哪些外部信息可以用来解释这些簇的部分或全部内容？

f. 考虑塔夫斯大学，这所大学所在的记录中缺失某些排名指标。计算这条记录与前面找到的每个簇的欧几里得距离(只使用现有的指标)。哪个簇离这条记录最近？用这个簇里的平均指标值插补这所大学的缺失值。

15.2 制药行业。一位股票分析师正在研究制药行业，他希望得到你的帮助，以探索和理解收集到的账务数据。

这些财务数据来自制药行业里的 21 家企业。全部数据保存在 Pharmaceuticals.csv 数据文件里。对于每一家企业，保存的信息包括：

- 市值(以十亿美元为单位)
- Beta 值
- 价格/收益比
- 股本回报率
- 资产收益率
- 资产周转率
- 杠杆率
- 收入增长估计

- 净利润率
- 中位推荐值(通过主要经纪人)
- 企业总部所在地
- 企业上市的证券交易所

使用聚类分析探索和分析这个数据集，具体要求如下。

a. 仅根据数值型变量(1~9)对这 21 家企业进行聚类划分。解释聚类分析中做出的选择。例如，为不同变量选择不同的权值，选择某聚类算法和决定簇的个数。

b. 解释分类变量在聚类划分中的作用。

c. 数值型变量(10~12)在簇中是否存在某种模式？

d. 根据任意一个变量或全部变量给每个簇提供合适的名称。

15.3　客户对早餐谷类食物的评分。数据文件 Cereals.csv 包含了 77 种早餐谷类食物的营养数据、商店展示信息和客户评分。

数据预处理：删除含有缺失值的谷类食物。

a. 对这个数据集应用层次聚类算法。首先进行归一化处理，然后计算欧几里得距离。接下来比较单连接和全链接生成的树状图，并分析簇的质心位置。最后评价簇的结构和稳定性，并分析簇的质心。提示：为了获得应用层次聚类算法后的簇的质心，需要计算簇里全部成员的平均值，并对簇的质心使用 groupby()方法，后面紧跟 mean()方法：dataframe.groupby(clusterlabel).mean())。

b. 使用哪种方法可以得到更有意义的簇？

c. 选择其中一种方法，要用多少个簇？临界值取多少？

d. 某公立小学要选择一组谷类食物作为每日自助餐里的食物。要求每天提供不同的谷类食物，但是所有的食物都要保证是健康食谱。为了实现这个目标，需要找到一个包含健康谷类食物的簇。数据需要归一化处理吗？如果不需要，在聚类分析中如何使用这些数据？

15.4　针对飞行常客进行营销。数据文件 EastWestAirlinesCluster.csv 包含了 3999 位乘客的信息，这些乘客都在航空公司的飞行常客计划之内。我们的目标是识别具有相似特性的乘客簇，以便对不同类型的乘客采取不同类型的里程优惠措施。

a. 在应用层次聚类、欧氏距离和 Ward 聚类法之前，必须对数据进行归一化处理，你能得到多少个簇？

b. 假如数据没有经过归一化处理，结果会如何？

c. 比较各个簇的质心，描述每个簇的特性，尽量给每个簇分配一个标签。

d. 为了检验簇的稳定性，随机删除 5%的数据(即随机采样 95%的数据)，重复聚类分析，结果一样吗？

e. 把 k-均值聚类应用于前面 95%的数据，结果是否一样？

f. 哪些簇是我们的推销目标？应该向这些簇提供什么样的里程优惠措施？

第 VI 部分

时间序列预测

## 第 16 章

时间序列分析

本章介绍时间序列预测的商业背景并概要性地介绍时间序列的两种主要预测方法：基于回归的预测方法和基于光滑的预测方法，第 17 和 18 章将对这两种预测方法进行深入讨论。时间序列预测的目标是预测时间序列的未来值。本书第 VI 部分仅对时间序列的主要预测方法进行一般性介绍。

本章首先讨论时间序列预测和时间序列分析在概念上的差别，前者具有预测特性，后者仅用于描述性或解释性任务；然后介绍如何为提高预测准确度把多个预测方法或预测结果组合起来；接下来从时间序列的四个成分(水平、趋势、季节性效应和噪声)分析时间序列，并介绍如何用可视化方法展示时间序列的这些成分和探索时间序列数据；最后讨论时间序列数据的分割(把数据分割为训练集和验证集)，并强调了时间序列数据的分割方法不同于横截面数据的分割。

本章使用 Pandas 包处理数据，使用 matplotlib 包可视化数据，使用 statsmodels 包建立模型。

导入本章所需要的功能：

```
import pandas as pd
import matplotlib.pylab as plt
import statsmodels.formula.api as sm
from statsmodels.tsa import tsatools
from dmba import regressionSummary
```

16.1 引言

几乎所有需要处理量化数据的组织都要用到时间序列预测。零售商用它预测销量；能源公司用它预测能源储备、产量、需求量和价格；教育机构用它预测入学人数；政府部门用它预测税收收入和支出情况；世界银行和国际货币基金组织等国际金融机构用它预测通胀和经济活动；交通运输机构用它预测未来的运输量；银行和信贷公司用它预测新房销售前景；资本投资公司用它预测市场潜力和评估商业方案。

本书之前在介绍分类方法和预测方法时并没有考虑数据的时间因素——在处理数据时没有把时间因素当作另一个变量来处理。换种说法，观测数据的时间顺序并不重要。因此，我们经常把这些数据称为横截面数据。本章处理另一类数据：时间序列数据。

基于当前的技术，许多时间序列数据都是在非常频繁的时间刻度上记录下来的。例如，股票数据是嘀嗒级产生的(每秒都有新数据产生)，在线购物或线下购物数据都是实时记录的。物联网(IoT)上的传感器和其他测量设备则会产生大量的时间序列数据。虽然产生数据的时间间隔非常短，但是为了实现预测，我们通常不直接使用这么频繁的时间刻度。在选择时间刻度时，我们必须考虑需要预测的时间因素和数据中噪声的级别。例如，如果目标是预测一家食品杂货店第二天的销量，那么每分钟的销售数据还不如每天的销售汇总数据有用。每分钟的销售数据包含很多噪声(由购物的峰值时间和非峰值时间带来的变动)，这些噪声会影响预测的准确度。但是，对这些数据按较粗的时间间隔进行汇总之后，这些噪声就有可能被平滑掉。

本书第 VI 部分的重点是对单个时间序列进行预测。在某些情形下，可能需要预测多个时间序列(例如多个产品的月销量)。即使要预测多个时间序列，最普遍的做法也仍是对每个时间序列进行单独的预测。对单个时间序列进行预测的优点是简单，缺点是没有考虑序列之间可能存在的相关关系。一些统计学文献提供了多变量时间序列的若干模型，这些模型可以直接模拟序列之间的交叉相关性。但是，这些模型都对时间序列数据和它们的交叉特性假定了某些限制，而且这些模型的确定和维护需要统计领域的专业知识。例如，计量经济学模型经常包含一个或多个时间序列，并且会把其中一个序列作为另一个序列的输入。然而，这样的模型都假设它们之间在理论上存在因果关系。也可通过启发式方法发现目标序列与外部信息的相关性，其中一个例子是根据口红的销量预测某些经济指标。这个想法最早是由雅诗兰黛集团的总经理 Ronald Lauder 提出的。他发现，每当经济不景气时，口红的销量就会增加，这被称为"口红效应"。

16.2 描述性模型与预测性模型

与横截面数据一样，建立的时间序列数据模型可用于描述或预测。描述性模型(时间序列分析)根据时间序列特性确定序列的季节性效应、变化趋势以及它们与外部因素的关系。这些成分有助于我们做出决策。与此相反，时间序列预测利用序列中的信息(可能还有其他信息)预测序列的未来值。时间序列分析和时序列预测的目标不同，因此模型的类型也不同，模型的构建过程也不同。例如，在选择时间序列的描述方法时，我们优先考虑那些能够生成容易理解的结果的方法(而不是"黑盒"方法)，有时我们也优先考虑基于因果关系的模型(解释性模型)。更进一步，描述性模型可以用追忆方式来实现，而预测在本质上是前瞻性的。这意味着大多数描述性模型可能会使用"未来的"信息(例如，对昨天、今天和明天的销量进行平均处理，可以获得今天销量的光滑表示)，而预测性模型不能使用未来的信息。

本章的重点是进行时间序列预测，目的是预测时间序列的未来值。要想进一步了解时间序列分析，请阅读 Chatfield 发表的文章。

16.3 商业领域常用的预测方法

下面重点介绍商业领域里两类常用的预测工具。它们不仅功能强大、应用广泛，更重要的是，它们相对容易理解和部署。其中一类预测工具是多元线性回归。在使用此类预测工具时，用户需要定义一个模型，然后根据时间序列数据估计这个模型。另一类预测工具是基于数据驱动的平滑工具，此类预测工具试图从数据中获取模式。这两类预测工具各有优缺点，我们将在第 17 和 18 章详细讨论它们。另外，我们还注意到，神经网络等数据挖掘方法以及用于横截面数据的其他方法有时也可以用于时间序列预测，特别是可以利用这些方法把外部信息融入时间序列预测中(参考 Shmueli 和 Litchtendahl 发表的文章)。

组合预测方法

后面的第 17 和 18 章将讨论具体的预测方法，但在此之前，我们需要知道，改进预测性能的一种有效方案是组合使用多个预测方法。这种思想类似于第 13 章介绍的集成学习。可以通过两级预测器(或多级预测器)把多个预测方法组合起来，第一个预测方法利用原始时间序列生成未来的预测值，第二个方法利用第一个模型的残差预测未来的预测误差，并根据预测结果对第一级的预测结果进行校正。改进预测性能的另一种有效方案是进行"集成学习"，也就是把多个预测方法应用于同一个时间序列，并按照某种方式对它们的预测结果进行平均，最终得到预测结果。通过组合预测方法，我们可以充分利用各个预测方法的优势，获取时间序列各方面的特性(对于横截面数据也是如此)。通过对多个预测方法进行平均化处理，可得到更加稳健和准确的预测结果。

16.4　时间序列的主要成分

一般情况下，我们习惯于把时间序列分解成四个成分：水平(level)、趋势(trend)、季节性效应(seasonality)和噪声。前三个成分被认为是不可见的，因为它们描述了时间序列的基本属性，实际上我们能够观察到的时间序列都是有噪声的。水平成分描述了时间序列的平均值，趋势成分反映了时间序列从一个时间点到下一个时间点的变化，季节性效应成分描述了时间序列短期的周期性变化。季节性效应成分只有经过多次观察才能发现。最后，噪声成分用于描述误差或由于其他无法解释的原因造成的随机变动，噪声总是以某种形式出现在时间序列里。

为了识别时间序列的四个成分，下面分析时间序列图(简称时序图)。最简单的时序图是经过一系列数据点的折线图，并且在水平轴上有时间标签(或日历日期)。为了说明时序图，我们举个例子。

实例：美铁客流量

Amtrak 是美国国家铁路客运公司(简称美铁公司)，这家公司定期地收集客流量数据。我们现在的目的是根据美铁公司收集的 1991 年 1 月到 2004 年 3 月的每月客流量来预测未来的客流量。这些数据可在 http://www.forecastingprinciples.com/网站上公开下载。

图 16.1 显示了美铁公司每个月客流量的时序图，注意单位是千人。

仔细分析图 16.1，可以发现其中的成分：总体水平是每月 180 万名乘客，在这个时段内，客流量大致呈 U 形变化，存在明显的季节性效应——夏季时(大约 7 月到 8 月)客流量达到高峰。

接下来仔细分析时间序列的可视化图形，我们可能需要用到以下工具。

放大：放大时序图中的某一部分，从而揭示被隐藏的模式。当时间序列很大时，这个工具特别有用。分析每天通过瑞士巴里格隧道的车辆数据(可从 http://www.forecastingprinciples.com/网站上公开下载，序列号为 D028)。图 16.2(a)显示了巴里格隧道从 2003 年 11 月 1 日到 2005 年 11 月 15 日期间所通过车辆的时序图。放大图形中 4 个月的时段(参见图 16.2(b))，我们发现序列中存在一周内日变化模式(客流量每周的变化具有重复性)。但是在原来的时序图中，我们发现不了这种模式。

修改时间序列的刻度：为了更好地识别趋势的形状，有必要修改时间序列的刻度。为了检查是否存在指数趋势，一种简单的办法是把垂直轴上的刻度变换为对数刻度(使用 ax.seg_yscale('log'))。如果在新的刻度上，趋势表现出线性特征，那么可以认为原始序列存在指数趋势。

添加趋势线：为了更好地发现趋势的形状，另一种较好的办法是添加趋势线。通过尝试各种不同类型的趋势线，可发现哪类趋势线(线性曲线、指数曲线或二次曲线)最接近原始数据。

抑制季节性效应：当序列的季节性效应被抑制后，序列的趋势更容易识别。为了抑制序列中的季节性效应，可以按较粗的时间刻度绘制序列的时序图(例如，将每月数据合并为每年数据)，还可以为每个时段绘制单独的时序图(例如，为每一周内的每天单独绘制时间线)。当然，移动平均法也是不错的选择，详见 18.2 节。

以下代码用于生成图 16.1 所示的时序图：

```
Amtrak_df = pd.read_csv('Amtrak.csv')
# convert the date information to a datetime object
Amtrak_df['Date'] = pd.to_datetime(Amtrak_df.Month, format='%d/%m/%Y')
# convert dataframe column to series (name is used to label the data)
ridership_ts = pd.Series(Amtrak_df.Ridership.values, index=Amtrak_df.Date,
name='Ridership')
# define the time series frequency
ridership_ts.index = pd.DatetimeIndex(ridership_ts.index,
freq=ridership_ts.index.inferred_freq)
# plot the series
ax = ridership_ts.plot()
ax.set_xlabel('Time')
ax.set_ylabel('Ridership (in 000s)')
ax.set_ylim(1300, 2300)
```

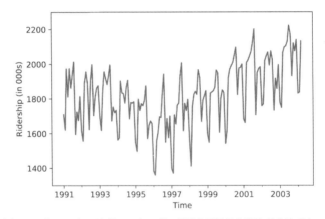

图 16.1　从 1991 年 1 月到 2004 年 3 月，美铁公司的月客流量(单位为千人)

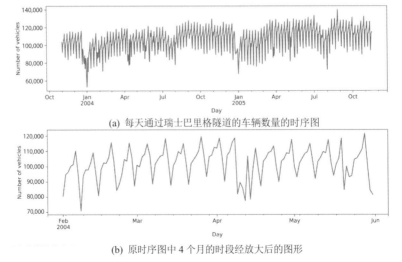

(a) 每天通过瑞士巴里格隧道的车辆数量的时序图

(b) 原时序图中 4 个月的时段经放大后的图形

图 16.2　通过瑞士巴里格隧道的车辆数量的时序图

继续讨论美铁客流量的时序图。图 16.3 所示的时序图可以帮助我们更清楚地看出其中的成分。

有些预测方法直接对这些成分的结构做出假设并因此建立模型。比如，关于趋势的常用假设是：趋势将在一段时间间隔内呈线性形式或指数形式。再如，关于噪声结构的常用假设是：许多统计方法都假设噪声服从正态分布。建立在这些假设之上的模型具有如下优点：只要假设得到满足，预测结果就会比较稳健，而且模型更容易理解。其他的预测方法(如数据自适应法)，很少对这些成分的结构做假设，而是直接根据数据估计模型。当这些假设很可能不满足时，或当时间序列的结构随时间变化时，数据自适应方法就会表现自身特有的优点。数据自适应方法的优点还表现为模型的简易性和较高的计算效率。

至于选择模型驱动的预测方法还是数据驱动的预测方法，关键在于序列本身的性质，也就是序列的全局模式与局部模式的关系。全局模式能在整个序列中保持相对恒定，比如整个序列中的线性趋势。相反，局部模式仅在很短的时段内出现，超出时间限制后就会发生变化。例如，在 4 个相邻的时间点，变化趋势虽然近似于线性，但在总体上，它们的变化幅度(斜率)会随时间慢慢变化。

通常，人们喜欢使用模型驱动的预测方法来预测序列中的全局模式，因为这种预测方法使用全部数据来估计全局模式。对于局部模式，模型驱动的预测方法需要确定模式如何变化以及什么时候变化。这通常是不切实际的，也往往不可知。因此，人们喜欢使用数据驱动的预测方法来预测序列中的局部模式。这些预测方法会从数据中"学习"模式，并且为了适应序列的变化速度，会把它们的"记忆"长度设置为最优值，因此变化缓慢的模式都有"长期记忆"。总之，时序图不仅可用来识别时间序列中的成分，也可以用来识别趋势和季节性效应的全局/局部性质。

以下代码用于生成图 16.3 所示的时序图：

```
# create short time series from 1997 to 1999 using a slice
ridership_ts_3yrs = ridership_ts['1997':'1999']

# create a data frame with additional predictors from time series
# the following command adds a constant term, a trend term and a quadratic trend term
ridership_df = tsatools.add_trend(ridership_ts, trend='ctt')
# fit a linear regression model to the time series
ridership_lm = sm.ols(formula='Ridership ~ trend + trend_squared',
                      data=ridership_df).fit()

# shorter and longer time series
fig, axes = plt.subplots(nrows=2, ncols=1, figsize=(10,6))
ridership_ts_3yrs.plot(ax=axes[0])
ridership_ts.plot(ax=axes[1])
for ax in axes:
    ax.set_xlabel('Time')
    ax.set_ylabel('Ridership (in 000s)')
    ax.set_ylim(1300, 2300)
ridership_lm.predict(ridership_df).plot(ax=axes[1])
plt.show()
```

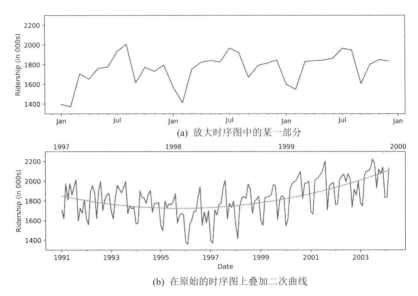

(a) 放大时序图中的某一部分

(b) 在原始的时序图上叠加二次曲线

图 16.3　增大时间序列中不同成分后的时序图

16.5　数据分割与性能评估

与横截面数据一样，为了避免过拟合，也为了能够评估模型在新数据上的预测性能，我们需要把数据分割成训练集和验证集(可能还有测试集)。然而，横截面数据的分割与时间序列数据的分割有一个重要的差别。通常，横截面数据的分割采用随机方式——从数据中随机选取一组记录作为训练集，并将剩下的记录作为验证集。但是，对于时间序列数据，随机分割会在时间序列中产生"空洞"，几乎所有标准的预测方法都无法处理含有缺失值的时间序列。因此，我们需要使用一种完全不同的方法来把时间序列分割为训练集和验证集。我们把时间序列分割为两个时段：前一个时段为训练集，后一个时段为验证集。预测方法先在前一个时段(即训练集)上进行训练，而后在另一个时段(即验证集)上评估预测性能。用来评估预测性能的度量指标与横截面数据使用的指标没有差别(参见第 5 章)，可以使用 MAE、MAPE、REMSE 等常见指标。在评估和比较预测方法时，另一重要手段是进行可视化：通过分析和比较实际时序图与预测的时序图，可以帮助我们改进预测性能。

16.5.1　基准性能：朴素预测

虽然我们总是想使用高级预测方法，但是，只有在对高级方法与非常简单的方法进行对比后，我们才能知晓高级方法的价值。为此，我们以朴素预测法作为基准。朴素预测法把序列的最后一个样本值作为预测值。换言之，在未来任何时刻，$t+k$ 时刻的预测值就是序列在 t 时刻的值。虽然朴素预测法非常简单，但是让我们意想不到的是，有时高级模型很难超越朴素预测模型的性能。因此，我们必须对高级模型的性能与朴素预测模型的基准性能进行比较。

当时间序列含有季节性效应成分时，需要使用季节性朴素预测结果——前一时段内同一季节的最后一个相似值。例如，为了预测美铁公司 2001 年 4 月份的客流量，可以将最近的 2000 年 4 月份的客流量作为预测值。同样，为了预测 2002 年 4 月份的客流量，可以使用 2000 年 4 月份的客流量作为预测值。在图 16.4 中，可以看到 3 年(从 2001 年 4 月到 2004 年 3 月)验证集上的朴素预测结果、季节性朴素预测结果及实际值(图中的虚线)。用于生成图 16.4 的代码参见表 16.1。

表 16.2 比较了这两个朴素预测模型的准确度。由于美铁客流量具有月度季节性效应，因此在训练集和验证集上，季节性朴素预测模型的所有常用指标都优于普通的朴素预测模型。在选择模型时，模型在验证集上的准确度是需要考虑的关键因素之一。模型在验证集上的性能更能说明模型未来的性能。

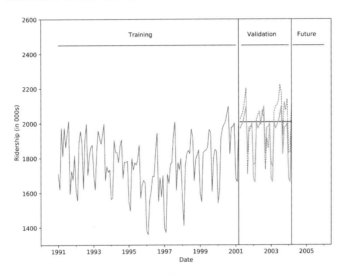

图 16.4 在美铁客流量的 3 年验证集上应用朴素预测和季节性朴素预测

表 16.1 在美铁客流量的 3 年验证集上应用朴素预测和季节性朴素预测

```
code for creating Figure 16.4
nValid = 36
nTrain = len(ridership_ts) - nValid

# partition the data
train_ts = ridership_ts[:nTrain]
valid_ts = ridership_ts[nTrain:]

# generate the naive and seasonal naive forecast
naive_pred = pd.Series(train_ts[-1], index=valid_ts.index)
last_season = train_ts[-12:]
seasonal_pred = pd.Series(pd.concat([last_season]*5)[:len(valid_ts)].values,
                          index=valid_ts.index)

# plot forecasts and actual in the training and validation sets
ax = train_ts.plot(color='C0', linewidth=0.75, figsize=(9,7))
valid_ts.plot(ax=ax, color='C0', linestyle='dashed', linewidth=0.75)
ax.set_xlim('1990', '2006-6')
ax.set_ylim(1300, 2600)
ax.set_xlabel('Time')
ax.set_ylabel('Ridership (in 000s)')

naive_pred.plot(ax=ax, color='green')
```

```
seasonal_pred.plot(ax=ax, color='orange')

# determine coordinates for drawing the arrows and lines
one_month = pd.Timedelta('31 days')
xtrain = (min(train_ts.index), max(train_ts.index) - one_month)
xvalid = (min(valid_ts.index) + one_month, max(valid_ts.index) - one_month)
xfuture = (max(valid_ts.index) + one_month, '2006')
xtv = xtrain[1] + 0.5 * (xvalid[0] - xtrain[1])
xvf = xvalid[1] + 0.5 * (xfuture[0] - xvalid[1])

ax.add_line(plt.Line2D(xtrain, (2450, 2450), color='black', linewidth=0.5))
ax.add_line(plt.Line2D(xvalid, (2450, 2450), color='black', linewidth=0.5))
ax.add_line(plt.Line2D(xfuture, (2450, 2450), color='black', linewidth=0.5))
ax.text('1995', 2500, 'Training')
ax.text('2001-9', 2500, 'Validation')
ax.text('2004-7', 2500, 'Future')
ax.axvline(x=xtv, ymin=0, ymax=1, color='black', linewidth=0.5)
ax.axvline(x=xvf, ymin=0, ymax=1, color='black', linewidth=0.5)
plt.show()
```

表 16.2　在美铁客流量的验证集和训练集上，朴素预测和季节性朴素预测的准确度

验证集:
```
> regressionSummary(valid_ts, naive_pred)
Regression statistics

                      Mean Error (ME) :  -14.7177
       Root Mean Squared Error (RMSE) :  142.7551
            Mean Absolute Error (MAE) :  115.9234
          Mean Percentage Error (MPE) :  -1.2750
 Mean Absolute Percentage Error (MAPE) :  6.0214
> regressionSummary(valid_ts, seasonal_pred)
Regression statistics

                      Mean Error (ME) :  54.7296
       Root Mean Squared Error (RMSE) :  95.6243
            Mean Absolute Error (MAE) :  84.0941
          Mean Percentage Error (MPE) :  2.6528
 Mean Absolute Percentage Error (MAPE) :  4.2477
```

训练集:
```
# calculate naive metrics for training set (shifted by 1 month)
> regressionSummary(train_ts[1:], train_ts[:-1])
Regression statistics

                      Mean Error (ME) :  2.4509
       Root Mean Squared Error (RMSE) :  168.1470
            Mean Absolute Error (MAE) :  125.2975
          Mean Percentage Error (MPE) :  -0.3460
 Mean Absolute Percentage Error (MAPE) :  7.2714
> # calculate seasonal naive metrics for training set (shifted by 12 months)
> regressionSummary(train_ts[12:], train_ts[:-12])
Regression statistics

                      Mean Error (ME) :  13.9399
```

```
       Root Mean Squared Error (RMSE) :   99.2656
           Mean Absolute Error (MAE) :   82.4920
         Mean Percentage Error (MPE) :   0.5851
Mean Absolute Percentage Error (MAPE) :   4.7153
```

16.5.2　生成未来预测结果

当生成实际的预测结果时，就可以明显看出横截面数据的分割不同于时间序列的分割。在预测序列的未来值之前，需要重新把训练集和验证集组合成一个大的序列，然后在这个完整序列上应用选定的预测方法或模型。最终选定的模型用来预测未来值。重新组合训练集和验证集的优点如下：

- 验证集中的数据出现在最近的时段里，通常包含最有价值的信息，这些信息与预测时段最近。
- 数据量越大(相对于训练集，现在的数据集是完整的时间序列数据)，有些模型的估计结果越精确。
- 如果只用训练集预测未来值，那么需要预测的时间点与数据的时间点较远。例如，如果验证集包含 4 个时间点，那么需要预测的时间点至少离训练集相隔 5 个时间点。

16.6　习题

16.1 **预测 9•11 恐怖袭击事件对美国航空业的影响**。美国运输统计局的研究与创新技术研究中心展开了一项研究，希望预测 9•11 恐怖袭击事件对美国运输业的影响。该研究中心于 2006 年发表了一份报告，可从 https://www.bts.gov/archive/publications/estimated_impacts_of_9_11_on_us_travel/index 下载这份报告和相关数据。开展这项研究的目的如下。

- 希望更好地了解人们的旅行模式在 9•11 恐怖袭击事件前后的变化。
- 分析 1990 年 1 月至 2004 年 5 月期间每个月的旅客流动，旅行数据保存在 Sept11Travel.csv 数据文件中，内容包括：
  - ◆ 航空乘客里程(Air)
  - ◆ 铁路乘客里程(Rail)
  - ◆ 自驾里程(Car)

为了预测 9•11 恐怖袭击事件对美国航空业的影响，美国运输统计局采取了以下措施：利用 9•11 恐怖袭击事件之前的数据预测未来数据(假设 9•11 恐怖袭击事件没有发生)。然后对预测结果与实际结果进行比较，从而评估 9•11 恐怖袭击事件产生的影响。为此，需要把每个时间序列分割成两部分：9•11 恐怖袭击事件之前的时间序列和 9•11 恐怖袭击事件之后的时间序列。我们只需要考虑 9•11 恐怖袭击事件之前的时间序列即可。

a. 这项研究的目的属于描述性还是预测性？

b. 绘制每种旅行方式(航空、铁路和自驾)在 9•11 恐怖袭击事件之前的时序图。

i. 你从时序图中发现了哪些时间序列成分？

ii. 时间序列存在哪类趋势？为了更好地观察出趋势，可以改变序列的刻度、添加趋势线或抑制季节性效应。

16.2 **评估模型在训练集和验证集上的性能**。把两个不同的模型拟合到同一时间序列，将前 100 个时间点作为训练集，而将最后的 12 个时间点作为保留集。假设这两个模型都是合理的，而且都能很好地拟合到数据上。这两个模型的 RMSE 值如下：

	训练集	验证集
模型 A	543	690
模型 B	669	675

a. 哪个模型看起来能更好地解释时间序列的不同成分？为什么？

b. 哪个模型看起来可用于预测？为什么？

16.3 百货公司销量预测。 数据文件 DepartmentStoreSales.csv 包含了某一百货公司在过去 6 年里每季度的销量信息。

a. 为这个数据文件创建格式良好的时序图。

b. 水平、趋势、季节性效应和噪声中的哪些成分出现在此序列中？

16.4 家用电器的发货量。 数据文件 ApplianceShipments.csv 包含了美国 1985 年至 1989 年家用电器每季度的发货量(单位为百万美元)。

a. 为这个数据文件创建格式良好的时序图。

b. 水平、趋势、季节性效应和噪声中的哪些成分出现在此序列中？

16.5 加拿大制造业工人的工作时间。 图 16.5 所示的时序图展示了加拿大制造业工人平均每周的工作时间。

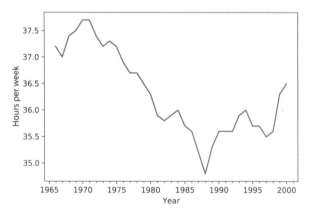

图 16.5　加拿大制造业工人平均每周的工作时间

a. 重新生成时序图。

b. 水平、趋势、季节性效应和噪声中的哪些成分出现在此序列中？

16.6 纪念品销量预测。 数据文件 SouvenirSales.csv 包含了澳大利亚昆士兰某海滩度假村每个月的纪念品销售数据。

时光回到 2001 年，该海滩度假村想利用这些数据预测未来 12 个月的纪念品销量，并为此聘请了一位分析师来生成预测结果。这位分析师首先把数据分割成训练集和验证集。其中，验证集包含了最后 12 个月的数据(2001 年的数据)。然后使用训练集拟合模型。

a. 为这个数据文件创建格式良好的时序图。

b. 为了获得线性关系，把 x 轴和/或 y 轴的刻度改为对数刻度，选择看起来具有最佳线性关系的时序图。

c. 比较这两个时序图，说明趋势类型。

d. 为什么需要分割数据？按上述要求把数据分割为训练集和验证集。

16.7 **洗发液销量预测**。数据文件 ShampooSales.csv 包含了某日化品牌过去 3 年里每个月的洗发液销量数据。

a. 为这个数据文件创建格式良好的时序图。

b. 水平、趋势、季节性效应和噪声中的哪些成分出现在此序列中？

c. 你在洗发液销售数据中有没有发现季节性效应？为什么？

d. 如果我们的目的是预测未来几个月洗发液的销量，那么需要采用以下哪些步骤？

● 把数据分割为训练集和验证集。

● 调整模型参数，使模型能够很好地拟合到验证数据上。

● 分析模型在训练集上的 MAPE 和 RMSE 值。

● 分析模型在验证集上的 MAPE 和 RMSE 值。

基于回归的预测

本章将介绍如何利用多变量线性回归模型构建受欢迎的预测工具，以及如何使用合适的预测变量捕获序列中的趋势成分或季节性效应成分。为了使用线性回归模型捕获时间序列中的趋势成分或季节性效应成分，可使用数据估计回归模型，再把相应的预测变量值代入回归方程，得到未来的预测值。本章首先介绍几种常见的趋势(线性、指数、多项式)；然后介绍两类季节性效应(可加性和可乘性)，并介绍如何用回归模型量化表示时间序列中相邻两个值的相关性(或自相关性)，这类模型——有时也称为自回归模型——利用自相关信息(趋势和季节性效应除外)来改进预测准确度；最后利用美铁客流量数据介绍线性回归模型和自相关模型的拟合过程中的每个步骤，同时探讨如何利用这些模型生成预测以及如何评估模型的预测准确度。

本章使用 NumPy 和 Pandas 包处理数据，使用 matplotlib 包可视化数据，使用 statsmodels 包建立模型。

导入本章所需要的功能：

```
import math
import numpy as np
import pandas as pd
import matplotlib.pylab as plt
import statsmodels.formula.api as sm
from statsmodels.tsa import tsatools, stattools
from statsmodels.tsa.arima_model import ARIMA
from statsmodels.graphics import tsaplots
```

17.1 趋势模型

17.1.1 线性趋势

为了建立能够捕获时间序列中的全局线性趋势的线性回归模型，需要把结果变量(Y)设置为时间序列值或某个函数，并把预测变量(X)设置为时间指数。考虑如何拟合美铁客流量数据的线性趋势，这类趋势的时序图如图 17.1 所示。

以下代码用于生成图 17.1 所示的时序图：

```
# load data and convert to time series
Amtrak_df = pd.read_csv('Amtrak.csv')
```

```
Amtrak_df['Date'] = pd.to_datetime(Amtrak_df.Month, format='%d/%m/%Y')
ridership_ts = pd.Series(Amtrak_df.Ridership.values, index=Amtrak_df.Date)

# fit a linear trend model to the time series
ridership_df = tsatools.add_trend(ridership_ts, trend='ct')
ridership_lm = sm.ols(formula='Ridership ~ trend', data=ridership_df).fit()

# plot the time series
ax = ridership_ts.plot()
ax.set_xlabel('Time')
ax.set_ylabel('Ridership (in 000s)')
ax.set_ylim(1300, 2300)
ridership_lm.predict(ridership_df).plot(ax=ax)
plt.show()
```

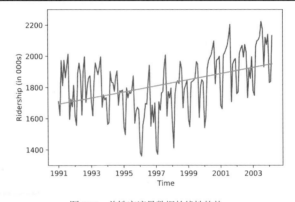

图 17.1 美铁客流量数据的线性趋势

从图 17.1 很容易看出,趋势不是线性的,后面我们将使用另一个较为合适的模型来拟合美铁客流量数据。

为了得到客流量与时间的线性关系,下面用因变量 Y 表示客流量,并创建变量 t 来表示时间指数,$t=1,2,3,\cdots$,时间指数是线性回归模型唯一的预测变量:

$$Y_t = \beta_0 + \beta_0 t + \in$$

其中,Y_t 是 t 时刻的客流量,$\in$ 是线性回归模型中的标准噪声。因此,使用上述模型可以模拟时间序列的 4 个成分中的 3 个——水平(β_0)、趋势(β_1)和噪声($\in$),但尚未考虑季节性效应。表 17.1 展示了 Y_t 和 t 两列数据中的部分数据。

表 17.1 用来拟合线性趋势的因变量(Y_t)与预测变量(t)

月份	客流量(Y_t)	时间指数(t)
Jan 91	1709	1
Feb 91	1621	2
Mar 91	1973	3
Apr 91	1812	4
May 91	1975	5
Jun 91	1862	6
Jul 91	1940	7

(续表)

月份	客流量(Y_t)	时间指数(t)
Aug 91	2013	8
Sep 91	1596	9
Oct 91	1725	10
Nov 91	1676	11
Dec 91	1814	12
Jan 92	1615	13
Feb 92	1557	14

下面首先把数据分割为训练集和验证集，然后在训练集上，以 t 为单个预测变量拟合线性回归模型(可通过 tsatools.add_trend()函数添加 const 和 trend 变量)，并将拟合的线性回归模型应用于美铁客流量数据(将其中最后 12 个月的数据作为验证集)，得到如图 17.2 所示的估计模型，图 17.2 中的两个子图分别显示了实际值、拟合值以及残差(或预测误差)，用于生成图 17.2 的代码如表 17.2 所示。

表 17.3 包含了模型系数的估计值。注意，如果只看这些系数和它们的统计显著性，你可能会被误导。在这里，它们仅仅表示线性拟合是相对合理的选择，尽管我们从时序图就可以看出非线性趋势。通过分析残差的时序图，你很容易发现这种趋势的不合理性。

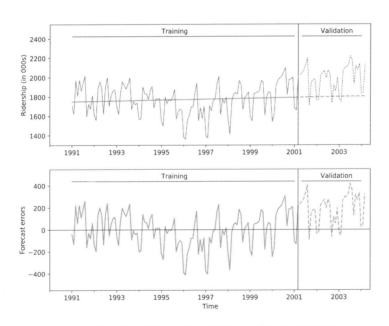

图 17.2 在训练美铁客流量数据时拟合线性趋势并在验证时段预测结果

表 17.2 在美铁客流量数据的训练集上拟合线性趋势并预测验证时段的客流量

```
# fit linear model using training set and predict on validation set
ridership_lm = sm.ols(formula='Ridership ~ trend', data=train_df).fit()
predict_df = ridership_lm.predict(valid_df)
```

```
# create the plot
def singleGraphLayout(ax, ylim, train_df, valid_df):
    ax.set_xlim('1990', '2004-6')
    ax.set_ylim(*ylim)
    ax.set_xlabel('Time')
    one_month = pd.Timedelta('31 days')
    xtrain = (min(train_df.index), max(train_df.index) - one_month)
    xvalid = (min(valid_df.index) + one_month, max(valid_df.index) - one_month)
    xtv = xtrain[1] + 0.5 * (xvalid[0] - xtrain[1])
    ypos = 0.9 * ylim[1] + 0.1 * ylim[0]
    ax.add_line(plt.Line2D(xtrain, (ypos, ypos), color='black', linewidth=0.5))
    ax.add_line(plt.Line2D(xvalid, (ypos, ypos), color='black', linewidth=0.5))
    ax.axvline(x=xtv, ymin=0, ymax=1, color='black', linewidth=0.5)
    ypos = 0.925 * ylim[1] + 0.075 * ylim[0]
    ax.text('1995', ypos, 'Training')
    ax.text('2002-3', ypos, 'Validation')


def graphLayout(axes, train_df, valid_df):
    singleGraphLayout(axes[0], [1300, 2550], train_df, valid_df)
    singleGraphLayout(axes[1], [-550, 550], train_df, valid_df)
    train_df.plot(y='Ridership', ax=axes[0], color='C0', linewidth=0.75)
    valid_df.plot(y='Ridership', ax=axes[0], color='C0', linestyle='dashed',
                  linewidth=0.75)
    axes[1].axhline(y=0, xmin=0, xmax=1, color='black', linewidth=0.5)
    axes[0].set_xlabel('')
    axes[0].set_ylabel('Ridership (in 000s)')
    axes[1].set_ylabel('Forecast Errors')
    if axes[0].get_legend():
        axes[0].get_legend().remove()

fig, axes = plt.subplots(nrows=2, ncols=1, figsize=(9, 7.5))
ridership_lm.predict(train_df).plot(ax=axes[0], color='C1')
ridership_lm.predict(valid_df).plot(ax=axes[0], color='C1', linestyle='dashed')

residual = train_df.Ridership - ridership_lm.predict(train_df)
residual.plot(ax=axes[1], color='C1')
residual = valid_df.Ridership - ridership_lm.predict(valid_df)
residual.plot(ax=axes[1], color='C1', linestyle='dashed')
graphLayout(axes, train_df, valid_df)
plt.tight_layout()
plt.show()
```

表 17.3 把线性回归模型应用于训练集后生成的输出摘要

```
> ridership_lm.summary()
```
部分输出结果如下:

	coef	std err	t	P>|t|	[0.025	0.975]
Intercept	1750.3595	29.073	60.206	0.000	1692.802	1807.917
trend	0.3514	0.407	0.864	0.390	-0.454	1.157

17.1.2　指数趋势

其他趋势也很有用，而且很容易通过组合线性回归模型得到，比如指数趋势。指数趋势是指序列值随时间倍增或倍减($Y_t = ce^{\beta_1 t+\epsilon}$)。为了拟合指数趋势，只需要把因变量 Y 表示为 $\log Y$(这里的 $\log$ 是自然对数)并拟合线性回归($\log Y_t = \beta_0 + \beta_1 t + \epsilon$)即可。对于美铁客流量实例，可在 $\log$(客流量)与时间指数(t)之间拟合线性回归。指数趋势经常出现在销售数据中，它们反映了数据的相对增长率。在 statsmodels 模块中，我们只需要把公式修改为 np.log(客流量)~trend 即可。

注意： 在普通的线性回归模型中，当需要比较不同模型的预测准确度时，如线性趋势模型(输出变量为 Y)和指数趋势模型(输出变量为 $\log Y$)，必须基于同一刻度比较预测结果和预测误差。因此，指数趋势模型的预测结果 $\log Y$ 需要变换到原来的刻度。图 17.3 展示了在美铁客流量数据上拟合出的指数趋势。

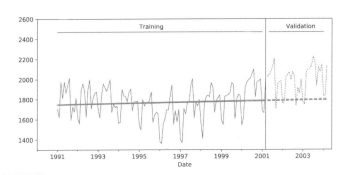

图 17.3　用指数趋势(绿色曲线)和线性趋势(橙色曲线)预测美铁客流量(彩图效果参见本书在线资源)

以下代码用于生成图 17.3：

```
ridership_lm_linear = sm.ols(formula='Ridership ~ trend', data=train_df).fit()
predict_df_linear = ridership_lm_linear.predict(valid_df)

ridership_lm_expo = sm.ols(formula='np.log(Ridership) ~ trend', data=train_df).fit()
predict_df_expo = ridership_lm_expo.predict(valid_df)

fig, ax = plt.subplots(nrows=1, ncols=1, figsize=(9,3.75))
train_df.plot(y='Ridership', ax=ax, color='C0', linewidth=0.75)
valid_df.plot(y='Ridership', ax=ax, color='C0', linestyle='dashed', linewidth=0.75)
singleGraphLayout(ax, [1300, 2600], train_df, valid_df)
ridership_lm_linear.predict(train_df).plot(color='C1')
ridership_lm_linear.predict(valid_df).plot(color='C1', linestyle='dashed')
ridership_lm_expo.predict(train_df).apply(lambda row: math.exp(row)).plot(color='C2')
ridership_lm_expo.predict(valid_df).apply(lambda row: math.exp(row)).plot(color='C2',
                                          linestyle='dashed')

ax.get_legend().remove()
plt.show()
```

17.1.3 多项式趋势

另一种非线性趋势是多项式趋势，多项式趋势很容易通过线性回归组合得到。特别值得一提的是二次多项式 $Y_t = \beta_0 + \beta_1 t + \beta_2 t^2 + \epsilon$。添加预测变量 t^2，并基于预测变量 t 和 t^2 拟合多变量线性回归模型。在 statsmodels 包中，可以利用 add_trend('ctt')添加线性项和二次项，还可利用 np.square(trend)定义回归方程中的二次趋势项。对于美铁客流量数据，我们发现数据中存在 U 型趋势，因此我们需要拟合二次模型。最后得到的二次拟合曲线和残差曲线如图 17.4 所示。从图 17.4 所示的两个子图中可以看出，二次回归可以很好地捕获指数趋势。现在，预测误差仅表现出季节性效应，而没有表现出趋势性。

通常，使用数学公式可以拟合任何类型的趋势曲线。但最根本的前提是：趋势曲线必须能够应用于现有数据，而且必须适用于将要预测的时段。记住，不要选择过于复杂的曲线，尽管这种曲线可以很好地拟合到所有的训练数据，但事实上已经过拟合。为了避免过拟合，请分析模型的验证性能，以避免选择过于复杂的趋势模型。

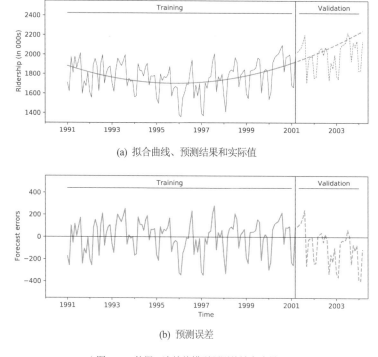

(a) 拟合曲线、预测结果和实际值

(b) 预测误差

图 17.4　使用二次趋势模型预测美铁客流量

17.2　季节性效应模型

时间序列的季节性模式是指模型在某些时段的值总是大于或小于模型在另一些时段的值(这里的季节是指时段)。季节性效应的典型代表就是一周内每天的变化模式、每月的变化模式以及一年里每个季度的变化模式。从美铁客流量数据的时序图可以看出，虽然模型能够代表每月的客流量数据，但却存在明显的月季节性效应(暑假几个月的客流量最大)。

我们在回归模型中可以表示季节性效应。方法是，先建立一个分类变量来表示每个值的季节(时间点)，再把这个分类变量转换为虚拟变量，最后把得到的虚拟变量当作预测变量添加到回归模型中。为了说明上述过程，我们在美铁客流量数据中新增 Month 列，如表 17.4 所示，然后把 Month 分类变量作为预测变量添加到预测变量 Y 的回归模型中。最后，把 Month 变量变换为 12 个虚拟变量(因为 m=12，所以需要建立 11 个虚拟变量[1]，如果相应的记录正好归到某个月份，就把对应的虚拟变量设置为 1，否则设置为 0)。

在 statsmodels 包中，可利用 Ridership ~ C(Month)方法在线性回归模型中添加 Month 预测变量，并将其当作分类变量。虚拟变量将自动被创建，可在回归公式中正确使用这些虚拟变量。

把数据分割为训练集和验证集。在训练集上拟合回归模型，图 17.5 显示了拟合结果和残差。虽然从表面上看，模型反映了数据的季节性效应，但是模型并没有包含趋势成分，因此拟合结果并没有显示出数据中存在的趋势。相反，用来表示实际值与拟合值之间差异的残差却可以清楚显示出数据中存在 U 型趋势。

按照上面介绍的方法在模型中添加季节性效应(先建立表示季节性效应的分类变量，再建立虚拟变量并重新拟合 Y 值)，结果正好表明季节性效应具有可加性，此外还表明某个时段的 Y 均值总是比另一个时段的 Y 均值大或小某个固定值。表 17.5 显示了客流量(Y)的季节性效应线性回归模型的拟合结果。例如，在美铁客流量实例中，C(Monht)[T.8]的系数 396.66 表示平均来说，8 月份的乘客人数比 1 月份(参考组)高 396.660(单位是 1000)。这样的回归模型还可以表示可乘性季节性效应。对于可乘性季节性效应来说，平均而言，某个时段的数值比另一个时段的数值大于或小于某个百分比。为了拟合可乘性季节性效应，可以使用上述同一模型，只是在讨论指数趋势时，需要以 log(Y)作为因变量。

表 17.4　新增一个分类变量(最右列)作为线性回归模型中的预测变量

Month(月份)	Ridership(客流量)	Season(时段)
Jan 91	1709	Jan
Feb 91	1621	Feb
Mar 91	1973	Mar
Apr 91	1812	Apr
May 91	1975	May
Jun 91	1862	Jun
Jul 91	1940	Jul
Aug 91	2013	Aug
Sep 91	1596	Sep
Oct 91	1725	Oct
Nov 91	1676	Nov
Dec 91	1814	Dec
Jan 92	1615	Jan
Feb 92	1557	Feb
Mar 92	1891	Mar
Apr 92	1956	Apr
May 92	1885	May

---

1 只需要 m−1 个虚拟变量。如果 m−1 个虚拟变量都为 0，那么 month 的值肯定为 m，包含全部 m 个虚拟变量会产生多重共线问题。

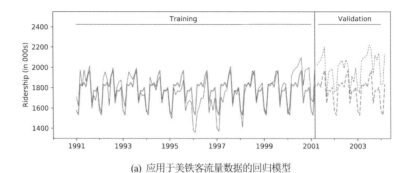

(a) 应用于美铁客流量数据的回归模型

(b) 预测误差

图 17.5　客流量(Y)的季节性效应线性回归模型的拟合结果

表 17.5　在美铁客流量数据的训练集上拟合可加性季节性效应和相应的输出摘要

```
ridership_df = tsatools.add_trend(ridership_ts, trend='c')
ridership_df['Month'] = ridership_df.index.month
# partition the data
train_df = ridership_df[:nTrain]
valid_df = ridership_df[nTrain:]
ridership_lm_season = sm.ols(formula='Ridership ~ C(Month)', data=train_df).fit()
ridership_lm_season.summary()
```
部分输出结果如下:

	coef	std err	t	P>|t|	[0.025	0.975]
Intercept	1573.9722	30.578	51.475	0.000	1513.381	1634.564
C(Month)[T.2]	-42.9302	43.243	-0.993	0.323	-128.620	42.759
C(Month)[T.3]	260.7677	43.243	6.030	0.000	175.078	346.457
C(Month)[T.4]	245.0919	44.311	5.531	0.000	157.286	332.897
C(Month)[T.5]	278.2222	44.311	6.279	0.000	190.417	366.028
C(Month)[T.6]	233.4598	44.311	5.269	0.000	145.654	321.265
C(Month)[T.7]	345.3265	44.311	7.793	0.000	257.521	433.132
C(Month)[T.8]	396.6595	44.311	8.952	0.000	308.854	484.465
C(Month)[T.9]	75.7615	44.311	1.710	0.090	-12.044	163.567
C(Month)[T.10]	200.6076	44.311	4.527	0.000	112.802	288.413
C(Month)[T.11]	192.3552	44.311	4.341	0.000	104.550	280.161
C(Month)[T.12]	230.4151	44.311	5.200	0.000	142.610	318.221

17.3　趋势和季节性效应模型

下面我们来建立一个同时包含趋势和季节性效应的模型。例如，通过对美铁客流量数据进行分析，我们发现数据中同时存在二次曲线趋势和月季节效应。因此，我们使用 13 个预测变量来拟合训练数据，其中 11 个预测变量是与月份有关的虚拟变量，另外两个预测变量是与趋势有关的 t 和 t^2。图 17.6 展示了这个模型的拟合结果，表 17.6 则显示了输出结果。下面评估这个模型在验证集上的预测性能，并与其他方法进行比较。如果对结果感到满意，可在整个数据集(分割前的数据)上重新拟合这个模型。在通过重新拟合得到的模型方程中，代入合适的月份项和指数项，从而预测未来结果 F_{t+k}。

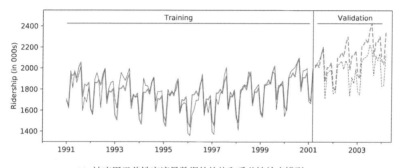

(a) 被应用于美铁客流量数据的趋势和季节性效应模型

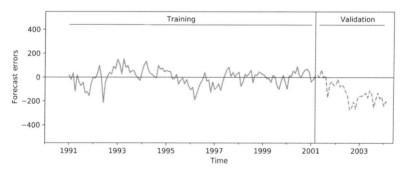

(b) 模型的预测误差

图 17.6　模型的拟合结果

表 17.6　在美铁客流量数据的训练数据上应用趋势和季节性效应模型后得到的输出摘要

```
> formula = 'Ridership ~ trend + np.square(trend) + C(Month)'
> ridership_lm_trendseason = sm.ols(formula=formula, data=train_df).fit()
                         OLS Regression Results
```

	coef	std err	t	P>|t|	[0.025	0.975]
Intercept	1696.9794	27.675	61.318	0.000	1642.128	1751.831
C(Month)[T.2]	-43.2458	30.241	-1.430	0.156	-103.182	16.690
C(Month)[T.3]	260.0149	30.242	8.598	0.000	200.076	319.954
C(Month)[T.4]	260.6175	31.021	8.401	0.000	199.135	322.100
C(Month)[T.5]	293.7966	31.020	9.471	0.000	232.316	355.278

C(Month)[T.6]	248.9615	31.020	8.026	0.000	187.481	310.442
C(Month)[T.7]	360.6340	31.020	11.626	0.000	299.153	422.115
C(Month)[T.8]	411.6513	31.021	13.270	0.000	350.169	473.134
C(Month)[T.9]	90.3162	31.022	2.911	0.004	28.831	151.801
C(Month)[T.10]	214.6037	31.024	6.917	0.000	153.115	276.092
C(Month)[T.11]	205.6711	31.026	6.629	0.000	144.178	267.165
C(Month)[T.12]	242.9294	31.029	7.829	0.000	181.430	304.429
trend	-7.1559	0.729	-9.812	0.000	-8.601	-5.710
np.square(trend)	0.0607	0.006	10.660	0.000	0.049	0.072

17.4 自相关和 ARIMA 模型

当利用线性回归模型预测时间序列时,可以解释序时间列中存在的趋势模式和季节性效应。然而,普通的回归模型并不能解释不同时段之间的相互依赖关系,这种依赖关系在横截面数据中是不存在的。但是在时间序列中,相邻时段里的数值总是存在相关性。这种相关也称为自相关,自相关能为我们提供很有用的信息,有助于我们改进预测准确度。如果知道一个很大值紧跟另一个很大值(正相关性),就可以利用此信息调整预测结果。下面讨论如何计算序列的相关性以及如何利用相关性改进预测结果。

17.4.1 计算自相关性

在时间序列中,两个相邻时段里数值之间的相关性称为自相关,自相关用来表示序列与其自身的关系。为了计算序列的自相关性,需要计算序列与其滞后序列的相关性。滞后序列是对原始序列向前或向后移动几个时段后得到的序列,lag-1 序列表示将原始序列向前移动一个时段得到的序列,lag-2 序列表示将原始序列向前移动两个时段得到的序列,其他以此类推。表 17.7 显示了美铁客流量数据的前 24 个月的数据以及 lag-1 序列和 lag-2 序列。

下面计算 lag-1 序列的自相关性,以表示相邻时段里数值之间的线性关系。为了计算 lag-1 序列的自相关性,需要计算原始序列与 lag-1 序列的相关性(使用 np.corrcoef()函数),结果为 0.063。但需要指出的是,在表 17.7 中,原始序列只有 24 个时间点,而 lag-1 序列的自相关性是根据 23 组数据得到的(因为 lag-1 序列没有 1991 年 1 月份的数据)。同样,lag-2 序列的自相关性表示某一时段里的数值与相隔两个时段里的数值的关系,也就是原始序列与 lag-2 序列的相关性(结果为 -0.15)。

表 17.7　美铁客流量数据的前 24 个月的数据序列以及 lag-1 和 lag-2 序列

Month(月份)	Ridership(客流量)	lag-1 序列	lag-2 序列
Jan 91	1709		
Feb 91	1621	1709	
Mar 91	1973	1621	1709
Apr 91	1812	1973	1621
May 91	1975	1812	1973
Jun 91	1862	1975	1812
Jul 91	1940	1862	1975
Aug 91	2013	1940	1862
Sep 91	1596	2013	1940
Oct 91	1725	1596	2013

（续表）

Month(月份)	Ridership(客流量)	lag-1 序列	lag-2 序列
Nov 91	1676	1725	1596
Dec 91	1814	1676	1725
Jan 92	1615	1814	1676
Feb 92	1557	1615	1814
Mar 92	1891	1557	1615
Apr 92	1956	1891	1557
May 92	1885	1956	1891
Jun 92	1623	1885	1956
Jul 92	1903	1623	1885
Aug 92	1997	1903	1623
Sep 92	1704	1997	1903
Oct 92	1810	1704	1997
Nov 92	1862	1810	1704
Dec 92	1875	1862	1810

用 statsmodel 包中的 acf() 函数可以计算序列的自相关性(ACF)，用 plot_acf() 函数可以直接绘制序列的图形。例如，美铁客流量数据的前 24 个月的数据序列的计算结果如图 17.7 所示。

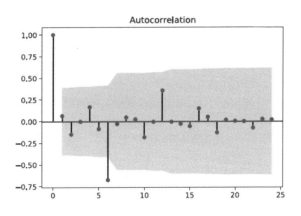

图 17.7　lag-1 序列的自相关图形

以下代码用于生成图 17.7 所示的自相关图:

```
tsaplots.plot_acf(train_df['1991-01-01':'1993-01-01'].Ridership)
plt.show()
```

下面几个与自相关有关的特性大家需要好好理解。

滞后 k 时段(k 大于 1)或 k 倍时段($2k,3k,\ldots$)的强自相关: 不管是正相关还是负相关，通常都会表现出周期性模式。例如，在月度数据中，lag-12 强正相关反映了年度季节性(每年这个月的数据都会表现出正相关性)。

lag-1 正自相关(被称为"黏性"): 序列里的几个相邻值通常向同一方向移动。当序列中存在强线性趋势时, 可以预料存在很强的 lag-1 正自相关。

lag-1 负自相关反映了序列的波动特性: 序列中较大值的后面紧跟较小值, 或者序列中较小值的后面紧跟较大值。

分析序列的自相关性有助于我们发现序列中存在的季节性模式。例如, 观察图 17.7, 我们发现, lag-6 序列拥有最强的自相关性, 并且是负相关的。这说明客流量在一年内出现季节性模式两次——每 6 个月经历一次客流量从高到低的变化模式。仔细分析时序图, 确实存在客流量夏高冬低的情况。

除了分析原始序列的自相关性之外, 分析残差序列的自相关性也非常有用。例如, 可以先在数据上拟合回归模型(或用任何其他预测方法), 再分析残差序列的自相关性。如果能够使用合适的模型来表示序列中的季节性效应, 那么残差序列不会相对季节性滞后序列表现出自相关性。图 17.8 展示了来自季节性回归模型的残差序列的自相关性, 对应的二次趋势如图 17.6 所示。我们很容易看出, 残差序列中不再出现长度为 6 个月的周期性行为, 这说明回归模型已经能够表示这种周期性行为。但是我们还发现, lag-1 序列存在很强的正相关性, 这说明相邻残差存在正相关性。这些都是很有价值的信息, 可用来改进预测性能。

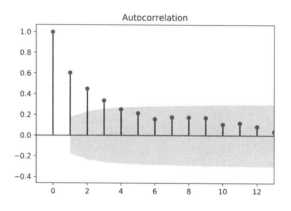

图 17.8　由图 17.6 所示的残差序列得到的自相关图形

17.4.2　加入自相关信息以提高预测准确度

自相关信息有两种使用方法: 一种方法是直接把自相关信息添加到回归模型中; 另一种方法是根据残差序列构建二级预测模型。

在回归类型的模型中, 自回归模型或整合移动均值自回归(Autoregressive Integrated Moving Average, ARIMA)模型可以直接解释自相关性。自回归模型与线性回归模型非常相似, 只不过预测变量是序列过去的值。例如, 二级自回归模型可以表示为

$$Y_t = \beta_0 + \beta_1 Y_{t-1} + \beta_2 Y_{t-2} + \epsilon \qquad \text{式(17.1)}$$

估计这样的模型相当于拟合线性回归模型: 以序列值为因变量, 以两个滞后序列(本例中的 lag-1 和 lag-2 序列)作为预测变量。然而, 比起普通的线性回归估计方法, 最好还是选择专用的 ARIMA 模型估计方法(例如 statsmodel 包提供的估计方法), 因为后者可以得到更加准确的结果[1]。但是, 从自回归模型转换到 ARIMA 模型会生成大量比较灵活的预测模型, 而且需要更多的统计领域知识。即使对

---

1 ARIMA 模型的估计不同于普通回归模型的估计, 因为前者需要考虑记录之间的相关性。

于比较简单的自回归模型，为了把这些模型拟合到同时包含趋势和季节性效应的原始数据上，或者为了选择模型的合适阶数，也需要先对数据进行几次初始变换，这并不是一件容易的事情。与其他建模方法相比，由于 ARIMA 建模方法不够稳健，而且要求更多的经验和统计专业知识，因此在实际预测中，我们并不经常使用这样的模型预测原始序列。感兴趣的读者可以阅读有关时间序列的经典教材。

下面介绍自回归模型的一种特定用法，这种用法十分适合于预测情形，并且可以极大提高短期预测的准确度。具体过程如下：

(1) 用任何预测方法生成原始序列前 k 步的预测(F_{t+k})。

(2) 用自回归模型(或其他模型)生成前 k 步的预测误差或残差(E_{t+k})。

(3) 根据预测误差调整初始的前 k 步预测结果——$F_{t+k}^* = F_{t+k} + E_{t+k}$。

特别需要指出的是，可以在残差(预测误差)序列上拟合低级自回归模型，然后进一步预测未来预测的误差。对残差序列而不是原始序列进行拟合，可以避免对初始数据进行变换(因为残差序列除了自相关之外，并没有包含任何趋势成分或周期性成分)。

为了在残差序列上拟合自回归模型，需要首先分析残差序列的自相关性，然后根据该自相关性出现的滞后时间选择自回归模型的阶数。通常，当自相关性出现在 lag-1 或更大的滞后队列中时，可以使用以下形式拟合自回归模型：

$$E_t = \beta_0 + \beta_1 E_{t-1} + \epsilon \qquad\qquad 式(17.2)$$

其中，E_t 表示模型在时刻 t 的残差(或预测误差)。例如，根据图 17.8，从滞后 1 期到滞后 10 期的自相关系数都比较大，自回归模型可以捕获全部这些关系。理由是，如果邻近的两个数值是相关的，那么这种相关性也会传递到隔两期的数值，之后传递到隔三期的数值，以此类推，最终传递到所有数值[1]。

假设残差序列(预测误差)的均值为零，下面在美铁客流量数据的残差序列上拟合截距(β_0)为零的自回归模型，拟合结果如表 17.8 所示。这个自回归模型的系数(0.5998)非常接近前面得到的 lag-1 自相关系数(0.6041)。将离 2001 年 3 月最近的残差(12.108)代入拟合的自相关模型中，就可以得到 2001 年 4 月的预测残差：

$$(0.5998)(12.108)=7.262$$

以上结果也可以使用 forecast()函数直接求得(观察表 17.8 中的输出结果)。结果是正值，这说明由回归模型预测得到的 2001 年 4 月的客流量太小，因此需要进行调整——加上 7.262。在本例中，回归模型(加上二次趋势曲线和季节变化)得到的预测结果是 2 004 271。改进后的二级模型将结果校正为 2 011 533。2001 年 4 月份的实际客流量是 2 023 792，与改进后的预测结果非常接近。

表 17.8　拟合结果

```
formula = 'Ridership ~ trend + np.square(trend) + C(Month)'
train_lm_trendseason = sm.ols(formula=formula, data=train_df).fit()
train_res_arima = ARIMA(train_lm_trendseason.resid, order=(1, 0, 0),
                        freq='MS').fit(trend='nc')
forecast, _, conf_int = train_res_arima.forecast(1)
```

输出结果如下：

```
> print(pd.DataFrame({'coef': train_res_arima.params, 'std err': train_res_arima.bse}))
```

---

1 偏自相关性表示每个滞后序列相对前一滞后时间的贡献。例如，lag-2 偏自相关性是 lag-2 超出 lag-1 的贡献。

```
            coef std err
ar.L1.y 0.599789 0.071268

> print('Forecast {0:.3f} [{1[0][0]:.3f}, {1[0][1]:.3f}]'.format(forecast, conf_int))
Forecast 7.262 [-96.992, 111.516]
```

从实际的残差序列图和预测的残差序列图(参见图 17.9)可以看出，自回归模型可以很好地拟合到残差序列上。然而需要指出的是，图 17.9 是基于训练数据(2001 年 3 月之前的数据)绘制的。为了评估二级模型的性能，我们需要分析二级模型在验证数据上的性能(观察 MAPE 和 RMSE 度量指标)，使用的方法类似于前面预测 2001 年 4 月份的客流量时使用的方法。

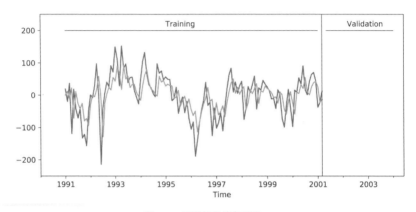

图 17.9　预测的残差序列图

最后，为了检查是否确实已把序列的自相关性考虑在内，同时为了确保序列中不再包含更多的有用信息，我们需要分析残差与残差序列的自相关性(残差是通过将自相关模型应用于回归残差得到)。从图 17.10 很容易看出，残差之间不再存在自相关性，因此加入自相关模型后就可以完全表示自相关信息。

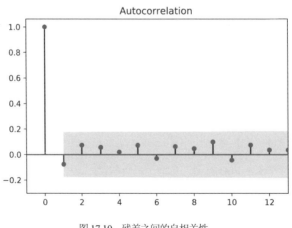

图 17.10　残差之间的自相关性

前面曾提到，增加自相关模型可以改进预测准确度，但仅限于短期预测。原因是 k 阶的自相关模

型仅为之后的 k 期提供有用的预测，k 期之后的预测则依赖于更早的预测，与实际数据无关。例如，假设执行预测的时间是 2001 年 3 月，为了预测 2001 年 5 月的残差，就需要 2001 年 4 月的残差。但是，数据集中还没有相关数据，因此 2001 年 5 月的预测值便取决于 2001 年 4 月的预测值。

17.4.3 评估可预测性

在对一个时间序列进行预测之前，必须确定这个时间序列是否可预测。换言之，除朴素预测外，必须确定这个时间序列是否也可以用来预测未来值。评估时间序列是否可预测的一种有效方法是检查时间序列是否为"随机游走"序列。随机游走序列是指序列从某个时间点到下一个时间点的变化是随机的。根据经济学里的有效市场假说，资产的价格属于随机游走序列，因此预测股票价格不过是一场比拼运气的游戏而已。

随机游走是自回归模型的特例，斜率值为 1：

$$Y_t = \beta_0 + Y_{t-1} + \epsilon_t \qquad \qquad 式(17.3)$$

也可表示为如下形式：

$$Y_t - Y_{t-1} = \beta_0 + \epsilon_t \qquad \qquad 式(17.4)$$

从中可以看出，在时间点 t 和 $t-1$ 之间，数值的差是随机的，因此序列属于"随机游走"类型。使用这样模型得到的预测结果实际上等同于将最近观测值作为预测值(朴素预测结果)，这反映了序列中没有其他任何信息。

为了验证一个序列是否为随机游走序列，可以拟合自回归模型，并验证斜率系数是否等于 1($H_0:\beta_1=1$ 或 $H_0:\beta_1\neq1$)。如果无效假设被拒绝(可使用很小的 p 值反映这种情况)，那么这个序列不是随机游走序列。

考虑图 17.6 中的自回归模型，斜率系数(0.5998)离 1 尚有 5 个标准差，因此这个序列不是随机游走序列。相反，如果把自回归模型应用于 1995 年 5 月至 2003 年 8 月之间标准普尔的每个月收盘价，那么斜率系数是 0.9833、标准差只有 0.0145。斜率系数已经非常接近 1(仅有 1 个标准差)，因此这个序列是随机游走序列，使用前面介绍的任何方法对这个序列进行预测都是徒劳的。

表 17.9 将自回归模型应用于标准普尔每个月收盘价的结果

```
sp500_df = pd.read_csv('SP500.csv')
# convert date to first of each month
sp500_df['Date'] = pd.to_datetime(sp500_df.Date, format='%d-%b-%y').dt.to_period('M')
sp500_ts = pd.Series(sp500_df.Close.values, index=sp500_df.Date, name='sp500')
sp500_arima = ARIMA(sp500_ts, order=(1, 0, 0)).fit(disp=0)
print(pd.DataFrame({'coef': sp500_arima.params, 'std err': sp500_arima.bse}))
```
输出结果如下：
```
                   coef      std err
const         888.11275   221.980066
ar.L1.sp500     0.98338     0.014523
```

17.5 习题

17.1 预测 9·11 恐怖袭击事件对美国航空业的影响。美国运输统计局的研究与创新技术研究中心展开了一项研究，希望预测 9·11 恐怖袭击事件对美国运输业的影响。该研究中心于 2006 年发表了一份报告，可从 https://www.bts.gov/archive/publications/estimated_impacts_of_9_11_on_us_travel/index 下载这份报告和相关数据。开展这项研究的目的如下。

- 希望更好地了解人们的旅行模式在 9•11 恐怖袭击事件前后的变化。
- 分析 1990 年 1 月至 2004 年 5 月期间每个月的旅客流动，旅行数据保存在 Sept11Travel.csv 数据文件中，内容包括：
  - ◆ 航空乘客里程(Air)
  - ◆ 铁路乘客里程(Rail)
  - ◆ 自驾里程(Car)

为了预测 9•11 恐怖袭击事件对美国航空业的影响，美国运输统计局采取了以下措施：利用 9•11 恐怖袭击事件之前的数据预测未来数据(假设 9•11 恐怖袭击事件没有发生)。然后对预测结果与实际结果进行比较，从而评估 9•11 恐怖袭击事件产生的影响。为此，需要把每个时间序列分割成两部分：9•11 恐怖袭击事件之前的时间序列和 9•11 恐怖袭击事件之后的时间序列。我们只需要考虑 9•11 恐怖袭击事件之前的时间序列即可。

a. 绘制 9•11 恐怖袭击事件之前航空乘客里程(Air)序列数据的图形，里面出现了哪些时序成分？

b. 图 17.11 展示了 9•11 恐怖袭击事件之前航空乘客里程(Air)时序数据经季节性效应调整后的时序图，以下哪种方法可以用来预测其中的时序数据？

- 季节线性回归模型
- 趋势线性回归模型
- 趋势和季节线性回归模型

c. 为航空乘客里程(Air)序列数据建立用来表示倍乘季节性效应的线性回归模型，生成与图 17.11 类似的经季节性效应调整后的时序图。应选择哪些变量作为输出变量？而选择哪些变量作为预测变量？

d. 运行刚才建立的线性回归模型，记住这个模型只能用于 9•11 恐怖袭击事件之前的数据。

i. 从 9 月和 10 月两个系数的统计非显著性可以得出什么结论？

ii. 航空乘客里程(Air)在 1990 年 1 月的实际值是 351.53577 亿，利用回归模型，计算这个月的残差并输出。

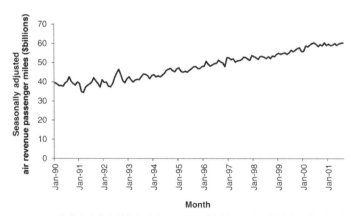

图 17.11　9•11 恐怖袭击事件之前航空乘客里程(Air)时序数据经季节性效应调整后的时序图

e. 创建自相关图形来表示模型的回归残差。

i. 刚才创建的自相关图形向我们提供了哪些与回归模型的预测结果有关的信息？

ii. 如何利用这些信息改进模型?

f. 分别在航空乘客里程(Air)、铁路乘客里程(Rail)和自驾里程(Auto)的时间序列上拟合线性回归模型,并要求拟合的线性模型具有可加季节性效应和合适的趋势。对于铁路乘客里程(Rail)数据,使用二次曲线,记住仅使用9•11恐怖袭击事件之前的数据。在通过模型得到估计后,分别用它们预测航空乘客里程(Air)、铁路乘客里程(Rail)和自驾里程(Auto)这三个序列在9•11恐怖袭击事件之后的数据。

i. 对于每个序列(Air、Rail、Auto),绘制完整的9•11恐怖袭击事件前后的实际序列,并叠加预测序列。

ii. 简述9•11恐怖袭击事件对这三种运输模式的影响,请从影响的强度、受影响的时间跨度和其他方面进行论述。

17.2 **分析加拿大制造业工人的工作时长。**图 17.12 所示的时序图展示了加拿大制造业工人 1965 年至 2000 年期间每年的周平均工作时长。

a. 以下哪种回归模型最适合拟合这个序列:

● 线性趋势模型

● 线性趋势和季节性效应模型

● 二次趋势模型

● 二次趋势和季节性效应模型

b. 为了计算这个序列的自相关性,lag-1 序列的自相关性应该是正值还是负值,抑或根本就不应该有自相关性? 如何从图 17.12 所示的时序图中得出上述结论?

c. 计算这个序列的自相关性并绘制自相关图形,从而验证刚才那个问题的答案。

17.3 **预测玩具巨头公司"反斗城"的收入。**图 17.13 显示了玩具巨头公司"反斗城"1992 年至 1995 年期间每个季度的收入。

a. 在这个序列上拟合回归模型,要求能够捕获序列的线性趋势和可加性季节性效应。可将整个序列(不包括最后两个季度)作为训练集。

b. 表 17.10 显示了模型的部分输出结果(C(Quarter)[T.2])表示虚拟变量 Q2。根据输出结果回答以下问题:

i. 哪两个统计量(及相应的值)能够表示模型与训练集的拟合好坏程度?

ii. 哪两个统计量(及相应的值)能够表示模型的预测准确度?

iii. 调整趋势后,Q3 与 Q1 两个季度销量之差的平均值是多少?

iv. 调整季节性效应后,哪个季度(Q1、Q2、Q3、Q4)的平均销量最大?

图 17.12　加拿大制造业工人每年的周平均工作时长

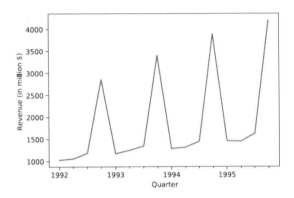

图 17.13　玩具巨头公司"反斗城"1992 年至 1995 年期间每个季度的收入

表 17.10　用于玩具巨头公司"反斗城"时间序列数据的回归模型及其在训练集和验证集上的预测性能

	coef	std err
Intercept	906.750000	115.346119
C(Quarter)[T.2]	-15.107143	119.659603
C(Quarter)[T.3]	89.166667	128.673983
C(Quarter)[T.4]	2101.726190	129.165419
trend	47.107143	11.256629

17.4 **沃尔玛股票**。图 17.14 展示了沃尔玛股票从 2001 年 2 月至 2002 年 2 月期间每天收盘价的时序图。

a. 在这个序列上拟合自回归模型，用表格输出模型的系数。

b. 以下哪个指标可以用来验证这个序列是否为随机游走序列？

i. 收盘价序列的自相关性。

ii. 自回归模型的斜率系数。

iii. 自回归模型的常数系数。

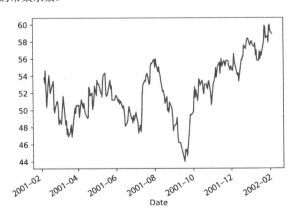

图 17.14　沃尔码股票从 2001 年 2 月至 2002 年 2 月期间每天的收盘价

c. 拟合的自回归模型是否可以指明这个序列是随机游走序列？你的结论是如何得出的？

d. 一个序列是随机游走序列的含义是什么？从下面的选项中选出正确的答案。

i. 对于这个序列，无法获得比朴素预测更准确的预测。

ii. 这个序列是随机的。

iii. 在这个序列中，从某个时间点到下一个时间点的变化是随机的。

17.5 百货商店的销量。 图 17.15 展示了某百货商店过去 6 年里每个季度的实际销量。

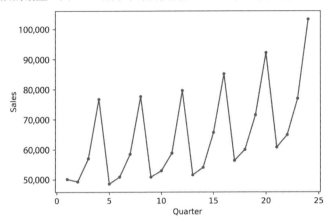

图 17-15　某百货商店过去 6 年里每个季度的实际销量

a. 预测专家认为这个序列存在指数趋势。为了拟合基于回归的能够解释指数趋势的模型，需要执行以下哪些运算？

i. 对季度指数求对数值。

ii. 对销量求对数值。

iii. 对销量进行指数运算。

iv. 对季度指数进行指数运算。

b. 拟合回归模型以捕获这个序列中的指数趋势和季节性效应。以前 20 个季度数据为训练集(记住，需要先把数据分割成训练集和验证集)。

c. 表 17.11 展示了模型的部分输出结果。观察输出结果，经趋势调整后，Q2 的平均销量是否大于、低于或接近于 Q1 的平均销量？

表 17.11　在百货商店销量数据的训练集上拟合的回归模型的输出结果

	coef	std err
Intercept	10.748945	0.018725
Quarter[T.Q2]	0.024956	0.020764
Quarter[T.Q3]	0.165343	0.020884
Quarter[T.Q4]	0.433746	0.021084
trend	0.011088	0.001295

d. 用这个模型预测 Q21 和 Q22 的销量。

e. 图 17.16 (a)展示了模型的拟合结果，图 17.16(b)展示了预测误差。

i. 重新生成这些图形。

ii. 根据这些图形，就 Q21 和 Q22 的预测结果发表看法。它们是否过预测、欠预测或接近实际值？

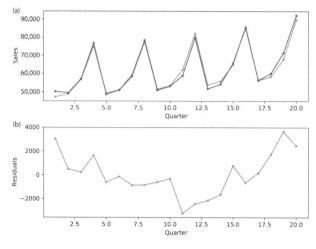

图 17.16　模型的拟合结果和预测误差

f. 观察图 17.16(b)所示的预测误差，以下哪种说法正确？

● 模型不能很好地表示季节性效应。

● 回归模型与数据拟合得非常好。

● 模型不能很好地表示数据中的趋势。

g. 以下哪种方案可以改进模型的拟合度并且计算量最小？

● 在残差上拟合二次趋势模型[1]。

● 在残差上拟合自回归模型。

● 在销量上拟合二次趋势模型。

17.6 纪念品销售。数据文件 SouvenirSales.csv 保存了澳大利亚昆士兰海滩度假村的一家纪念品商店从 1995 年到 2001 年期间每个月的销量信息。图 17.17 展示了销量数据的分别以澳元和对数为单位的时序图。回溯到 2001 年，这家纪念品商店想利用这个序列数据预测未来 12 个月的销量(也就是 2002 年每个月的销量)。为此，这家纪念品商店聘请了一位分析师来生成预测结果。这位分析师首先把数据分割为训练集和验证集。其中，验证集包含了最后 12 个月的数据(也就是 2001 年的数据)。然后，这位分析师使用训练集拟合回归模型。

a. 根据图 17.17 所示的时序图，回归模型应该包含哪些预测变量？这个模型中的预测变量一共有多少个？

b. 生成一个回归模型，把因变量设置为销售额(单位为澳元)，要求模型能够捕获数据序列中的趋势和季节性效应。记住，只需要在训练集上拟合模型。我们称这个回归模型为模型 A。

i. 估计并分析模型的系数：在一年里，哪个月的平均销量最大？

ii. 在模型 A 中，趋势系数的估计值为 245.35，解释这个值的意义。

c. 生成另一个回归模型，其中包含指数趋势和可乘性季节效应。记住，仅在训练集上拟合这个模型，我们称之为模型 B。

i. 以 log(Sales)为因变量拟合一个模型，再以 Sales 为因变量拟合另一个模型，后一个模型使用哪类趋势才能与前一个模型等价？

---

1 这个数据集中的 Quarter 变量相当于通常意义上的 trend 变量。

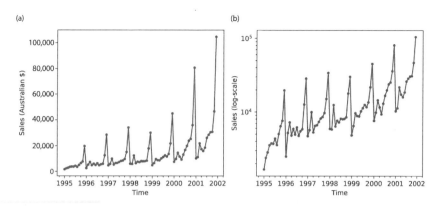

图 17.17 销量数据的分别以澳元和对数为单位的时序图

ii. 在模型 B 中，趋势系数的估计值是 0.02，解释这个值的意义。

iii. 用模型 B 预测 2002 年 2 月的销量。

d. 使用预测准确度比较这两个模型(模型 A 和模型 B)。应选择哪个模型来预测未来销量？根据输出结果，说出至少两个理由。

e. 为模型 B 生成自相关图形，直到 lag-15 序列为止。在预测误差上拟合 lag-2 序列的自相关模型(ARIMA(2,0,0))。

i. 分析自相关图形和自相关模型的系数估计值以及它们的统计显著性，根据模型 B 的输出结果，就预测的准确性发表看法。

ii. 利用相关性信息，使用前面的模型 B 和自相关模型重新生成 2002 年 2 月的预测结果。

f. 如果目标是分析 1995—2001 年这家纪念品商店销售数据序列中存在的不同成分，那么如何使用这些数据建立不同的模型？简述这些模型的差异。

17.7 家用电器发货量。 图 17.18 展示了从 1985 年至 1989 年期间美国家用电器每季度的发货量。要想计算这个序列的自相关系数，需要滞后多少时段(lag>0)？最有可能得到的最大系数(绝对值)是多少？绘制自相关图形，与自己的计算结果进行比较。

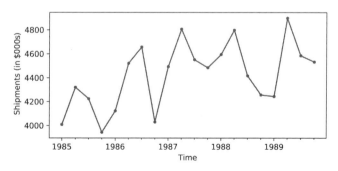

图 17.18 从 1985 年至 1989 年期间美国家用电器每季度的发货量

17.8 澳大利亚葡萄酒销量。 图 17.19 展示了澳大利亚 6 种葡萄酒(红酒、桃红葡萄酒、甜白葡萄酒、干白葡萄酒、起泡葡萄酒、加强型葡萄酒)每个月的销量。请你对这 6 种葡萄做短期预测，并且每个月都预测一次。

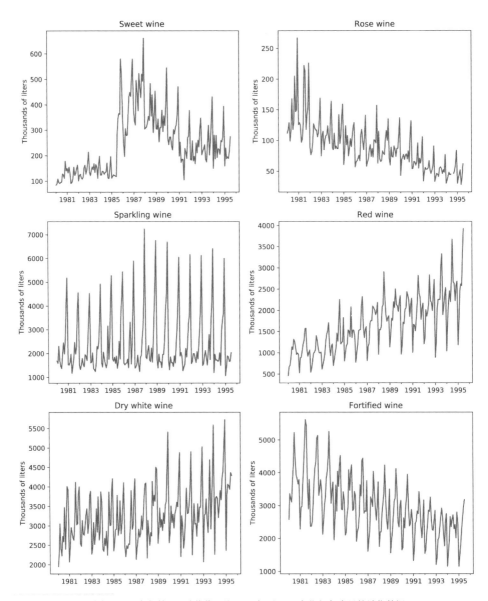

图 17.19　澳大利亚 6 种葡萄酒从 1980 年至 1995 年期间每个月的销售数据

a. 发表自己的看法，评价基于回归的预测器是否适合于每种葡萄酒？

b. 加强型葡萄酒在这 6 种葡萄酒中所占的市场份额最大。现在只考虑这种葡萄酒，尽可能精确地预测这种葡萄酒未来两个月的销量。

- 分割数据：以 1993 年 12 月为界，将之前的数据作为训练集。
- 在销售数据上拟合能够捕获线性趋势和可加性季节性效应的回归模型。

i. 绘制图形以比较实际值与预测值，对模型的拟合结果发表看法。

ii. 用回归模型预测 1994 年 1 月和 2 月的销量。

c. 根据模型的残差序列(直到 lag-12 序列)，绘制自相关图形，判断以下哪个结论正确。

- 模型并不能很好地表示 1994 年 12 月的销售情况。
- 不同年份的同一月份存在强相关性。
- 模型并不能很好地表示季节性效应。
- 应该在残差上拟合 lag-12 自回归模型。

平 滑 法

本章介绍几种常用且灵活的时间序列预测方法，这些方法都与平滑技术有关。为了减少噪声，平滑法会在多个时段里对序列进行平均处理。本章将介绍两种简单的平滑法：移动平均平滑法和简单指数平滑法。这两种平滑法都可以用来预测没有趋势和季节性效应成分的时间序列。对于这两种平滑法来说，预测值是序列中前面值的平均值(序列的历史长度和均化权重因方法而异)。本章还将介绍如何对移动平均法稍加修改，以便应用于数据可视化。本章接下来介绍的是适用于含有趋势和季节性效应成分的时间序列的平滑法。平滑法是数据驱动的，因而能自动适应序列中的数值随时间发生的变化。平滑法尽管高度自动，但也仍然必须由用户定义平滑参数，这些平滑参数决定了平滑法适应新数据的快慢，本章将讨论如何选择这些平滑参数以及它们各自的意义。本章最后将使用美铁客流量数据序列演示这些方法如何使用。

本章使用 NumPy 和 Pandas 包处理数据，使用 matplotlib 包可视化数据，使用 statsmodels 包建立模型。此外，本章还将用到第 17 章介绍的 singleGraphLayout()和 graphLayout()函数。

导入本章所需要的功能：

```
import numpy as np
import pandas as pd
import matplotlib.pylab as plt
import statsmodels.formula.api as sm
from statsmodels.tsa import tsatools
from statsmodels.tsa.holtwinters import ExponentialSmoothing
```

18.1 引言

平滑法不同于回归模型，后者需要有关时间序列成分(例如线性趋势或可乘季性节效应)的理论模型的支持，而平滑法是数据驱动的。换言之，平滑法直接根据数据估计时间序列成分，无须事先假设结构。如果序列中的模式是随时间变化的，那么数据驱动方法特别有用。平滑法中的"平滑"表示平滑掉序列中的噪声，从而发现其中隐藏的模式。平滑是通过对多个时段里的数值进行均化处理来实现的。不同的平滑法，需要均化的时段数不同，均化方法及均化次数也各不相同。下面介绍两种因极具简单性和适应性而在商业领域被广泛使用的平滑法：移动平均法和指数平滑法。

18.2 移动平均法

移动平均法通过对处于某个时间窗口内的数值进行均化处理来得到均值序列。假设时间窗口的宽度为 w，移动平均法将对每一组 w 个连续值求平均值，这里的 w 是由用户设定的。

常用的移动平均法如下：中心移动平均法和尾移动平均法。中心移动平均法是可视化趋势成分的强有力工具，因为其均化处理可以压制序列中的季节性效应和噪声，从而使序列中的趋势更加明显。相反，尾移动平均法常用于预测。中心移动平均法和尾移动平均法的差别取决于时间窗口在序列中的位置。

18.2.1 用于可视化的中心移动平均法

根据中心移动平均法，处于时刻 t 的移动平均值(MA_t)是落在以 t 为中心、宽度为 w 的时间窗口内的所有时序值的平均值。

$$MA_t = \left(Y_{t-(w-1)/2} + \cdots + Y_{t-1} + Y_t + Y_{t+1} + \cdots + Y_{t+(w-1)/2} \right) / w \qquad \text{式(18.1)}$$

假设时间窗口的宽度为 5(w=5)，那么处于时刻 t=3 的移动平均值等于序列在时间点 1、2、3、4、5 的值的平均值，而处于时间点 t=4 的移动平均值是序列在时间点 2、3、4、5、6 的值的平均值，其他情况以此类推[1]，这一点从图 18.1(a)可以看出。

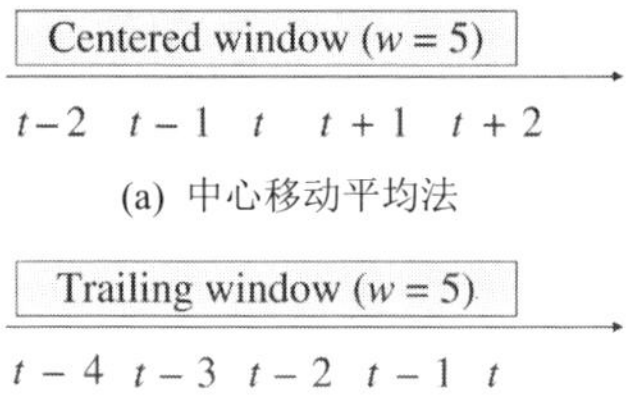

Centered window (w = 5)

$t-2 \quad t-1 \quad t \quad t+1 \quad t+2$

(a) 中心移动平均法

Trailing window (w = 5)

$t-4 \quad t-3 \quad t-2 \quad t-1 \quad t$

(b) 尾移动平均法

图 18.1　对比中心移动平均法和尾移动平均法，时间窗口的宽度都为 5

在含有季节性效应的序列中，时间窗口宽度的选择是一件很容易的事：由于我们的目标是更好地可视化趋势并抑制序列中的季节性效应，因此 w 的默认值就是季节周期的长度。回到美铁客流量数据，根据其中的年季节性效应，应该选择 w=12，图 18.2 在原来的序列数据上添加了中心移动平滑线(蓝色光滑线)。观察图 18.2，我们发现，添加的中心移动平滑线在整体上存在 U 型趋势，但是不同于回归模型生成的 U 型曲线，回归模型生成的是严格的 U 型曲线，而移动平均法生成的 U 型曲线稍微有点偏离，并且在最后一年稍微有点塌陷。

1　对于 w 为偶数的时间窗口，以 w=4 为例，为了在时间点 t=3 应用移动平均法，需要计算两个时间窗口的平均值：一个时间窗口里的时间点为 1、2、3、4，另一个时间窗口里的时间点为 2、3、4、5。对这两个时间窗口的平均值进行平均，即可得到时间点 t=3 的移动平均值。

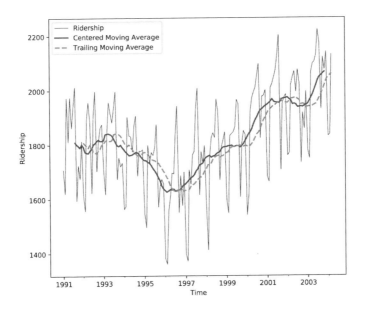

图 18.2 叠加在原有序列数据之上的中心移动平滑线，时间窗口的宽度为 12(彩图效果参见本书在线资源)

以下代码用于生成图 18.2 所示的图形：

```
# Load data and convert to time series
Amtrak_df = pd.read_csv('Amtrak.csv')
Amtrak_df['Date'] = pd.to_datetime(Amtrak_df.Month, format='%d/%m/%Y')
ridership_ts = pd.Series(Amtrak_df.Ridership.values, index=Amtrak_df.Date,
name='Ridership')
ridership_ts.index = pd.DatetimeIndex(ridership_ts.index,
                                      freq=ridership_ts.index.inferred_freq)

# centered moving average with window size = 12
ma_centered = ridership_ts.rolling(12, center=True).mean()

# trailing moving average with window size = 12
ma_trailing = ridership_ts.rolling(12).mean()

# shift the average by one time unit to get the next day predictions
ma_centered = pd.Series(ma_centered[:-1].values, index=ma_centered.index[1:])
ma_trailing = pd.Series(ma_trailing[:-1].values, index=ma_trailing.index[1:])

fig, ax = plt.subplots(figsize=(8, 7))
ax = ridership_ts.plot(ax=ax, color='black', linewidth=0.25)
ma_centered.plot(ax=ax, linewidth=2)
ma_trailing.plot(ax=ax, style='--', linewidth=2)
ax.set_xlabel('Time')
ax.set_ylabel('Ridership')
ax.legend(['Ridership', 'Centered Moving Average', 'Trailing Moving Average'])

plt.show()
```

18.2.2 用于预测的尾移动平均法

中心移动平均法是对某个时间点的过去值和未来值求均值，不能用于预测，因为在想要预测的时间点，未来是不可知的。因此，为了实现预测，需要使用尾移动平均法，把宽度为 w 的时间窗口设置为序列中最近的 w 个值。前 k 期的预测值 $F_{t+k}(k=1,2,3,4,...)$ 可通过对前面的 w 个值进行平均得到：

$$F_{t+k} = (Y_t + Y_{t-1} + \cdots + Y_{t-w+1})/w$$

例如，对于美铁客流量实例，为了预测 1992 年 2 月的客流量(假设已有 1992 年 1 月之前(含 1 月)的数据)，可以使用时间窗口宽度 $w=12$ 的尾移动平均法，对离 1992 年 2 月最近的 12 个月(1991 年 2 月至 1992 年 1 月)的客流量求平均。观察之前的图 18.2，其中的黄色虚线展示了叠加在原有序列数据之上的尾移动平均法的预测结果。

下面讨论如何使用时间窗口宽度 $w=12$ 的尾移动平均法预测美铁客流量。为此，分割美铁客流量序列数据，把后面的 36 个月数据作为验证集，把时间窗口宽度 $w=12$ 的尾移动平均法作为预测器，得到的输出结果如图 18.3 所示。注意，对于前 12 个月的训练期，没有预测值(因为需要平均的数值小于12 个)。另外，验证期内所有月份的预测结果都相等(1938.481)，这是因为我们假设只有 2001 年 3 月之前的信息是已知的。

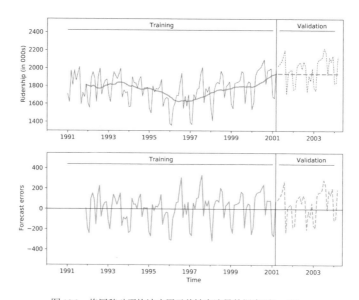

图 18.3　将尾移动平均法应用于美铁客流量数据序列($w=12$)

以下代码用于生成图 18.3 所示的图形：

```
# partition the data
nValid = 36
nTrain = len(ridership_ts) - nValid

train_ts = ridership_ts[:nTrain]
valid_ts = ridership_ts[nTrain:]
```

```
# moving average on training
ma_trailing = train_ts.rolling(12).mean()
last_ma = ma_trailing[-1]

# create forecast based on last moving average in the training period
ma_trailing_pred = pd.Series(last_ma, index=valid_ts.index)

fig, axes = plt.subplots(nrows=2, ncols=1, figsize=(9, 7.5))
ma_trailing.plot(ax=axes[0], linewidth=2, color='C1')
ma_trailing_pred.plot(ax=axes[0], linewidth=2, color='C1', linestyle='dashed')
residual = train_ts - ma_trailing
residual.plot(ax=axes[1], color='C1')
residual = valid_ts - ma_trailing_pred
residual.plot(ax=axes[1], color='C1', linestyle='dashed')
graphLayout(axes, train_ts, valid_ts)
```

在本例中我们很容易看出，移动平均法不适合生成每个月的预测结果，因为无法表示数据中的季节性效应。客流量大的月份被欠预测，客流量低的月份被过预测。在对含有趋势成分的序列进行预测时，也会出现类似的问题——尾移动平均法出现了"滞后"现象。因此，当序列存在上升趋势时，序列会被欠预测；而当序列存在下降趋势时，序列会被过预测。尾移动平均法的"滞后"现象也可以从图 18.2 看出。

通常，移动平均法只能用于没有趋势和季节性效应成分的序列，这样的限制看起来不切实际。但是，有几种常用模型(如回归模型)可以用来去掉序列中的趋势成分(de-trending)和季节性效应成分(de-seasonaliizing)。这样移动平均法就可以用来预测去掉趋势和季节性效应成分后的序列，之后再把趋势和季节性效应成分叠加到预测结果上。例如，考虑第 17 章中图 17.6 所示的回归模型，我们得到的残差没有趋势和季节性效应成分。也可以把移动平均法应用于残差序列(又称为预测误差序列)，从而得到下一个预测误差。假设已有 2001 年 3 月之前的数据，为了预测 2001 年 4 月的客流量(验证期的第一个月)，我们可以使用图 17.6 所示的回归模型生成 2001 年 4 月的预测值(结果是 2004.271)。然后使用时间窗口宽度为 12 的移动平均法预测 2001 年 4 月的预测误差，结果是 30.78068(可手动计算，也可使用 Python 程序来计算，如表 18.1 所示)。正值表示回归模型对 2001 年 4 月客流量的预测结果太小，因此需要对预测结果进行调整，可在预测结果 2004.271 的基础上加上 31。

表 18.1　将移动平均法应用于通过回归模型得到的残差序列(其中没有趋势和季节性效应成分)

```
code for applying moving average to residuals
# Build a model with seasonality, trend, and quadratic trend
ridership_df = tsatools.add_trend(ridership_ts, trend='ct')
ridership_df['Month'] = ridership_df.index.month

# partition the data
train_df = ridership_df[:nTrain]
valid_df = ridership_df[nTrain:]

formula = 'Ridership ~ trend + np.square(trend) + C(Month)'
ridership_lm_trendseason = sm.ols(formula=formula, data=train_df).fit()

# create single-point forecast
```

```
ridership_prediction = ridership_lm_trendseason.predict(valid_df.iloc[0, :])

# apply MA to residuals
ma_trailing = ridership_lm_trendseason.resid.rolling(12).mean()

print('Prediction', ridership_prediction[0])
print('ma_trailing', ma_trailing[-1])
```
输出结果如下:
```
Prediction 2004.2708927644996
ma_trailing 30.78068462405899
```

18.2.3 时间窗口宽度的选择

在使用移动平均法预测或可视化数据时,用户唯一可以选择的是时间窗口的宽度(w)。至于其他方法(如 k 近邻法),平滑参数的选择则要考虑欠光滑与过光滑之间的平衡。当用于可视化(使用中心移动窗口)时,w 值较大的时间窗口会展示更多的全局趋势,而宽度较窄的时间窗口只能展示局部趋势。因此,通过选择不同宽度的时间窗口,便可以探索不同的趋势(全局趋势或局部趋势)。当用于预测时,时间窗口宽度的选择应该考虑领域知识,也就是需要考虑过去数值的相关性以及序列变化的快慢。通过尝试不同的 w 值并比较它们的性能,我们可以积累预测评估经验,从而根据这些经验选择时间窗口宽度。但请注意,一定要避免出现过拟合。

18.3 简单的指数平滑法

在商业领域,指数平滑法之所以如此受欢迎,原因就在于指数平滑法十分灵活、容易实现自动计算且计算成本低、性能好。简单的指数平滑法与移动平均法非常相似,不同之处在于,前者不是取最近 w 个值的平均值,而是对所有过去值进行加权平均,权重随时间呈指数下降,越近的权重越大,越远的权重越小。背后的主要思想是:一方面为最近数值分配更大的权重;另一方面则不完全忽略过去的影响。

与移动平均法一样,简单的指数平滑法只用来预测没有趋势或季节性效应的序列。前面曾提到,为了获得这样的序列,需要从原始序列中删除趋势或季节性效应成分,然后将指数平滑法应用于残差序列(假设残差序列没有趋势或季节性效应成分)。

指数平滑法会按如下公式生成 t+1 时刻的预测值(F_{t+1}):

$$F_{t+1} = \alpha Y_t + \alpha(1-\alpha)Y_{t-1} + \alpha(1-\alpha)^2 Y_{t-2} + \cdots \qquad 式(18.2)$$

其中的 α 称为平滑参数,取值介于 0 和 1 之间。式(18.2)表明指数平滑法是对过去所有观测值的带权平均,权值呈指数下降。

指数平滑法还可以表示成另一种形式,这种形式在实践中更为常用:

$$F_{t+1} = F_t + \alpha E_t \qquad 式(18.3)$$

其中的 E_t 是 t 时刻的预测误差。式(18.3)表明指数平滑法是一种主动学习器:根据前面的预测值(F_t)与实际值的误差(E_t)来校正下一个预测值。如果某个时间点的预测值太大,就把下一个时间点的预测值调小。校准量取决于平滑参数 α 的值。从数据存储空间和计算时间的角度看,式(18.3)也有优点:意味着只需要保存最近时间点的预测值和预测误差,而不需要保存整个序列。在某些情形下,比如进行实时预测或者对多个序列并行地持续进行预测,节省存储空间和计算时间是非常必要的。

注意，其他未来时间点的预测结果与领先一步的预测结果相同。由于我们假设序列中不包含趋势和季节性效应，因此未来的预测结果只与预测时间之前的信息有关，超前 k 步的预测结果与领先一步的预测结果相同：

$$F_{t+k} = F_{t+1}$$

18.3.1 平滑参数 α 的选择

平滑参数 α 是由用户设置的，α 的值决定了学习率。当 α 的值接近 1 时，表示学习速度快(只有最近值才对预测有影响)；当 α 的值接近于 0 时，表示学习速度慢(过去的值对预测有很大的影响)。把式 (18.2)或式(18.3)中的 α 改为 0 或 1，就可以很容易地看出上述道理。因此，α 的值既取决于所需的平滑度，也取决于历史数据对预测结果的影响。研究已证实，α 的默认值取 0.1~0.2 就可以得到相当好的结果。通过试探法也可以帮助我们确定 α 的值，也就是通过分析实际序列和预测序列的时序图以及预测准确度(验证集的 MAPE 和 RMSE 值)来确定 α 的值。这样的 α 值能使模型在验证集上的预测准确度最优。试探法也可以用来确定趋势的局部特性与全局特性的相关程度。但是必须注意，在预测时使用最优的 α 值有可能使模型过拟合，从而降低模型对未来数据的预测准确度。

为了在 Python 中使用指数平滑法，需要使用 statmodels 库中的 ExponentialSmoothing 方法，其中参数 smoothing_level 就是设置的 α 值。

为了演示简单指数平滑法的具体用法，下面回到回归模型的残差序列，这里假设回归模型不含趋势和季节性效应成分。为了预测 2001 年 4 月的残差，需要把指数平滑法应用于 2001 年 3 月之前的整个序列，并把 α 设置为 0.2。模型的预测结果如图 18.4 所示，残差的预测结果(图中的水平虚线)为 14.143，这表示我们必须在回归模型的预测结果的基础上加上 14 143。

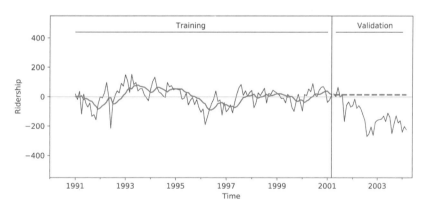

图 18.4　将简单指数平滑法(α=0.2)应用于通过回归模型得到的残差序列(其中没有趋势和季节性效应)，预测结果是 14.143

以下代码用于生成图 18.4 所示的图形：

```
residuals_ts = ridership_lm_trendseason.resid
residuals_pred = valid_df.Ridership - ridership_lm_trendseason.predict(valid_df)

fig, ax = plt.subplots(figsize=(9,4))

ridership_lm_trendseason.resid.plot(ax=ax, color='black', linewidth=0.5)
residuals_pred.plot(ax=ax, color='black', linewidth=0.5)
```

```
ax.set_ylabel('Ridership')
ax.set_xlabel('Time')
ax.axhline(y=0, xmin=0, xmax=1, color='grey', linewidth=0.5)

# run exponential smoothing
# with smoothing level alpha = 0.2
expSmooth = ExponentialSmoothing(residuals_ts, freq='MS')
expSmoothFit = expSmooth.fit(smoothing_level=0.2)

expSmoothFit.fittedvalues.plot(ax=ax)
expSmoothFit.forecast(len(valid_ts)).plot(ax=ax, style='--', linewidth=2, color='C0')

singleGraphLayout(ax, [-550, 550], train_df, valid_df)
```

18.3.2 移动平均法与简单指数平滑法的关系

在使用移动平均法与简单指数平滑法时，用户都必须设置指定的参数：在移动平均法中，必须设置时间窗口宽度(w)；而在简单指数平滑法中，必须设置平滑参数(α)。这两个参数都表示最近信息比过去信息重要。事实上，当移动平均法的时间窗口宽度(w)等于 $2/\alpha-1$ 时，移动平均法与简单指数平滑法几乎等效。

18.4 高级指数平滑法

前面曾提到，移动平均法和简单指数平滑法只能预测不含趋势和季节性效应成分的序列。换言之，它们只能预测仅包含水平和噪声成分的序列。要想预测包含趋势和季节性效应成分的序列，一种解决办法是事先删除趋势和季节性效应成分(通过回归模型)，另一种解决办法是使用高级指数平滑法捕获序列中的趋势和季节性效应。

18.4.1 包含趋势的序列

对于包含趋势的序列，可以使用双重指数平滑法。与回归模型不同，这里假设趋势曲线不是全局的，而是会随时间变化。双重指数平滑法能根据数据估计局部趋势，并随着更多数据的到来而不断得到更新。超前 k 步的预测可由 t 时刻的水平值(L_t)与趋势估计值(T_t)组合得到：

$$F_{t+k} = L_t + kT_t \qquad\qquad 式(18.4)$$

注意，由于式(18.4)中出现了趋势估计值，因此超前 1 步、超前 2 步、超前 3 步的预测结果不再相同。水平和趋势成分可通过以下两个公式进行更新：

$$L_t \;=\; \alpha Y_t + (1-\alpha)(L_{t-1} + T_{t-1}) \qquad\qquad 式(18.5)$$

$$T_t \;=\; \beta(L_t - L_{t-1}) + (1-\beta)T_{t-1} \qquad\qquad 式(18.6)$$

式(18.5)表明 t 时刻的水平成分是 t 时刻的实际值与前一个时间点经趋势调整后的水平成分的加权平均值(当从一个时间点移到下一个时间点时，需要考虑前一个时间点的趋势)。式(18.6)表明 t 时刻的趋势成分是前一时间点的趋势与最近水平变化量的加权平均值[1]。这里有两个平滑参数——α 和 β，它们决定了学习率。与简单指数平滑法一样，这两个参数的取值区间都是[0,1]，它们由用户设置，值越大，学习速度越快(最近的信息权重越大)。

18.4.2　包含趋势和季节性效应的序列

如果序列中包含趋势和季节性效应成分，就可以使用 Holt-Winter 指数平滑法。Holt-Winter 指数平滑法对双重指数平滑法做了扩展。在 Holt-Winter 指数平滑法中，在计算超前 k 步的预测值时，还要考虑 $t+k$ 时间点的季节性效应。假设季节性周期为 M，则预测公式如下：

$$F_{t+k} = (L_t + kT_t)\,S_{t+k-M} \qquad \text{式(18.7)}$$

注意，当预测 t 时刻的值时，为了利用式(18.7)生成预测结果，序列必须包含至少一个完整周期的数据($t>M$)。

作为一种自适应方法，Holt-Winter 指数平滑法允许水平、趋势和季节性效应成分随时间变化。这三个成分的值需要进行估计，并且随着信息不断到来，它们还必须及时得到更新。这三个成分的更新公式如下：

$$L_t \;=\; \alpha Y_t/S_{t-M} + (1-\alpha)(L_{t-1}+T_{t-1}) \qquad \text{式(18.8)}$$

$$T_t \;=\; \beta\,(L_t - L_{t-1}) + (1-\beta)T_{t-1} \qquad \text{式(18.9)}$$

$$S_t \;=\; \gamma Y_t/L_t + (1-\gamma)S_{t-M} \qquad \text{式(18.10)}$$

式(18.8)与式(18.5)相似，只不过这里使用 t 时刻调整后的季节性效应值而非原始值。式(18.9)与双重指数平滑法的趋势更新公式完全相同。式(18.10)表明当前的季节指数是前一周期的指数和当前经趋势调整后的预测值的带权平均值。式(18.10)展示了季节性效应的倍乘关系——不同季节的差值可用百分比来表示。

为了演示如何使用 Holt-Winter 指数平滑法预测序列，下面分析原始的美铁客流量数据。前面曾指出，美铁客流量数据含有趋势和季节性效应成分。图 18.5 展示了拟合值和预测值，表 18.2 中显示了输出摘要。

以下代码用于生成图 18.5 所示的图形：

```
# run exponential smoothing with additive trend and additive seasonal
expSmooth = ExponentialSmoothing(train_ts, trend='additive', seasonal='additive',
  seasonal_periods=12, freq='MS')
expSmoothFit = expSmooth.fit()

fig, axes = plt.subplots(nrows=2, ncols=1, figsize=(9, 7.5))
expSmoothFit.fittedvalues.plot(ax=axes[0], linewidth=2, color='C1')
expSmoothFit.forecast(len(valid_ts)).plot(ax=axes[0], linewidth=2, color='C1',
                      linestyle='dashed')
residual = train_ts - expSmoothFit.fittedvalues
residual.plot(ax=axes[1], color='C1')
residual = valid_ts - expSmoothFit.forecast(len(valid_ts))
residual.plot(ax=axes[1], color='C1', linestyle='dashed')
```

---

1 可使用不同的方法估计 L_1 和 T_1 的初始值，但是经过几个时间点之后，它们之间的差异就会消失。

```
graphLayout(axes, train_ts, valid_ts)
```

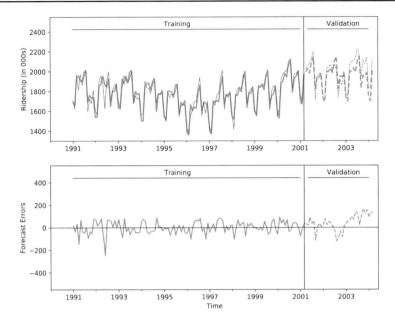

图 18.5　将 Holt-Winters 指数平滑法应用于美铁客流量数据

表 18.2　将 Holt-Winter 指数平滑法应用于美铁客流量数据后的输出摘要，其中包含了初始值和最终状态

```
> print(expSmoothFit.params)
> print('AIC: ', expSmoothFit.aic)
> print('AICc: ', expSmoothFit.aicc)
> print('BIC: ', expSmoothFit.bic)
```
输出结果如下：
```
{'smoothing_level': 0.5739301428618576,
  'smoothing_slope': 4.427106197126462e-78,
  'smoothing_seasonal': 8.604237951641415e-64,
  'damping_slope': nan,
  'initial_level': 1659.4023614918137,
  'initial_slope': 0.3287888147245162,
  'initial_seasons': array([ 31.35240029, -11.35543731, 291.69040179, 291.41159861,
          324.22688177, 279.21976391, 390.31153542, 441.32947772,
          119.95805216, 244.32751369, 235.62891276, 273.93418743]),
  'use_boxcox': False,
  'lamda': None,
  'remove_bias': False}

AIC: 1021.662594988854
AICc: 1028.239518065777
BIC: 1066.6575446748127
```

18.4.3 包含季节性效应但不包含趋势的序列

最后，对于包含季节性效应但不包含趋势的序列，虽然也可以使用 Holt-Winter 指数平滑公式，但是由于少了趋势成分，因此我们需要从预测公式和更新公式中删除趋势项。

在 Python 中如何实现指数平滑预测

在 Python 中，利用 statsmodels 包中的 ExponentialSmoothing 方法可以实现指数平滑预测：既可以实现简单的指数平滑预测，也可以实现高级指数平滑预测。

在将 ExponentialSmoothing 方法应用于时间序列之后，使用 forecast()或 predict()函数即可得到预测结果。为了把具有可加性或可乘性的趋势和季节性效应包含在模型中，需要使用 trend 和 seasonal 参数，例如 trend="additive"和 seasonal="multiplicative"。默认情况下，这两个参数都是 None。我们可以使用 seasonal_periods 参数设置时间点的个数。此外，我们还可以设置其他平滑参数，如 smoothing_level(α)、smoothing_slope(β)和 smoothing_seasonal(γ)。这些参数如果没有设置，它们将使用最佳值。

18.5 习题

18.1 **预测 9•11 恐怖袭击事件对美国航空业的影响**。美国运输统计局的研究与创新技术研究中心展开了一项研究，希望预测 9•11 恐怖袭击事件对美国运输业的影响。该研究中心于 2006 年发表了一份报告，可从 https://www.bts.gov/archive/publications/estimated_impacts_of_9_11_on_us_travel/index 下载这份报告和相关数据。开展这项研究的目的如下。

- 希望更好地了解人们的旅行模式在 9•11 恐怖袭击事件前后的变化。
- 分析 1990 年 1 月至 2004 年 5 月期间每个月的旅客流动，旅行数据保存在 Sept11Travel.csv 数据文件中，内容包括：
  - ♦ 航空乘客里程数(Air)
  - ♦ 铁路乘客里程数(Rail)
  - ♦ 自驾里程数(Car)

为了预测 9•11 恐怖袭击事件对美国航空业的影响，美国运输统计局采取了以下措施：利用 9•11 恐怖袭击事件之前的数据预测未来数据(假设 9•11 恐怖袭击事件没有发生)。然后对预测结果与实际结果进行比较，从而评估 9•11 恐怖袭击事件产生的影响。为此，需要把每个时间序列分割成两部分：9•11 恐怖袭击事件之前的时间序列和 9•11 恐怖袭击事件之后的时间序列。我们只需要考虑 9•11 恐怖袭击事件之前的时间序列即可。

a. 绘制 9•11 恐怖袭击事件前的 Air 时序图，从中可以发现哪些成分？

b. 图 18.6 展示了 9•11 恐怖袭击事件前的 Air 序列数据经季节性效应调整后的时序图，以下哪种方法可以用来预测其中的时序数据？

- 移动平均法(时间窗口的宽度应该是多少？)
- 简单的指数平滑法
- Holt 指数平滑法
- Holt-Winter 指数平滑法

18.2 **移动平均法与指数平滑法的关系**。假设要把移动平均法应用于某个序列，已知时间窗口的宽度非常小。为了通过简单的指数平滑法得到同样的结果，应如何设置平滑系数？

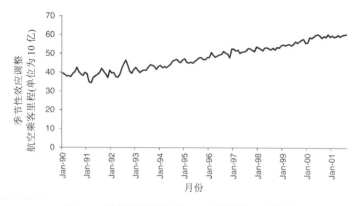

图 18.6　季节性效应调整后，911 事件前的 Air 时序图

18.3　使用移动平均法进行预测。给定销量的时间序列数据，其中训练集包含 50 个月，前 5 个月的数据如下

月份	销量
Sep 98	27
Oct 98	31
Nov 98	58
Dec 98	63
Jan 99	59

a. 使用移动平均法(w=4)预测 1999 年 1 月的销量。

b. 计算上述预测的误差。

18.4　优化 Holt-Winter 指数平滑法。下面是应用指数平滑法的最优平滑参数：

Level(水平)	1.000
Trend(趋势)	0.000
Seasonality(季节性效应)	0.246

a. 获得的趋势平滑参数为 0，这说明(单选)：

● 没有趋势成分。

● 仅从最早的两个时间点估计得到趋势。

● 可在整个数据集中更新趋势。

● 趋势是统计不显著的。

b. 使用这些最优平滑参数会带来什么风险？

18.5　百货商店销量。图 18.7 展示了某百货商店过去 6 年里每季度的实际销量。

a. 以下哪种方法不适用于预测这个序列：

● 在原始数据上应用移动平均法。

● 去掉季节性效应后应用移动平均法。

● 在原始数据上应用简单指数平滑法。

● 在原始数据上应用双重指数平滑法。

● 在原始数据上应用 Holt-Winter 指数平滑法。

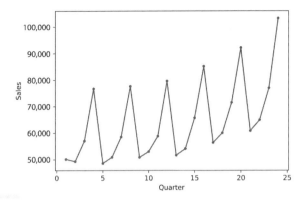

图 18.7 某百货商店过去 6 年里每季度的实际销量

b. 假设需要生成超前 4 个季度的预测结果。为此，分割原始数据，把最后 4 个季度作为验证时段，然后使用可乘的 Holt-Winter 指数平滑法进行预测，可将平滑参数设置为 $\alpha = 0.2$、 $\beta = 0.15$、$\gamma = 0.05$。

i. 在数据上运行 Holt-Winter 指数平滑法。

ii. Holt-Winter 指数平滑法在验证集上的预测结果如表 18.3 所示。

表 18.3 Holt-Winter 指数平滑法在验证集上的预测结果

季度	实际值	预测值	误差
21	60 800	59 384.56586	1415.434145
22	64 900	61 656.49426	3243.505741
23	76 997	71 853.01442	5143.985579
24	103 337	95 074.69842	8262.301585

c. 指数平滑法的拟合曲线和残差曲线如图 18.8 所示。根据目前已有的信息，这个模型能用来预测 Q21 和 Q22 的预测值吗？

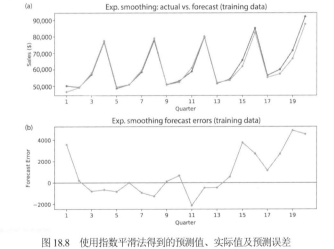

图 18.8 使用指数平滑法得到的预测值、实际值及预测误差

18.6 **家用电器发货量**。图 18.9 展示了从 1985 年至 1989 年美国家用电器每季度的发货量。

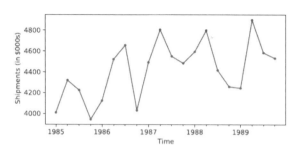

图 18.9 从 1985 年至 1989 年美国家用电器每季度的发货量

a. 针对原始数据，以下哪种方法可用来预测这个序列？

● 移动平均法。
● 简单指数平滑法。
● 双重指数平滑法。
● Holt-Winter 指数平滑法。

b. 在数据上应用移动平均法($w=4$)。除最后一年外，将所有数据当作训练集，建立时序图以表示移动平均序列。

i. MA(4)是什么意思？

ii. 用 MA(4)模型预测 1990 年第一季度的发货量。

iii. 用 MA(4)模型预测 1991 年第一季度的发货量。

iv. 1990 年第一季度的预测结果最有可能是对 1990 年第一季度实际发货量的欠估计、过估计还是准确估计？请说明理由。

v. 在使用 MA(4)模型预测未来每个季度的发货量之前，需要考虑哪些因素？

c. 下面把重点放在 1989 年以后发货量的预测上。继续把除最后一年外的全部数据作为训练集，而把最后一年的 4 个季度数据作为验证集。首先在训练集上拟合回归模型，要求拟合的回归模型能够表示序列中的趋势和季节性效应。然后在训练集上应用 Holt-Winter 指数平滑法，参数 $\alpha = 0.2$、$\beta = 0.15$、$\gamma = 0.05$。请选择合适的"季节长度"。

vi. 在验证数据上应用回归模型并计算 MAPE。

vii. 在验证数据上应用 Holt-Winter 指数平滑法并计算 MAPE。

viii. 为了预测 1990 年第一季度的发货量，使用哪种模型比较好？请给出三点理由。

ix. 为了优化 Holt-Winter 指数平滑法使用的平滑参数，我们有没有可能得到接近 0 的参数值？请说明理由。

18.7 **洗发液销量预测**。图 18.10 展示了某日化品牌的洗发液过去 3 年里每个月的销售数据。

如果直接作用于原始数据，下列哪种方法可用来预测这个序列？

● 移动平均法。
● 简单指数平滑法。
● 双重指数平滑法。
● Holt-Winter 指数平滑法。

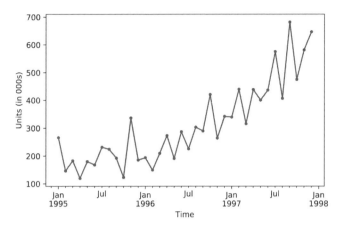

图 18.10　某日化品牌的洗发液过去 3 年里每个月的销售数据

18.8　**天然气销量**。图 18.11 展示了某天然气公司过去 4 年里每季度的销量(单位为 10 亿 BTU，BTU 是英热单位)。下面使用移动平均法预测这家天然气公司 2005 年冬季的天然气销量。

a. 重新生成时序图，叠加 MA(4)曲线。

b.* 从 MA(4)曲线中可以获得关于时序数据的哪些信息？

c. 选择合适的"季节长度"，重新应用移动平均法，生成的预测是过预测、欠预测还是准确预测？请说明理由。

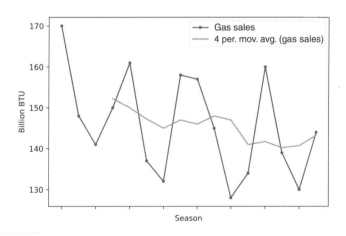

图 18.11　某天然气公司过去 4 年里每季度的销量

18.9　**澳大利亚葡萄酒销量**。图 18.12 展示了澳大利亚 6 种葡萄酒(红酒、桃红葡萄酒、甜白葡萄酒、干白葡萄酒、起泡葡萄酒、加强型葡萄酒)每个月的销量。请你对这 6 种葡萄做短期预测，并且每个月都预测一次。

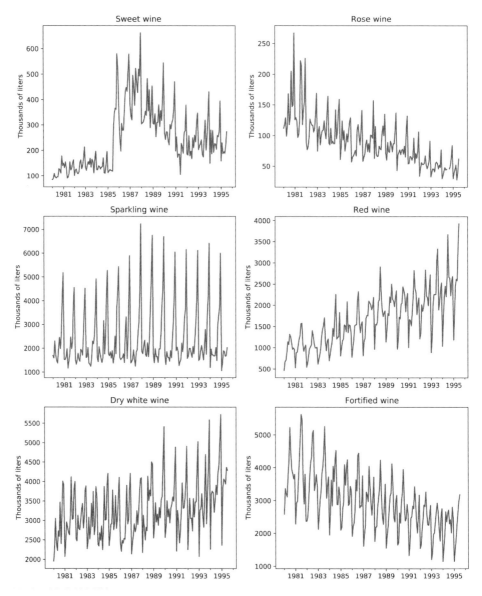

图 18.12　澳大利亚 6 种葡萄酒从 1980 年至 1995 年期间每个月的销售数据

a. 应选择哪种预测方法以适用于所有时序数据？

b. 加强型葡萄酒在这 6 种葡萄酒中所占的市场份额最大，现在只考虑这种葡萄酒，尽可能精确地预测这种葡萄酒未来两个月的销量。

- 分割数据：以 1993 年 12 月为界，将之前的数据作为训练集。
- 应用 Holt-Winter 指数平滑法，选择合适的 "季节长度" (将平滑参数设置为 $\alpha = 0.2$、$\beta = 0.15$、$\gamma = 0.05$)。

c. 将通过上述 Holt-Winter 指数平滑法生成的残差绘制为自相关图形，滞后 12 个时间点。

i. 分析绘制的自相关图形，判断以下哪个结论正确：

● 模型可以很好地表示 1994 年 12 月的销售情况。

● 不同年份的同一月份存在强相关性。

● 模型不能很好地表示季节性效应。

● 应该在残差上拟合 lag-12 自回归模型。

● 应该首先去掉数据中的季节性效应，然后应用 Holt-Winter 指数平滑法。

ii. 怎么做才能在不为模型添加另一层的情况下处理季节性效应？

第 VII 部分

数 据 分 析

第19章

社交网络分析

本章介绍可视化和描述社交网络的基本方法，社交网络链接的度量指标，以及如何使用监督学习和无监督学习方法分析社交网络。我们使用的方法早在 Internet 出现之前就已存在，但正是由于社交网络数据的爆发式增长，它们才得到广泛应用。例如，Twitter 选择把自己的信源向大众开放，而其他一些社交媒体公司也在通过 API 向外部开发人员开放数据。

本章使用 Pandas 和 NumPy 包处理数据，使用 networkx 包处理和分析社交网络，使用 matplotlib 包绘制网络图形。

导入本章所需要的功能：

```
import collections
import pandas as pd
import networkx as nx
import matplotlib.pyplot as plt
```

19.1 引言

随着 Friendster 和 MySpace 等社交网络的出现，以及 Facebook 在 2004 年的出现，21 世纪初出现社交媒体的应用热潮。接下来出现的 LinkedIn 专为专业人员提供服务，紧随其后又出现了 Tumblr、Instagram、Yelp、TripAdvisor 等一系列信息收集公司。这些信息收集公司迅速聚集了海量数据——特别是有关用户间相互链接的数据(如朋友、粉丝、人脉等)。

对于 Facebook、Twitter 和 LinkedIn 等公司，他们的最大优势就在于收集的数据具有分析价值和预测价值。在编写本书时(2017 年 3 月)，Facebook 的市值已超过通用汽车公司和福特公司市值之和的两倍。其他公司，如 Amazon 和 Pandora，已经把社交数据当作旨在提供更好产品和更好服务的预测工具的重要部件。

社交网络基本上由两部分组成：对象(也就是人)以及对象之间的连接。下面介绍用来分析、描述社交网络的基本模块。社交网络的基本组成如下：

- 节点(有时也称为顶点)。
- 边(节点间的连接)。

图 19.1 描述了一个非常简单的 LinkedIn 网络。这个 LinkedIn 网络的 6 个节点表示成员，8 条边表示成员之间的联系。但是，只有部分成员而非全部成员之间有联系。

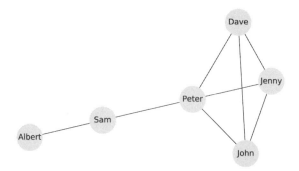

图 19.1　一个非常简单的 LinkedIn 网络，边表示成员之间的联系

以下代码用来生成图 19.1 所示的图形：

```
df = pd.DataFrame([
    ("Dave", "Jenny"), ("Peter", "Jenny"), ("John", "Jenny"),
    ("Dave", "Peter"), ("Dave", "John"), ("Peter", "Sam"),
    ("Sam", "Albert"), ("Peter", "John")
], columns=['from', 'to'])
G = nx.from_pandas_edgelist(df, 'from', 'to')
nx.draw(G, with_labels=True, node_color='skyblue')
plt.show()
```

19.2　有向网络与无向网络

在图 19.1 中，边是双向或无向的。这表示如果 John 连接到 Peter，那么从 Peter 也能连接到 John，这两个连接在本质上没有差别。从图 19.1 还可以看出，同一小组(Peter、John、Dave 和 Jenny)中成员之间的联系比较紧密，另外两个成员(Sam 和 Albert)与其他人的联系比较少。

连接也可以是有向的。例如，在 Twitter 上，Dave 可能跟随着 Peter，但是 Peter 并没有跟随 Dave。图 19.2(其中的成员与图 19.1 相同)描述了一个虚构的 Twitter 网络，其中带有箭头的边，称为有向边。

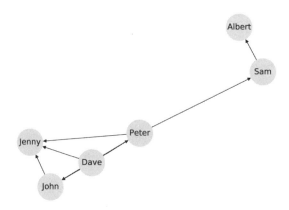

图 19.2　一个虚构的 Twitter 网络，有向边用来表示成员之间的跟随关系

以下代码用来生成图 19.2 所示的图形：

```
# use nx.DiGraph to create a directed network
G = nx.from_pandas_edgelist(df, 'from', 'to', create_using=nx.DiGraph())
nx.draw(G, with_labels=True, node_color='skyblue')
plt.show()
```

边都有权重，权重反映了边的属性。例如，边的粗细反映了网络中两个成员之间的 e-mail 流量级别或者数字网络中两个节点之间的带宽，如图 19.3 所示。边的长度还可以用来表示地图上两点之间的距离。

图 19.3　边的粗细表示边的权重

19.3　社交网络的可视化和分析

读者可能已经发现，网络图可以用作分析和探索社交网络的工具，它们被广泛用在新闻媒体中。《圣安东尼奥快报》的记者 Jason Buch 和 Guillermo Contreras，用图 19.4 所示的网络图分析和描述了贩毒分子的洗钱网络。

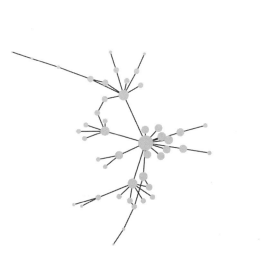

图 19.4　圣安东尼奥市的毒贩洗钱网络

他们发现有个节点处于整个网络的核心位置，这个节点与其他节点都有联系。他们还发现这个核心节点位于圣安东尼奥市保安严密的 Dominion 小区，而小区的主人就是现已被定罪的洗钱者——Mauicio 和 Alejandro Sanchez Garza。图 19.4 中右上角的几个成员则自成网络。节点的大小表示它们离中心节点的距离(具体而言，节点的大小与它们的特征向量中心度成正比，特征向量中心度的概念稍后介绍)。

以下代码用来生成图 19.4 所示的图形:

```
drug_df = pd.read_csv('drug.csv')

G = nx.from_pandas_edgelist(drug_df, 'Entity', 'Related Entity')

centrality = nx.eigenvector_centrality(G)
node_size = [400*centrality[n] for n in G.nodes()]
nx.draw(G, with_labels=False, node_color='skyblue', node_size=node_size)
plt.show()
```

19.3.1 网络图的布局

需要说明的是，在网络图中，x 和 y 坐标轴没有任何意义。网络图的意义是通过网络图中节点的大小、边的粗细、节点标签和箭头等因素来传达的。因此，同一网络可以用两个完全不同的网络图来表示。例如，图 19.5 显示了两个布局不同的网络图，但它们都表示前面虚构的那个 LinkedIn 网络。

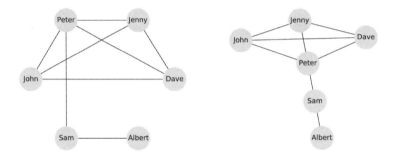

图 19.5　图 19.1 所示 LinkedIn 网络的两种不同布局

因此，可视化工具面对图形布局有很多选择。在选择网络布局时，我们首先要弄清楚图形布局的基本原则。以下是 Dunne 和 Shneiderman 提出的关于生成可读性良好的图形布局的 4 条基本原则:

- 每个节点都必须是可见的。
- 每个节点都要能够计算节点的度(稍后将解释什么是节点的度)。
- 对于每个连接，都要能够从起始点追寻到目标点。
- 簇和奇异点必须是可识别的。

然后，把这些通用原则转换为可读性指标，并通过它们来判断网络图的绘制质量。最简单的网络图是环形图和网格图，此外还有很多其他布局形式，它们可以比较清楚地展示网络中的簇和孤立节点等，这样计算机便可以使用各种算法。这些算法刚开始时很可能使用任意结构，可随意进行调整并对物理特性进行模拟(比如用弹簧连接节点)，在经过多次迭代后，就可以不断与可读性指标进行比较。Kamada–Kawai 提出的力导向图就是典型代表，使用 networkx 包可以绘制力导向图。详细讨论这些算法已超出本章的讲解范围。Golbeck 的著作详细讨论了网络图的布局问题，包括算法以及节点的大小、形状、颜色、刻度、标签等，感兴趣的读者可以自行参考。

19.3.2 边表

图 19.4 所示的网络图总是能与名为边表或邻接表的数据表联系起来。表 19.1 显示了由图 19.4 生成的数据表的一部分，其中的两列代表网络图中的节点，每一行代表两个节点之间的一个连接。如果网络图是有向的，那么连接表示从第一列指向第二列。

表 19.1　图 19.4 所示网络图对应的部分边表

6451 Babcock Road	Q & M LLC
Q & M LLC	10 Kings Heath
Maurico Sanchez	Q & M LLC
Hilda Riebeling	Q & M LLC
Ponte Vedra Apartments	Q & M LLC
O S F STEAK HOUSE, LLC	Mauricio Sanchez
Arturo Madrigal	O S F STEAK HOUSE
HARBARD BAR, LLC	Arturo Madrigal
10223 Sahara Street	O S F STEAK HOUSE
HARBARD BAR, LLC	Maurico Sanchez
9510 Tioga Drive, Suite 206	Mauricio Sanchez
FDA FIBER, INC	Arturo Madrigal
10223 Sahara Street	O S F STEAK HOUSE
A G Q FULL SERVICE, LLC Alvaro	Garcia de Quevedo
19510 Gran Roble	Arturo Madrigal
Lorenza Madrigal Cristan	19519 Gran Roble
Laredo National Bank	19519 Gran Roble

借助典型的网络图可视化工具，我们可以在数据表中选择一行，以高亮显示其中的两个节点和相应的边。同样，我们还可以单击网络图中的某个节点，并在数据表中高亮显示相应的节点。

19.3.3 邻接矩阵

也可以用邻接矩阵表示网络图中节点之间的关系。表 19.2 显示了图 19.2 所示网络图的邻接矩阵。

表 19.2　对应图 19.2 中的 Twitter 小型网络图的邻接矩阵

	Dave	Peter	Jenny	Sam	John	Albert
Dave	0	1	1	0	1	0
Peter	0	0	1	1	1	0
Jenny	0	0	0	0	0	0
Sam	0	0	0	0	0	1
John	0	1	1	0	0	0
Albert	0	0	0	0	0	0

邻接矩阵中的每个单元格代表一条边,源节点是单元格所在行的标题列中的节点,目标节点则是标题行中对应的节点。例如,表 19.2 中的第 2 行表示有三个人跟随 Dave,他们是 Peter,Jenny 和 John。

19.3.4 在分类和预测中使用社交网络数据

在讨论分类、预测、聚类分析和数据降维等算法时,处理的数据大多都是高度结构化的——列代表变量(特征)、行代表记录。我们已经介绍了如何使用 Python 把来自关系数据库的样本数据转换为框架结构的数据。

高度结构化的数据也可以用于社交网络分析,但是,初始的社交网络数据通常是从无结构格式或半结构格式开始的。Twitter 选择把自己收集的海量推特记录的一部分作为信源向大众开放,这极大吸引了研究人员的注意力,激发了他们的研究兴趣——研究如何把网络分析应用于社交媒体数据。网络分析可以使用这些非结构化数据,并把它们转换为结构化数据和一些有用的度量指标。

现在请把注意力转移到这些指标上。这些指标不仅可以用来描述网络的属性,而且可以作为传统数据挖掘方法的输入数据。

19.4 社交网络指标和分类法

在网络分析中,经常要用到一些社交网络指标。在介绍这些社交网络指标之前,我们需要先了解几个与网络图有关的基本术语。

边的权重表示两个连接节点之间的关系强度。例如,在 e-mail 网络中,边的权重反映了边所连接的两个用户的电子邮件数量。

路径和路径长度是表示两个节点之间距离的重要指标。路径是指从节点 A 到节点 B 所要经过的节点序列。路径长度是指路径中的边数。这两个术语通常并不反映最短路径。在带权网络中,最短路径并不代表边数最少的路径,而代表权重最小的路径。例如,如果边的权重表示成本,那么最短路径表示成本最小的路径。

连通网络是指这样的网络,网络中的任意节点都有路径能够到达其他节点。有的网络从整体上可能不是连通的,但其中包含的子网络却是连通的。例如,图 19.4 所示的网络就不是连通的——并非任意两个节点都有路径相通,但是我们发现,这个网络有两个连通的子网络。

团(clique)是指这样的网络,网络中的每个节点与其他节点都有边直接相连,而非再通过其他节点进行连接。

孤立(singleton)节点是指没有任何边进行连接的节点。当某个用户刚注册到社交网络的服务区(例如,阅读评论)时,如果还没有参与社交网络中的任何活动,这个用户就会成为孤立节点。

19.4.1 节点级中心度指标

人们经常对某特定人物或特定节点的重要性或影响力感兴趣,这可以用节点在网络中的中心度来表示。

最常用的方法是计算节点的度——有多少条边连接到节点。边数越多的节点越靠近网络的中心。例如,在图 19.1 中,Albert 的度是 1,Sam 的度为 2,Jenny 的度是 3。在有向图中,我们还需要知道节点的入度和出度——进出节点的边数。例如,在图 19.2 中,Peter 的入度为 2、出度为 1。

节点中心度的另一个衡量指标是紧密性,紧密性是指一个节点与网络中另一个节点的接近程度。为了计算一个节点的紧密性,需要首先计算这个节点到其他所有节点的最短路径,然后计算最短路径的长度平均值，最后求出倒数。例如，在图 19.1 中，Albert 的紧密性是 5/(1+2+3+3+3)=0.417。

我们还可以使用中介中心度来衡量节点中心度。一个节点的中介中心度是指这个节点处在两个节点之间最短路径上的频率。例如，对于节点 A、B 和 C，节点 A 的中介中心度等于节点 B 与 C 之间所有最短路径中出现节点 A 的路径所占比例。例如，在图 19.1 中，Peter 出现在 Dave、Jenny、John 与 Albert 和 Sam 之间的所有最短路径上。由于每对节点只有一条最短路径，因此 Peter 的中介中心度是 6(未经归一化处理)。为了得到归一化结果，需要将这个值除以全部可能的最短路径数：$\dfrac{n(n-1)}{2}$。由于经过 Peter 的全部路径数是 10，因此 Peter 的中介中心度是 0.6。对于每个节点，我们都需要计算这样的中介中心度，然后求平均值。

在社交网络中，中心度往往用节点的大小来表示，中心度越大，节点越大。

表 19.3 展示了如何使用 Python 程序计算小型无向 LinkedIn 网络的中心度。

表 19.3　使用 Python 程序计算小型无向 LinkedIn 网络的中心度

```
>>> G = nx.from_pandas_edgelist(df, 'from', 'to')
>>> G.degree()
[('Dave', 3), ('Jenny', 3), ('Peter', 4), ('John', 3), ('Sam', 2), ('Albert', 1)]
>>> nx.closeness_centrality(G)
{'Dave': 0.625, 'Jenny': 0.625, 'Peter': 0.833, 'John': 0.625,
  'Sam': 0.625, 'Albert': 0.417}
  >>> nx.betweenness_centrality(G)
{'Dave': 0.0, 'Jenny': 0.0, 'Peter': 0.6, 'John': 0.0, 'Sam': 0.4, 'Albert': 0.0}
>>> nx.eigenvector_centrality(G, tol=1e-2)
{'Dave': 0.47, 'Jenny': 0.47, 'Peter': 0.53, 'John': 0.47,
  'Sam': 0.21, 'Albert': 0.08}
```

19.4.2　自我中心网络

实际上，重要的信息只能通过分析个人及其社会关系才能获得。例如，公司里负责招聘的行政主管可能会对某些职位的个人及其社会关系感兴趣。

自我中心网络是指所有连接都以个人节点为中心的网络。一个节点的 1 度自我中心网络包括所有与这个节点连接的边和关联节点，一个节点的 2 度自我中心网络包括这个节点的 1 度自我中心网络及其关联的边和节点。例如，在图 19.1 所示的 LinkedIn 网络中，Peter 的 1 度和 2 度自我中心网络如图 19.6 所示。注意，Peter 的 2 度自我中心网络就是图 19.1 所示的整个网络。

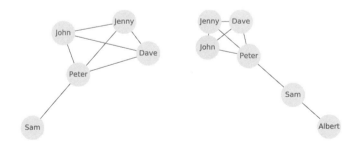

图 19.6　Peter 的 1 度自我中心网络(左图)和 2 度自我中心网络(右图)

以下代码用于计算自我中心网络:

```
# nx.ego_graph get Peter's 1-level ego network
% # for a 2-level ego network set argument order = 2 in make_ego_graph().
plt.subplot(121)
# get 1-level ego network for 'Peter'
G_ego = nx.ego_graph(G, 'Peter')
nx.draw(G_ego, with_labels=True, node_color='skyblue')
plt.subplot(122)
# set radius=2 to get 2-level ego network
G_ego = nx.ego_graph(G, 'Peter', radius=2)
nx.draw(G_ego, with_labels=True, node_color='skyblue')
```

19.4.3　社交网络度量指标

至此,我们已经介绍了节点和边的一些度量指标和术语。下面介绍社交网络整体连接性的度量指标。社交网络整体连接性的两个主要度量指标是度分布和密度。

度分布是指社交网络中所有节点连接数的分布,例如,有 5 个连接的节点有多少,有 4 个连接的节点有多少,有 3 个连接的节点有多少,等等。在图 19.1 中,Peter、Jenny 和 Dave 都有 3 个连接,John 和 Sam 有 2 个连接,Albert 只有 1 个连接,如表 19.4 所示。

表 19.4　图 19.1 所示 LinkedIn 网络的度分布

度	频数
0 度	0
1 度	1
2 度	1
3 度	3
4 度	1

密度是另一个用来度量网络整体连接性的指标,这个指标针对边而非节点。对于节点数固定的网络来说,这个指标可由实际边数与网络可能的最大边数(每个节点到其他节点都有边进行连接)之比得到。对于包含 n 个节点的有向图来说,最大边数是 $n(n-1)$;对于包含 n 个节点的无向图来说,最大边数是 $n(n-1)/2$。有向图和无向图的密度计算公式如下:

$$\text{density (directed)} = \frac{e}{n(n-1)} \qquad \text{式(19.1)}$$

$$\text{density (undirected)} = \frac{e}{n(n-1)/2} \qquad \text{式(19.2)}$$

其中的 e 表示实际边数,n 表示节点数。密度的取值范围是 0(非常稀)~1(非常密)。图 19.7 和图 19.8 分别展示了一个相对较稀的网络和一个相对较密的网络。表 19.5 中的代码用于计算小型 LinkedIn 网络的社交网络度量指标。

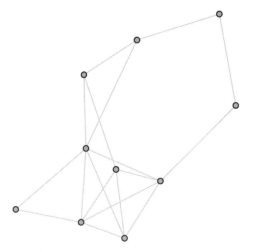

图 19.7　一个相对较稀的网络

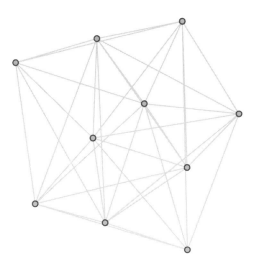

图 19.8　一个相对较密的网络

表 19.5　使用 Python 程序计算社交网络度量指标

```
> degreeCount = collections.Counter(d for node, d in G.degree())
> degreeDistribution = [0] * (1 + max(degreeCount))
> for degree, count in degreeCount.items():
>     degreeDistribution[degree] = count
> degreeDistribution
[0, 1, 1, 3, 1]

> nx.density(G)
0.26666666666666666
```

19.5　在分类和预测中应用网络指标

在标准的分类和预测程序中，除普通的预测变量外，还可以使用社交网络属性。这方面最常见的应用与相亲有关。例如，在线相亲网站会预测男女会员的匹配程度。通常情况下，匹配算法需要计算发起约会的会员与候选对象之间的距离(相似度)。匹配算法不仅要考虑会员的自我介绍信息，还要考虑约会双方的链接信息。这里的链接有可能表示的是"浏览候选对象的个人简历"这种行为。

19.5.1　连接预测

Facebook 和 LinkedIn 等社交网络利用网络信息向用户推荐新的链接。预测算法寻找所有可能的节点对，然后为每一对节点分配分数，分数反映了两个节点的相似度，分数最高的那对节点，表示它们最相似(或最为接近)。有关距离度量指标的更多信息，详见第 15 章。在计算相似度指标时，需要使用的一些变量表示的是非网络信息(如教育年限、年龄、性别、居住地址)。链接预测中使用的如下度量指标专门针对网络数据：

- 最短路径。
- 共同邻接点的个数。
- 边的权重。

链接预测也可以用于监视智能目标。"收集一切信息"在技术、道德和法律上是行不通的，因此监管机构必须通过关联规则把需要监视的对象缩小到一个很小的范围内。监管机构通常首先从已有的目标对象开始，然后利用目标对象的链接信息预测确定其他需要监视的对象并优先处理这些对象。

19.5.2　个体解析

为了评估某个人是否多次出现在多个数据库中，可以使用类似于近邻法或聚类法的办法，先计算距离，再根据距离确定相似度。第 15 章专门讨论了欧几里得距离，并且指出这个度量指标不仅与个人所属的网络有关，而且与个人特性(预测变量的值)有关。当需要根据这些特性解析个体时，将不得不利用领域知识评估每个变量的重要性。例如，假设记录中包含街道地址和邮编两个变量，由于与街道地址匹配比起与邮箱匹配更具有确定性，因此在计算匹配分数时，可以为街道地址分配更大的权重。

除了根据个人特性计算距离之外，还可以使用网络特性。分析图 19.9 所示的几个网络，其中的每个网络代表某人的全部关联情况。根据这几个网络，我们认为 A 和 AA 可能是同一个人，而 AAA 可能是另一个人。这种搜索使用的度量指标可以用在自动模式(如无法使用可视化工具的场景)中，它们与链接预测使用的度量指标一样。

个体解析也可广泛应用于客户记录的管理和搜索。例如，某客户可能联系过一家公司，并询问了相关产品或服务，从而生成一条客户询问记录。当这位客户再次联系这家公司时，客户数据库管理系统会将此次联系标记为第一位客户的行为。理想情形下，同一客户每次联系时输入的信息应该是一样的，但事实并非都是如此。由于找不到精确匹配，客户数据库管理系统可能会根据相似度匹配到其他客户。

个体解析的另一应用领域是欺诈识别。例如，电信公司利用链接解析来找到那些欠费后消失但以新账户重新注册的客户。此类客户呼进和呼出的电话仍然是稳定的，这能帮助电信公司识别他们。

在传统的商业运营环境中，可以根据客户的姓名、地址和编码找到匹配对象；在社交媒体产品中，可以根据网络的相似性找到匹配对象。

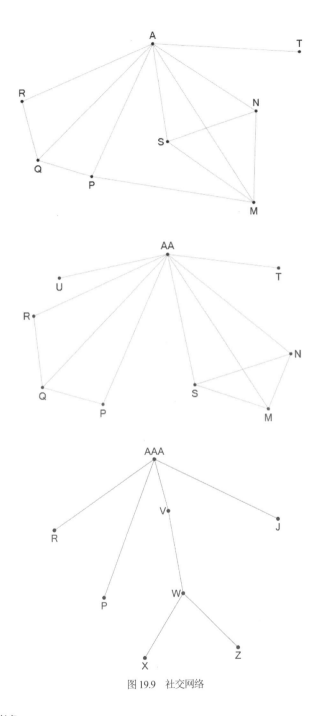

图 19.9　社交网络

19.5.3　协同过滤

第 14 章介绍了协同过滤。协同过滤利用相似性指标来识别相似个体，从而向个体发送推荐服务。

商业公司如果拥有自己的社交媒体，就可以利用社交网络中的连接信息来计算相似性指标。

例如，对于以互联网广告作为关键业务的公司来说，最大的问题是，广告要给哪些客户看？

下面举个例子，有一家专门为在线客户提供服务的公司。用户 A 刚刚注册，现在需要对用户 A 与用户 B、C 和 D 进行比较。表 19.6 显示了与用户 A、B、C 和 D 有关的人口统计信息和用户信息。

表 19.6　与用户 A、B、C 和 D 有关的人口统计信息和用户信息

用户	成为公司客户的时间(单位为月)	年龄	消费额	教育程度
A	7	23	0	3
B	4	45	0	2
C	5	29	100	3
D	11	59	0	3

首先，根据这些数值计算用户 B、C、D 的距离，以确定哪个用户离用户 A 最接近。下面对原始数据进行归一化处理，从而将全部数据变换到同一刻度(对于教育程度，1 表示高中学历，2 表示本科学历，3 表示硕士研究生及以上学历)。所谓归一化处理，就是先减去平均值，再除以标准差。归一化处理后的数据如表 19.7 所示。

表 19.7　归一化处理后的数据

用户	成为公司客户的时间(单位为月)	年龄	消费额	教育程度
A	0.17	−1.14	−0.58	0.58
B	−0.18	0.43	−0.58	−1.73
C	−0.51	−0.71	1.73	0.58
D	1.52	1.42	−0.58	−0.58

然后，计算用户 A 与其他用户的欧几里得距离，如表 19.8 所示。根据这些计算，我们发现用户 C 与用户 A 最接近(在计算过程中，人口统计信息和用户数据已考虑在内)。

表 19.8　用户 A 与其他用户的欧几里得距离

用户对	成为公司客户的时间(单位为月)	年龄	消费额	教育程度	欧氏距离
A-B	1.83	2.44	0	5.33	3.1
A-C	0.46	0.18	5.33	0	2.44
A-D	1.83	5.55	0	0	2.89

现在加入社交网络指标，假设用最短路径表示用户之间的距离，最短路径分别是 A-B=2、A-C=4、A-D=3，如表 19.9 所示。

表 19.9　社交网络指标

用户对	最短路径
A-B	2
A-C	4
A-D	3

最后，把这些社交网络指标添加到前面的用户距离计算公式中。实际上，我们不需要像其他度量指标那样计算和归一化这些差值，因为最短路径本身就是两条记录的距离指标。为此，需要对社交网络指标和非社交网络指标加权求平均值，权重要能够反映每个特性的相对重要性。如果采用相同的权重(参见表 19.10)，那么用户 B 是用户 A 的最相似用户。因此，我们既可以把用户 B 作为链接推荐给用户 A(假设处在社交环境中)，也可以把用户 B 作为所推荐产品和服务的源。权重的选择并非按科学过程进行的，而是根据人们对社交网络指标和非社交网络指标的相对重要性所做的商业判断。

表 19.10　组合社交网络指标和非社交网络指标

用户对	最短路径	权重	非社交网络指标	权重	加权平均值
A-B	2	0.5	3.1	0.5	2.55
A-C	4	0.5	2.44	0.5	3.22
A-D	3	0.5	2.89	0.5	2.95

除了在社交媒体上向用户推荐链接以及向推荐系统提供数据之外，网络分析还可用于(基于网络数据)识别相似个体的簇(如用于市场营销)，进而识别有影响力的个体或者理解——在某些情形下则是控制——病症和信息的传播。

> **利用社交网络数据**
>
> 社交网络数据的主要用户是社交网络自身、为社交网络开发应用的组织或公司以及它们的广告公司。Facebook、Twitter 和其他网络公司以及相关的应用开发人员可利用社交网络数据个性化用户的体验并增加他们的参与度(鼓励多用和长时间使用)。
>
> 社交网络数据还是强有力的广告工具。在编写本书时，Facebook 每年能获得 500 亿美元的广告收入，Twitter 每年能获得 20 亿美元的广告收入，LinkedIn 每年能获得 50 亿美元的广告收入。有别于传统媒体，Internet 社交媒体平台可以提供针对性强且高度细分的广告。此外，Internet 社交媒体平台还有其他优点，比如用户可以体验不同的广告，从而不断得到最优体验；而网络公司则可以评估用户的响应，只需要为用户点击广告付费即可。
>
> Facebook 和 Twitter 过去已经通过它们的 API 开放了部分数据。通过第三方应用使用 Facebook 数据曾引发激烈争论，Facebook 最终不得不采取措施，对第三方应用使用这些数据加以限制。Twitter 要求用户必须注册为应用开发人员才可以使用 Twitter 数据。Twitter 数据在研究人员中非常受欢迎，因为研究人员不仅对这些数据感兴趣，而且对通过这些数据分析社会趋势和消费情感十分感兴趣。社交媒体 API 需要定期更新，因此用户使用数据的权限也会定期更新。有关社交媒体 API 如何使用的相关信息，可访问 www.dataminingbook.com。

19.6　使用 Python 收集社交网络数据

本节介绍如何从最常用的社交网络 Twitter 收集数据。Python 为此提供了几个包用于访问 Twitter 和其他社交网络接口。

表 19.11 演示了如何使用 twython 包访问 Twitter 数据。注意，用户必须注册为开发人员才能获得应用程序的授权码。在收集 Twitter 数据之前，我们需要创建一个新的 Twitter 应用程序，并从 https://developer.twitter.com 网站获取用户密钥。要想了解关于 twython 包的更多信息，可访问 https://twython.readthedocs.io/en/latest。

表 19.11　使用 twython 包访问 Twitter 数据

```
import os
from twython import Twython

credentials = {}
credentials['CONSUMER_KEY'] = os.environ['TWITTER_CONSUMER_KEY']
credentials['CONSUMER_SECRET'] = os.environ['TWITTER_CONSUMER_SECRET']

python_tweets = Twython(credentials['CONSUMER_KEY'], credentials['CONSUMER_SECRET'])

# Create our query
query = {'q': 'text mining', 'result_type': 'recent',
         'count': 25, 'lang': 'en'}

recentTweets = python_tweets.search(**query)
for tweet in recentTweets['statuses'][:2]:
    print(tweet['text'])
```
输出结果如下:
```
Text Mining and Analysis: Practical Methods, Examples, and Case Studies Using
  SAS https://t.co/jFjmmSgjt0
RT @scilib: Canada - House of Commons - Standing Committee on Industry, Science
  and Technology #INDU - Statutory Review of the Copyright Ac…
```

19.7　社交网络分析的优缺点

对于商业机构而言，社交网络数据的重要价值在于提供了有关个人需求、欲望和爱好的信息，这些信息可用于改善广告定位。广告公司梦寐以求的就是实现完美的广告定位。普通民众经常轻视或忽略传统广告，而特别关注那些能让他们特别感兴趣的东西。社交网络数据的强大之处就在于它们可以获取个人的需求和爱好等信息，而不需要直接测量或收集用户数据。通常情形下，社交网络数据是用户自动提供的，而非商业机构主动收集。

看看 21 世纪基于数据的社交媒体巨头 Facebook、LinkedIn、Twitter、Yelp 等，便不难理解社交网络的强大之处。这些公司不生产任何产品，也不向用户销售服务(传统意义上的服务)，但它们凭借自身独一无二的优势——独占自身收集的社交网络数据，积累了巨大财富。这些公司创造的最大价值就在于它们能够在用户级生成实时信息，从而实现精准的广告定位。

有必要区分社交网络参与者与社交网络分析应用。许多商业机构都制定了社交媒体政策，鼓励员工利用社交媒体作为日常通信工具，然而这并不意味着可以访问详细的社交媒体数据，并且也无法将这些社交媒体数据用于分析。Internet 营销机构 Abrams 研究所，曾在 2009 年称赞在线零售商 Zappos 是社交媒体的佼佼者，但实际上，Zappos 只是社交网络参与者——利用社交媒体提供产品支持和客户服务——而非从事社交媒体分析。

过分依赖社交网络也存在风险和挑战。其中最主要的风险是动态性、时尚性和社交媒体使用的短暂性。部分原因是社交媒体涉及的内容都相对较新，但是随着新玩家和新技术不断加入，社交媒体的面孔也在不断发生变化，但这也正是社交媒体的主要特性。人们使用社交媒体不是为了满足对衣食住行方面的基本需求，而是为了满足业余爱好、自愿提供娱乐或与他人互动，人们的偏好总是不断地发生变化。

Facebook 是社交媒体的先驱,最初仅仅吸引大学生,后来慢慢吸引更多年轻人。8 年后,几乎一半 Facebook 用户的年龄大于或等于 45 岁,这明显不同于其他社交媒体。这些用户每次访问 Facebook 时都会停留较长时间,他们也比大学生更富有。这样的快速变化也正好说明 Facebook 所采用商业模式的核心东西也在发生快速变化。

社交媒体数据既具有公众特性,又具有个人特性。虽然个人几乎都是自愿参与社交媒体活动,但这并不意味着他们明白这些活动可能产生的后果。在美国 33% 的离婚案件中,发布在 Facebook 上的信息经常被作为诉讼证据。

19.8   习题

19.1 描述网络。现有一个网络,其中包含 A、B、C、D、E 五个节点。A 与 B 和 C 都有连接,B 与 A 和 C 都有连接,C 与 A、B 和 D 都有连接,D 与 C 和 E 都有连接,E 与 D 有连接。

a. 画出这个网络。

b. 去掉哪个或哪几个节点后,就能使剩下的网络成为团(clique)?

c. 节点 A 的度是多少?

d. 哪个节点的度最小?

e. 这个网络是连通的吗?

g. 计算节点 A 和 C 的中介中心度。

h. 计算这个网络的密度。

19.2 网络密度和网络规模。将两个新节点添加到上一题的网络中。

a. 节点数增加了多少(用百分比表示)?

b. 边数增加了多少(用百分比表示)?

c. 假设有一个新的节点,这个节点的连接数等于所有节点的连接数的中位数,在添加了这个节点后,网络密度会有什么变化?

d. 比较并评价不同规模的网络密度。

e. 用表格表示这个网络的度分布。

19.3 链接预测。分析图 19.10 所示的网络。

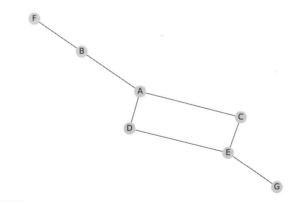

图 19.10   用于链接预测的网络

a. 利用相同邻接点分数,预测下一个出现的链接(也就是预测哪个链接成功的可能性最大)。

b. 利用最短路径分数,识别最不可能形成的链接。

## 第 20 章

文 本 挖 掘

本章介绍数据的另一种格式——文本。我们首先介绍文本数据的表格表示法——每列代表一个单词，每行代表一个文档。每个单元格的值是 0 或 1，用于表示单元格所在列的单词是否出现在所在行的文档中。接下来，我们考虑如何把非结构化文档转换结构化的矩阵表示形式。最后，我们介绍如何把这种处理方法集成到本书之前介绍的标准数据挖掘程序中。

本章使用 Pandas 包处理数据，使用 scikit-learn 包生成特征并创建模型，使用自然语言处理工具箱实现高级文本处理(https://www.nltk.org)。

导入本章所需要的功能：

```
from zipfile import ZipFile
import pandas as pd
from sklearn.model_selection import train_test_split
from sklearn.feature_extraction.text import CountVectorizer
from sklearn.feature_extraction.text import TfidfTransformer
from sklearn.feature_extraction.stop_words import ENGLISH_STOP_WORDS
from sklearn.decomposition import TruncatedSVD
from sklearn.preprocessing import Normalizer
from sklearn.pipeline import make_pipeline
from sklearn.linear_model import LogisticRegression
import nltk
from nltk import word_tokenize
from nltk.stem.snowball import EnglishStemmer
import matplotlib.pylab as plt
from dmba import printTermDocumentMatrix, classificationSummary, liftChart
# download data required for NLTK
nltk.download('punkt')
```

20.1 引言

至此，我们已经介绍了三类数据：

- 数值型数据。
- 二元数据(是或非)。
- 分类数据。

但是，在一些常用的预测分析应用中，数据可能会以文本格式出现。比如，Internet 服务提供商可能想要使用某自动算法，将卖家发货前发送的请求分类为紧急型和普通型。如果是紧急型请求，就立刻进行人工审核。再比如，假设文档阅读算法能够自动把文档分类为相关型和无关型，那么需要阅读大量文档的律师便能节省大量的时间。对于以上两种情形，预测变量(特征)就是文档中的文本。

文本挖掘方法的大量出现，得益于社交媒体数据的可用性，例如 Twitter 信源、博客、在线论坛、评论网站、新闻报道等。根据 Rexer Analytics 在 2013 年所做的关于数据挖掘的调查，在所有对此项调查做出响应的用户中，有 25%～40%的"数据矿工"会对来自这些数据源的文本进行挖掘。这些数据源的公共可用性和高知名度为研究人员提供了海量数据库，研究人员则利用这些文本数据训练或测试自己的文本挖掘方法。

20.2 文本数据的表格表示法：项-文档矩阵和词袋

考虑如下 3 条语句。

- S1：this is the first sentence.
- S2：this is a second sentence.
- S3：the third sentence is here.

以上 3 条语句中的单词(又称项)可以使用项-文档(term-document)这种矩阵形式来表示。在这种矩阵中，每行代表一个单词，每列代表一条语句。为了生成这样的矩阵形式，需要将一组文档变换成列表，再使用 scikit-learn 包中的 CountVectorizer 函数对列表进行转换。表 20.1 展示了转换过程。

表 20.1　语句 S1~S3 的项-文档矩阵表示形式

以下代码用于统计词频：

```
text = ['this is the first sentence.',
        'this is a second sentence.',
        'the third sentence is here.']

# learn features based on text
count_vect = CountVectorizer()
counts = count_vect.fit_transform(text)

printTermDocumentMatrix(count_vect, counts)
```
输出结果如下：

	S1	S2	S3
first	1	0	0
here	0	0	1
is	1	1	1
second	0	1	0
sentence	1	1	1
the	1	0	1
third	0	0	1
this	1	1	0

所有出现在语句 S1~S3 中的单词也都将出现在表 20.1 所示的输出结果中，每个单词一行，顺序不重要。单元格中的数字表示单词在语句中出现的次数，这种方法又称为词袋法(bag-of-words)。词袋法把文档看成单词的集合，而不用考虑语法、句法等因素。

语句 S1~S3 已经转换为我们之前一直在使用的格式：表格格式。在简单情形下，这样的矩阵可以用在聚类分析中，如果再添加一个因变量，就可以用在分类和预测中。然而，进行文本挖掘不是一件简单的事情，即便限制为仅使用词袋法，也需要考虑很多因素和进行很多预处理。除了因为训练目的而需要对文本进行简单分类之外，有时还不得不人工审核文档。

20.3 词袋法与文档级提取

在挖掘文本时，需要分清如下两项任务：
- 为文档贴上标签以标识文档属于哪一类，或把相似文档归到同一个簇中。
- 从文档中提取更多细节。

对于第一项任务，需要准备规模达到一定要求的文档集(或语料库)[1]，并且要求能够从文档中提取预测变量。此外，对于分类任务，还需要准备大量事先已分类好的文档，用于训练模型。使用的模型既可以是标准的统计模型，也可以是前面适用于数值型数据和分类数据的机器学习预测模型。

对于第二项任务，目标可能仅针对单个文档，而且目标并不十分明确。人类理解自然语言的过程是相当复杂的——需要知道语法、语序、标点符号的意义等，计算机必须至少具有这种“复杂算法”的简化版本。换言之，计算机必须理解自然语言的处理过程。仅凭文档本身理解文档的意义是一项非常困难的任务，难度远超以下任务：根据成千上万个相似文档导出规则，然后根据这些规则对文档进行分类。

20.4 预处理文本

在前面的例子中，文档由普通的单词组成，用空格分隔，用句点表示语句结束。通过一种非常简单的算法，再加上有关空格和句点的规则，就可以把语句拆分成单词矩阵。显然，解析真实世界中的文档要比这困难许多。同时不难看出，文本挖掘的数据准备过程涉及很多方面，远比预测模型的数值型数据或分类数据的准备过程复杂。例如，表 20.2 基于如下语句。
- S1: this is the first   sentence!!
- S2: this is a second Sentence :)
- S3: the third sentence, is here
- S4: forth of all sentences

以上语句包含一些额外的空格，此外还有非字母数字、不正确的大小写字母以及拼写错误的单词。

表 20.2 语句 S1-S4 的项-文档矩阵表示形式

```
text = ['this is the first sentence!!',
        'this is a second Sentence :)',
        'the third sentence, is here ',
        'forth of all sentences']

# Learn features based on text. Special characters are excluded in the analysis
count_vect = CountVectorizer()
counts = count_vect.fit_transform(text)

printTermDocumentMatrix(count_vect, counts)
```

---

1 “语料库”这个术语经常用于表示大量的、使用标准固定格式的文档。这些文档可用于文本预处理算法、特定类型文本的训练算法或用于比较不同的算法。在文本挖掘中，需要使用特定的语料库来训练算法。最早的通用标准语主库是 Brown 语料库，其中包含 500 个类型各异的英文文档。

输出结果如下：

	S1	S2	S3	S4
all	0	0	0	1
first	1	0	0	0
forth	0	0	0	1
here	0	0	1	0
is	1	1	1	0
of	0	0	0	1
second	0	1	0	0
sentence	1	1	1	0
sentences	0	0	0	1
the	1	0	1	0
third	0	0	1	0
this	1	1	0	0

20.4.1 分词

以上示例使用的数据集十分简单——完全由字典中的单词组成。真实情景中的文档往往千变万化——既有数字，也有日期那样的数字串，还有 Web 地址、e-mail 地址、缩写符、俚语、专有名称，甚至可能包含拼写错误，等等。

分词(tokenization)是以自动方式将文本分解为独立的"标志"(token)或项的过程。标志是文本分析的基本单位。由空格分隔的单词称为标志。例如，2 + 3 需要解析为 3 个标志，而 23 只能解析为 1 个标志。有时我们也把标点符号(如@符号)当作标志。这些标志将成为数据矩阵的行头。每个文本挖掘程序都有一套用来把文本分解为标志的分隔符(如空格、逗号、冒号等)。默认情况下，CountVectorizer 分词器会像表 20.2 那样忽略数字和标点符号。表 20.3 修改了默认的分词器，通过把部分标点符号当作单词处理，就可以把第 2 条语句中的表情符和第 1 条语句中的感叹号当作标志处理。

表 20.3　语句 S1~S4 的分词处理过程

```
text = ['this is the first sentence!!',
       'this is a second Sentence :)',
       'the third sentence, is here ',
       'forth of all sentences']

# Learn features based on text. Include special characters that are part of a word
# in the analysis
count_vect = CountVectorizer(token_pattern='[a-zA-Z!:)]+')
counts = count_vect.fit_transform(text)

printTermDocumentMatrix(count_vect, counts)
```
输出结果如下：

	S1	S2	S3	S4
:)	0	1	0	0
a	0	1	0	0
all	0	0	0	1
first	1	0	0	0
forth	0	0	0	1
here	0	0	1	0

is	1	1	1	0
of	0	0	0	1
second	0	1	0	0
sentence	0	1	1	0
sentence!!	1	0	0	0
sentences	0	0	0	1
the	1	0	1	0
third	0	0	1	0
this	1	1	0	0

　　规模较大的语料库在进行分词处理后会生成大量的变量——仅就英语而言,就有 100 多万个单词,这还没有考虑普通文档中经常出现的其他非单词项。凡在预处理阶段就能减少项数的操作,都将有助于后面的文本分析。

　　语料库经首次解析后得到的一些项,可能在后续处理中没有价值,因此建议在预处理阶段就删除它们。例如,在法律发现案例中,语料库可能是一些电子邮件,其中都会包含公司信息和固定的文本作为签名的一部分。可以把这些项添加到项的停止词列表中,并在预处理阶段自动删除停止词列表中的单词。

20.4.2　文本压缩

　　大多数文本处理程序(如 scikit-learn 包中的 CountVectorizer 函数)都带有通用的停止词列表,其中包含了一些经常出现但需要删除的项。如果分析一下预处理阶段的 scikit-learn 停止词列表,就会发现,其中包含大量需要删除的项(表 20.4 仅显示了其中的前 180 个停止词)。在调用 CountVectorizer 函数时,可利用 stop_words 参数提供自己的停止词列表。

表 20.4　scikit-learn 停止词列表(仅显示了其中的前 180 个停止词)

```
from sklearn.feature_extraction.stop_words import ENGLISH_STOP_WORDS
stopWords = list(sorted(ENGLISH_STOP_WORDS))
ncolumns = 6; nrows= 30

print('First {} of {} stopwords'.format(ncolumns * nrows, len(stopWords)))
for i in range(0, len(stopWords[:(ncolumns * nrows)]), ncolumns):
    print(''.join(word.ljust(13) for word in stopWords[i:(i+ncolumns)]))


First 180 of 318 stopwords
a            about        above        across       after        afterwards
again        against      all          almost       alone        along
already      also         although     always       am           among
amongst      amoungst     amount       an           and          another
any          anyhow       anyone       anything     anyway       anywhere
are          around       as           at           back         be
became       because      become       becomes      becoming     been
before       beforehand   behind       being        below        beside
besides      between      beyond       bill         both         bottom
but          by           call         can          cannot       cant
co           con          could        couldn't     cry          de
describe     detail       do           done         down         due
during       each         eg           eight        either       eleven
```

else	elsewhere	empty	enough	etc	even
ever	every	everyone	everything	everywhere	except
few	fifteen	fifty	fill	find	fire
first	five	for	former	formerly	forty
found	four	from	front	full	further
get	give	go	had	has	hasnt
have	he	hence	her	here	hereafter
hereby	herein	hereupon	hers	herself	him
himself	his	how	however	hundred	i
ie	if	in	inc	indeed	interest
into	is	it	its	itself	keep
last	latter	latterly	least	less	ltd
made	many	may	me	meanwhile	might
mill	mine	more	moreover	most	mostly
move	much	must	my	myself	name
namely	neither	never	nevertheless	next	nine
no	nobody	none	no one	nor	not

为了压缩文本并把重点放在最有意义的文本上，需要使用一些额外的技术。

- 词干提取(stemming)：这是语言学中的术语，表示把单词的各种形式压缩为核心词。
- 词频滤波：删除那些在大多数文档中都会出现的项或很少出现的项。通过词频滤波，我们可以把词汇表限制为仅包含 n 个最常用的单词。
- 合并同义词或同义短语。
- 不考虑大小写区别。
- 在某一分类中，众多特定项可以用分类名取代，这称为归一化处理。例如，不同的 e-mail 地址或数字都可以使用 emailtoken 或 numbertoken 代替。

表 20.5 展示了如何把文本压缩应用于分词后的语句 S1~S4，我们发现项数变成了 5。

表 20.5　把文本压缩应用于分词后的语句 S1~S4

```
TEXT REDUCTION OF S1-S4 (AFTER TOKENIZATION)
code for text reduction using stemming
text = ['this is the first sentence!! ',
        'this is a second Sentence :)',
        'the third sentence, is here ',
        'forth of all sentences']

# Create a custom tokenizer that will use NLTK for tokenizing and lemmatizing
# (removes interpunctuation and stop words)
class LemmaTokenizer(object):
    def __init__(self):
        self.stemmer = EnglishStemmer()
        self.stopWords = set(ENGLISH_STOP_WORDS)

    def __call__(self, doc):
        return [self.stemmer.stem(t) for t in word_tokenize(doc)
                if t.isalpha() and t not in self.stopWords]

# Learn features based on text
count_vect = CountVectorizer(tokenizer=LemmaTokenizer())
```

```
counts = count_vect.fit_transform(text)

printTermDocumentMatrix(count_vect, counts)
```
输出结果如下：

```
          S1   S2   S3   S4
forth     0    0    0    1
second    0    1    0    0
sentenc   1    1    1    1
```

20.4.3　出现/不出现与词频

词袋法的具体实现有两种不同的模式：一种是使用词频，另一种是使用词的出现/不出现模式。后者适用于某些特殊情形——例如，在法务会计分类模型中，只需要知道某供应商有没有出现在文档中，至于出现多少次并不重要，因此供应商是否出现可当作关键的预测变量。然而，在某些情形下，词频却是重要因素。例如，当处理买家在卖家发货前发送的请求时，只有一次提到"IP 地址"并没有多大意义，因为所有的买家都会把 IP 地址作为提交的一部分。但是，如果多次提到"IP 地址"，就有可能表示 IP 地址是问题的一部分(如 DNS 解析)。为了实现出现/不出现模式，需要使用参数 binary=True，这样分词器就会返回一个二元矩阵(把所有非零元素都转换为 1)。

20.4.4　词频–逆文本频率(TF–IDF)

针对"某个词在文档中出现的次数""有多少文档包含这个词"等问题，我们还有其他解决办法。其中一种就是测量一个单词对文档的重要性，这被称为词频-逆文本频率(Term Frequency–Inverse Document Frequency，TF–IDF)。给定文档 d 和单词 t，词频(TF)是指单词 t 在文档 d 中出现的次数

$$\text{TF}(t,d) = t \text{ 在文档 } d \text{ 中出现的次数}$$

为了解释经常出现在目标文档中的项，需要计算单词 t 的逆文本频率(IDF)。为此，可对整个语料库进行计算，IDF 的计算公式如下[1]：

$$\text{IDF}(t) = 1 + \log\left(\frac{\text{总文档数}}{\text{包含单词 } t \text{ 的文档数}}\right)$$

在上面的公式中，加 1 是为了确保对数项为零的单词不会在文本分析中被忽略掉。

词频-逆文本频率可表示为 TF-IDF(t, d)，TF-IDF(t, d)等于 TF(t, d)和 IDF(t)的乘积。

$$\text{TF-IDF}(t, d) = \text{TF}(t, d) \times \text{IDF}(t) \tag{式(20.1)}$$

TF-IDF 矩阵全部由词-文档组成。刚才介绍的是计算 TF-IDF 的最常用办法，由于还有很多其他方法可用来定义 TF 和 IDF 及其权重，因此计算 TF-IDF 的方法也有很多。表 20.6 展示了经分词和文本压缩后的语句 S1~S4 的 TF-IDF 矩阵。在这里，TfidfTransformer()函数利用自然对数计算 IDF。例如，单词 first 与文档 1 的 TF-IDF 值的计算公式如下：

$$\text{TF-IDF(first, 1)} = 1 \times \left[1 + \log\left(\frac{4}{1}\right)\right] \approx 2.386$$

TF-IDF 的基本思想是使用稀有项的出现次数来识别文档。对于某个文档，如果整体上相对稀少的项出现的次数比较高，那么 TF-IDF 值较大。大多数文档中都会出现的项，如果在这个文档中没有出

---

1 实际上，IDF(t)只是其中的分数部分，不含对数，但是对数形式非常普遍。

现，那么这个文档的 TF-IDF 值接近于 0。

表 20.6　经分词和文本压缩后的语句 S1~S4 的 TF-IDF 矩阵

```
text = ['this is the first sentence!!',
        'this is a second Sentence :)',
        'the third sentence, is here ',
        'forth of all sentences']
# Apply CountVectorizer and TfidfTransformer sequentially
count_vect = CountVectorizer()
tfidfTransformer = TfidfTransformer(smooth_idf=False, norm=None)
counts = count_vect.fit_transform(text)
tfidf = tfidfTransformer.fit_transform(counts)
printTermDocumentMatrix(count_vect, tfidf)
```
输出结果如下：
```
               S1        S2        S3        S4
all       0.000000  0.000000  0.000000  2.386294
first     2.386294  0.000000  0.000000  0.000000
forth     0.000000  0.000000  0.000000  2.386294
here      0.000000  0.000000  2.386294  0.000000
is        1.287682  1.287682  1.287682  0.000000
of        0.000000  0.000000  0.000000  2.386294
second    0.000000  2.386294  0.000000  0.000000
sentence  1.287682  1.287682  1.287682  0.000000
sentences 0.000000  0.000000  0.000000  2.386294
the       1.693147  0.000000  1.693147  0.000000
third     0.000000  0.000000  2.386294  0.000000
this      1.693147  1.693147  0.000000  0.000000
```

20.4.5　从项到概念：隐性语义索引

第 4 章介绍了如何把多个数值型变量压缩为少数几个主成分，这几个主成分可以使用一组变量解释绝大部分变异。主成分是原始变量的线性组合，可用它们的子集代替原来的众多变量。

现在我们把一种类似于降维的算法——隐性语义索引(Latent Semantic Indexing，LSA)应用于文本数据。对 LSA 算法进行数学论证已超出本章的讨论范围[1]，但是 XLMiner 软件的用户手册提供了很好的解释：

我们发现，alternator 这个单词总是出现在汽车文档中，另外汽车文档中还包含单词 battery 和 headlights。每当单词 brake 出现在汽车文档中时，单词 pads 和 squeaky 也总是同时出现。但是对于单词 alternator 和 brake，我们并未发现它们之间存在某种关联。包含 alternator 单词的文档可能包含单词 brake，也可能不包含单词 brake；包含单词 brake 的文档也许包含单词 alternator，也许不包含单词 alternator。这 4 个单词——battery、headlights、pads、squeaky——描述的是两种不同的汽车维修问题：brake 坏了或 alternator 无法工作。

因此，对于上述情形，隐性语义索引会把单词 battery、headlights、pads、squeaky 压缩为两个概念：
- 刹车失灵(brake failure)。

---

1 通常，在 PCA 中，维数的减少是通过用较小的协方差矩阵取代原来的矩阵来实现的；但在 LSA 中，维数的减少是通过用较小的项-文档矩阵取代原来的项-文档矩阵来实现的。

- 发电机故障(alternator failure)。

20.6 节将通过实例说明如何使用 Python 程序实现隐性语义索引。

20.4.6　提取语义

在刚才那个解释隐性语义索引的例子中，把单词 battery、headlights、pads、squeaky 压缩为两个概念的做法十分容易理解。但遗憾的是，在许多情形下，情况并非如此：项映射到的概念并不十分明显，而且也不容易理解。在这种情形下，隐性语义索引能够极大提高文本的可控性，并且可以用来建立预测模型、降低噪声和提高预测的准确度，但是隐性语义索引会把预测模型变成黑盒预测设备，这对于理解单词和概念所起的作用没有什么效果。但就我们的目而言，这么做是可以的，因为我们的目的是利用文本挖掘分类新的文档，而不是提取语义。

20.5　数据挖掘方法的实现

文本经预处理后，将变成数值型矩阵，此时就可以应用前面介绍的各种数据挖掘方法了。我们可以利用聚类方法来识别文档所属的簇。例如，大量的医学报告经数据挖掘分析后，就可以用于识别相似病症所属的簇。利用预测方法，再加上买家在卖家发货前发送的请求，便可以预测解决某问题所需的时间。也许文本挖掘的最常见应用是对文档进行分类——或使用另一个名称——为文档贴上标签。

20.6　实例：关于汽车和电子产品的在线讨论

这个实例[1]属于分类任务——把某在线论坛里的帖子分为两类：一类与汽车有关，另一类与电子产品有关。其中一个帖子如下所示：

```
From: smith@logos.asd.sgi.com (Tom Smith) Subject: Ford Explorer 4WD -
do I need performance axle?
We're considering getting a Ford Explorer XLT with 4WD and we have the
following questions (All we would do is go skiing - no off-roading):
1. With 4WD, do we need the "performance axle" - (limited slip axle). Its
purpose is to allow the tires to act independently when the tires are on
different terrain.
2. Do we need the all-terrain tires (P235/75X15) or will the all-season
(P225/70X15) be good enough for us at Lake Tahoe?
Thanks,
Tom
 -
========================================================================
Tom Smith Silicon Graphics smith@asd.sgi.com 2011 N. Shoreline Rd. MS
8U-815 415-962-0494 (fax) Mountain View, CA 94043
========================================================================
```

这些帖子来自网络上两个专门讨论汽车和电子产品的群，因此它们已经设置好标签。其中一个群与汽车有关(我们称之为汽车群)。与此相关的一种场景是，把一位医疗官员收到的消息分类为与医药有关的信息以及与医药无关的信息(在实际情形下，收到的这些信息在预处理阶段需要进行人工标注)。

---

1 数据集来自 www.cs.cmu.edu/afs/cs/project/theo-20/www/data/news20.html，内容略有修改。

这些帖子是以压缩格式保存的，分别保存在 auto posts 和 electronic posts 文件夹中。在这两个文件夹中，每个文件夹里都有 1000 个小文件，每个小文件保存了一个帖子。接下来，我们将介绍文本挖掘的主要步骤——从数据的预处理到分类模型的建立。表 20.7 展示了用于预处理数据的 Python 程序。下面我们分开讨论这些步骤。

表 20.7　导入记录并为记录贴上标签，对数据进行预处理并生成概念矩阵

```
# Step 1: import and label records
corpus = []
label = []
with ZipFile('AutoAndElectronics.zip') as rawData:
    for info in rawData.infolist():
        if info.is_dir():
            continue
        label.append(1 if 'rec.autos' in info.filename else 0)
        corpus.append(rawData.read(info))

# Step 2: preprocessing (tokenization, stemming, and stopwords)
class LemmaTokenizer(object):
    def __init__(self):
        self.stemmer = EnglishStemmer()
        self.stopWords = set(ENGLISH_STOP_WORDS)
    def __call__(self, doc):
        return [self.stemmer.stem(t) for t in word_tokenize(doc)
                if t.isalpha() and t not in self.stopWords]

preprocessor = CountVectorizer(tokenizer=LemmaTokenizer(), encoding='latin1')
preprocessedText = preprocessor.fit_transform(corpus)

# Step 3: TF-IDF and latent semantic analysis
tfidfTransformer = TfidfTransformer()
tfidf = tfidfTransformer.fit_transform(preprocessedText)

# Extract 20 concepts using LSA ()
svd = TruncatedSVD(20)
normalizer = Normalizer(copy=False)
lsa = make_pipeline(svd, normalizer)

lsa_tfidf = lsa.fit_transform(tfidf)
```

20.6.1　导入记录并为记录贴上标签

ZipFile 模块是 Python 标准库，作用是从压缩的数据文件中读取单个文档。可创建数组来存放文档的标签，1 表示汽车文档，0 表示电子产品文档。

20.6.2　使用 Python 程序对文本进行预处理

具体包括对文本进行分词处理，把文档分解为单词，然后提取词干并删除停止词。

20.6.3　生成概念矩阵

数据在经过预处理后，将生成干净的语料库和词-文档矩阵。如前所述，可以用词-文档矩阵计算 TF-IDF 矩阵。TF-IDF 矩阵既考虑了一个词在文档中出现的频率，也考虑了包含这个词的文档在整个语料库中出现的频率。在调用 TfidfTransformer()函数时，我们使用的是默认参数。

但是，我们得到的 TF-IDF 矩阵可能会因为太大而无法有效地用在预测模型中(具体来说，在本例中，预测变量的个数是13 466，因此我们需要使用隐性语义索引从中提取压缩空间(又称为"概念空间")。为了可控，需要限制概念的数量为 20。我们可以使用 scikit-learn 包中的 TruncatedSVD()函数，并结合归一化函数 Normalizer()来实现隐性语义索引，参见表 20.7 中生成 TF-IDF 矩阵和实现隐性语义索引的相关代码。

20.6.4　拟合预测模型

至此，原始的文本数据已转换为预测模型所需的格式——单个目标变量(1 代表汽车文档，0 代表电子产品文档)和 20 个预测变量(或概念)。

把数据分割为训练集(60%)和验证集(40%)。可以先尝试几个分类模型，表 20.8 展示了 Logistic 回归模型的性能，该模型以 class(分类标签)作为因变量，以 20 个概念变量作为预测变量。

混淆矩阵(参见表20.8)说明这两类文档的分类准确度相当高，达到0.96。十进位提升图(参见图20.1)证实了这两类文档的可分离性和模型的可用性。对于只有两个类别的数据集，这两个类别的比例几乎是 1:1，每个十进位的最大提升量是 2。图 20.1 表明，前 50%实例的提升量小于 2，后 40%实例的提升量几乎接近于 0。

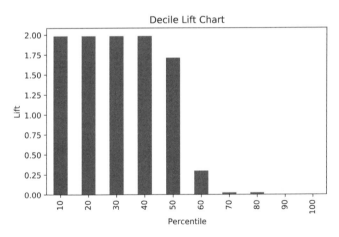

图 20.1　汽车-电子文档分类的十分位提升图

读者可以继续尝试其他模型，并对它们的结果进行对比。

表 20.8　拟合预测模型

```
# split dataset into 60% training and 40% test set
Xtrain, Xtest, ytrain, ytest = train_test_split(lsa_tfidf, label, test_size=0.4,
                                    random_state=42)
```

```
# run logistic regression model on training
logit_reg = LogisticRegression(solver='lbfgs')
logit_reg.fit(Xtrain, ytrain)

# print confusion matrix and accuracty
classificationSummary(ytest, logit_reg.predict(Xtest))
```
输出结果如下：
```
Confusion Matrix (Accuracy 0.9563)
       Prediction
Actual    0   1
      0 389   8
      1  27 376
```

20.6.5 预测

文本挖掘最主要的应用是分类，但文本挖掘也可以用来预测数值。例如，售后维护和买家在卖家发货前发送的请求可以用来预测维修时间或维修成本。在前面的处理过程中，唯一的不同之处在于经过预处理后，使用的标签不是类别，而是数值。

20.7　小结

本章介绍了两种不同的文本处理方法：一种是从单个文档中提取语义(自然语言处理)，另一种是使用概率对很多文档进行分类或贴上标签(文本挖掘)，后者是本章讨论的重点。本章介绍了在挖掘文本之前如何对文本进行预处理。与数值型数据的预处理相比，文本的预处理差异较大，而且涉及很多方面。对文本进行预处理的最终目的是生成词-文档矩阵，词-文档矩阵的行代表词(项)，列代表文档。由于语言本身的特性，为了得到有效的模型，通常项数必须非常大，因此在文本的预处理阶段还涉及词汇压缩。如果不使用词-文档矩阵，而是使用概念矩阵，那便可以减小矩阵。这与使用 PCA 实现降维的道理是一样的。在我们最终得到的量化矩阵中，列代表文档，单元格代表单词出现的频率或单词是否出现。此外，我们还可以为文档添加标签，然后使用量化矩阵和分类方法实现文档的分类。

20.8　习题

20.1 分词。考虑以下使用文本格式的帖子，这个帖子来自某统计课程的在线学习论坛。

```
Thanks John!<br /><br /><font size="3">
&quot;Illustrations and demos will be
provided for students to work through on
their own&quot;</font>.
Do we need that to finish project? If yes,
where to find the illustration and demos?
Thanks for your help.\<img title="smile"
alt="smile" src="\url{http://lms.statistics.
com/pix/smartpix.php/statistics_com_1/s/smil
ey.gif}" \><br /> <br />
```

a. 指出这段文本中的 10 个非单词标志。

b. 假设这段文本就是需要分类的文档，但是你对这项分类任务的业务目标并不十分确定。即使不了解分类目标，你也可以安全地删除这段文本中的某些单词(至少可以删除 20%的单词)，请指出哪些单词可以删除。

c. 假设分类目标是预测这个帖子会不会引起任课老师或助教的注意。请确认其中20%的单词，它们足以实现上述分类目标。

d. 从词袋法而不是从文档中读取语义的角度看，这段文本最大的问题是什么？

20.2 分类互联网论坛里的帖子。参考 20.6 节中的实例，要求建立模型，作用是把文档分类为与汽车有关的文档以及与电子产品有关的文档。

a. 把压缩文件导入 Python 程序中并创建标签向量。

b. 对文档进行预处理。如果在预处理阶段忘了提取词干，结果会有什么不同？

c. 利用 LSA 创建 10 个概念。解释概念矩阵与 TF-IDF 矩阵有什么差别？

d. 利用创建的概念矩阵拟合预测模型，并把文档分类为汽车文档和电子产品文档。对这里建立的模型与 20.6 节中的模型进行比较。

20.3 分类在线提交的广告。假设某网站为了迎合农业社区的需要，专为农业社区发送广告。任何人(包括机器人)都可以通过网页发布广告，但是网站管理者面临如下问题：网站需要识别虚假广告、垃圾广告或与农业社区无关的广告。现有一个包含4143 个广告的文件，每个广告占一行，每个广告的标签要么为–1(农业社区无关广告)，要么为 1(农业社区相关广告)。现在的目标是设计预测模型，用于自动分类广告。

- 打开 farm-ads.csv 文件，浏览几个农业社区相关广告和几个农业社区无关广告，以便对它们的内容有初步了解。

- 使用 Python 程序预处理数据，建立词-文档矩阵和概念矩阵，将概念的数量限制为 20。

a. 分析这个词-文档矩阵。

i. 它是稀疏矩阵吗？

ii. 在矩阵中找到两个非零值，用文字解释它们的意义(不需要推导它们的计算过程)。

b. 简述词-文档矩阵和概念-文档矩阵的差别，将概念-文档矩阵与之前介绍的内容联系起来。

c. 应用 Logistic 回归，把数据分割为训练集(60%)和验证集(40%)。设计模型，作用是把文档分类为"相关"类别和"无关"类别，对模型的有效性发表看法。

d. 为什么将概念-文档矩阵而非词-文档矩阵作为预测变量？

20.4 把聚类划分应用于分类互联网论坛里的帖子。参考 20.6 节中的实例，这里的任务是对汽车帖子进行聚类划分。

a. 对文档进行预处理，现在不需要建立标签数组。

b. 使用 LSA 创建 10 个概念。

c. 在进行聚类划分之前，需要找到多少个自然簇？

d. 应用层次聚类并检查树状图。

i. 观察树状图，这里有多少个自然簇？

ii. 仔细分析树状图，分枝数有可能多于主簇数，选择一个子簇并简述其特性。

e. 对两个簇应用 k-均值聚类算法,简述这两个簇之间的距离以及它们的分隔情况(可从簇间距离和簇内扩散性角度进行描述)。

第Ⅷ部分

案　例

第 21 章
案例

案　例

21.1　查尔斯图书俱乐部

CharlesBookClub.csv 是本案例的数据文件。

21.1.1　背景分析

在美国，每年大约有 5 万种新书出版发行，图书行业的产值约为 250 亿美元(2001 年的数据)。根据不同类别图书的市场占有率，对图书行业进行如下细分。

- 教材占 16%。
- 在书店里销售的普通图书占 16%。
- 技术类、科技类和专业类图书占 21%。
- 通过图书俱乐部和其他渠道销售的图书占 10%。
- 大众市场上的平装图书占 17%。
- 所有其他类型的图书占 20%。

20 世纪 70 年代，美国图书零售业的主要特征是：位于大型商场里的连锁书店快速增长。到了 20 世纪 80 年代，折扣促销手段的使用极大刺激了图书销量。到了 20 世纪 90 年代，出现了超级书店的概念，并促使图书行业以两位数的速度增长。通常，这些超级书店位于购物中心附近，位置便利，并且拥有 3 万到 5 万册图书库存，雇用的销售人员素质也非常高。但随着亚马逊的快速发展，图书的零售模式也发生了翻天覆地的变化。亚马逊开始在线销售图书。到了 2015 年，亚马逊已经成为世界上最大的在线零售商。亚马逊给其他图书零售商带来巨大的竞争压力，美国最大的超级图书连锁店 Borders，宣布在 2011 年停止经营。但基于订阅的图书俱乐部提供了另一种营销模式，并顽强地生存了下来，尽管也受到亚马逊霸主的威胁。

图书俱乐部向读者提供了不同类型的会员制。会员制有两种不同的方案：连续性方案和消极选择方案。这两种方案都能延长俱乐部与会员之间的合约关系。在连续性方案下，读者在同意加入俱乐部时，只需要几美元(包括运费和其他费用)就可以得到几本书，但读者必须与图书俱乐部签署一份协议，同意此后按标准定价每个月接收一两本图书。连续性方案在儿童图书市场上比较常见，因为家长愿意把图书的选择权利委托给俱乐部，俱乐部的声誉取决于所选图书的质量。

在消极选择方案下，以后接收哪些图书和多少本图书由读者自己决定，但是俱乐部会选择在某个月份自动向读者发送图书，除非读者于截止日期之前在订单上明确选择 "不"。消极选择方案有时会引起顾客不满，而且会显著增加邮费和处理成本。

为了遏制这种趋势，有些图书俱乐部开始以积极选择方案向读者提供图书，但只针对部分特定客户，这部分客户很可能会接受俱乐部推荐的图书。另外，有些图书俱乐部不靠扩大邮递量和覆盖面，而是使用数据库营销技术，精准服务某些客户。数据库中包含了用户的信息，利用这些信息可以判断哪些用户对哪类图书最感兴趣。有了这些信息，图书俱乐部就可以设计能够满足细分客户群不同需求的专用方案。

21.1.2　查尔斯图书俱乐部的数据库营销手段

查尔斯图书俱乐部简介

查尔斯图书俱乐部(Charles Book Club，CBC)成立于 1986 年 12 月。其理念是，通过对客户进行细分并提供专门定制的图书，使自身与众不同；其目标是，通过各种渠道(包括电视、报纸、杂志等传统媒体以及邮递)实现直销，向客户提供专业图书。此外，CBC 还使用电子邮件向客户发送广告。CBC 是严格意义上的分销商，因为其没有出版过任何图书。基于对客户的了解，CBC 建立并维护着会员数据库(其中的信息十分详尽)。读者在加入 CBC 时，需要填写一张表格并寄给 CBC。通过这种方式，CBC 有了一个涵盖 5 万名读者的数据库，其中绝大部分读者信息是通过专业杂志获得的。

问题

CBC 每个月都会向会员发送广告邮件，邮件的内容涵盖了最新出版的图书。从表面上看，CBC 非常成功，其邮递量快速增加，可选图书日益丰富，会员数据库也在不断增大。但是，CBC 的利润却在下滑。不断下降的利润促使 CBD 不得不重新审视原来的方案——使用数据库营销技术提升邮递量并保证利润稳步增长。

一种可能的解决方案

一种可能的解决方案是从数据获得智能，利用这些智能更好地了解客户，同时开展多场有针对性的推销活动，参与活动的每个目标客户群都会收到合适的邮件。CBC 的管理层决定把营销重点转向利润最高的客户群，并设计了具有针对性的市场营销策略，以尽可能把推销广告邮递到这些客户手中。CBC 当前正在采取的措施包括：

1) 获取顾客。
- 通过专业杂志、报纸和电视广告吸引新会员。
- 通过直邮和电话推销联系俱乐部现有的会员。
- 在发布普通广告之前，把每本新书的邮件广告发送给每个会员。

2) 收集数据。
- 所有客户的回复都要保存到数据库中并得到维护。
- 任何还没有收集的重要信息都从客户那里获得。

对于每本新书，CBC 决定采取两步走的方式：

- 进行市场测试。为了分析客户的反馈，从数据库中随机选取 4000 个样本客户。在分析过程中，需要建立和测量客户对当前图书的响应模型。
- 根据客户的响应模型，计算数据库中每个客户的分数。根据分数和阈值，生成直邮促销广告的目标客户列表。

定位推销活动是上述解决方案能否成功的最重要因素。其他手段，比如根据客户行为数据(如回头率、活跃程度、投诉、赞扬等)建立成功的促销活动，CBC 将在后期处理。

下面举个例子。新书 *Atr History of Florence* 即将上市。CBC 从数据库中随机选取 4000 位客户，并向他们发送测试邮件。客户的响应数据已与过去的购买数据合并。把数据随机分为三部分：训练数据(1800 位客户)用来拟合模型的初始数据，验证数据(1400 位客户)用来比较不同模型性能的保留数据，测试数据(800 位客户)用来估计最终选定模型的性能。电子表格中的每一行(每个实例)代表测试的一位客户，每一列对应一个变量，列头给出了变量的名称。表 21.1 对这些变量做了描述。

表 21.1　CBC 数据集中的变量及其描述

变　　量	描　　述
Seq#	数据划分中的序列号
ID#	整个测试数据集(划分之前)中的 ID
Gender	0 表示男性，1 表示女性
M	消费金额(Monetary)——过去一段时间里在买书上花费的钱
R	近度(Recency)——自上次买书以来的时间(单位为月)
F	频度(Frequency)——过去一段时间里的买书次数
FirstPurch	自第一次交易以来的时间(单位为月)
ChildBks	儿童类图书的购买次数
YouthBks	青年类图书的购买次数
CookBks	食谱类图书的购买次数
DoItYBks	动手类图书的购买次数
RefBks	工具类图书的购买次数(包括地图、百科全书、字典等)
ArtBks	艺术类图书的购买次数
GeoBks	地理类图书的购买次数
ItalCook	*Secrets of Italian Cooking* 一书的购买次数
ItalAtlas	*Historical Atlas of Italy* 一书的购买次数
ItalArt	*Italian Art* 一书的购买次数
Florence	1 表示曾买过 *The Art History of Florence* 一书，0 表示没有买过
RelatedPurchase	相关图书的购买次数

21.1.3　数据挖掘技术

虽然有多种数据挖掘技术可用来挖掘从市场测试活动中收集的数据，但没有任何一种技术能在各方面胜于另一种技术。特定的背景以及数据的特定性质决定了哪种技术在应用程序中的性能表现更好。对于这个例子，我们只讨论两种最基本的技术：k-近邻(kNN)和 Logistic 回归。下面使用名为 RFM 细分的行业标准对这两种技术进行比较。

RFM 细分

数据库营销中使用的细分技术会把潜在客户分成若干同质客户组(客户细分组)，同组客户具有相似的购买行为。在划分客户组时，划分标准是客户的购买倾向性。然而，由于无法测量到这种购买倾向性，因此必须使用那些能间接表示购买倾向性的变量。

在直销业务中，最常用的变量是 RFM 变量，其中：

- R 表示近度(Recency)——自上次买书以来的时间(单位为月)。
- F 表示频度(Frequency)——过去一段时间里的买书次数。
- M 表示消费金额(Monetary)——过去一段时间里在买书上花费的钱。

整个数据集中的 1800 条记录可根据近度、频度和消费金额分成不同的组。

根据近度进行分组:

- 0~2 个月(R 值为 1)。
- 3~6 个月(R 值为 2)。
- 7~12 个月(R 值为 3)。
- 13 个月及以上(R 值为 4)

根据频度进行分组:

- 1 本图书(F 值为 1)。
- 2 本图书(F 值为 2)。
- 3 本图书及以上(F 值为 3)。

根据消费金额进行分组:

- 0~25 美元(M 值为 1)。
- 26~50 美元(M 值为 2)。
- 51~100 美元(M 值为 3)。
- 101~200 美元(M 值为 4)。
- 201 美元及以上 (M 值为 5)。

21.1.4 任务

把数据分割为训练集(60%)和验证集(40%),把随机种子设置为 1(seed=1),然后执行以下步骤。

(1) 从整体上,训练集里的客户对此次推销活动的响应率是多少?可根据 RFM 的不同值进行组合,一共有 4×5×3 = 60 个组合,每个组合对此次推销活动的响应率是多少?哪些组合的响应率大于训练集的总体响应率?

(2) 只把促销邮件发送给步骤(1)中确定的大于平均值的 RFM 组合,计算这些组合在验证集上的响应率。

(3) 针对以下三个细分组重新执行步骤(1)和步骤(2)。

- 细分组 1:在所有 RFM 组合中,响应率是整体响应率两倍的客户组。
- 细分组 2:在所有 RFM 组合中,响应率大于总体平均值但小于两倍平均值的客户组。
- 细分组 3:其余 RMF 组合对应的客户组。

绘制提升曲线,用 x 轴表示验证集中的客户数,用 y 轴表示验证集中的买家数。

k-近邻法

k-近邻法根据促销产品与其他相似产品的距离以及客户的购买倾向性(由 RFM 变量决定)来创建客户细分组。对于将要推销的新书 *Atr History of Florence*,可根据以下变量计算相似度,之后再根据相似度生成客户细分组。

- R 表示近度(Recency)——自上次买书以来的时间(单位为月)。
- F 表示频度(Frequency)——过去一段时间里的买书次数。
- M 表示消费金额(Monetary)——过去一段时间里在买书上花费的钱。
- FirstPurch 表示自第一次交易以来的时间(单位为月)。
- RelatedPurch 表示相关图书的购买次数(此处表示艺术类图书和地理类图书的购买次数之和)。

(4) 使用 k-近邻法细分客户,k 取 1~11,以 Florence 为因变量。根据验证集,找到最优 k 值。记住,必须对上述 5 个变量进行归一化处理。创建最佳 k 值模型的提升曲线,从验证集中取同样数量的客户,你期望的提升量是多少?

(5) 使用 k-近邻法得到的数值是对 Florence 变量的各个值的加权平均。权重与距离成反比。使用前面得到的最优 k 值，重新执行 k-近邻预测模型，计算验证数据的提升曲线。使用全部 5 个预测变量并归一化这 5 个预测变量的数据。预测结果会落在哪个区间？与 k-近邻分类结果相比，这里的预测结果如何？

Logistic 回归

Logistic 回归模型是构建客户响应模型的强有力工具，这是因为 Logistic 回归模型可以生成意义明确的购买概率。Logistic 回归模型在消费者选购意向调查等方面非常有吸引力，因为该模型是从消费者行为的随机效用理论推导得到的。

下面使用训练集中的 1800 条记录构建三个 Logistic 回归模型，并以 Florence 为因变量，分别按以下三种方式选择预测变量：

- 从数据集中选择全部 16 个预测变量。
- 从全部 16 个预测变量中选择几个自认为最佳的预测变量。
- 只以 R、F 和 M 作为预测变量。

(6) 生成累积增益图，显示上述三个 Logistic 回归模型的结果以及从验证集随机选取同样数量的客户组之后的期望结果。

(7) 假设促销活动的阈值取购买指定图书 30% 的可能性。找出验证集中的所有目标客户，计算买家人数。

21.2　德国信用卡

GermanCredit.csv 是本案例的数据文件。

21.2.1　背景分析

信贷也许是人类历史上最古老的行业之一，但是系统地估计信贷风险却是近代才有的事情。通常，大家判断能否借钱给某人的依据主要就是这个人的信誉和一些不太完整的资料。托马斯·杰斐逊(美国第三任总统)终身债务缠身，且无法保证偿还债务，但大家还是乐意借钱给他。直到 20 世纪初零售信贷公司成立，人们才有机会分享信贷信息。

个体判断和局部的人为判断现在基本上与信贷评估过程无关。信贷机构和从事零售级信用卡推销的其他金融机构收集了大量的数据，并基于海量的客户数据和交易数据预测借贷违约风险或其他风险。

21.2.2　数据

在这个案例中，我们将依据早期的历史交易数据建立预测模型。首先，我们需要以人工方式把历史记录标志为"信誉良好"和"信誉不佳"两类。德国信贷数据集[1]包含 32 个变量和 1000 条记录，其中的每条记录都是以前的信贷申请人，所有申请人都被评级为"信誉良好"(700 条记录)或"信誉不佳"(300 条记录)。表 21.2 显示了这些变量在前 4 条记录中的值。表 21.3 对全部变量做了说明。对于新的信贷申请人，我们需要根据这些预测变量进行评估，并根据预测变量的对新的信贷申请人进行分类。

1　这个数据集可从 ftp.ics.uci.edu/pub/machine-learning-databases/statlog 下载。

表 21.2　德国信贷数据集中的前 4 条记录

OBS#	CHK_ACCT	DURATION	HISTORY	NEW_CAR	USED_CAR	FURNITURE	RADIO/TV	EDUCATION	RETRAINING	AMOUNT	SAV_ACCT	EMPLOYMENT	INSTALL_RATE	MALE_DIV	MALE_SINGLE	MALE_MAR_WID	CO-APPLICANT	GUARANTOR
1	0	6	4	0	0	0	1	0	0	1169	4	4	4	0	1	0	0	0
2	1	48	2	0	0	0	1	0	0	5951	0	2	2	0	0	0	0	0
3	3	12	4	0	0	0	0	1	0	2096	0	3	2	0	1	0	0	0
4	0	42	2	0	0	1	0	0	0	7882	0	3	2	0	1	0	0	1

PRESENT_RESIDENT	REAL_ESTATE	PROP_UNKN_NONE	AGE	OTHER_INSTALL	RENT	OWN_RES	NUM_CREDITS	JOB	NUM_DEPENDENTS	TELEPHONE	FOREIGN	RESPONSE
4	1	0	67	0	0	1	2	2	1	1	0	1
2	1	0	22	0	0	1	1	2	1	0	0	0
3	1	0	49	0	0	1	1	1	2	0	0	1
4	0	0	45	0	0	0	1	2	2	0	0	1

(数据来自德国信贷且经过修改)

表 21.3　德国信贷数据集中的变量及其说明

变量编号	变　量	描　述	变量类型	说　明
1	OBS#	观测值的编号	分类变量	数据集中的编号
2	CHK_ACCT	检查账户状态	分类变量	0：<0 DM 1：0~200 DM 2：>200 DM 3：账户没有检查
3	DURATION	信贷持续时间(单位为月)	数值型变量	
4	HISTORY	信贷历史	分类变量	0：没有信贷记录 1：银行的所有信贷都已按时偿还 2：到目前为止，所有信贷都能按时偿还 3：过去曾延迟还款 4：关键客户
5	NEW_CAR	信贷目的	二元变量	是否用于购买新车，0 表示否，1 表示是
6	USED_CAR	信贷目的	二元变量	是否用于购买旧车，0 表示否，1 表示是
7	FURNITURE	信贷目的	二元变量	是否用于购买家具或设备，0 表示是
8	RADIO/TV	信贷目的	二元变量	是否用于购买收音机/电视，0 表示否，1 表示是
9	EDUCATION	信贷目的	二元变量	是否用于教育，0 表示否，1 表示是
10	RETRAINING	信贷目的	二元变量	是否用于再培训，0 表示否，1 表示是
11	AMOUNT	信贷金额	数值型变量	

(续表)

变量编号	变　量	描　述	变量类型	说　明
12	SAV_ACCT	账户中的平均余额	分类变量	0：<100 DM 1：101~500 DM 2：501~1000 DM 3：>1000 DM 4：未知或没有账户
13	EMPLOYMENT	当前就业状态	分类变量	0：未就业 1：<1 年 2：1~3 年 3：4~6 年 4：≥7 年
14	INSTALL_RATE	分期还款率(百分比)	数值型变量	
15	MALE_DIV	申请人是否为男性且离异	二元变量	0 表示否，1 表示是
16	MALE_SINGLE	申请人是否为男性且单身	二元变量	0 表示否，1 表示是
17	MALE_MAR_WID	申请人是否为男性且已婚	二元变量	0 表示否，1 表示是
18	CO-APPLICANT	申请人是否有共同申请人	二元变量	0 表示否，1 表示是
19	GUARANTOR	申请人是否有担保人	二元变量	0 表示否，1 表示是
20	PRESENT_RESIDENT	当年地址居住年限(单位为年)	分类变量	0：≤1 年 1：1~2 年 2：2~3 年 3：≥3 年
21	REAL_ESTATE	申请人是否拥有不动产	二元变量	0 表示否，1 表示是
22	PROP_UNKN_NONE	申请人是否有个人财产(或未知)	二元变量	0 表示否，1 表示是
23	AGE	年龄(年)	数值型变量	
24	OTHER_INSTALL	申请人是否有其他分期付款信贷	二元变量	0 表示否，1 表示是
25	RENT	申请人是否租房	二元变量	0 表示否，1 表示是
26	OWN_RES	申请人是否拥有自己的独立住房	二元变量	0 表示否，1 表示是
27	NUM_CREDITS	现有的信贷数量	数值型变量	
28	JOB	工作性质	分类变量	0：未就业、非技术工人或非本地居民 1：非技术工人但属于本地居民 2：技术工人或官方就业 3：管理人员、自由职业、高端雇员或官员
29	NUM_DEPENDENTS	需要护养的人数	数值型变量	
30	TELEPHONE	是否以信贷申请人的姓名注册的电话号码	二元变量	0 表示否，1 表示是
31	FOREIGN	是否外籍工人	二元变量	0 表示否，1 表示是
32	RESPONSE	信用评级是否良好	二元变量	0 表示否，1 表示是

注：原来的数据集中有很多分型变量，其中一些已转换为二元变量，但对某些有序分类变量没有做任何转换，而是把它们当作数值型变量处理，数据来自德国信贷且经过修改。

现在评估误分类带来的影响。假阳性(错误地把申请人分类为"信誉良好")带来的成本远远超出正阳性(正确地把申请人分类为"信誉良好")带来的好处,比例是 5∶1。表 21.4 所示的机会成本表是基于表 21.5 得出的。由于决策者习惯于根据净收益做出决策,因此可利用这些表格来评估模型的性能。

表 21.4 机会成本表(德国马克)

预测结果(决策)	实际值	
	好	坏
好(接受)	0	500
坏(拒绝)	100	0

表 21.5 平均净利润(德国马克)

预测结果(决策)	实际值	
	好	坏
好(接受)	100	−500
坏(拒绝)	0	0

21.2.3 任务

1) 仔细检查预测变量,猜测它们在信贷决策中起的作用,你有没有发现异常数据?

2) 把数据分割为训练集和验证集,使用以下数据挖掘技术开发分类模型:Logistic 回归、分类树和人工神经网络。

3) 为以上每一种数据挖掘技术选择一个模型,将它们应用于验证数据,输出混淆矩阵、成本/增益矩阵,哪一种数据挖掘技术的净利润最高?

4) 尝试改进模型的性能。不要接受模型对所有申请人信贷状态的默认分类结果,而是使用 Logistic 回归(成功的分类值为 1)估计记录的概率(倾向值),然后以此为基础,选择信用风险最低的申请人,之后再选择信用风险高的申请人。创建一个向量来保存验证集中全部记录的净利润,并使用这个向量绘制验证集的十分位提升图,在十分位提升图中添加净利润数据。

a. 为了得到最大净利润,需要使用多少验证数据(通常用百分位数或最近的十分位数来表示)?

b. 如果使用 Logistic 回归模型为信贷申请人打分,那么成功概率的阈值取多少合适?

21.3 Tayko 软件销售公司

Tayko.csv 是本案例的数据文件。

21.3.1 背景分析

Tayko 是一家软件销售公司,专门销售游戏和教育软件。Tayko 的前身是一家软件开发公司,后来才把第三方软件添加到自己的销售目录中。最近,Tayko 对以前销售的软件产品做了整理,重新生成了自己的产品目录。Tayko 想把新生成的产品目录以电子邮件的方式发送给客户。除了软件产品之外,客户也是公司的关键资产。为了扩大客户群,Tayko 最近加入了一个软件销售联盟,该软件销售联盟专门从事计算机和软件产品销售,此外还向会员提供这样的机会:允许会员把自己的产品目录通过邮件发送给联盟客户池里的客户。会员只要把自己的客户添加到联盟客户池,以后每个季度就可以从联盟客户池中抽取同样数量的客户。该软件销售联盟允许会员使用联盟客户里的记录建立预测模型,以便会员从联盟客户池中选取所需客户。

21.3.2　邮件发送实验

　　Takyo 已经把自己的 20 万个客户添加到联盟客户池中。联盟客户池中现有 500 万个客户。按照规则，Takyo 现在可以从联盟客户池中抽取 20 万个客户作为邮件发送实验的目标客户。Takyo 希望能从选取的客户名单中获得最佳性能，为此，Takyo 决定做一次实验——从联盟客户池中选取 2 万个客户，然后测试向这部分客户发送邮件后起到的效果。

　　这次实验产生了 1065 笔交易，响应率为 0.053。为了优化数据挖掘性能。Takyo 决定利用分层抽样方法，使样本中包含同等数量的购买者和非购买者。为了便于讨论，这里的数据集中只包含 1000 个购买者和另外 1000 个非购买者，显然响应比例为 0.5。使用这个数据集预测谁是购买者，然后将购买比例调整为原来的比例，也就是对每个实例的购买概率乘以 0.053/0.5。

21.3.3　数据

　　本案例包含两个因变量。Purchase 变量表示潜在客户响应测试邮件并购买某产品。对于购买产品的客户，还可以使用 Spending 作为因变量，Spending 变量表示客户花了多少钱。本案例需要开发两个模型：一个模型用于把客户分为购买客户和非购买客户；另一个模型专用于购买客户，目的是预测他们消费的金额。

　　表 21.6 列出了 Tayko 数据集中的前几条记录，表 21.7 详细描述了这个数据集中的变量。

表 21.6　Tayko 数据集中的前 10 条记录

sequence_number	US	source_a	source_c	source_b	source_d	source_e	source_m	source_o	source_h	source_r	source_s	source_t	source_u	source_p	source_x	source_w	Freq	last_update_days_ago	1st_update_days_ago	Web order	Gender=male	Address_is_res	Purchase	Spending
1	1	0	0	1	0	0	0	0	0	0	0	0	0	0	0	0	2	3662	3662	1	0	1	1	127.87
2	1	0	0	0	0	1	0	0	0	0	0	0	0	0	0	0	1	2900	2900	1	1	0	0	0
3	1	0	0	0	0	0	0	0	0	0	0	0	0	0	0	0	2	3883	3914	0	0	1	1	127.48
4	1	0	0	0	0	0	0	0	0	0	0	0	0	0	0	0	1	829	829	0	1	0	0	0
5	1	0	1	0	0	0	0	0	0	0	0	0	0	0	0	0	1	869	869	0	0	0	0	0
6	1	0	0	0	0	0	0	0	1	0	0	0	0	0	0	0	1	1995	2002	0	0	1	1	0.06
7	1	0	0	0	0	0	0	0	0	0	0	0	0	1	0	0	2	1498	1529	0	0	0	1	0.06
8	1	0	0	0	0	0	0	0	0	0	0	0	0	0	0	0	1	3397	3397	0	0	0	1	0.08
9	1	1	0	0	0	0	0	0	0	0	0	0	0	0	0	0	4	525	2914	1	1	0	1	488.5
10	1	1	0	0	0	0	0	0	0	0	0	0	0	0	0	0	1	3215	3215	0	0	1	1	173.5

表 21.7　Tayko 数据集中的变量及其说明

变量编号	变　量	描　述	变量类型	说　明
1	US	是美国地址吗？	二元变量	0 表示否，1 表示是
2~16	Source_*	数据源的目录号(一共 15 个数据源)	二元变量	0 表示否，1 表示是
17	Freq	过去一年里源目录公司(由 Source_*表示)成交的次数	数值型变量	
18	last_update_days_ago	自上次更新客户记录以来的天数	数值型变量	
19	1st_update_days_ago	自第一次更新客户记录以来的天数	数值型变量	
20	RFM%	近度-频度-消费金额的百分位表示，由源目录提供	数值型变量	
21	Web_order	客户是否至少有一次在网上下过订单	二元变量	0 表示否，1 表示是

(续表)

变量编号	变 量	描 述	变量类型	说 明
22	Gender=mal	是否为男性客户	二元变量	0 表示否，1 表示是
23	Addres_is_res	是否使用居住地址	二元变量	0 表示否，1 表示是
24	Purchase	客户是否在测试邮件里下过订单	二元变量	0 表示否，1 表示是
25	Spending	客户通过测试邮件花了多少钱	数值型变量	

21.3.4 任务

1) 邮递每个目录需要花费 2 美元(包括打印费和邮寄费)。如果从联盟客户池中随机选取剩下的 18 万个客户，估计可以获取的总利润。

2) 开发一个模型，把客户分类为购买客户和非购买客户。

a. 把数据随机分割为训练集(800 条记录)、验证集(700 条记录)和测试集(500 条记录)。

b. 应用 Logistic 回归且使用 L2 罚因子。调用 LogisticRegressionCV()函数，选择最优变量子集。然后使用这个模型把客户分类为购买客户和非购买客户。仅在训练集上运行这个模型(之所以使用 Logistic 回归，是因为 Logistic 回归可以生成"购买概率"的估计值，"购买概率"在后面的分析中需要用到)。

3. 开发另一个模型，预测客户花费的金额。

a. 使用过滤条件 Purchase=1，从训练集和验证集中生成仅包含购买客户的子集。

b. 使用以下技术开发预测模型，预测客户花费的金额。

i. 多元线性回归(使用逐步回归法)。

ii. 回归树。

c. 根据不同模型在验证数据上的性能决定选择其中哪个模型。

4. 回到原来的测试集。注意，测试集中包含购买客户和非购买客户。新建名为 Score Analysis 的数据框架，其中包含测试集中的全部数据。

a. 为数据框架 Score Analysis 添加一列，用于保存通过 Logistic 回归得到的预测分数。

b. 为数据框架 Score Analysis 添加一列，用于保存前面选取的模型的预测金额。

c. 为数据框架 Score Analysis 添加一列，名为"调整后的购买概率"，将预测的购买概率乘以 0.107(这是用于购买客户过采样的调整因子)。

d. 为数据框架 Score Analysis 添加一列，用于保存期望金额，将调整后的购买概率乘以预测金额。

e. 绘制期望金额的累积增益曲线(累积的期望金额是目标客户记录数的函数)。

f. 利用累积增益曲线，估计向剩下的 18 万个客户发送邮件后产生的总利润(请合自己的数据挖掘模型)。

21.4 政治游说

Voter-Persuasion.csv 是本案例的数据文件。

21.4.1 背景分析

提到政治游说，人们可能就会想到，政治家们在试图向我们灌输这样的思想：他们推荐的候选人总是胜过其他候选人。事实上，游说活动并非一味地游说人们改变观点，而是游说他人同意自己的观点并参与投票。现在，预测分析在游说活动中起着关键作用。

21.4.2　预测分析出现在美国总统大选中

2004 年 1 月，美国总统候选人在爱荷华州预选中的竞急异常激烈。预选是整个漫长的初选过程的一部分，会在美国的每个州举行，目的是在共和党和民主党内部选出候选人。在民主党内，霍华德·迪恩在全国民意调查中领先。但是，爱荷华州的预选情况复杂且竞争激烈，这里的选民不具有全国代表性。调查结果表明，这场预选是霍华德·迪恩与包括约翰·克里在内的其他三人之间一场难分胜负的较量。

但出乎大家的意料，约翰·克里最终以较大优势赢得这场预选，而且其表现要比预期好许多。原因就在于，约翰·克里的竞选团队首次成功地使用预测分析掌握了选民们可能的行动，因而能够在预选中以最佳方式采取有针对性的措施。例如，预测模型显示，为了吸引选区代表参加预选，必须为选区提供足够的支持，至于势均力敌的其他选区则必须投入一定的金钱和时间。

21.4.3　政治定位

在对选民进行政治定位时，使用的还是以下三种传统方式。
- 地理定位
- 人口统计定位
- 个人定位

地理定位是指根据以前的投票模式，或者根据调查得到的某地理单位的政治倾向性，把资源投到某地理单位，如州、城市、县等。这种方式存在明显的局限性。例如，假设某城市只有 52%的选民支持你，这时候你就需要特别小心。如果把资源投向这座城市的每个人，那么差不多有一半资源会错投对象。

人口统计定位是指把资源投向某人口统计组，例如老龄选民、女青年选民或拉美裔选民。这种方式的不足在于通常很难实施——很难只把消息传递给某人口统计组的选民。

个人定位最有效，这种方式能根据调查结果引导选民进行投票。这种方式最大的局限性在于成本高昂。打电话或挨家挨户把信息传递给所有选民的费用往往令人望而却步。

在将预测分析应用于个人定位之后，便可以显著降低成本。模型的预测结果可以推广到全体选民，从而收集到大量信息。

21.4.4　增益

在传统的用于营销的预测模型中选择样本数据之后，便可以发送促销广告或邮件广告，并开发预测模型，将客户分类为响应者和非响应者。然后，将预测模型应用于新的数据，计算选民响应的倾向值。根据倾向值对选民进行排名，选择那些最有可能响应的选民，向他们发送促销广告或邮件广告。

但是，这种经典方式缺少一些关键信息：对于没有收到促销广告或邮件广告的客户群，个人该如何做出响应？个人的购买意愿是否会受到广告的影响？利用提升模型(详见第 13 章)，可从个体级估计有促销广告和无促销广告 的影响，以及发送邮件广告和不发送邮件广告的影响。

在这个案例中，我们把提升模型应用于实际的选民数据，这些数据已通过假想的实验结果得到增强。实验步骤如下：
(1) 对选民进行前期调查，确定他们给民主党投票的意愿。
(2) 随机地把选民分为两个样本组——对照组和实验组。

(3) 向实验组发送宣传民主党候选人的传单。

(4) 对选民再次进行调查，确定他们给民主党投票的意愿。

21.4.5 数据

这个案例使用的数据文件是 Voter-Persuasion.csv，目标变量是 MOVED_AD。MOVED_AD 的值如果为 1，那么表示"态度向有利于民主党的方向转变"；如果为 0，那么表示"态度没有向有利于民主党的方向转变"。MOVED_AD 变量包含了选民调查前后的信息。最重要的预测变量 Flyer 是二元变量，用来表示选民是否收到传单。此外还有其他预测变量，这些预测变量的来源如下：

- 政府选民文件。
- 党派数据。
- 商业消费数据和人口统计数据。
- 社区普查数据。

政府选民文件是由政府机构负责收集和维护的，并且需要向公众开放，以确保选举过程的完整性，里面涵盖了选民的身份信息，如姓名、地址和出生日期等。各个党派也都有自己的普查监督人员，他们负责记录选民是否参加投票，这些党派数据(在本案例中又称为派生数据)由各个党派收集和负责维护，根据选民的姓名很容易找到选民。商业消费数据和人口统计数据(如购买习惯、教育程度等)可从市场营销公司购买得到，这些数据需要添加到选民数据库中(可根据姓名和地址进行匹配)。社区普查数据来源于人口统计数据，这些数据可通过地址匹配添加到选民数据库中。

21.4.6 任务

本案例的任务就是开发提升模型来预测对每一位选民的提升量。提升量是指选民态度向有利于民主党方向转变的倾向值的增加量。下面首先仔细检查 Voter-Persuasion.csv 文件中的变量，并理解这些变量的数据来源。然后回答如下问题并执行操作。

1) 从整体上看，这些传单会在多大程度上影响选民态度向民主党方向转变(分析并比较收到传单和没有收到传单的选民)？

2) 分析数据，掌握预测变量与目标变量 MOVED_AD 的关系(可视化图形也许有用)。哪些预测变量会有较好的预测效果？请绘制图表以支持自己的结论。

3) 利用数据集的分割变量对数据进行分割，并决定选用哪些预测变量。分别拟合三个预测模型，对于每个预测模型，详细说明使用的方法和预测变量，从而保证结果能重复得到。

4) 在这三个预测模型中，根据预测性能选出最优的预测模型。哪个预测模型最优？为什么？

5) 利用选定的预测模型，计算验证集中前 3 条记录的倾向值。

6) 创建与 Flyer 相反的名为 Flyer-reversed 的派生变量。将 Flyer-reversed 作为预测变量，用选定的模型重新计算验证集的分数，输出验证集中前 3 条记录的倾向值。

7) 对于每一条记录，根据以下公式计算提升量：

$$P(success|Flyer=1) - P(success|Flyer=0)$$

计算验证集中每一位选民的提升量，输出前 3 条记录的提升量。

8) 如果竞选团队有足够的资源，能够将传单发送给 10%的选民，那么提升量的阈值是多少？

21.5 出租车取消问题

Taxi-cancellation-case.csv 是本案例的数据文件。

21.5.1 背景分析

2013 年下半年，印度班加罗尔的一家出租汽车公司面临如下难题：出租车(并非全部)没有出现在约定的乘车服务地点。约定好的乘车服务，如果没有事先通知客户就取消，那么必定会延误客户的出行，甚至使客户处于困境。

班加罗尔是印度的技术中心，技术正在改变出租车行业。Yourcabs.com 网站提供了在线召车服务(也可通过电话召车)，该网站将自己定位为出租车预订平台。Uber 搭乘服务直到 2014 年年中才开始出现在班加罗尔。

Yourcab.com 网站收集了从 2011 年至 2013 年期间的出租车预订数据，并且与印度商学院携手在 Kaggle 上发布了比赛邀请，目的是想要看看能否从取消出租车服务这个问题中学到什么东西。

原来的数据集包含 1 万条记录，每一条记录代表一次预订服务。本案例使用的数据是从中随机抽取的数据子集，包含 17 个输入变量——用户 ID、车型、是通过网站预订还是通过手机应用预订、出行类型、服务类别、地理信息、预订的出行日期和时间，等等。目标变量是二元变量，用于表示预订的租车服务是否会被取消，整体取消率在 7%和 8%之间。

21.5.2 任务

1) Yourcabs.com 网站如何利用这些数据建立预测模型？

2) Yourcabs.com 网站能否使用身份识别模型来确定哪些预测变量决定了租车订单是否会被取消？

3) 准备并分析数据，为了方便预测模型，可能需要转换数据。下面是一些提示。

● 在建立解释性模型时，尽快从初始模型开始，不必解决所有的数据准备问题。以 GPS 信息为例，由于还有其他地理信息可供使用，因此建议把解析或使用 GPS 信息的难题暂时放到一边。

● 如何处理缺失数据？如何处理数据项被标记为 NaN 的记录？

● 分析日期和时间字段(预订时间戳和行程时间戳)能够提供哪些有用信息？

● 考虑如何处理分类变量，需要把它们全都转换为虚拟变量吗？还是只需要转换其中一部分？

4) 任选几个预测模型并实现它们。这几个预测模型能提供预测变量与订单取消之间关系的相关信息吗？

5) 用误差率评估预测模型的预测性能。这些模型的预测性能如何？它们能用在实践中吗？

6) 用排名(提升量)分析这些模型的预测性能。这些模型的预测性能如何？它们能用在实践中吗？

21.6 香皂用户的细分

BathSoapHousehold.csv 是本案例的数据文件。

21.6.1 背景分析

CRISA 是一家市场研究机构，专注于跟踪消费者在消费品(包括耐用品和非耐用品)方面的购买行为。在某重要研究项目中，CRISA 跟踪了许多消费品类型(如洗涤剂)，其中每一种消费品都有几十个品牌。为了跟踪顾客的购买行为，CRISA 在印度的 100 个城镇建立了样本，以覆盖印度绝大部分市场。为了保证样本具有代表性，CRISA 使用层次采样法精心挑选这些样本。

数据集中既有交易数据(每行表示一笔交易)，也有家庭数据(每行表示一个家庭)。家庭数据包含以下信息：

- 家庭的人口统计信息(每年都会更新)。
- 拥有的耐用品(耐用品是指汽车、洗衣机等，每年都会更新，可通过这些信息计算富裕指数)。
- 所购买商品的类别和品牌等，每个月都会更新。

CRISA 有两类客户：一类是广告公司，他们通过订阅数据库服务来获取每个月的最新数据，并利用这些数据向客户提供意见和促销策略；另一类是消费品制造厂家，他们通过 CRISA 数据库监测市场份额。

21.6.2 关键问题

CRISA 以前的做法是根据客户的人口统计数据细分市场，但是现在，CRISA 希望根据两组关键变量细分市场，这两组变量直接与购买过程和品牌忠诚度有关。

- 购买行为(购买数量、购买频率、对折扣的敏感度、品牌忠诚度)。
- 购买基础信息(价格、销售主张)。

这样做的好处是，CRISA 能够获得不同购买行为的人口统计特征和品牌忠诚度等数据，从而帮助客户(在本案例中是一家名 IMRB 的公司)更合理地规划促销预算。更有效的市场细分也使得 IMRB 可以设计多种促销活动——分别针对不同的子市场和一年中的不同时段，而且成本效益更佳。这反过来又促使 IMRB 把促销预算更合理地分配给不同的子市场，从而制订更有效的激励计划，提高顾客对产品的忠诚度。

21.6.3 数据

表 21.8 显示了每个家庭的基本数据(每行代表一个家庭)。

表 21.8 每个家庭的基本数据

变量类型	变 量	描 述
成员 ID	Member id	每个家庭的唯一标识符
人口统计信息	SEC	社会保险类别(1 表示高，5 表示低)
	FEH	饮食习惯(1 表示素食者，2 表示素食者但也吃鸡蛋，3 表示非素食者，0 表示不明确)
	MT	母语
	SEX	操持家务者的性别(1 表示男性，2 表示女性)
	AGE	操持家务者的年龄
	EDU	操持家务者的教育程度(1 表示最低教育程度，9 表示最高教育程度)
	HS	家庭成员数量
	CHILD	是否有孩子
	CS	是否有电视(1 表示有电视，2 表示没有电视)
	Affluence Index	所拥有耐用品的带权总价值

(续表)

变量类型	变　量	描　述
过去一段时间的购买信息摘要	No. of Brands	所选购品牌的数量
	Brand Runs	连续购买的品牌数量
	Total Volume	总金额
	No. of Trans	交易次数(如果一个月内购买多个品牌，将被当作不同的交易)
	Value	购买金额
	Trans/Brand Runs	每个品牌的平均交易次数
	Vol/Trans	每次交易的平均金额
	Avg. Price	每次交易的平均价格
促销期购买情况	Pur Vol.	交易金额占总金额的百分比
	No Promo -%	无促销时交易金额占总金额的比例
	Pur Vol Promo 6%	在促销规则 6 下，交易金额占总金额的比例
	Pur Vol Other Promo %	在其他促销规则下，交易金额占总金额的比例
品牌购买情况	Br. Cd. (57, 144), 55, 272, 286, 24,481, 352, 5, and 999 (others)	相应品牌的交易金额
不同价格分类下的交易情况	Price Cat 1 to 4	各类产品的交易金额
与销售主张有关的交易情况	Proposition Cat 5 to 15	产品销售主张分类下的交易金额占总金额的比例

21.6.4　测试品牌忠诚度

在本案例中，客户购买不同品牌产品的总数代表了客户的忠诚度。例如，假设某客户短期内购买第一和第二个品牌，然后长期购买第三个品牌，那么这位客户的品牌忠诚度肯定不同于不断在这三个品牌间来回切换购买的客户。因此，客户从一个品牌切换到另一个品牌的时间间隔也是衡量品牌忠诚度的重要指标。但是，也有观点认为品牌忠诚度与不同品牌的购买比例有关——一位客户在某品牌上消费了90%的金额，而另一位客户在多个品牌上均等消费，那么前者的品牌忠诚度肯定比后者高。

21.6.5　任务

1) 根据以下变量，使用 *k*-均值聚类算法识别相似家庭所属的簇。

a. 描述购买行为的变量(包括品牌忠诚度)。

b. 描述购买基础信息的变量。

c. 描述购买行为和购买基础信息的变量。

提示：如何选择 *k* 值？建议首先考虑如何使用簇。市场促销活动支持 2~5 种不同的促销方式。如何处理不同品牌的购买量占总购买量的比例？只购买品牌 A 的客户的品牌忠诚度与只购买品牌 B 的客户的品牌忠诚度一样吗？品牌所占的市场份额对距离度量指标的计算有什么影响？考虑使用单个派生变量。

2) 选择自认为最好的市场细分方法，对这些簇的特性(从人口统计、品牌忠诚度和购买基础信息等方面)发表评论。

3) 开发一个模型，将这些数据分类到细分市场里。由于这些数据最有可能用在直邮促销中，因此只要找出能被这个模型分类成功的细分市场，这个模型就会非常有用。

21.7 直邮捐赠

Fundraising.csv 和 FutureFundraising.csv 是本案例使用的数据文件。

21.7.1 背景

美国的某退伍军人组织想开发预测模型来改进直销募捐活动的成本效益比，该组织的内部数据库包含了 1300 多万名捐赠者，该组织是美国最大的直邮募捐机构。该组织最近的直邮记录显示，整体响应率为 5.1%。在这些捐献者中，平均捐款额为 13.00 美元。每一封直邮信件包含了个性化的地址和一套卡片，再加上信封和邮寄费，总费用是 0.68 美元。本案例的目的是利用这些数据开发分类模型以有效地定位捐赠者，使成本效益比最高。建议使用带权采样法，对于非响应者则使用欠采样法，从而使样本数据中的捐赠者和非捐赠者人数相等。

21.7.2 数据

Fundraising.csv 数据文件包含 3120 条记录和 29 个变量，其中 50% 的记录是捐赠者(TARGET_B=1)，另外 50% 的记录是非捐赠者(TARGET_B=0)。表 21.9 对这个数据文件中的 29 个变量做了说明。

表 21.9 Fundraising.csv 数据文件中的变量及其说明

变　量	说　明
ZIP	邮编组(邮编已分成 5 组)，值为 1 表示属于这一组
	00000~19999 ⇒ zipconvert_1
	20000~39999 ⇒ zipconvert_2
	40000~59999 ⇒ zipconvert_3
	60000~79999 ⇒ zipconvert_4
	80000~99999 ⇒ zipconvert_5
HOMEOWNER	1 表示房主，0 表示非房主
NUMCHILD	子女人数
INCOME	家庭收入
GENDER	性别，0 表示男性，1 表示女性
WEALTH	财富等级。根据每个地区家庭收入的中位数和人口统计信息，得出所在州的相对财富指数。子市场用 0~9 表示，0 表示财富最小，9 表示财富最多
HV	潜在捐款者所在小区的房价平均值
ICmed	潜在捐款者家庭收入的中位数
ICavg	潜在捐款者所在小区的平均家庭收入
IC15	潜在捐款者所在小区内，家庭收入小于平均收入的家庭比例
NUMPROM	到目前为止，促销活动的开展次数
RAMNTALL	到目前为止，一生中收到的礼物金额
MAXRAMNT	到目前为止，一生中收到的最高礼物金额
LASTGIFT	上次收到的礼物金额

变　量	说　明
TOTALMONTHS	从上次捐赠至今过了多长时间(月数)
TIMEFLAG	第一次和第二次得到礼物的间隔时间(月数)
AVGGIFT	到目前为止，所收到礼物的平均金额
TARGET_B	表示响应类型。1 表示捐赠者，0 表示非捐赠者
TARGET_D	表示捐赠额

21.7.3　任务

首先把数据分割为训练集(60%)和验证集(40%)，设置随机种子为 12345。然后建立模型，并按照以下步骤评估并选择模型：

(1) 选择分类器和参数。选择并运行至少两个分类模型。注意，不要将 TARGET_D 作为目标变量。详细描述选择的两个模型(包括方法、参数、变量等)，以保证实验可以重复。

(2) 在响应与成本非对称的情形下进行分类。解释为什么要使用带权采样法生成包含相同数量的捐赠者和非捐赠者的训练集，以及为什么不直接从原始数据中获得简单的随机样本。

(3) 计算净利润。对于每一种方法，根据 5.1%的实际响应比率，为训练集和验证集计算净利润的累积增益。同样，假设捐赠者的期望捐赠额为 13.00 美元，而每一封邮件的成本为 0.68 美元(为了计算净利润，需要消除带权采样法带来的影响，从而使计算出的净利润能够反映实际捐赠情况：5.1%的捐赠者和 94.9%的非捐赠者。为此，需要将每一行的净利润除以过采样权重。实际捐赠者的过采样权重为 50%/5.1%=9.8，实际非捐赠者的过采样权重为 50%/94.9%=0.53)。

(4) 绘制累积增益曲线。在同一张图中，绘制不同模型在验证集上的净利润增益(y 轴表示净利润，x 轴表示直邮数量)。判断某个模型是否优于另一个模型。

(5) 选择最优模型。

(6) 使用得到的最优模型，将直邮对象分类为捐赠者和非捐赠者，并降序列出这些直邮对象成为捐赠者的概率。

21.8　产品目录交叉销售

CatalogCrossSell.csv 是本案例的数据文件。

21.8.1　背景分析

Exeter 是一家目录公司，专门销售 Exeter 公司内部各种不同目录中的产品。目录的数量虽然很多，但它们可归为如下 9 大基本类型：

- 服装
- 家庭用品
- 保健品
- 汽车用品
- 个人电子产品
- 计算机
- 园艺

- 新奇礼物
- 珠宝

印刷并分发目录的成本非常高。到目前为止, 运营 Exeter 公司的最大成本是向那些没有发生交易的人发送促销广告。Exeter 公司已在图形设计和目录印刷方面投入大量资金, 现在, 当务之急提高它们的使用效率。可使用的一种方法是进行交叉销售——当客户已经购买某产品时, 想方设法向他们推销另一产品。

这样的交叉促销活动包括为客户购买的商品附上目录, 并且附赠优惠券, 引导客户购买目录中的产品。我们还可以采取另一种形式:将优惠券以电子邮件方式发送给客户, 在邮件里附上目录的链接地址。

但是, 对于在产品的包装盒里附上哪种目录, 以及在寄送优惠券的电子邮件中包含哪个目录的链接地址, Exeter 公司希望能够做出明智的选择——不是随机地选择目录, 而是选择客户购买概率更大的目录。

21.8.2 任务

利用数据文件 CatalogCrossSell.csv 进行关联规则分析并论述分析结果。在论述时, 解释每个输出统计量(如提升比、置信度、支持度)的意义, 并给出包含取值范围的估计值。这些信息有助于 Exeter 公司做出明智的选择——把哪个目录作为交叉推销产品发送给客户。

21.9 预测公共交通需求

bicup2006.csv 是本案例的数据文件。

21.9.1 背景分析

预测公共交通需求对于人员派遣、计划生成和库存控制等工作非常重要。智利首都圣地亚哥的公共交通系统已经过大规模重建。在此背景下, 智利政府于 2006 年 10 月举行了一场商业智能竞赛, 目的是预测民众的公共交通需求。本案例源于这场竞赛, 但部分内容稍有修改。

21.9.2 问题描述

一家公共交通公司预测人们对公共交通服务的需求会一直增大, 因此计划采购更多的新车并扩展设施。但是, 进行这些投资需要对未来需求做出可靠的预测。为了得到这样的预测, 可使用历史需求数据。这家公司的数据仓库中包含了从早上 6 点到晚上 10 点每隔 15 分钟到达终点站的旅客数量。本案例需要解决这样的问题:建立预测模型以预测到达终点站的旅客数量。

21.9.3 数据

部分历史数据保存在 bicup2006.csv 数据文件中, 这些历史数据涵盖了过去 3 周内每隔 15 分钟的客户需求以及未来 3 天的日期和时间。我们需要预测未来 3 天里(DEMAND=NaN)的客户需求(这是 2006 年的那场商业智能竞赛的一部分).

21.9.4　目标

我们的目标是建立模型并准确地预测未来的客户需求。为了评估模型的准确度，需要把历史数据划分为两个时期：训练期(前两周)和验证期(最后一周)。要求在训练集上拟合模型，并在验证集上评估模型。

虽然 2006 年的那场商业智能竞赛的获胜依据是未来 3 天预测结果的最小绝对平均误差(MAE)，但在这里，我们的目标是建立模型来预测一周内任何日期或时间的客户需求，而且要求预测结果尽可能准确。这里不仅要考虑 MAE、MAPE(绝对平误差比)、RMSE(均方根误差)等预测指标，而且还要分析实际值与预测值，我们将把它们绘制在同一时序图中，并通过时序图来表示预测误差。

21.9.5　任务

对于提交的最终模型，还需要提供以下摘要信息。

- 方法或组合方法的名称。
- 简单介绍使用的方法或组合方法。
- 估计预测方法使用的方程。
- 计算训练期和验证期的 MAPE 和 MAE。
- 预测未来的客户需求，以 15 分钟作为时间间隔。
- 使用单个图形展示将最终模型应用于整个时段(包括训练期、验证期和未来某个时间)后的拟合结果。注意，为生成这个模型，可能需要组合训练集和验证集。

21.9.6　提示和步骤

1) 使用探索分析识别这个时间序列的成分。其中是否含有趋势成分，以及是否含有季节性效应成分？如果有的话，那么有多少个"季节"？有没有其他可见模式？是否有全局模式或局部模式？

2) 从实用和技术角度分析数据频率，都有哪些选项？

3) 比较工作日和周末的数据，它们有什么差别？考虑如何使用不同的方法处理这些差别？

4) 分析这个时间序列是否存在缺失值或异常值，想出解决办法。

5) 根据你从数据中发现的模式，应使用哪种模型或方法？

6) 在计算 MAPE 时，如何处理零次数问题？

附　录

Python 工具函数

本附录收集了本书用到的 Python 工具函数。设计这些 Python 工具函数旨在简化一些数据挖掘方法的应用并改进显示效果。由这些 Python 工具函数组成的 dmba 包可通过 https://pypi.org/project/dmba 网页上的 Python Packagge Index 链接来下载。dmba 包的安装命令如下：

```
pip install dmba
```

dmba 包的源代码可从 https://github.com/gedeck/dmba 下载。

regressionSummary()函数：

```
import math
import numpy as np
from sklearn.metrics import regression
def regressionSummary(y_true, y_pred):
    """ print regression performance metrics
    Input:
        y_true: actual values
        y_pred: predicted values
    """
    y_true = np.asarray(y_true)
    y_pred = np.asarray(y_pred)
    y_res = y_true - y_pred
    metrics = [
        ('Mean Error (ME)', sum(y_res) / len(y_res)),
        ('Root Mean Squared Error (RMSE)', math.sqrt(regression.mean_squared_error(y_true,
         y_pred))),
        ('Mean Absolute Error (MAE)', sum(abs(y_res)) / len(y_res)),
        ('Mean Percentage Error (MPE)', 100 * sum(y_res / y_true) / len(y_res)),
        ('Mean Absolute Percentage Error (MAPE)', 100 * sum(abs(y_res / y_true) /
         len(y_res))),
    ]
    fmt1 = '{{:>{}}} : {{:.4f}}'.format(max(len(m[0]) for m in metrics))
    print('\nRegression statistics\n')
    for metric, value in metrics:
        print(fmt1.format(metric, value))
```

classificationSummary()函数：

```
from sklearn.metrics import classification
def classificationSummary(y_true, y_pred, class_names=None):
    """ Print a summary of classification performance
```

```
Input:
    y_true: actual values
    y_pred: predicted values
    class_names (optional): list of class names
"""
confusionMatrix = classification.confusion_matrix(y_true, y_pred)
accuracy = classification.accuracy_score(y_true, y_pred)
print('Confusion Matrix (Accuracy {:.4f})\n'.format(accuracy))
# Pretty-print confusion matrix
cm = confusionMatrix
labels = class_names
if labels is None:
    labels = [str(i) for i in range(len(cm))]
# Convert the confusion matrix and labels to strings
cm = [[str(i) for i in row] for row in cm]
labels = [str(i) for i in labels]
# Determine the width for the first label column and the individual cells
prediction = 'Prediction'
actual = 'Actual'
labelWidth = max(len(s) for s in labels)
cmWidth = max(max(len(s) for row in cm for s in row), labelWidth) + 1
labelWidth = max(labelWidth, len(actual))
# Construct the format statements
fmt1 = '{{:>{}}}'.format(labelWidth)
fmt2 = '{{:>{}}}'.format(cmWidth) * len(labels)
# And print the confusion matrix
print(fmt1.format(' ') + ' ' + prediction)
print(fmt1.format(actual), end='')
print(fmt2.format(*labels))
for cls, row in zip(labels, cm):
    print(fmt1.format(cls), end='')
    print(fmt2.format(*row))
```

liftChart()和 gainsChart 函数:

```
import pandas as pd
def liftChart(predicted, title='Decile Lift Chart', labelBars=True, ax=None, figsize=None):
    """ Create a lift chart using predicted values
    Input:
        predictions: must be sorted by probability
        ax (optional): axis for matplotlib graph
        title (optional): set to None to suppress title
        labelBars (optional): set to False to avoid mean response labels on bar chart
    """
    # group the sorted predictions into 10 roughly equal groups and calculate the mean
    groups = [int(10 * i / len(predicted)) for i in range(len(predicted))]
    meanPercentile = predicted.groupby(groups).mean()
    # divide by the mean prediction to get the mean response
    meanResponse = meanPercentile / predicted.mean()
    meanResponse.index = (meanResponse.index + 1) * 10
    ax = meanResponse.plot.bar(color='C0', ax=ax, figsize=figsize)
    ax.set_ylim(0, 1.12 * meanResponse.max() if labelBars else None)
```

```
    ax.set_xlabel('Percentile')
    ax.set_ylabel('Lift')
    if title:
        ax.set_title(title)
    if labelBars:
        for p in ax.patches:
            ax.annotate('{:.1f}'.format(p.get_height()), (p.get_x(), p.get_height() + 0.1))
    return ax
def gainsChart(gains, color=None, label=None, ax=None, figsize=None):
    """ Create a gains chart using predicted values
    Input:
        gains: must be sorted by probability
        color (optional): color of graph
        ax (optional): axis for matplotlib graph
        figsize (optional): size of matplotlib graph
    """
    nTotal = len(gains) # number of records
    nActual = gains.sum() # number of desired records
    # get cumulative sum of gains and convert to percentage
    cumGains = pd.concat([pd.Series([0]), gains.cumsum()])
    # Note the additional 0 at the front
    gains_df = pd.DataFrame({'records': list(range(len(gains) + 1)), 'cumGains': cumGains})
    ax = gains_df.plot(x='records', y='cumGains', color=color, label=label, legend=False,
        ax=ax, figsize=figsize)
    # Add line for random gain
    ax.plot([0, nTotal], [0, nActual], linestyle='--', color='k')
    ax.set_xlabel('# records')
    ax.set_ylabel('# cumulative gains')
    return ax
```

plotDecisionTree()函数:

```
import io
# import pandas as pd
from sklearn.tree import export_graphviz
try:
    from IPython.display import Image
except ImportError:
    Image = None
try:
    import pydotplus
except ImportError:
    pydotplus = None
def plotDecisionTree(decisionTree, feature_names=None, class_names=None, impurity=False,
                    label='root', max_depth=None, rotate=False, pdfFile=None):
    """ Create a plot of the scikit-learn decision tree and show in the Jupyter notebooke
    Input:
        decisionTree: scikit-learn decision tree
        feature_names (optional): variable names
        class_names (optional): class names, only relevant for classification trees
        impurity (optional): show node impurity
          label (optional): only show labels at the root
```

```
        max_depth (optional): limit
        rotate (optional): rotate the layout of the graph
        pdfFile (optional): provide pathname to create a PDF file of the graph
        """
    if pydotplus is None:
        return 'You need to install pydotplus to visualize decision trees'
    if Image is None:
        return 'You need to install ipython to visualize decision trees'
    if class_names is not None:
        class_names = [str(s) for s in class_names] # convert to strings
    dot_data = io.StringIO()
    export_graphviz(decisionTree, feature_names=feature_names, class_names=class_names,
                    impurity=impurity, label=label, out_file=dot_data, filled=True,
                    rounded=True, special_characters=True, max_depth=max_depth,
                    rotate=rotate)
    graph = pydotplus.graph_from_dot_data(dot_data.getvalue())
    if pdfFile is not None:
        graph.write_pdf(str(pdfFile))
    return Image(graph.create_png())
```

exhaustive_search()函数:

```
import itertools
def exhaustive_search(variables, train_model, score_model):
    """ Variable selection using backward elimination
    Input:
    variables: complete list of variables to consider in model building
    train_model: function that returns a fitted model for a given set of variables
    score_model: function that returns the score of a model; better models have lower
                 scores
    Returns:
        List of best subset models for increasing number of variables
    """
    # create models of increasing size and determine the best models in each case
    result = []
    for nvariables in range(1, len(variables) + 1):
        best_subset = None
        best_score = None
        best_model = None
        for subset in itertools.combinations(variables, nvariables):
            subset = list(subset)
            subset_model = train_model(subset)
            subset_score = score_model(subset_model, subset)
            if best_subset is None or best_score > subset_score:
                best_subset = subset
                best_score = subset_score
                best_model = subset_model
        result.append({
            'n': nvariables,
            'variables': best_subset,
            'score': best_score,
          'model': best_model,
```

```
        })
    return result
```

示例应用：

```
def train_model(variables):
    if len(variables) == 0:
        formula = 'y ~ 1'
    else:
        formula = 'y ~ ' + ' + '.join(variables)
    model = sm.ols(formula=formula, data=train_df).fit()
    return model
def evaluate_model(model):
    return -model.rsquared_adj # we negate as lower score is better
model, best_variables = exhaustive_search(independent_var, train_model, evaluate_model)
```

backward_elimination()函数：

```
def backward_elimination(variables, train_model, score_model, verbose=False):
    """ Variable selection using backward elimination
    Input:
        variables: complete list of variables to consider in model building
        train_model: function that returns a fitted model for a given set of variables
        score_model: function that returns the score of a model; better models have lower
                     scores
    Returns:
        (best_model, best_variables)
    """
    # we start with a model that contains all variables
    best_variables = list(variables)
    best_model = train_model(best_variables)
    best_score = score_model(best_model, best_variables)
    if verbose:
        print('Variables: ' + ', '.join(variables))
        print('Start: score={:.2f}'.format(best_score))
    while len(best_variables) > 1:
        step = [(best_score, None, best_model)]
        for removeVar in best_variables:
            step_var = list(best_variables)
            step_var.remove(removeVar)
            step_model = train_model(step_var)
            step_score = score_model(step_model, step_var)
            step.append((step_score, removeVar, step_model))
        # sort by ascending score
        step.sort(key=lambda x: x[0])
        # the first entry is the model with the lowest score
        best_score, removed_step, best_model = step[0]
        if verbose:
            print('Step: score={:.2f}, remove {}'.format(best_score, removed_step))
        if removed_step is None:
            # step here, as removing more variables is detrimental to performance
```

```
                break
                best_variables.remove(removed_step)
    return best_model, best_variables
```

示例应用：

```python
def train_model(variables):
    if len(variables) == 0:
        formula = 'y ~ 1'
    else:
        formula = 'y ~ ' + ' + '.join(variables)
    model = sm.ols(formula=formula, data=train).fit()
    return model
def evaluate_model(model):
    return model.aic
model, best_variables = backward_selection(independent_var, train_model, evaluate_model)
```

forward_selection()函数：

```python
def forward_selection(variables, train_model, score_model, verbose=True):
    """ Variable selection using forward selection
    Input:
        variables: complete list of variables to consider in model building
        train_model: function that returns a fitted model for a given set of variables
        score_model: function that returns the score of a model; better models have lower
                    scores
    Returns:
        (best_model, best_variables)
    """
    # we start with a model that contains no variables
    best_variables = []
    best_model = train_model(best_variables)
    best_score = score_model(best_model, best_variables)
    if verbose:
        print('Variables: ' + ', '.join(variables))
        print('Start: score={:.2f}, constant'.format(best_score))
    while True:
        step = [(best_score, None, best_model)]
        for addVar in variables:
            if addVar in best_variables:
                continue
            step_var = list(best_variables)
            step_var.append(addVar)
            step_model = train_model(step_var)
            step_score = score_model(step_model, step_var)
            step.append((step_score, addVar, step_model))
        step.sort(key=lambda x: x[0])
        # the first entry in step is now the model that improved most
        best_score, added_step, best_model = step[0]
        if verbose:
            print('Step: score={:.2f}, add {}'.format(best_score, added_step))
        if added_step is None:
            # stop here, as adding more variables is detrimental to performance
```

```
                    break
            best_variables.append(added_step)
        return best_model, best_variables
```

stepwise_selection()函数:

```python
def stepwise_selection(variables, train_model, score_model, verbose=True):
    """ Variable selection using forward and/or backward selection
    Input:
        variables: complete list of variables to consider in model building
        train_model: function that returns a fitted model for a given set of variables
        score_model: function that returns the score of a model; better models have lower
                    scores
    Returns:
        (best_model, best_variables)
    """
    # we start with a model that contains no variables
    best_variables = []
    best_model = train_model(best_variables)
    best_score = score_model(best_model, best_variables)
    if verbose:
        print('Variables: ' + ', '.join(variables))
        print('Start: score={:.2f}, constant'.format(best_score))
    while True:
        step = [(best_score, None, best_model, 'unchanged')]
        for variable in variables:
            if variable in best_variables:
                continue
            step_var = list(best_variables)
            step_var.append(variable)
            step_model = train_model(step_var)
            step_score = score_model(step_model, step_var)
            step.append((step_score, variable, step_model, 'add'))
        for variable in best_variables:
            step_var = list(best_variables)
            step_var.remove(variable)
            step_model = train_model(step_var)
            step_score = score_model(step_model, step_var)
            step.append((step_score, variable, step_model, 'remove'))
        # sort by ascending score
        step.sort(key=lambda x: x[0])
        # the first entry is the model with the lowest score
        best_score, chosen_variable, best_model, direction = step[0]
        if verbose:
            print('Step: score={:.2f}, {} {}'.format(best_score, direction,
                chosen_variable))
        if chosen_variable is None:
            # step here, as adding or removing more variables is detrimental to performance
            break
        if direction == 'add':
            best_variables.append(chosen_variable)
        else:
```

```
                    best_variables.remove(chosen_variable)
    return best_model, best_variables
```

printTermDocumentMatrix()函数:

```
import pandas as pd
def printTermDocumentMatrix(count_vect, counts):
    """ Print term-document matrix created by the CountVectorizer
    Input:
        count_vect: scikit-learn Count vectorizer
        counts: term-document matrix returned by transform method of counter vectorizer
    """
    shape = counts.shape
    columns = ['S{}'.format(i) for i in range(1, shape[0] + 1)]
    print(pd.DataFrame(data=counts.toarray().transpose(),
                       index=count_vect.get_feature_names(), columns=columns))
```

AIC_score()和 BIC_score()函数:

```
import math
import numpy as np
def AIC_score(y_true, y_pred, model=None, df=None):
    """ calculate Akaike Information Criterion (AIC)
    Input:
        y_true: actual values
        y_pred: predicted values
        model (optional): predictive model
        df (optional): degrees of freedom of model
    One of model or df is requried
    """
    if df is None and model is None:
        raise ValueError('You need to provide either model or df')
    n = len(y_pred)
    p = len(model.coef_) + 1 if df is None else df
    resid = np.array(y_true) - np.array(y_pred)
    sse = np.sum(resid ** 2)
    constant = n + n * np.log(2*np.pi)
    return n * math.log(sse / n) + constant + 2 * (p + 1)


def BIC_score(y_true, y_pred, model=None, df=None):
    """ calculate Schwartz's Bayesian Information Criterion (AIC)
    Input:
        y_true: actual values
        y_pred: predicted values
        model: predictive model
        df (optional): degrees of freedom of model
    """
    aic = AIC_score(y_true, y_pred, model=model, df=df)
    p = len(model.coef_) + 1 if df is None else df
    n = len(y_pred)
    return aic - 2 * (p + 1) + math.log(n) * (p + 1)
```

adjusted_r2_score()函数:

```
from sklearn.metrics import regression
def adjusted_r2_score(y_true, y_pred, model):
    """ calculate adjusted R2
    Input:
        y_true: actual values
        y_pred: predicted values
        model: predictive model
    """
    n = len(y_pred)
    p = len(model.coef_)
    r2 = regression.r2_score(y_true, y_pred)
    return 1 - (1 - r2) * (n - 1) / (n - p - 1)
```

另外,本书用到的数据文件如下:

- accidents.csv
- accidentsFull.csv
- accidentsnn.csv
- Airfares.csv
- Amtrak.csv
- ApplianceShipments.csv
- AustralianWines.csv
- AutoAndElectronics.zip
- Bankruptcy.csv
- banks.csv
- BareggTunnel.csv
- BathSoapHousehold.csv
- bicup2006.csv
- BostonHousing.csv
- CanadianWorkHours.csv
- CatalogCrossSell.csv
- Cereals.csv
- CharlesBookClub.csv
- Cosmetics.csv
- courserating.csv
- CourseTopics.csv
- DepartmentStoreSales.csv
- drug.csv
- EastWestAirlinesCluster.csv
- EastWestAirlinesNN.csv
- eBayAuctions.csv
- ebayNetwork.csv
- EbayTreemap.csv
- Faceplate.csv

- farm-ads.csv
- FlightDelays.csv
- Fundraising.csv
- FutureFundraising.csv
- gdp.csv
- GermanCredit.csv
- Hair-Care-Product.csv
- LaptopSales.csv
- LaptopSalesJanuary2008.csv
- liftExample.csv
- NaturalGasSales.csv
- NYPD_Motor_Vehicle_Collisions_1000.csv
- ownerExample.csv
- Pharmaceuticals.csv
- RidingMowers.csv
- SC-US-students-GPS-data-2016.csv
- ShampooSales.csv
- Sept11Travel.csv
- SouvenirSales.csv
- SP500.csv
- Spambase.csv
- SystemAdministrators.csv
- Taxi-cancellation-case.csv
- Tayko.csv
- ToyotaCorolla.csv
- ToysRUsRevenues.csv
- UniversalBank.csv
- Universities.csv
- Utilities.csv
- Veerhoven.csv
- Voter-Persuasion.csv
- WalMartStock.csv
- WestRoxbury.csv
- Wine.csv